"SCIENTIFIC
DEVELOPMENT"

"科学发展"
理论探索

Theoretical Exploration
on the "Scientific Development"

李欣广 等／著

社会科学文献出版社
SOCIAL SCIENCES ACADEMIC PRESS (CHINA)

教育部人文社会科学研究一般项目成果

批准号：10YJA790100

本书其他作者：巫文强　　古惠冬　　孙碧清　　谢　品

邓巧贞　　孙丽丽　　蒋　琳　　邢全伟

资料收集与数据分析：张广涛　　黄眹昕　　赵　铜　　刘光柱

李欣潼　罗　乐　马　文　温　雪

前　言

一　研究宗旨

本书是教育部规划课题"马克思主义经济学范式下的科学发展与生态文明建设研究"的最终成果。本项研究的宗旨，就是紧密联系当前我国经济发展的实际，推进马克思主义经济学的发展。党中央在21世纪提出的科学发展观，是当代马克思主义中国化的新发展。科学发展观覆盖整个社会科学，在科学发展观指引下提出的生态文明建设，还涉及社会科学与自然科学的结合。党的十六届三中全会和十七大以来，理论界对科学发展观与生态文明建设做了大量研究，其理论成果主要体现在哲学、科学社会主义方面对马克思主义理论的发展，在经济学方面则侧重于对我国经济发展方式转变的研究。经济发展方式与生态文明的研究，对于推进马克思主义经济学的理论发展，有着重要的作用。刘国光研究员曾经警示我们，教育界与经济学理论界出现过"马克思主义经济学边缘化"的现象。为了扭转这一局面，我们不仅要从社会主义市场经济的理论与实践中紧密联系马克思主义经济学开展理论创新，同时还要从科学发展与生态文明建设中联系马克思主义经济学开展理论创新。

纵观历史发展的大趋势，人类必将走可持续发展的道路，必然将工业文明推进到未来的生态文明，这个大趋势是与人类社会必然走共同富裕道路的社会主义、共产主义前景相互联系、相互推动的。如果说，近几年来的世界经济危机与哥本哈根世界气候大会在应对生态危机，揭示了资本主义不可能为人类带来美好未来、从而为马克思主义的复兴创造了机会的话，那么，如何在这样的历史关头抓住机遇，锻造更科学、更有力的经济学理论武器，就取决于中国哲学社会科学界的理论创新。本课题立足于当前最重大、最紧迫的实际：转变经济发展方式，深入研究党的科学发展观与生态文明建设的理论内涵，将我国这一重要的社会主义建设实践与马克思主义经济学理论的发展相结合，为马克思主义经济学理论更好地适应与指导走向生态文明新时代铺路垫石。

二 基本主题词解说

本项研究包括五个基本主题词：科学发展观、科学发展、转变经济发展方式、生态文明建设、马克思主义经济学范式。解说上述主题词的含义与它们之间的相互关系，是本项研究开章明义的第一要事。

1. 科学发展观是要求和指导经济与社会科学发展的思想观念，它是理论阐述哲学社会科学的重要发展成果。本项研究中，科学发展观是理论主题，它所反映的实践要求，就是转变经济发展方式，即以科学发展替代非科学发展。因此，科学发展是转变经济发展方式的要求，转变经济发展方式是科学发展的行动。

转变经济发展方式包含多个要点：（1）端正与明确发展目的，将"以物为本（包括以 GDP 为本、以资本为本）"让位于"以人为本"，并更新国家的发展目标，体现正确的发展目的。（2）将发展的动力转移到坚定地依靠全体人民的积极性、依靠科学决策、依靠劳动者的素质上来，正确处理好各种利益关系。（3）树立发展的综合效益理念，发展不但要追求经济效益，更要追求社会效益与生态效益。（4）科学认识、积极调整经济结构，以促进经济和社会健康发展，反对只要规模、速度的经济增长。调整经济结构要遵循经济规律、生态（自然）规律与社会规律。以上要点，同时就是科学发展的内涵。

2. 生态文明建设是社会主义建设的一个方面，自社会主义建设开始就实际存在。但作为人们明确认识、自觉开展的领域，是经过几十年社会主义建设实践才独立出来的。党的十七大首次将生态文明建设与物质文明、精神文明、政治文明建设并列作为全党、全国人民的奋斗目标。正如其他三项文明建设必须以科学发展观为指导思想一样，生态文明建设不仅不例外，而且具有创新性的相互关系。

科学发展观本身就包含着生态文明建设的内容，同时也体现了生态文明的要求。得到独立认识的生态文明建设赋予了科学发展观时代新意。而科学发展观的理论境界也必然在丰富、充实与提升生态文明建设中起到思想引领与理论指导的重要作用。

在本项研究中，科学发展是总纲，它覆盖经济、社会、生态三大系统。本书的内容以两条主线来论述科学发展，一是转变经济发展方式，二是开展生态文明建设，两条主线殊途同归。转变经济发展方式与生态文明建设，看似只涉及经济、生态两个系统，实际上转变经济发展方式与生态文明建设都要融入社会系统的工作当中。现实的大局已经单独划出了一个以社会建设为内容的主线，但在理论上给予新的系统阐述尚待时日。转变经济发展方式已是我们的中心工作，但如何转变、转变的程度与标准，要受到生态文明建设的制约。而生态文明建设则要与经济发展的水平相适应。

3. 马克思主义经济学范式。经济学范式是指经济学理论中特有的概念体系和分析方法。马克思创立的经济学理论，是以辩证唯物主义与历史唯物主义为其哲学基础，体现了无产阶级革命理论武器的性质，具有本质分析的科学性与逻辑严密的理论特点。从《资本论》问世以来，马克思主义经济学范式经过几次演进，在概念体系方面更加丰富。科学发展观侧重应用于经济发展方式的转变，将其理论阐述纳入马克思主义经济学范式中，是正确解读与深入探讨科学发展观理论的必要前提，也是马克思主义经济学范式本身不断得到发展的极好机会。我们要用马克思主义经济学范式来阐述科学发展观，揭示社会经济中生产力与生产关系的客观矛盾，为社会主义市场经济的科学发展提供理论指导。

三　方法论

本书阐述我们的研究结果，为使读者理解本书的理论观点，这里要对我们在研究中使用的方法作如下说明：

1. 归纳法

从大量现象中归纳出若干理论命题，总体结论要由这些理论命题来支撑，因此有必要明确提出。对于绝大多数人来说，一看就能理解的理论命题，重要的不是逻辑论证或数学论证，需要的是典型事例论证，当然也可以用数据描述、说明，加以印证。如"1978 年之前没有严格执行计划生育政策对中国今后的发展造成了严重障碍"这一命题，就不是靠理论论证，而是用数据说明，让绝大多数人一看就可接受。有些命题经归纳之后，将平时人们头脑中已经存在、但处于模糊状态中的想法，更清晰明确地表达出来，就能更强烈地动员起人们的行动。如果归纳出来的命题是些标新立异、故作惊人与人们的常识相反的论点，本来是可以不理会的。因为这类论点既然与绝大多数人的看法相反，根据科学规则，是由谁提出来则须由谁论证的。但有时为了维护绝大多数人都可接受的命题，也要论证，其论证方式一般不用逻辑论证，而是用数据论证。在这个场合，原来用于描述用的数据就变为论证用的数据。

由于本书主要问题是针对前几年特别严重的非科学发展现象，所以在数据论证中，有意保留了前几年的数据。在党和各级政府的努力下，这些非科学发展现象有所缓解，但未消失。本书运用最严重时期的数据研究有助于揭示非科学发展。

2. 演绎法

这一方法的特点是"从概念推出概念"，用于两种场合。一是将原来不起眼的概念赋予丰富的内涵，这些内涵本来就包含在原有概念当中，理论发展需要将其深化、细化、充实。二是依据学术上通常为公认的概念、原理，推导出新的概念或原理，从大概念推出小概念、从此原理推出彼原理。这种方法，一般用于对某个理论体系的完善，概念、原理的补充。在此当中，往往还要伴随使用纠错法，针对理论界有错误使用原有概念的现实，用演绎法来论证、说明对原有概念、原理的正确理解，或者新的理解。

3. 逻辑论证法

这一方法是使某些不准确或错误的观点凸现出来。这些观点的不准确或错误，只要一经推论，就会与事实不相符合，或者与明显有共识的观点相悖。逻辑论证法的推论是应用形式逻辑，观点的不准确或错误必然会在形式逻辑的推论中显现出来。某些被否定的观点，本身不一定有形式逻辑的错误，只是借助词语的花式来掩盖其真实的立场观点。运用逻辑论证法，就是将其易于被语言掩盖的观点，按照自身的规定性寻找到等价的明显的观点，用这一方法就能阻止某种真实观点在词语的花式掩盖下推行。在我国理论界，对付鼓吹私有化的理论，用逻辑论证法进行批判就有上述两种场合。一种是否定公有制经济的观点，只要一经推论就会发现其与事实或常识不相符合；一种是将私有化的鼓吹用词语花式掩盖起来，这就需要有理有据地摆出其等价的真实观点。

4. 规范分析法

这一方法的含义就是以一些基本的价值判断为依据，进行理论阐述。该方法的应用可以在两种场合。一是扩展价值判断的命题，结合现实情况，将大的价值判断细分为小的价值判断，以便丰富规范体系。在这一场合的方法运用，主要目的就是丰富研究中所要倡导的理念，以便深入和准确地进行说理。这在我们的研究弘扬"以人为本"理念、强调生态意识的领域中十分必要。这样的规范分析是要结合运用演绎法的。二是以理论的价值判断来对照现实中的流行观念以及一些通常的理论观点，开展归谬分析，以此来进行批判。规范分析法的正确性取决于基本的价值判断是否成立。在我们依托的价值判断中，来自前人研究成果以及得到理论界共识的命题，包括党和国家长期倡导，并与理论界高度一致的观点，在很大程度上均成为理论依据。但它们还要经过学科方面的演绎修订，使其概念更加严密。

四　内容结构

本书的内容分为理论铺垫、批判与思考、核心理论与全面理论阐述、对策思路四个部分。

第一部分理论铺垫分别对三个主题概念：科学发展观、马克思主义经济学理论范式、生态文明建设进行理论解说。其中，既有对理论界已有观点的汇集、梳理，也有笔者对这些现有理论题材进行学习的体会。

第二部分是批判与思考，针对科学发展的对立面——非科学发展开展批判，并从中对科学发展相关的过去、现在、未来进行思考，也就是对我们走过的发展之路与将要走的发展之路进行反思与审视。其中，进行了两个论证：一是论证与马克思主义经济学对立的西方经济理论所内含的意识形态，它无法从根本上解决社会未来的可持续发展、包括中国的可持续发展问题。二是论证传统的经济常识与理论观点已无法解决当前浮现出来的社会、经济、生态矛盾，只有按照科学发展观，进行科学发展与生态文明建设，不断汲取马克思主义经济学的基本理论的精髓并创新，才能给中国与世界展现好的前景。此外，勾画科学发展与生态文明建设的一般进程，从理论上揭示这个进程如同其他社会经济的发展相似性，既是一个自然的历史进程，又是一个人类可以对其改造与调节的过程。

第三部分是对科学发展核心理论与全面理论进行阐述，核心是以人为本，全面是发展兼顾经济、社会、生态三维系统，为此做了创新性的理论构建与阐述。对我国经济的科学发展与生态文明建设提供新颖的大视野与具体的理论指导。这部分内容，是立足经济学学科研究来阐述三维系统，也就是说，立足于经济学科来探讨涉及经济、社会、生态三维系统的问题，而不是将经济学、社会学、生态学混杂。为体现马克思主义经济学范式的创新，本书用经济学意义上的综合效益概念作为替代 GDP 概念的发展目标。

第四部分对策思路原则上说是要按照科学发展观的五个统筹来展开。但根据本书论述的具体思路，有灵活处理。情况是：（1）对于统筹经济社会发展，涉及教育经济、卫生经济等与人的再生产直接相关的经济问题，本课题组的知识结构还不足以对相关部门经济学进行全面深入的研究；对于统筹区域发展，在科学发展观提出之前经济学界就已有强烈意识与大量论述，本书没有多少新见解，就不再徒费笔墨了。因此，这两个统筹，我们没有更多的展开，就在阐述科学发展观核心内容的章节中一起阐述了。（2）对统筹人与自然和谐发展、统筹国内发展和对外开放、统筹城乡发展这三个统筹，分别在第九章、第十一章、第十二章阐述。当然，统筹人与自然和谐发展作为本书论述主线——生态文明建设的基本内容，还在其他章节中有所涉及。（3）另外增加的是独立论述科学发展与生态文明建设的经济管理，这是统揽五个统筹的基本前提。鉴于这当中的论述主要是与生态文明建设直接相关，放在第九章论述统筹人与自然和谐发展之后更合适。

目录
contents

第一章

指导科学发展的理论范式

第一节　经济学范式与马克思主义经济学范式

本项研究将科学发展观与生态文明理论作为推进马克思主义经济学发展的新的领域。在阐述社会与生态领域的问题时，我们需要借鉴世界上已有的哲学、社会科学和生态、资源、环境经济学的理论工具，从中获取更多的理论营养，但必须有利于马克思主义经济学范式占领新的理论阵地，不能拓展西方经济学范式的领域。为此，无论阐述科学发展观的"以人为本""五个统筹"还是生态文明问题，都要注重坚持与发展马克思主义经济学范式。

一　学科的"范式"与经济学"范式"

"范式"（Paradigm）这一概念，最早由美国哲学家库恩（T. S. Kuhn）提出，是指科学共同体的共有信念，以及共同进行科学活动的基础和工具。从方法论的角度，"范式"指的是在某一学科内被一批理论家和应用者所共同接受、使用并作为交流思想的共同工具的一套概念体系和分析方法。

在一个学科中，更具体地说，在一个国家的某一学科中，可能存在着两种以上的范式，分别被不同的学者所遵从、所使用，并因而表现出理论上的"学派之争"。

库恩的"科学危机"与"科学革命"理论指出，范式的"危机"、破裂与演变，是科学发展的重要环节与集中体现。

经济学也许是社会科学中最复杂的学科，不同的经济学理论学派都有自己的研究信念、基础理论与研究方法，这些差异构成了各有区别的概念体系与理论内容，从而形成了不同的理论范式。一个范式中较为完整的基础理论，会由那些作为逻辑出发点的范畴与原理构成概念体系，由若干逻辑主线展开相关理论，体现一些特有的研究方法来处理理论命题。上述内容的重大变化，将引起其他许多具体理论分析方法和分析结论的改变，并引起经济学的"范式革命"。

西方经济学在其发展进程中就发生过多次"范式革命"。亚当·斯密与大卫·李嘉图对资本主义经济"内部生理解剖"相对重商主义的国策建议，杰文斯等的"边际革命"，创造西方宏观经济理论和政策的"凯恩斯革命"，新制度经济学的产权与交易费用理论等，都算是例子。尽管这些经济学"范式革命"的内容、性质和方法根本不同，但它们都促进了经济理论的论争和繁荣。[①]

马克思主义经济学的诞生不能简单地说成上述意义的经济学"范式革命"，但就"范式"本身而言，的确是经济学的异峰突起。它的范式特点与理论内容一样在经济学发展中闪烁着璀璨的光彩。在本章第二节将较系统地专门论述马克思主义经济学的范式。

二 马克思主义经济学范式的继续发展

由马克思、恩格斯创立的经济学理论，我们称之为狭义的马克思主义经济学。它的研究对象主要限于资本主义经济，但就其范式而言，已经非常完整、系统，奠定了马克思主义经济学的全部特征。在马克思主义经济学内部，以列宁为代表的马克思主义学者所创立的帝国主义经济理论是一次"范式革命"，它在研究对象与反映时代发展的内容方面超过了狭义的马克思主义经济学，但在学科范式上没有达到后者的高度。原因是列宁一生处于紧张繁忙的革命实践中，难以静心开展理论写作。1952年在斯大林关怀下问世的苏联政治经济学社会主义部分，是马克思主义经济学者迈向广义政治经济学、并经过20多年理论探索的硕大成果，它具有双重效果。就其提出一系列马、恩、列所未涉及的概念、原理、规律来看，是广义马克思主义经济学的创新式重大发展，是将科学社会主义有关公有制社会设想在经济学领域中具体绘制出来的一次有历史价值的尝试；就其在方法论

---

① 程恩富：《范式革命与常规理论发展——经济学的分化与综合》，《光明日报》2004年1月20日 B2 版理论周刊。

上、在揭示客观经济关系的内在矛盾与运动状态上来看，这一经济学未能继承马克思、恩格斯亲手创立的政治经济学（资本主义部分）范式特征，又是一种"范式倒退"。毛泽东主席在阅读苏联政治经济学（社会主义部分）的读书笔记中，经济学泰斗孙冶方在"文革"之前，都有过改进苏联的社会主义政治经济学、开展新的"范式革命"的构思。"四人帮"在70年代中期，也想构筑新范式的社会主义经济学（后来人们在批判中称之为"法权经济学"），如果限于学术领域，无论观点如何，都属于可探索性质。但他们一则将这一理论探索直接用于"炮打司令部"与"全面专政"的"文革"政治目的，二则扼杀一切不同的声音。这就将一个本来属于理论探讨的事情变成政治丑剧。20世纪90年代，随着改革开放的推进，中国理论界已经初步构建了社会主义市场经济学，这是我国一个重要的马克思主义经济学内部的"范式革命"，本来具有不断改进与深入探索的巨大潜力。然而在新自由主义对我国理论与实践的严重冲击下，主流经济学家日益对"社会主义"不感兴趣，却热衷于探讨所谓的"现代市场经济"，由此该学科的构建基本处于中断状态。

在西方经济学强烈冲击中国经济学理论界、力图主导理论界的情况下，我国越来越多的理论与实际工作者，对马克思主义经济学边缘化的趋势进行奋起抗争。科学发展观的提出，促进了经济学理论界对三个层次发展的反思与总结（三个层次是指：对发展中国家仿效西方工业化道路，对新中国成立以来的工业化道路，对近二三十年来我国改革、开放背景下经济发展道路）。以科学发展观引领哲学社会科学的繁荣，可以在经济学领域带动马克思主义政治经济学、马克思主义发展经济学、马克思主义国民经济学、马克思主义世界经济学、生态马克思主义经济学等诸多学科的发展。当我们在科学发展观的指导下总结实践、升华理论之时，不仅能够恢复对社会主义市场经济学的推进完善，还将带来新的马克思主义经济学"范式革命"。

三　从阐述科学发展观的理论创新中继续进行"范式革命"

从阐述科学发展观的理论创新中进行"范式革命"，我们可以在如下方面有所推进：

1. 科学发展观的研究对象，比马克思主义经济学的研究对象更宽

马克思主义经济学是联系生产力与上层建筑来研究生产关系。科学发展观在经济学科领域的阐述与应用，在以生产关系为研究对象时，侧重从生产关系在经济运行与经济发展的层面来展开，一方面联系生产力与上层建筑，一方面联系自然生态与社会学问题来研究经济运行与经济发展。为此，我们需要站在经济学科的基地上分析生态环境问题，需要站在经济学科的角度来分析原来属于纯社会的问题，包括人的社会价值、人的教育、人的社会环境、人际关系的准则等。

2. 科学发展观的使命，与马克思主义经济学的使命基本一致，又有所区别

马克思主义经济学无论在论证资本主义经济制度必然灭亡，还是论证社会主义经济制度必然产生发展上，都侧重于历史客观性，我们据此而顺应社会发展规律，进行革命与建设。科学发展观要论证的是以科学发展方式替代非科学发展方式，这是一种发展方式选择的论证。正如当初社会主义市场经济学产生时相似，那是一种经济体制模式选择的论证。所不同的是，经济体制模式选择的论证，主要是对旧体制即指令性计划经济体制的否定性论证，否定对象很清楚，但替代对象却不大清楚，只能是"摸着石头过河"，这也导致社会主义市场经济建立时所绘制的蓝图先天不足，新自由主义就钻了这个空子。发展方式选择的论证，无论否定对象与替代对象都不太清楚，何为非科学发展方式，何为科学发展方式，至今仍然见仁见智。我们不能再搞容易被钻空子的"摸着石头过河"了，而应当采用"望山寻路"的方式，以基本原理、原则来确定"山"的标志，以具体分析以及今后的实际经验作为"路"的探寻。这就需要我们在研究方法上更有创新。

3. 科学发展观理论阐述在运用马克思主义经济学的阶级分析方法时，需要把握原则性与灵活性的统一

阶级分析方法是马克思主义研究社会关系的锐利武器，丢弃这个武器，就无法对社会经济关系说明清楚。这是我们坚定不移的原则性。在建设中国特色社会主义事业中，社会的阶级状况大体是这样：（1）在计划经济时期，与公有制的两种形式（全民所有制与集体所有制）相联系，形成工人阶级与农民阶级两大劳动阶级，同时，从旧社会遗留下来的剥削分子经过长期改造，转变成为自食其力的劳动者。（2）由于社会主义国家处在帝国主义的包围之中，阶级斗争在一定范围内仍然存在，身在各个阶级当中的极少一部分人，心则想着借助西方帝国主义的力量使中国走资本主义道路，他们虽然没有经济基础，却在政治上代表资本主义方面的敌对力量。（3）在社会主义市场经济中，多种经济成分的发展，造成与个体经济、私人经济、外资经济相联系的阶级（如大、中、小资产阶级）的重新出现，这是不可回避的客观现实。中国社会科学院有关研究人员曾经以中国社会各阶层的题目发表过这一社会分析，但把"阶级"称为"阶层"，只有策略的意义，却并不科学。（4）社会主义社会的两大使命，一是消灭阶级，二是消灭贫困。选择社会主义市场经济的体制模式，就是要将这两个使命同时完成。这其中有一系列矛盾需要正确处理。在坚持公有制为主导的原则下，允许一定比例、一定程度的私有、剥削，适合社会主义初级阶段的社会经济状况。国家要引导所有经济成分中的从业人员在政府的调控下成为社会主义经济的建设者，发挥他们的积极作用。对其作为新生的大、中、小资产阶级，只能让其获得与本阶级经济地位相应的经济利益，并受到收入调节限制，却决不能让他们有本阶级超越宪法及其他法律、法规的政治诉求。在这一前提下，我们在公开的宣传形式上不称其为资产阶级或资本家，而是另找称呼。但在理论分析中，则不能丢掉马克思主义的阶级分析方法。阐述科学发展观理论，当然也是这样，运用阶级分析方法是马克思主义经济学的范式体现，但在行文中一般不直呼阶级名称。为此，我们在运用这一范式中，将有其许多具体的特点。

4. 以马克思主义经济学范式阐述科学发展观的理论，是经济理论的一个综合应用

当问题分别主要涉及经济关系、主要涉及经济发展、主要涉及对外经济关系、主要涉及经济发展与生态环境关系……的时候，分别应当是马克思主义政治经济学的应用、是马克思主义发展经济学的应用、是马克思主义世界经济学的应用、是马克思主义生态经济学的应用，……。鉴于上述学科都有待于建立完善，阐述科学发展观的理论不可能等待这些学科充分发展之后才开始，因此，阐述科学发展观的理论，实际上是一个既创造、又应用的工作。由此可知，以马克思主义经济学范式阐述科学发展观的理论主要是用于基本框架和主线的场合，而在各种具体问题的研究中，将会有多种范式特征不显著的理论风格。明显体现着马克思主义经济学范式的内容与范式特征不显著的特点，会形成"纲"与"目"的关系，"纲举目张"就是本项研究的方式。

第二节　马克思主义经济学范式研究（一）

马克思主义经济学是一个开放的、发展的理论体系，它有狭义与广义之分。狭义的马克思主义经济学，是指以马克思的《资本论》为主体、包括马克思、恩格斯生前论著中构建的经济学说。广义的马克思主义经济学，包括列宁创立并为后人所发展的帝国主义经济理论、苏联范式的社会主义政治经济学、中国改革开放后创立的社会主义市场经济学，以及各国马克思主义者发展的理论经济学。本书探讨马克思主义经济学范式，以狭义的马克思主义经济学为依据。为了这一探讨，我们需要经常与西方经济学的范式进行对比，作为范式对比的西方经济学，我们主要针对穆勒、马歇尔两次"综合"以来，到目前为止西方资本主义世界所发展起来的占主流地位的新古典经济学说，也兼及新制度经济学来进行研究分析。

一 哲学基础

马克思主义经济学直接的哲学基础是历史唯物主义。恩格斯说过马克思经济学本质上是建立在唯物主义历史观的基础上的。历史唯物主义生产力理论、生产关系原理、经济基础与上层建筑关系原理、社会存在与社会意识关系原理，贯穿于马克思主义经济学理论研究中，它的基本原理是：社会存在决定社会意识，而社会意识又反作用于社会存在。这个原理强调独立于人们思想意识之外的客观存在决定着人们思想意识的内容及其发展，规定着人类可能发挥自己的主观能动性的限度；但又承认人的思想意识对于客观存在的反作用，认为人类能够在实践中认识世界、改造世界，根据自己对客观世界必然性的认识能动地推动着客观世界的发展。

应用上述原理于经济学研究中，就是坚持以下几个基本点。

1. 人类社会发展的历史前提

研究人类社会的历史发展，必须首先研究人类社会生产物质生活本身，研究人类赖以生存的物质生活条件以及由这些条件所决定的人们的相互关系，即研究生产力、生产关系以及它们之间相互作用的变化规律。经济活动的实质是物质生活资料的生产活动，这是人类社会第一位的、基本的实践活动。它是人类从事社会活动、政治活动、精神活动以及其他一切活动的基础。正如恩格斯所指出的："生产以及随生产而来的产品交换是一切社会制度的基础；在每个历史地出现的社会中，产品分配以及和它相伴随的社会之划分为阶级或等级，是由生产什么、怎样生产以及怎样交换产品来决定的。所以，一切社会变迁和政治变革的终极原因，不应当在人们的头脑中，在人们对永恒的真理和正义的日益增进的认识中去寻找，而应当在生产方式和交换方式的变更中去寻找；不应当在有关的时代的哲学中去寻找，而应当在有关的时代的经济学中去寻找。"①

2. 人类社会发展的普遍规律

生产关系一定要适合生产力发展的规律，是人类社会发展的一条普遍规律。马克思指出："人们在自己生活的社会生产中发生一定的、必然的、不以他们的意志为转移的关系，即同他们的物质生产力的一定发展阶段相适合的生产关系。……社会的物质生产力发展到一定阶段，便同他们一直在其中活动的现存生产关系或财产关系（这只是生产关系的法律用语）发生矛盾。于是这些关系便由生产力的发展形式变成生产力的桎梏。那时社会革命的时代就到来了。"② 马克思主义政治经济学关于制度变迁的理论，就是这一普遍规律作用的具体运用。

根据上述哲学基础，马克思主义经济学将对社会经济形态的研究作为社会有机体再现出来。社会有机体就是能够变化并且经常处于变化过程中的机体，有它的产生、发展、衰亡的过程。引起变化的主要因素是它的内在矛盾。

二 方法论

1. 本质分析是马克思主义经济学的根本方法

马克思主义经济学是以唯物史观作为自己的方法论基础。在对社会经济的研究中紧紧抓住历史发展的主线：社会生产的物质内容是生产力，社会形式是生产关系。它从生产关系与生产力的对立统一关系来揭示社会形态的物质运行规律即经济规律。为此，马克思主义经济学不是从现象的形式与数量关系，而是从经济现象背后的社会关系出发，透过现象波动的各种偶然的非本质因素，来考察社会经济发展过程，揭示经济现象的本质联系。马克思坚持用逻辑与历史统一的分析方法，按照由抽象经济范畴到具体经济范畴的思维进程，从理论上再现经济关系的方法。通过这一方法的运用，马克思的经济理论得出如下结论：各种社会经济都是人类社会最基本的活动——劳动的现象形态，商品交换不过是人类的劳动交换，商品价值就是人类劳动的社会尺度。资本与劳动之间的关系不是人与物的关系，

---

① 恩格斯：《社会主义从空想到科学的发展》，载《马克思恩格斯选集》第 3 卷，人民出版社，1972，第 424～425 页。
② 马克思：《"政治经济学批判"序言》，载《马克思恩格斯选集》第 2 卷，人民出版社，1972，第 82～83 页。

而是人与人的关系。

马克思主义经济学方法论可称为本质论，基本方法是历史抽象法。该方法要从大量社会经济现象中归纳、分析出本质性的、规律性的认识，先撇开现象后覆盖现象。在理论分析中，坚持从具体到抽象，再从抽象到具体的逻辑演绎，即研究的顺序是从具体到一般，叙述的顺序是从一般到具体。在理论和史实的分析中，遵循逻辑的发展与历史的发展的一致性。认识的正确与否依靠社会实践的检验。这一方法遵循了辩证唯物主义的认识路线，即体现理论认识从现象到本质、从感性具体到科学抽象，再进一步用本质说明现象、重新回到活生生的具体现实中来。

对比之下，现代西方经济学方法论可称为现象主义，以经验、形式逻辑作为理论的评判标准。现代西方主流经济学的哲学基础是经验主义哲学。尽管现代西方经济学家由于所处的时期、国度不同，各人或各学派受到的具体哲学思想的影响互不相同，但是经验主义基础却是一脉相传的。其方法论包括逻辑实证主义——逻辑经验主义、证伪主义逻辑，提出实证原则对经济学可检验性的要求，强调数量和计量表示的思想，经济学中的经验分析将经济预测同经验相比较，判断假设优劣和可接受性[①]。

2. 马克思主义经济学的研究方法具有系统而动态的总体特点

马克思的社会系统观、结构观、发展观、动力观和社会经济形态的演化观，为其经济学研究提供了有力的哲学与方法论工具，使得马克思主义经济学的研究方法具有系统而动态的总体特点，主要体现为：[②]

（1）整体系统的方法。经济制度是社会制度的主要部分，是一个多层次的制度系统，它以所有制为核心有机地结合着。其表层制度直接体现在经济运行过程中，经由对表层制度的层层抽象，深层制度得以呈现。

（2）动态发展观。社会经济形态的演变首先体现在制度的产生、发展、衰落并逐渐被新制度所代替的进程中。在马克思那里，静态的制度结构分析总是与动态的发展结合在一起。在对资本主义经济制度进行了全面解剖以后，又把它放在动态的历史发展过程中。

（3）矛盾分析法。社会有机体的各个部分：生产力、生产关系、政治

---

① 周世良：《两个范式的不同——马克思主义政治经济学与西方经济学之差异》，《中国科技信息》2007 年第 1 期。

② 莫翔：《新制度经济学与马克思主义经济学的比较分析》，《甘肃行政学院学报》2010 年第 6 期。

制度、意识形态等，在它们的内部与相互之间都充满着客观矛盾，经济研究离不开矛盾分析法。任何一个经济制度都客观存在着生产关系与生产力之间的矛盾，这个最基本的矛盾分别从经济活动的动力与手段、目标与条件等方面展开。矛盾的客观性构成社会经济运行的客观规律，在阶级社会中，最终表现为阶级之间的矛盾。

3. 马克思主义经济学将规范分析与实证分析有机统一

西方经济学对研究中的实证与规范做了绝对划分，进而在标榜价值判断中立的旗号下，力求其理论对史实的解释力。西方经济学注重经济运行机制一类较低理论层次的实用分析，离开社会历史发展阶段来说明在资源稀缺条件下人们怎样最有利地生产与使用资源和物品，把在一定生产方式下财富的生产、分配、交换、消费过程，当成抽象的技术安排、社会分工、行为博弈与有关主体合作的过程，企图以所谓纯科学的方式（实际是自然科学的研究方式）去研究经济现象①。这使西方经济学者大都看不到或不愿看到社会关系的实质。因此，西方经济学的研究方法缺少马克思主义经济学的那种历史的观点、批判的精神。

马克思主义经济学的研究方法包含规范分析和实证分析方法，但它们的区分是相对的。其研究既反对离开实证去搞空想式的规范分析，又反对离开任何规范去搞没有人文关怀与历史判断的实证。马克思主义经济学的规范分析最终体现它的阶级立场，而实证分析方法体现了其一切从实际出发的唯物主义精神。马克思主义经济学的阶级性与客观性是高度统一的，不是在一切问题研究中都明显区分规范分析和实证分析。马克思主义经济学不仅分析经济运行过程本身，而且对其背后的经济关系与未来的发展趋势作出论证。

4. 马克思主义经济学的二重分析法

马克思主义经济学紧扣社会经济生活中五光十色财富的根源——劳动，认定社会经济活动以劳动二重性为起点，劳动二重性是全部经济问题的轴心，实质是人的实践活动的二重性：物质性与社会性。经济运行过程就是以劳动的物质性为基础，围绕劳动的社会规定性逐步展开的过程。因此，马克思主义的经济分析超越资产阶级经济学"见物不见人"的局限，能够探究物化形式中凝结的人的活动以及物质外壳掩盖的社会关系。从劳

---

① 高福来：《现代经济学范式演变及评价》，《首都经济贸易大学学报》2001 年第 1 期。

动的物质性方面,劳动是物的因素与人的因素的结合。物的因素分为劳动对象、劳动资料与劳动产品;人的因素分为目的与能力。从劳动的社会性方面,劳动出现分工、异化、社会化、自主化的发展进程。所有经济活动、经济成果,都包含着物质性与社会性的统一,物质基础与社会形式的统一,人对自然的关系与人对人的社会关系的统一。这样的双线结构,以人与自然的关系为物质基础,人与人的关系为逻辑重心。

三 研究对象

马克思在《资本论》第一卷第一版序言中说:"我要在本书研究的,是资本主义生产方式,以及和它相适应的生产关系和交换关系。"① 这里所说的《资本论》的研究对象,也就是马克思主义狭义政治经济学的研究对象。推广到广义政治经济学,就是历史上各个社会经济制度的生产方式,以及和它相适应的生产关系和交换关系。有关生产力与生产关系的中介环节:生产方式概念,是有争议的问题,但毫无疑问属于研究对象。生产关系和交换关系统称为经济关系,与生产力和上层建筑有内在联系,因此不是孤立地研究生产关系,而是联系生产力发展、联系与经济密切相关的上层建筑来研究生产关系。正如列宁提到的:对社会经济形态的分析是《资本论》研究,也就是马克思主义经济学的"骨骼",而探究其上层建筑(包括意识形态、社会生活)则"使骨骼有血有肉"。马克思主义经济学在研究生产关系的形成与发展的运动中,要考察生产力的决定作用、生产关系对生产力的反作用,以及上层建筑对生产关系的反作用。

马克思主义经济学的生产关系研究有两个特点:一是强调生产关系的客观属性;二是强调各种经济范畴都反映一定的社会关系。马克思主义经济学在预测现实资本主义经济趋势与服务于社会主义经济时,必然要分析经济运行。西方经济学侧重对表层的经济现象的解释和预测,按萨缪尔森的规定,西方经济学首要任务是对生产、就业、价格等经济现象加以描述、分析、解释。

鉴于主流的新古典经济学忽略社会经济中的制度问题、权利问题、国家问题甚至意识形态问题,新制度经济学肯定了马克思主义经济学的这一长处。诺斯认为:"在详细描述长期变迁的各种现存理论中,马克思的分

---

① 马克思:《资本论》第1卷,人民出版社,1972,第8页。

析框架是最有说服力的，这恰恰是因为它包括了新古典分析框架所遗漏的所有因素：制度、产权、国家和意识形态。马克思强调在有效率的经济组织中产权的重要作用，以及在现有的产权制度与新技术的生产潜力之间产生的不适应性。这是一个根本性的贡献。"①

但同样是制度分析，马克思主义经济学与西方新制度经济学大相径庭。首先，双方对"制度"概念的界定不同，马克思主义经济学的经济制度概念是指生产关系的社会形式，是生产力发展的基本社会条件。经济制度不是法律与国家政治的产物，而是经济关系的产物，在其形成过程中产生政治制度与法律制度作为保障。西方经济学的制度概念是指经济人的社会规则的集合，是经济人的一种理性选择，通过约定俗成的系列规则，使人们能够进行在有限理性的条件下追求自身目标函数的极大化；同时，对人们的主观行为进行约束，使机会主义的行为受到限制，实现共同利益的最大化。其次，马克思主义经济学的制度分析以社会生产和经济的利益客观性质为前提，认为生产力发展的社会条件是研究社会经济发展的关键问题。新制度经济学则以人的主观行为为前提，认为研究制度问题之所以重要，是因为人的主观行为并不能完全依靠市场来解决所有的问题，人的主观行为本身存在着缺陷而不能都按照共同利益的要求来进行决策，因此必须建立"制度"这种规则体系。

新制度经济学的制度分析是：（1）从权利界定的角度看制度，认为一切制度的核心是界定权利；（2）从交易费用的角度看制度，认为决定制度选择的条件是交易费用；（3）从合约的角度看制度，认为制度安排即合约选择②。总之，新制度经济学家的分析以个人或集体选择的合理性这一基本假设为出发点，从社会的表层现象出发，以新古典经济学的相关理论为基础，其具体的分析方法是实用的，在解决规则体系的设计上有用。新制度经济学研究制度的目的和标准在于提高资源配置效率，这说明，新制度经济学与新古典经济学的研究对象一样，都是研究稀缺资源的配置，只不过它加上了资源配置目标函数的一组制度约束条件。

从范式的意义上说，马克思主义经济学研究生产关系，其经济理论天然具有这一终极性价值判断，即关注在社会经济中处于不公平状态下的社

① 〔美〕道格拉斯·诺斯：《制度、制度变迁与经济绩效》，上海三联书店，1994，第68页。
② 向松祚：《张五常经济学》，朝华出版社，2005，第304～305页。

会群体的命运。其研究宗旨在于：在物质资料生产中，以人的自由全面发展为核心，以制度安排对人的存在的意义为标准，判别社会经济的客观存在的事物，包括制度、组织、市场、政策等。而新制度经济学采用的是一种现世性价值判断方法，即以稀缺资源的配置和物质财富的生产、分配为核心，以"自然形成"的既定制度永恒合理为标准。我们指责西方经济学"见物不见人"就是在这个意义上。虽然西方福利经济学也研究"人的福利指数"，但它研究的人是抽象的人，是脱离社会关系地位的人。减肥者与饥肠辘辘者在追求福利指数当中只有具体方法的区别。经济运动的中心问题是人与人之间的利益关系。马克思主义经济学研究的不是单个人之间的利益关系，而是处于社会不同经济地位上的群体之间的利益关系。西方福利经济学对人的研究则抹掉了不同群体之间的利益关系。

正是由于马克思主义经济学与新制度经济学采用的价值判断标准不同，才产生了两者的研究宗旨的不同。

四　基本使命

1. 揭示社会经济规律

马克思主义经济学的基本使命是运用唯物史观的原理，深入剖析资本主义生产方式的内部结构，揭示资本主义产生和发展的历史规律。马克思本人在《资本论》第一卷序言中就明确指出："本书的最终目的就是揭示现代社会（即资本主义社会—引者所加）的经济运动规律"①。这一使命决定了马克思主义经济学的目的是批判资本主义经济制度，从经济理论中得出：资本主义是一个剥削制度，资本主义是一个产生与无法克服基本矛盾（即生产社会化与资本所有者私人占有性之间的矛盾）的社会，资本主义是社会历史发展中一个过渡形态。由此论证受资本剥削的无产阶级用新的社会制度替代资本主义制度的必然性，从而完成对资产阶级经济学认为资本主义经济制度是自然的、永恒的社会生产方式的理论观点的批判，而不是研究如何在资本主义制度下改善资源配置、提高生产效率。

如果说历史唯物主义是关于人类社会历史发展一般规律的理论，那么，在广义政治经济学概念之前，马克思的经济学理论就是关于资本主义社会发展的特殊规律的理论。列宁的帝国主义论和斯大林及其之后的社会

---

① 马克思：《资本论》第1卷，人民出版社，1972，第11页。

主义经济理论，从使命来说都是马克思主义经济学的延伸。

马克思主义经济学理论，一方面证明资本主义生产方式在一定历史阶段具有其合理性，是发展社会生产力的必要形式，这一点，使马克思主义经济学与一切从道德和正义出发而简单否定资本主义的思想与观点相区别；另一方面又证明，资本主义生产方式和经济制度只是人类历史发展中的一个阶段，而不是社会生产力发展的绝对方式，它一定会被更高级的社会生产方式所取代，这一点，又使马克思主义经济学与一切美化资本主义的资产阶级正统意识形态及受其影响而形成的各种思想与观念相区别或对立。

2. 引导制度变迁

各方理论界都承认马克思主义经济学是研究"社会制度变迁"的理论。根据马克思的认识，制度创新并不取决于人的主观偏好和简单的成本收益分析，制度变迁的界限和范围归根结底是由生产力决定的，是由制度再生产或"制度供给"的能力决定的。当社会和制度当事人再也无力承担低效率制度的高昂成本，并已再没有改进余地的时候，它就会被新的制度替代和扬弃[①]。马克思还注重分析社会各阶级之间的利益矛盾和力量对比，揭示其对制度变迁的推动作用，突出社会制度变迁的革命途径。

新制度经济学把制度创新的动力归结为人们对最大利益的追求，把制度的变迁视为一种制度的均衡和非均衡的过程，在一定意义上没错。然而新制度经济学在这里有重大缺陷：（1）强调了制度变迁的渐进性，而避开了制度变迁的突变性。（2）不区分不同的社会人群面对制度变迁的不同立场。（3）制度主体对自身利益的追求只是一种外部动力，揭示这种外部动力背后的根本因素，即制度创新和变迁的根本动力——生产力和生产关系的矛盾运动，新制度经济学就止步了。

因此，马克思主义经济学的高度是新制度经济学达不到的：看到了社会形态的发展更替，认为任何社会制度都会经历从产生、发展、衰弱直至灭亡的历程，任何经济制度都会被更高级的经济制度所代替，所以它是一种历史规律性的理论，从揭示资本主义的本质和运动规律当中看到该制度必然灭亡的历史趋势，从导致资本主义灭亡的矛盾中看到它的替代物新制度的基本特

---

① 吴易风：《马克思主义经济学与西方经济学比较研究》，中国人民大学出版社，2007，第1033页。

征。其制度分析明确了不同阶级利益的历史地位以及制度变迁的方向道路。

五 理论风格

1. 揭示社会经济运动的历史必然性与人的主观能动性的统一

马克思主义经济学阐明：资本主义的发生及其被社会主义取代不是政治家主观意志的结果，而是历史发展的客观规律。但历史规律不是自发运动的，这跟自然界中的春天取代冬天完全可以脱离人的运动不是一回事。历史规律必然通过人的活动来实现。资本主义的经济矛盾必将造成广大社会成员无法忍受现存旧制度，通过政治变革来建立新制度以取代之。历史事件如何影响人的行为充满着偶然性，历史必然性提供了人的活动舞台，人的主观能动性将会强烈地影响历史过程的长期或短期、平坦与曲折。历史必然性不是导致宿命论，而是社会主体——人与社会客观相互作用的对立统一。经济理论分析体现着历史过程的三方面，一是历史发展是人的实践活动的创造过程；二是人的实践活动的创造不能随心所欲，而是有规律可循，因而社会发展是自然历史过程；三是人在创造历史过程中也不断改变着自己。

2. 科学性与阶级性相统一

马克思主义经济学的哲学基础及方法论都体现出理论分析的科学性，但作为社会科学的经济学，无疑具有一定的利益立场。马克思主义经济学是无产阶级利益的代表，它致力于证明社会财富是无产阶级的劳动创造的，被资产阶级占有和享用的财富理应归无产阶级所有，这一阶级立场是公开宣称的。相反，西方经济学为资产阶级利益服务的，除了凯恩斯曾经公开表明站在"有教养的资产者"一边之外，没有哪个学者不是要掩盖其阶级立场的。马克思主义经济学的科学性与阶级性并不矛盾，一方面经济学研究的科学结论完全符合无产阶级的根本利益，一方面经济学研究并非是从无产阶级利益出发来构造的教义。如果违反客观的科学研究方法，一切从道德和正义出发来观察社会，并不能完全揭示社会的本质与客观的历史地位。马克思主义经济学在否定资本主义生产方式永恒性的同时，还论述了其历史阶段上的合理性；在根本否定资本主义制度的同时，还分析了其在经济发展方面可继承的遗产。而马克思主义经济学最终论证无产阶级的最大利益是全人类的解放，这就表明，经济理论的阶级性丝毫不会影响它的科学性。具有充分科学性的马克思主义经济学同时具有深厚的人文主义精神。

3. 现实的批判与理想的升华

马克思主义经济学对它所研究的资本主义制度进行批判，包括道德正义性与历史过渡性两方面。道德正义性的批判不是主观的批判，而是以揭示客观经济规律、揭露经济运行在假象掩盖下的真相来开展的。资本主义经济中最主要的假象是"资本与劳动公平交易"，剩余价值学说剥开了这个交易的各层外衣，反映了阶级剥削的真实，也就实现了道德正义性批判。揭示客观经济规律还完成了历史过渡性的批判。西方经济学或否认或承认资本主义经济中的矛盾，但从不越过该制度历史暂时性的底线。他们可以承认资本主义经济中的弊病，但企图证明可以通过国家干预来消除。马克思主义经济学通过对现实的批判，展现了人类社会发展的未来："代替那个存在着阶级和阶级对立的资产阶级旧社会的，将是这样一个联合体，在那里，每个人的自由发展是一切人的自由发展的条件。"[①] 这个理想，是通过严密的历史论证提出来的，是对社会发展规律前景的预期。它的细节有待后人来创造，但大方向可以科学推断。

第三节　马克思主义经济学范式研究（二）

探讨马克思主义经济学范式，不能不涉及作为理论前提的人性假设。本节对这个问题的研究，不仅可辨明马克思主义经济学与西方经济学的学科范式上的这一重大区别，还可以解说科学发展观的核心"以人为本"当中的"人"这个中心词。

一　对西方经济学人性假设的分析

西方经济学的经济人假设发端于古典经济学家亚当·斯密的观点。这一经济范畴为经济学的理论研究提供了一个逻辑起点，使经济学在研究经济问题时抽象掉了对人的行为的复杂性分析。该经济人假设的基本观点是：人天生具有利己心和完全理性，能够通过运用所拥有的全部知识和信息，以最小的经济代价去追逐自身的最大经济利益；同时在"看不见的手"（即市场价格机制）的作用下产生利他的结果，由此使整个经济运行

---

① 马克思、恩格斯：《共产党宣言》，载《马克思恩格斯选集》第 1 卷，人民出版社，1972，第 273 页。

协调有序，社会利益得到最大实现。

这种假设把丰富的人性只概括为自利的精明计算，实际上脱离了现实的社会经济。人性有多种，仅仅概括出自利、自营为人性的本质特点去建立经济理论大厦，显然是片面的。这样建立起来的理论不可能解释社会经济现象的复杂性。实质上，这是资本主义社会追求物质利益关系的人格化，这里的"人"实质上不是现实的社会人，而是"物"，即资本主义商品的符号。

在西方经济学阵营中，斯密这一观点为新古典经济学完全继承。由于其完全理性、完全自利等假设与现实不相符合而不断受到质疑，斯密之后，新制度经济学、行为经济学、实验经济学、博弈论等诸多经济学流派都直接或间接地对经济人假设进行了修正。

1. 新古典经济学理论体系是建立在关于经济人行为两大基本假定的基础之上的，即经济人追求自身利益的最大化和经济人具有充分的理性。新古典模型假设个体的决策是在给定价格参数和收入约束的条件下最大化自身的效用。个体的效用函数只依赖于他自己的选择，而不依赖于其他人的选择，最优选择只是价格和收入的函数。经济作为一个整体，人与人之间的选择是相互作用的，但对个体来说，所有其他人的行为被事先融入作为参数的价格当中。

2. 新制度经济学认为新古典经济学关于经济分析的人性假设过于理想化，因而放弃了新古典经济学关于完全理性、充分信息和确定性的基本假设，提出了更为现实的经济分析假设，即有限理性、目标函数最大化和机会主义。它借助交易费用概念论证了在存在交易费用的现实世界里产权制度与资源配置效率之间的相关性，得出了经济人活动其中的市场制度有改进必要的结论。古典假设中经济人的无限理性被修正为有限理性，比无限理性假设更接近现实。但是，其学说仍然是建立在斯密的功利主义、个人主义和自由主义等经验主义哲学思想基础之上。新制度经济学最终仍然以理性人为基本假设，因此，个人主义原则是其研究方法中所追求的基本原则，它强调个体的理性行为对集体行动的影响，对个人理性的重视贯穿于它对企业、利益集团、国家等组织的分析和研究中。修正后的经济人假设被安装到每一个经济单位和组织身上。

3. 博弈论研究决策主体行为的相互作用以及其决策的均衡问题。它所阐述的决策主体的行为机制与相对理性经济人的假设有区别。相对于忽视个体之间的相互作用、片面强调完全竞争的传统经济学而言，博弈论更注重经济生活中各个方面决策主体的相互影响、作用、依赖和制约，从而也更符合经济和社会发展的现实。在博弈论的理论中，个体的理性实际上是一种合作理性，即个体要真正达到自身利益最大化，必须考虑各种约束条件及其他博弈参与者的行为方式，并与对方进行适当的合作。博弈论中个体受到的动态交互影响限制在与其他博弈参与者之间，而没有涉及其他的重要约束条件。实际上，作为博弈论的个体理性所依托的约束条件：社会制度、生产技术水平等，不是马克思主义经济学所说的在生产力与生产关系相互运动中不断变迁的社会制度，而是固定不变的资本主义市场经济现实，① 在这个现实舞台上，个体决策者与所有博弈参与者都在互相按照各自的经济理性来上演，以构成一台戏剧。

二　马克思主义经济学的"人性假设"

作为理论前提的"人性假设"，不是西方经济学独有的，马克思主义经济学同样有，而且属于它的重要的哲学基础之一，在马克思主义经济学中具有关键的地位。作为马克思主义经济学的"人性假设"，其理论覆盖面远比西方经济学更宽。要全面理解这个学说，至少可以从五个方面来分析。

1. "人性假设"的真实内涵是人的社会关系

马克思主义从来不用抽象的人作为理论前提。所谓抽象的人，就是脱离社会关系的、思想性格是与生俱来、不受外界影响的人。这样的"人"是不存在的，只能为错误的社会学说作论证工具。历史唯物主义坚持人是社会关系的总和，是社会矛盾的复合体。作为经济学研究出发点的人不是孤立的个人，而是生活在现实中的社会的人，是受一定的物质生产生活方式制约、处在一定社会关系中的人。马克思主义经济学关于"人性假设"的学说是：人是物质生活资料生产的主体，又是其社会关系形成与更新的主体。马克思指出："人的本质并不是单个人所固有的抽象物。在其现实性上，它是一切社会关系的总和。"② 一方面，每一个人都受到其生活中现实存在的生产生活条件的制约，其思想、行为和能力都受到其所处条件及社会关系的影响；另一方面，每一个人又都在其社会约束条件下发挥着自己的主观能动

---

① 参见马艳《基于马克思经济学逻辑的相对理性经济人假设》，《当代经济研究》2007 年第 10 期。

② 马克思：《关于费尔巴哈的提纲》，载《马克思恩格斯选集》第 1 卷，人民出版社，1972，第 18 页。

性和创造力，推动着社会生产生活条件和社会关系的演变。人们在一定历史条件下创造历史，在一定的条件制约中进行选择，在改造环境的同时改造自身。这是马克思主义的实践唯物主义观点在"人性假设"中的应用。

2. 人的属性是由社会历史发展阶段决定的

西方经济学提出"经济人假设"，但不说明其社会基础是什么，似乎这是一个与生俱来、永恒存在的东西，这就缺乏科学性。马克思主义理论指出：历史的发展与社会形态的变更导致人的社会关系随之发生变化，相应的人性也会发生变化。因此，没有与史俱来永不变动的人性。马克思在有关人的发展阶段的学说中，论证了人的属性是由社会历史发展阶段决定的。他说："人的依赖关系（起初完全是自然发生的）是最初的社会形态，在这种形态下，人的生产能力只是在狭窄的范围内和鼓励的地点上发展着。以物的依赖性为基础的人的独立性，是第二大形态，在这种形态下，才形成普遍的社会物质变换，全面的关系，多方面的需求以及全面的能力体系。建立在个人全面发展和他们共同的社会生产能力成为他们的社会财富这一基础上的自由个性，是第三个阶段。第二阶段为第三个阶段创造条件。"① 当人类社会处于"人的依赖关系"这个阶段时，社会成员中只有极少数成为市场主体的人才能成为"经济人"，大多数社会成员只能处于人身依附关系当中，根本不可能按照利己心和经济理性来追求经济利益。"经济人"的普遍化只能发生在以"物的依赖性"为基础的阶段、人的独立性普遍存在的条件下。而到了"自由人联合体"的阶段，社会成员追求自由个性，以劳动为生活的第一需要，社会以按需分配为原则，就无须成为"经济人"了。

3. "经济人"只是"人性"诸属性当中的一种

在马克思主义经济学的视野中，"经济人"实际是经济关系人。每个人都不能脱离自己的社会关系，在阶级社会中，不能脱离自己的阶级关系。马克思认为资本主义生产方式下的经济关系人的根本特征是资本关系人，例如，作为资本家，他只是人格化的资本。相应的，作为雇佣工人，就是劳动力的人格载体。经济关系首先赋予每个人具有社会理性。

经济关系人都是在个体理性与社会理性相互矛盾运动中存在着。在马

---

① 马克思：《1857~1858年经济学手稿》，载《马克思恩格斯全集》第46卷上册，人民出版社，1979，第104页。

克思看来，资本主义企业个体理性与社会理性的矛盾正是资本主义利益矛盾运动的表现，并且这些利益矛盾的发展与激化，最终将导致资本主义制度整体利益的丧失。可见，经济人以及经济人的个体理性与社会理性的矛盾运动，正是马克思主义经济学中有关对资本主义制度产生、发展、灭亡全过程进行剖析的一条主线。马克思主义经济学有关经济人理性变化运动规律反映利益矛盾的存在、发展与演化，这一分析逻辑只有马克思主义经济学所独有的方法论体系才能完成。

既然存在个体理性与社会理性的矛盾，人的经济行为就无法脱离必然于道德体系。站在社会理性的角度，"经济人"就转化成为"社会人"。"社会人"不是"经济人"的对立概念，毋宁说前者是后者的集中表现，就像政治是经济的集中表现一样。从这个角度看，斯密的"利己心"不能说明一切。在一定的社会关系下，本阶级的成员完全可以出现依据经济理性而牺牲眼前的、个人的私利，追求长远的、群体（如家庭、团队、以至阶级）的最大利益的行为，尤其是在无产阶级这个社会群体。

4. 人的"利己心和完全理性"的具体内容不是天生的，而是社会发展所赋予的

不同的社会条件赋予的经济理性是完全不同的。在阶级社会中，被压迫、被剥削阶级成员终生都在温饱线上挣扎，他们的经济理性与追求最大限度发财的富豪权贵的经济理性有天壤之别。社会制度的变革直接是为人的解放，但首先是为被压迫、被剥削阶级的解放，在此当中也就改变着人的经济理性的内容。社会主义制度的建立，必定伴随人性的变化：消灭阶级差别，正确处理个体理性与社会理性的矛盾，根据生产力与社会发展水平来追求人的利益。因此，人的发展包括人性的更新，这是一个融入社会发展的原则，是社会关系的变革与社会文明发展的双重结果。

5. 人性问题的历史观与社会观

马克思主义对人与人性，应当从两条线来认识。从历史观来看，人是社会关系的总和，离开对社会关系的分析、离开对各个历史发展阶段生产力与生产关系，历史发展就无从谈起。因此，在历史唯物主义不以人道主义为中心。从社会学来看，人是自然生命与社会环境相结合的产物，尊重人的生命与认识人成长的社会环境，是文明发展的重要课题。基于这样的认识，科学社会主义在实践中提倡社会主义人道主义，以此作为文明的代表与先进文化的代表。为此，在社会主义运动中，解放人、改造人、发展人，都是站在我们事业的立场上善意对待一切人的体现。革命胜利，不仅解放了深受压迫剥削的劳苦大众，也使受到社会束缚的人走上正常生活的道路，使剥削阶级的人走上自食其力的新路，使放下武器的敌人走上改恶从善的自新的道路。从这个意义上，马克思主义代表着社会学意义上的最高人道主义，对全人类有着最大的感召力。

三 科学发展观中的 "人性假设"

科学发展观中的 "人性假设"，是马克思主义经济学 "人性假设" 的具体应用。

科学发展观提出 "以人为本"，其本义归结为这样一个命题：社会经济发展的目的不是为了 GDP 的增大，而是为了人的全面自由发展。这一完全正确的命题，隐含着丰富的前提，也包含了马克思主义经济学的 "人性假设"。一些理论不到位的人将科学发展观的 "人" 与西方经济学中的 "人" 混为一谈，误解为这是以抽象的 "人" 的概念来替代 "人民" 这个概念，提出所谓 "以人民为本" 来替代 "以人为本"。这种说法，首先在语义上是错的，他们不懂得："人民" 是政治概念，与之对立的或者是 "敌人" 一类概念，或者是 "领导者" 一类概念；而 "以人为本" 是与 "以物为本" 相对立的概念，两者完全是不同类型的问题。拿 "以人民为本" 来替代 "以人为本"，要犯形式逻辑错误。其次，这种提法暴露出他们以为马克思主义经济学是没有 "人性假设"，所以不承认 "以人为本" 是马克思主义的提法。前面已经论述了马克思主义经济学五个方面的 "人性假设" 学说，在此，我们将进一步从科学发展观的角度阐述马克思主义经济学的 "人性假设"。

1. "以人为本" 与 "以物为本" 的对立，不是人与物的对立，而是以人民利益为发展目的的科学发展与追逐 GDP 增大为发展目的的非科学发展的对立，在这个对立背后是人的社会关系

科学发展的受益者必然是广大人民群众，而 "以物为本" 的非科学发展则有利于背离社会主义经济关系的少数人。理顺社会经济关系，是落实科学发展观的基本途径。马克思主义从社会关系的总和规定人的本质，以劳动为人本质的核心要素，并由此规定人性、人的价值和人权，明确自由和解放的人类发展目标。在社会主义经济发展中，最广大人民群众通过劳动实现人生价值、公平地参与社会分工、享受自己的劳动成果，这就是社会发展追求的目标，也是人性得到解放、受到尊重，人权得以实现的体现。

2. 中国社会经济运行的理论指导不能按照西方经济学错误的"经济人"理解来塑造，发展中的行为方式是现实的人性的表现，必须适应社会主义市场经济的经济关系

商品、货币、资本都是社会基本交往关系，它们不能说明、也不能决定全部社会关系。以为交往关系能够决定一切，鼓吹市场至上，奉行拜物教、拜金主义是根本违背社会主义经济关系的。

3. 科学发展观在理论上坚持人的集体性与个体性的统一

不仅要在制度上、路线上、发展方式上符合人民的整体利益，也要在具体政策法规、具体工作上尽可能兼顾人民群众中每个人的合理利益诉求。人性是二重的，是集体性与个体性的统一。只讲个体性不讲集体性，是对人性概念的片面理解，反之也是。社会成员的分化使人的集体性突出出来。为此我们可以理解，在阶级斗争激烈、劳工与资方严重对立的时期，强调人的集体性即阶级性，对人的个体性有所忽略，在现实生活中容易出现只要事业不要个人生活的倾向。在革命战争年代，这一倾向有它的正面作用，但也是一种代价。进入社会主义建设的和平年代，这是要改进的。如果仍然在人的集体性与个体性问题上有偏差，造成为人民的利益只是一句口号，最多也只是在计划、政策的总体安排上考虑人民的利益，却未必在实施细节上考虑人民当中有差异性的各个个人的利益。这一倾向不予纠正，就会导致对于社会人际关系的冷漠化，对于领导工作就会造成官僚主义，对于整体事业安排，就会造成重大的失误。上述二重性分析表明，不能以国家、阶级、集体的至高无上的地位来否认个人的合理诉求与合理的利益需求。但反过来，认为人的个体性是实的，人的集体性是空的，那就又走进另一个错误极端了。

4. 科学发展观倡导的和谐、健康、持续发展，其内涵正是针对正确处理人的个体理性与社会理性

社会不同阶级、阶层、群体的个体理性与社会理性矛盾性质不同，处理的性质也不同。以"三个代表"重要思想为指导的共产党，站在最广大人民群众的立场上来处理各类个体理性与社会理性矛盾，按照科学发展观来制定方针、政策、行政法规，在政治上是分清两类不同性质的矛盾，在法律上是坚持依法治国。

5. 经济社会发展在带来物质文明、精神文明、政治文明与生态文明成果的同时，也改变着现实社会中的人性，这就是"人的发展"的深层含义

环顾我们的现实生活，在发展市场经济和推进工业文明，在把人的积极性、主动性、创造性释放和发展出来的同时，也把人的利欲、物欲、贪欲和自我膨胀欲释放出来了；在促进人的独立人格和个性解放的同时，也把个人主义、利己主义给诱发出来了；在丰富人的需要、扩大人的交往与相互学习的同时，也把享乐主义、拜金主义给滋生出来了。科学发展就是要面对这样的矛盾现实，积极创造社会条件，通过倡导社会主义价值观等思想道德手段，扬善惩恶的社会手段，引导人性的变化，抑制人性的负面变化，促进人性的良性变化。

参考文献

［1］程恩富：《马克思经济学与经济思维方法——与张五常先生商榷之四》，《学术月刊》1996 年第 10 期。

［2］程恩富：《新"经济人"论：海派经济学的一个基本假设》，《教学与研究》2003 年第 11 期。

［3］许卓云：《马克思经济学与西方经济学的方法论比较》，《学术研究》2006 年第 5 期。

［4］贾后明：《论马克思主义经济学的命运及与西方经济学的分歧》，《前沿》2007 年第 4 期。

［5］崔向阳：《马克思经济学与现代西方经济学方法论之比较研究》，《湖北经济学院学报》2006 年第 5 期。

［6］索红：《马克思主义经济学与西方新制度经济学的比较》，《当代经济》2008 年第 3 期。

［7］邱海平：《论马克思经济学的核心》，《当代经济研究》2008 年第 3 期。

［8］洪远朋：《经济学·马克思主义政治经济学述评》，《马克思主义研究》2007 年第 8 期。

［9］孟捷：《经济人假设与马克思主义经济学》，《中国社会科学》2007 年第 1 期。

［10］李炳炎、江皓：《"科学经济人"：现代马克思主义经济学的基本假设》，《学术研究》2005 年第 12 期。

［11］郑贵廷、庄慧彬：《在制度框架下研究经济人假设》，《吉林大学社会科学学报》2003 年第 6 期。

［12］张艳红：《马克思经济学关于人性假设的现实意义》，《河南社会科学》2004 年第 6 期。

［13］黄信：《经济人假设与人的发展在经济学中的位置思考》，《改革与战略》2012 年第 1 期。

第二章

科学发展观的理论解读

第一节　科学发展观的综述

2003 年 6 月，在全国抗击"非典"总结大会上，胡锦涛总书记正式提出了科学发展观并在党的十六届三中全会上将科学发展观首次写入党的决议。2004 年 3 月 10 日，他又在中央人口资源环境工作座谈会上发表讲话，阐述了科学发展观的深刻内涵和基本要求。自此以来，理论界与宣传界已经做了大量解读。本书根据有关媒体的一些宣传内容做出如下概括，以此作为相关研究的起点。

一　科学发展观的内容

科学发展观涵盖了三个基本点：本质和核心——坚持以人为本；主要内涵——促进和实现经济社会的全面、协调、可持续发展和人的全面发展；根本要求——统筹城乡发展、统筹区域发展、统筹经济社会发展、统筹人与自然和谐发展、统筹国内发展和对外开放。

1. 以人为本是科学发展观的本质和核心

以人为本，就是指以人为价值核心和社会本位，把人的生存和发展作为最高的价值目标，一切发展归根结底是为了人，不断满足人的多方面需求，并最终体现为人的全面发展。人不仅是发展的目的，也是发展中的最关键因素。它指明了我们所从事的事业的性质：追求和努力实现人的解放与全面发展是共产党人的价值观和共产主义运动的目的。在治国理政过程中，要始终把实现好、维护好、发展好最广大人民的根本利益作为党和国家一切工作的出发点和落脚点，发挥人民群众的首创精神，保障人民群众各项合法权益，做到发展为了人民，发展依靠人民，发展成果由人民共享，不断使人民群众得到更多的实惠，使全体人民朝着共同富裕的方向稳步前进。对于现实经济发展，则要求正确认识物质财富增长和人的全面发展之间的关系，转变"重物轻人"观念。

2. 全面、协调、可持续发展，是科学发展观的基本内容

科学发展观指出：我们所追求的发展，不是片面的发展、不计代价的发展、竭泽而渔式的发展，而是全面协调可持续的发展。

（1）全面发展的针对性在于：发展不是单纯的经济发展，而是经济、社会和人的综合发展，是经济、政治、文化的全面发展，是物质文明、政治文明、精神文明的全面提升。不是把 GDP 增长数量作为考核发展的唯一指标。

（2）协调是指各方面的发展要相互适应。在发展中努力协调好改革进程中的各种利益关系，包括经济社会变迁中，经济结构的协调、社会结构的协调，等等。统筹推进各项改革，努力实现宏观经济改革与微观经济改革相协调，经济领域改革与社会领域改革相协调，城镇改革与农村改革相协调，经济体制改革与政治体制改革相协调。

（3）可持续是指发展进程的持久性、连续性和可再生性。中心思想是发展必须考虑人口、资源和生态的承受力和持久支持力，处理好经济建设、人口增长与资源利用、生态环境保护的关系，实现经济发展和人口、资源、环境相协调、相适应，形成良性互动。建设以资源环境承载力为基础、以自然规律为准则、以可持续发展为目标的资源节约型、环境友好型社会，坚持走生产发展、生活富裕、生态良好的文明发展之路，保证一代又一代的永续发展。

要实现可持续发展，就必须把当前利益与长远利益结合起来，既要考虑当前发展的需要，又要考虑未来发展的需要；既要遵循经济规律，又要遵循自然规律；既要讲究经济社会效益，又要讲究生态环境效益，切实为人民群众创造源源不断的、日益改善的生产生活条件，以利于中华民族和人类社会的长远发展。

总之，全面、协调、可持续发展，体现了经济社会发展与人口、资源、环境的统一，作为一个互相联系、互相制约、互相促进的有机整体，抓住了发展的内在规律。全面是讲发展的内容，是从广度和静态上观察的。协调是讲发展的各部分内容的关系，是从动态着眼的，在运动中实现平衡，进而保证全面发展。而可持续发展则是讲发展时间的前后继起性和不间断性，它要求和保证全面发展的各部分内容发展的持久与连续。没有可持续，发展就将中断，同时它本身也是一种协调，即如何协调过去发展、现在发展和未来发展的关系。只有实现全面协调可持续发展，才能保证经济社会又好又快发展。

3. 科学发展观的根本方法是统筹兼顾

统筹兼顾是我们中国这样一个十几亿人口的发展中大国治国理政的重要历史经验，也是我们处理各方面矛盾和问题必须坚持的重大战略方针。统筹兼顾，就是总揽全局，科学规划，协调发展，兼顾各方，协调好改革、开放和发展进程中的各种重大关系。从宏观上来看，统筹兼顾包括这样几层含义：一是正确地处理改革、发展、稳定的关系，把改革的力度、发展的速度和社会可承受的程度统一起来；二是正确地处理经济和社会发展中各个领域之间的关系，做到"五个统筹"；三是正确地处理改革和发展中的各种利益关系，协调好各阶层人民之间的利益，确保改革和发展成果为全体人民所共享。

党的十七大报告在讲到统筹兼顾的时候，把"五个统筹发展"与中国特色社会主义事业中的重大关系、与国内国际两个大局联系起来，要求我们"统筹中央和地方关系，统筹个人利益和集体利益、局部利益和整体利益、当前利益和长远利益"，"树立世界眼光，加强战略思维，善于从国际形势发展变化中把握发展机遇、应对风险挑战，营造良好国际环境"①。

"五统筹"是我们发展的指针，包含着我们当前乃至今后相当长一个时期发展中需要解决的重点问题。

（1）统筹城乡发展，在于破解"三农"难题，缩小城乡发展差距，逐步改变城乡二元结构。

（2）统筹区域发展，在于解决好东、中、西部的关系问题，缩小地区差距，形成促进区域经济协调发展的机制。

（3）统筹经济社会发展，在于克服"经济腿长、社会腿短"的问题，处理好经济增长的数量与质量、速度与效益的关系问题，以及经济发展同政治发展、文化发展、社会事业发展的关系问题，提升社会全面发展指标，实现经济社会全面进步。

（4）统筹人与自然的和谐发展，在于缓解人口资源和环境制约发展的突出矛盾，解决好我国经济社会发展中的生态代价问题、自然资源制约问题，实现人与自然的和谐相处。

---

① 胡锦涛：《在中国共产党第十七次全国代表大会上的报告》，《求是》2007 年第 21 期。

（5）统筹国内发展和对外开放的要求，在于维护国家经济安全，正确处理扩大外需与扩大内需之间的关系，在经济增长中要形成消费、投资、出口三者协调拉动增长新格局，消除对外市场过分依赖。提高我国经济的创新能力与自力更生条件下的竞争力。在保证我国经济自主发展的基础上，学习和应用人类一切优秀的知识，追踪并掌握世界科学技术发展前沿成果，提高我国的国际分工地位。

上述五个统筹中，人与自然和谐是基础，以区域、城乡、经济与社会统筹发展为内涵的社会公平和谐是目标，内外统筹是手段。

二 科学发展观的理论价值

1. 科学发展观是马克思主义"三化"的重大新成果

党的十七届四中全会提出了推进马克思主义中国化、时代化、大众化的重大战略任务。党的十六大以来，我们党科学分析时代特征，深刻总结实践经验，着力推动科学发展，进一步丰富和发展了马克思主义，推动了马克思主义中国化进程。实践证明，这是今后相当长时期内推进马克思主义中国化的基本着力点。

马克思主义的"三化"，就是把马克思主义基本原理同中国具体实际相结合，运用马克思主义的立场、观点、方法来研究和解决当代中国的实际问题，总结中国的独特经验，揭示中国社会历史变革的规律，以中国文化形式和大众表达方式来阐述马克思主义理论，使之成为具有中国风格、中国气派的马克思主义。不断赋予当代中国马克思主义鲜明的实践特色、民族特色、时代特色，是马克思主义中国化的要求。

科学发展是发展中国特色社会主义的时代主题。对于我们这样一个人口众多、基础薄弱的发展中大国来说，如何发展是特别需要研究和解决的重要问题。新中国成立后特别是改革开放以来，我国取得了举世瞩目的发展成就，但也积累了一系列深层次的矛盾和问题，包括粗放型增长方式尚未根本改变，影响发展的体制机制仍然存在，财产与收入分配差距拉大趋势在继续，农村发展相对滞后等。我们党立足社会主义初级阶段基本国情，深入分析新世纪我国经济社会发展呈现的新的阶段性特征，认真总结我国发展实践，借鉴国外发展经验，用新的有效的发展视角、发展方式、发展措施来解决经济社会发展中的突出矛盾和问题，并大力推动理论创新和实践创新，这样才会在当前马克思主义中国化的进程中不断推进。

2. 科学发展观是中国特色社会主义理论体系中一个相对独立的重要组成部分

新时期中国共产党理论创新和实践创新是紧紧围绕中国特色社会主义这一主题展开的，新时期理论与实践发展最突出的特征是与时俱进。改革开放以来，我们党对中国特色社会主义建设规律的认识不断深化，不断探索并正确回答了什么是社会主义、怎样建设社会主义；建设什么样的党、怎样建设党；实现什么样的发展、怎样发展等重大理论和实践问题，形成了邓小平理论、"三个代表"重要思想和科学发展观三大理论成果。中国特色社会主义理论体系，就是包括邓小平理论、"三个代表"重要思想以及科学发展观在内的科学理论体系。这个理论体系，是马列主义、毛泽东思想的继承和发展，是马克思主义中国化的第二次飞跃。

从当代马克思主义中国化的历史进程中可以看到，科学发展观既源于马克思主义，又不同于已有的马克思主义。从纵向上看，它与马克思列宁主义、毛泽东思想、邓小平理论和"三个代表"重要思想存在着密不可分的天然联系，同属于一个总的科学体系。从横向上看，它又深深地根植于当代中国的发展现实，具有鲜明的时代特点和时代风格，并在很大程度上有自己独特的主题、内容、特点和结构，是当代中国马克思主义理论宝库（或者说母系统）中的一个相对独立的分支（或者说子系统），具有相对独立的历史地位和理论价值。

科学发展观之所以成为中国特色社会主义理论体系中一个相对独立的重要组成部分，主要是基于三个方面的原因：一是我国现阶段经济社会发展的特殊状况和要求。进入新世纪、新阶段，我国发展呈现出了一系列新的阶段性特征，我们面临的机遇前所未有，面对的挑战也前所未有。推进社会主义现代化建设需要解决一系列的新课题。二是我们事业的复杂性和艰巨性。坚持和发展中国特色社会主义是一项前无古人的创造性事业，在前进的道路上各种新情况和新问题会涌现出来，原有的理论武器已经无法完全解决。三是时代背景在不断变化。任何科学理论的提出都是同特定的时代背景、历史条件和现实要求相联系的，当今世界正处在大变革大调整之中，社会主义的复兴呼唤着理论的创新和实践的创新。

3. 科学发展观反映了我们党对中国社会主义建设规律与人类社会发展规律的新认识

首先，科学发展观深化了对中国特色社会主义事业总体布局的认识，揭示了经济、政治、文化和社会一体化发展的规律。表明物质文明、政治文明、精神文明与社会文明是有机统一的，共同统一于中国特色社会主义建设的伟大实践中。

其次，科学发展观深化了对社会系统各个要素内在联系和辩证统一关系的认识。改革开放以来，伴随经济发展带来社会变迁的深化，需要将人们主要关注物质财富的增长转为同时关注社会发展的协调和均衡。科学发展观引导我们认识现代化目标是一个社会全面进步的综合性、系统性目标，实现这一目标绝不是一个纯经济过程，必须使各方面、各领域的发展有机地结合起来。科学发展观充实了全面建设小康社会目标，提出了全面建设小康社会不仅是经济发展的战略目标，还是体现公平正义与生态平衡的社会建设战略目标。

再次，科学发展观进一步揭示了社会发展的动力规律。科学发展观提出以人为本，明确了发展的首要问题就是为什么发展和为谁发展的问题，即发展的出发点和落脚点在哪里的问题。"以人为本"就是把人的需要、人的利益、人的权利作为分析、思考和解决问题的出发点，就要全面考虑人民的需要，包括物质生活的需要、精神生活的需要，以及健康的需要、安全的需要。发展的另一个问题是由谁来发展，即在发展中相信谁、依靠谁的问题或者说发展的动力问题。坚持以人为本，就要重视发挥人民群众的历史创造者作用，在谋求发展的过程中以人民群众作为依靠力量。调动一切积极因素，激活蕴藏在十三亿人民中的巨大力量，使经济社会发展充满生机和活力。

4. 科学发展观是建设社会主义和谐社会的重要指导思想

促进社会和谐，是推动科学发展的内在要求。科学发展和社会和谐是内在统一的。没有科学发展就达不到社会和谐，没有社会和谐就不能算是科学发展。党的十七大报告指出：社会和谐是中国特色社会主义的本质属性。构建社会主义和谐社会，促进人与人、人与社会、人与自然和谐相处、协调发展，是社会主义制度的本质要求，是发展中国特色社会主义的重大战略任务。特别是在当前改革发展的关键阶段，社会主义和谐社会理论为党和国家一系列制度安排和制度设计提供了重要依据，为协调社会各阶层、各群体的利益确立了基本准则，对于增强社会的凝聚力、向心力、感召力，增强人们同心同德发展中国特色社会主义的积极性、主动性、创造性，具有重大意义。从这个角度来看，促进社会和谐是发展中国特色社会主义、继续推进马克思主义中国化的又一个重要侧面。

三 科学发展观是社会主义"四位一体"文明建设的全面思想指南

1. 科学发展观统揽四种文明建设

在社会主义"四位一体"中,物质文明、政治文明和精神文明的建设发生在社会领域内,而生态文明的建设要跨进人与自然界之间。

科学发展观深刻阐明:发展不是单纯的经济增长,而是社会整体的进步,既包括人的社会关系方面的进步,也包括人与自然关系方面的进步。文明是人类社会的整体进步状态,人类在政治、经济、文化、生态方面的所有进步都是人类文明的构件。科学发展观的指导要求是全面的:要求社会经济发展和人民物质生活水平提高,表现为物质文明的进步;要求人民民主权利增加和民主程度提高,表现为政治文明的进步;要求社会文化艺术的发展和人民精神生活的丰富与提高,表现为精神文明的进步;要求有良好的生态环境及人与自然和谐相处,表现为生态文明的进步。由此可见,科学发展观的指导要求正是将建设社会主义的物质文明、政治文明、精神文明、生态文明作为一个互为条件、相互促进、不可分割的整体。

2. 科学发展观的直接覆盖与间接覆盖

就覆盖的领域来说,科学发展观直接涉及的问题基本发生在物质文明建设与生态文明建设。科学发展观要求经济发展以人为本而不是以 GDP 为本,规定了物质文明建设的方向、目的与基本原则。科学发展观要求社会主义建设兼顾经济系统、社会系统与生态系统,为此,在经济发展中必须兼注重社会、生态的效益,重视社会意义与生态意义的投资项目,其中,有关生态效益的追求、生态意义的投资,都与生态文明建设直接相关。

科学发展观虽不直接论述政治文明与精神文明的问题,但却是促进与保障两种文明建设的思想武器。一者,通过政治制度与机构来端正物质文明建设的方向、目的,调动社会力量在物质文明建设中转变经济发展方式开展科技与管理创新,这一前提是各级政府执政理念的正确、官民密切关系的建立、掌握民情的力度、执政行动的高效。经济发展方式转变为政治文明建设达到上述状态提供了具体的平台与实践机会。二者,科学发展观指导社会的科教文卫事业推出的精神产品能够结合社会思想观念的变化,使人们在观念上、对策上能把握住物质文明建设的正确方向,保证为转变经济发展方式而开展科技与管理创新的力量得到有效调动。精神文明建设越有成效，上述促进作用就越强。科学发展观指导着精神文明建设如何去配合物质文明建设。经济发展方式的转变为精神文明建设发挥上述作用提供了更多的财力、人力资源。

四　科学发展观提出的背景

1. 科学发展观提出的国内背景

落实科学发展观的主要途径是转变经济发展方式，这一理论与实践的发生是深有背景的。在中国特色社会主义理论体系经过邓小平理论与"三个代表"重要思想的发展阶段之后，有必要针对当前我国经济、社会发展中存在的突出问题和矛盾，科学总结我国改革开放和现代化建设二三十年来的经验教训，为中国特色社会主义事业继续发展把正航向。它有助于解决中国现实矛盾，符合当代中国国情，成为今后全面建设小康社会的思想保障，满足开创中国特色社会主义建设新局面的迫切需要。

我国经济社会发展中存在的问题和矛盾有多种类型，有的是属于市场经济体制不完善、需待经济体制的改革与构建进一步完善的问题，有的是宏观经济过热与失衡、有待中央政府调控的问题，有的则是两者的交叉、地方经济发展与全国经济发展脱节的问题。这些问题早曾几度发生，过去虽没有用科学发展观指导问题也都能着手解决。而现在我们面临的主要问题和矛盾显然在性质上与上述问题根本不同，它们是发展目的、发展依靠力量、发展方式、发展质态出现偏差的问题。解决这些问题需要以新的思想与理论来分析观察、指导实践。

按照党的十六大确立的全面建设小康社会的奋斗目标，到 2020 年中国人均国内生产总值将达到 3000 美元。中国既面临黄金发展期，又面临矛盾凸现期。胡锦涛总书记郑重告诫全党，这 "是一个既有难得机遇又有严峻挑战的时期"。他强调："一些国家和地区的发展历程表明，在人均国内生产总值突破 1000 美元之后，经济社会将进入一个关键发展阶段。在这个阶段，既有因为举措得当从而促进经济快速发展和社会平稳进步的成功经验，也有因为应对失误从而导致经济徘徊不前和社会长期动荡的失败教训。"[①] 而统揽经验与教训的指导思想，必须靠科学发展观。

[①]　胡锦涛：《把科学发展观贯穿于发展的整个过程》，《求是》2005 年第 1 期，第 3 页。

2. 科学发展观提出的国际背景

从世界与中国的可持续发展来看。从 20 世纪 70 年代以来，世界可持续发展不仅未能实现，反而问题更严重。在此背景下，中国也面临着一系列挑战。

当代社会目前正处于发展观急剧转变的关头。20 世纪 60 年代末以来，由于东西方冷战、南北冲突、环境污染，人类面临空前的发展困境，人们开始意识到：进步不一定带来发展，经济增长与富裕不一定带来幸福。尤其是 20 世纪 80 年代以来，生态危机的全球征候引发了人类对于自身发展危机的严肃思考。进入 20 世纪最后一个十年，西方传统的发展观遭到了全面挑战。

作为世界上坚持社会主义道路的最大发展中国家，我国要完成工业化和信息化的双重任务，需要在增强国力与可持续发展两方面做出突出成绩，然而却承受着经济发展和节约资源、保护环境的双重压力，这就决定了我们不能重复其他国家的老路，而必须走出一条有中国特色的发展道路。

发达国家在两百多年工业化过程中分阶段出现的资源环境问题，我国现阶段集中显现出来；发达国家在经济高度发达后花几十年解决的问题，我们要在五年到十年里逐步解决，难度之大前所未有。为此，需要总结其他国家在发展中的经验教训，在新的思想与知识的引领下开辟新路。

另外，在 20 世纪 80 年代以后，世界进入了发展道路、体制选择的"新倾向时期"，世界三类国家都对本国的经济体制进行了倾向相类似的改革。发达资本主义国家以美国总统里根、英国首相撒切尔夫人为首，放弃凯恩斯主义，推行新自由主义；中国开始了以推进市场取向、转换国家经济管理职能为方向的经济体制改革；原来那些不同程度上模仿苏东社会主义阵营的发展中国家，也开始吸取过于依靠政府力量、忽视民间力量，过于依靠行政系统、忽视市场体系的教训，在体制与政策上进行调整。三类改革形成制度不同而方向相似的合力，使新自由主义乘机嚣张，在世界范围内鼓吹市场原教旨主义，忽视经济发展的社会效果，反过来给三类国家都带来不良后果，在少数人得利的同时，大多数人受损。于是，新的反思重新开始，否定之否定的规律在当代历史中再显作用。对于使中国在剥离新自由主义的恶劣影响下继续健康地走好 30 年前开始的改革之路，就成为科学发展观义不容辞的任务。

五 科学发展观的思想要则

科学发展观是中国特色社会主义理论体系中的最新成果。对于指导中国经济发展，体现了如下创新性的思想要则。

1. 确立社会经济发展的客观标准与价值标准

发展的客观性由生产力标准体现，发展的价值性由社会主义经济发展的核心价值观评判。科学发展观强调了马克思主义关于"人的全面自由发展"这一社会主义核心价值观的思想。自此，坚持以人为本，促进人的全面发展，实现、维护最广大人民的根本利益，发展成果人民共享，成为社会主义经济发展的核心价值观表述。

2. 兼顾经济、社会、生态三方面的发展

全面建设小康社会，就需要将经济、社会、生态三方兼顾，形成系统的努力。确立科学发展观要为这一"兼顾"开创新局面。

我们从理论上已经认识到：社会主义建设是物质文明、精神文明、政治文明、生态文明四位一体的建设。这四位一体的建设，都统一需要科学发展观为指导。物质文明建设，在生产关系上必须以人为本，以宪法规定的生产关系结构为依据，公平与效率并重；在生产力上将粗放型增长转变为集约型增长，走新型工业化道路；在经济运行上实现五个统筹。精神文明建设，就要破除西方资本主义以私利—拜金—物欲为主线的观念体系，弘扬社会主义核心价值体系。政治文明建设，就要通过建立健全社会主义民主法治规章制度，实现立党为公、执政为民、依法治国、正确处理人民内部矛盾的原则。生态文明建设，就是要在经济发展中消除对资源环境进行掠夺性利用的急功近利做法，贯彻可持续发展战略与经济、社会、人口、资源、环境相协调的方针，推进循环经济、低碳经济的产业发展途径，达到经济绿色转型，建设资源节约型、环境友好型社会。

社会主义四位一体的建设，是整个社会主义历史阶段的任务。我们当前面临的是转变经济发展方式的迫切任务，如果没有科学发展的清醒认识和坚定决心，四位一体的建设就可能变成"例行公事"、例行的规划，没有针对性，经济发展方式转变就迟迟不能实现，变成一个遥遥无期、最后不了了之的承诺。

3. 坚持破旧立新、协调发展的思路

科学发展不仅有"建设"，也有"破坏"，淘汰落后的生产能力、建设先进的生产能力，两者是并行的。部分工业项目严重损耗资源环境，必须制止，关键在于突破利益集团的阻挠。但是，目前大部分工业生产都不同程度地有损可持续发展，简单地制止也会有损经济发展与可持续发展能力的建设。为此，在经济发展中要妥善处理好长期效益与短期效益之间的关系。不仅要反对只看近期和当代的眼前利益，搞短期行为，"吃祖宗的饭，断子孙的路"；而且也要正确分别暂时允许与长期更换之间的关系，在"破旧立新"中既考虑近期和当代，又考虑长远及后代，兼顾当前利益和长远利益。根据协调发展的思路，从一个较长时期内统筹考虑工业生产能力的科技提升与生态化更新改造，两利相权取其重，两害相权取其轻。

第二节　科学发展观的理论来源

列宁曾经论述过马克思主义的三大理论来源：马克思主义哲学的理论来源是以黑格尔、费尔巴哈为代表的德国古典哲学；马克思主义政治经济学的理论来源是以亚当·斯密、大卫·李嘉图为代表的英国古典政治经济学，科学社会主义的理论来源是以欧文、圣西门、傅立叶为代表的空想社会主义。我们根据列宁的启发来探讨科学发展观的理论来源，不能简单类比。列宁所论述的"马克思主义"是马克思、恩格斯创立并作为起点的科学体系，因此它只能有外部理论来源。而科学发展观本身就是马克思主义体系中的新成果，它就会有两种理论来源：内部理论来源与外部理论来源。内部理论来源就是马克思主义本身，外部理论来源则是 20 世纪人类发展观的理论成果。

一　科学发展观的内部理论来源

1. 科学发展观继承了马克思主义的基本价值取向

实现人的全面发展、促进社会和谐与全面进步，是马克思主义的基本价值取向。马克思主义的一系列基本理论和观点，都是围绕这一价值取向展开的。我们党提出的科学发展观和社会主义和谐社会理论，正是这一价值取向的鲜明体现。

2. 科学发展观继承和发展了马克思主义的一系列基本理论

科学发展观是马克思主义有关哲学理论在我国当前社会经济发展领域的应用。

（1）唯物辩证法认为，事物是普遍联系、永恒发展的。联系是指事物与事物之间、事物内部各个要素之间的相互影响、相互制约和相互作用。联系是客观的、普遍的。恩格斯曾经说过，"当我们深思熟虑地考察自然界或人类历史或我们自己的精神活动的时候，首先呈现在我们眼前的，是一幅由种种联系和相互作用无穷无尽地交织起来的画面"①。发展是指事物前进性、上升性的运动和变化，是事物由简单到复杂、由低级到高级的运动。发展同样是客观的、普遍的。科学发展观把全面协调可持续作为基本要求，体现了唯物辩证法这一基本观点的应用。

（2）生产力是社会发展根本推动力的观点。唯物史观认为，物质生产实践是人类社会生存和发展的必要条件和基础。人的全面发展应建立在社会生产力发展的基础上。只有大力发展社会生产力，促进经济繁荣，以经济发展带动社会各方面的进步，才能最终实现人的全面发展。科学发展观强调第一要义是发展，体现了历史唯物主义这一基本观点的应用。

（3）人民群众是历史创造者的观点。马克思主义认为，人民群众是历史的主体，是社会物质财富和精神财富的创造者。人民群众是顺应生产力发展要求的社会力量，并在推动生产力发展的过程中不断变革生产关系，他们的总体意愿和行动代表了历史发展的方向。正是在正确把握这些观点的基础上，科学发展观提出要始终坚持以人为本，尊重人民群众的主体地位，把人民作为发展目的载体、发展依靠与成果共享的主体，充分体现了历史唯物主义这一基本观点的应用。

（4）人与人、人与社会、人与自然和谐相处、协调发展的思想。马克思主义认为，人是社会的主体，同时是自然界的一部分，人类社会的生存与发展和自然息息相关，人、自然、社会三者之间是相互联系、相互作用、相互影响、相互制约的关系。马克思指出："社会化的人，联合起来的生产者，将合理地调节他们和自然之间的物质交换，把它置于他们的共同控制之下，而不让它作为盲目的力量来统治自己；靠消耗最小的力量，在最无愧于和最适合于他们的人类本性的条件下来进行这种物质交换。"②科学发展观所包含的社会主义和谐社会理论，充分体现了马克思主义经典作家的这些思想。

---

① 恩格斯：《反杜林论》，载《马克思恩格斯选集》第3卷，人民出版社，1972，第60页。
② 马克思：《资本论》第3卷，人民出版社，1975，第926～927页。

总之，科学发展观既贯穿着唯物辩证法，要求人们全面地而不是片面地、联系地而不是孤立地、发展地而不是静止地看待发展问题；又贯穿着唯物史观，立足于人类历史活动的实践过程、特别是人民群众创造历史的实践过程，对人与人、人与社会、人与自然三大关系系统进行了科学归纳，深刻揭示了经济社会发展的本质要求，深化了对当代中国经济社会发展规律和现实趋势的认识。

二　科学发展观的外部理论来源

中国在"文革"结束之后，经过 30 多年的发展，除了总结本国的发展经验教训之外，还有必要吸取世界上其他国家在发展进程中的经验教训，辨识世界历史发展的主流或非主流，顺应当今世界的发展潮流，反映当代发展的最新理念，探索人类社会发展的正确道路。

人类的发展观是伴随着社会的变化不断演进的。20 世纪 50 年代，人们认为发展等同于经济增长。60 年代，人们认识到发展包含增长经济结构变化，如生产技术结构、城乡经济结构、社会阶层收入结构。70 年代，人们强调贫困、失业和分配不公等社会性问题的纠正或改善。80 年代，人们的认识引入了环境与可持续发展，开始重新思考环境与发展的关系，提出了可持续发展观。90 年代，人们的认识中以不同形式涉及以人为本的发展。

科学发展观是继承与创新前人的发展思想，体现并包含着深刻的人文精神，是人类发展观念演进的新阶段。它的两个外部来源包括两个思想观念，一是"以发展代替增长观"，二是可持续发展观。它们是先后继起的思想运动。

1. "以发展代替增长观"

发展中国家最早的"发展模式"，是没有"发展"的单纯增长模式。

20 世纪 50～60 年代，大批发展中国家获得政治独立之后，正值西方发达国家快速经济增长的"黄金时期"。"二战"结束后加快经济增长成为世界各国的共识，人类创造了前所未有的经济增长成就。西方经济繁荣的现实，为广大发展中国家摆脱贫困提供了理论模式和现实的样板。西方经济理论将其发展经验在世界范围内普世化。

但是，由于一些国家在社会制度方面存在的问题和弊端，由于单纯追求经济增长，不重视社会的发展，不解决社会公平问题，忽视能源资源节约和生态环境保护，致使世界发展遇到了一系列严重的问题。有的国家走了一条先发展、后治理的路子，为解决生态环境严重恶化问题付出了高昂的代价；有的国家由于经济结构失衡、社会发展滞后，导致发展质量低、后劲不足；有的国家出现了贫富悬殊、失业增加、社会腐败、政治失调等问题。各国的发展实践表明，发展绝不仅仅是经济的增长，而应是经济结构与政治、社会、文化、环境的全面协调发展，是人与自然和谐的可持续发展。

到 80 年代中期，人们开始意识到，单纯追求物质财富增长的发展模式并没有把广大发展中国家引向类似西方的那种现代化境地，反而导致日益严重的社会不公、环境污染等发展异化现象，引发了人们对发展观传统范式和传统发展战略的普遍怀疑。

典型例子是巴西。20 世纪 60 年代至 70 年代中期，巴西实施高增长战略取得极大成功，1968 年至 1974 年实际年平均增长率达 10.1%。然而从社会效果看，社会分配不公、低收入阶层恶化等问题出现。两极分化与高速增长相伴而生，基尼系数持续攀升。城镇的畸形繁荣与农村的停滞落后形成鲜明反差。这样的双重效果是发展中国家不愿接受的。

美国学者雷蒙德·鲍尔在 1966 年出版的《社会指标》一书中指出，衡量社会发展不是由 GDP 作为唯一合理的指标，而是由社会、经济、文化、环境、生活等多项社会性因素组成的社会指标体系。经济学家迈克尔·托达罗，政治学家塞缪耳·亨廷顿、阿尔蒙德等人把多元化、社会性因素"注入"发展内涵中，突出发展的综合特征。迈克尔·托达罗认为，发展就是整个社会和社会制度持续地走向更美好、更人道的生活的过程。对于这个过程，有三个核心价值至关重要：（1）生存，经济发展就是要有为尽可能多的人提供能满足他们的食物、住房、健康和保护等基本需要的能力，这是提高生活质量的必要条件，但不是充分条件。（2）自尊，在发展中每个人要被当作"人"来看待，而不是作为被他人为达到自己的目的而利用的工具。（3）自由，就是通过发展使人们不受奴役，享有选择的自由，包括获得更多商品和服务、更多闲暇的自由，也包括政治参与的自由。塞缪耳·亨廷顿把发展目标归纳为五个方面：增长、公平、民主、稳定和自主。阿尔蒙德提出体现发展的四个变量。两个政治变量：政府能力与人民参政情况；两个经济变量：财富和福利。①

1969 年 11 月，英国萨塞克斯大学发展研究所主任达德利·西尔斯在新德里召开的国际开发协会第 11 届世界大会上，做了题为《发展的意义》的演讲，批评了把发展与经济发展以及与经济增长混淆起来的认识。他主张发展的含义必须予以重新规范。他提出发展至少应当包含三个绝对必要的条件或目标：足够的食物、工作和平等，三者缺一不可。他认为这三个方面可作为衡量发展水平的标志。如果这三个方面都恶化，"那么把这种结局称作'发展'就是一件怪事，即使人均收入业已大幅度提高"②。

2. 可持续发展观

可持续发展观的形成可分为三个时期：（1）认真检视现象、初步分析原因时期，20 世纪 60 年代中后期，标志是蕾切尔·卡逊的《寂静的春天》；（2）全面质疑传统经济增长方式和传统发展观时期，20 世纪 70 年代至 80 年代初，标志是罗马俱乐部的《增长的极限》；（3）弃旧图新、可持续发展观正式形成时期，1987 年以后，标志是世界环境与发展委员会的《我们共同的未来》。1992 年联合国环境与发展大会以后，可持续发展由理论探讨进入实践领域，并在实践中得到进一步发展。③

美国世界观察研究所所长莱斯特·R. 布朗于 1981 年出版的《建设一个持续发展的社会》，较早地对可持续发展概念做了界定和分析，对建设可持续发展社会的必要性、路径选择做了全面阐述。在书中，布朗着重探讨了可持续发展与社会变革、可持续发展的实现与价值观念的变革，可持续发展与社会公平、可持续发展与经济增长，以及如何向可持续发展社会过渡的方式等。其中关键的观点有：可持续发展社会的经济将主要依赖可再生能源来维持；新技术与新的就业岗位将要取代旧的技术与工作岗位；价值观念不仅能影响人们的行为，而且能够决定社会发展的重点；节俭、与大自然保持和谐关系的愿望以及适应持续发展社会的其他价值观念将取代旧观念。布朗提出从空间与时间上的两种公平，一是国与国之间的公

---

① 刘会强：《发展观的范式变革》，上海社会科学院出版社，2010，第 179~181 页。
② 刘会强：《发展观的范式变革》，上海社会科学院出版社，2010，第 95 页。
③ 刘会强：《发展观的范式变革》，上海社会科学院出版社，2010，第 98 页。

平,二是代与代之间的公平。①

法国学者弗郎索瓦·佩鲁受联合国教科文组织委托,于1983年出版《新发展观》一书,系统阐述对发展的新理解。他认为:对发展问题的关注意味着对经济学及其所应用的分析工具的根本变革,因而批判传统经济学成为探讨发展问题的内在要求。佩鲁在重新界定发展内涵中重点突出发展"同作为主体和行为者的人有关,同人类社会及其目标和显然正在不断演变的目的有关"。佩鲁认为,实践新的发展观念,必须改变现存的不平等、不合理的国际经济秩序,同时要改变人们的价值观念和行为方式。②

挪威前首相G. H. 布伦特兰夫人在《我们共同的未来》中提出的"可持续发展"的定义是:"既满足当代人的需求,又不对后代人满足其自身需求的能力构成危害的发展。""可持续发展"这一命题至少包括如下几方面的内容:适度的经济增长和消除贫困;控制人口增长和开发人力资源;科学地利用自然资源;保护环境和维护生态平衡;满足就业和生活的基本要求;推进科技进步和对其潜在危险能有效控制。与传统的发展方式相比,可持续发展扭转了过去片面、盲目的发展,使增长、人口、资源、环境和发展有机结合起来。

美国生态经济学家戴利认为,当今现实世界系统已经完成了从"空的世界"到"满的世界"的转变,即是经济系统的输入输出没有生态环境限制的世界系统,转向输入输出受生态环境限制的世界系统,使经济系统的运行与演变已经从物质资本是经济发展限制因素的时代,进入生态资本是经济发展限制因素的时代。戴利指出:"经济学系统相对于外部的生态系统越来越庞大,某种程度上,剩下的自然资本相对于人造资本变得越来越稀缺,这就颠倒了以前的稀缺性模式。"因此,"我们已经从一个相对充满自然资本而短缺人造资本(以及人)的世界来到了一个相对充满人造资本(以及人)而短缺自然资本的世界了。"③

---

① 〔美〕莱斯特·R. 布朗:《建设一个持续发展的社会》,转引自《发展观的范式变革》,科学技术文献出版社,1984,第121页。

② 〔法〕弗郎索瓦·佩鲁:《新发展观》,转引自《发展观的范式变革》,华夏出版社,1987,第12页。

③ 〔美〕赫尔曼·E. 戴利:《超越增长——可持续发展的经济学》,上海译文出版社,2001,第107、113页。

直至进入 20 世纪 90 年代之前，西方国家一系列有关可持续发展问题的学术专著，使可持续发展观迅速地普及于世界。由此催生了中国 20 世纪中期之后的可持续发展经济学的问世。

三 科学发展观包含了可持续发展观

可持续发展观就是可持续发展的理论，该理论的主题，是指发展进程要有持久性、连续性。它阐明了：人类的延续是社会发展的基本前提和基本要求，每一代人的发展都应该为下一代人的更好生存和发展留下空间和条件。因此，我们推进发展，必须兼顾考虑当前发展和未来发展，既积极满足人民群众现实的物质文化需要，又为子孙后代留下充足的发展条件和发展空间。而"留下充足的发展条件和发展空间"的现实做法，就是在经济发展中充分考虑资源和环境的承受能力。

"可持续发展"是对现代工业经济发展的现状、后果及前景进行反思后而提出的一种发展观念。可持续发展的含义可以概括为：经济必须不断增长，这是发展的最基本任务；以保护自然环境使生态持续发展为基础，发展要与人口、资源和环境的承载能力相协调，这是发展的基本条件；以改善人类的生存条件和提高生活质量为目的，与社会进步相适应，是发展的根本目的。总括起来，可持续发展的目标是满足当代人对生活环境质量和福利的需求，但这是在不危害后代人或其他区域人的前提条件下，并使其在社会—经济—自然复合系统的各方面相互均衡、和谐的关系中取得。所谓可持续发展，就是既满足当代人的需要，又不对后代人满足其需要的能力构成危害；人类应享有以与自然相和谐的方式过健康而富有生产成果的生活的权利，并能公平地满足今世后代在发展与环境方面的需求，求得发展的权利。

可持续发展观的观点，在科学发展观理论中都有包含。所不同的是：可持续发展观通过对工业化以来整个人类的经济发展历史进行长期、宏观的总结而来，具有广度；科学发展观通过对我国改革开放以来，世界最大的、最有活力的社会主义国家的经济发展实践的总结而来，具有深度。可持续发展观基本成为人类的共识，即使经常拒绝承担国际社会可持续发展义务的超级大国，也只是以具体理由作出申辩，并没有在思想上挑战可持续发展观。反过来看，可持续发展观不涉及社会制度与经济发展中的不同阶级利益的问题，而科学发展观立足马克思主义经济学范式，必然注视经济发展中的生产力与生产关系中的矛盾与矛盾的承担者。

由于科学发展观是针对中国经济发展的思想理论指导，因而现实性更强。为此，科学发展观将全面、协调与可持续三方面相互联系、有机结合，对实际工作能够起到统一指导作用；科学发展观包含统筹兼顾的根本方法，提出"五个统筹"，与实际直接贯通。科学发展观面对经济生活中的多种实际矛盾，比可持续发展观更多地跨越到社会系统当中。从跨越着经济、社会、生态三大系统的问题而言，可持续发展观的视野宽于科学发展观，但科学发展观涉及的问题与社会主义的本质相联系，进入可持续发展观未曾涉及的领域。

最后，从科学发展观的内部理论来源来看，其理论层次更高，学科综合度更高，尤其是贯穿马克思主义的哲学观点、立场、方法，思想引领性就更强。

第三节　科学发展观的提出与三个层次的反思

科学发展观对当代中国的现代化发展进程以方向指引，其理论针对性有三个层次。一是反思我国改革开放以来经济发展中各种矛盾积累的局面，以及世界经济危机的冲击造成的困境与警醒。二是结合发展中国家与社会主义国家进行传统工业化的经验教训，对新中国成立以来我国工业化道路的反思。三是反思世界从工业革命所开创的历史发展道路。最后提出科学发展观启发与引领我们迈向新的发展道路。

一　第一个层次的反思

这个层次的反思，是针对近几年来我国经济发展中各种矛盾积累的局面，以及世界经济危机的冲击进行反思和经验总结，指出新的发展方式与应对措施。2009 年 12 月中央经济工作会议公报与胡锦涛在 2010 年 2 月 3 日提出转变经济发展方式的八点意见，集中体现了这方面的内容。①

科学发展观强调发展的科学性，要求在发展方式上区别于原有的发展，用科学发展取代非科学发展。非科学发展的主要问题是：GDP 崇拜，大搞政绩工程，在执政行为上片面迎合"投资者"，忽视社会发展指标与

① 李章军：《胡锦涛就加快经济发展方式转变重点工作提出 8 点意见》，人民网，2010 年 2 月 4 日，http：//politics. people. com. cn/GB/1024/10924459. html。

生态约束。我们在发展中未能避免非科学发展，主要反映在如下的认识缺陷上。

1. 不能科学地认识发展的效果

原来曾以为是发展的重大成就，实际上却是在损害长远发展。如以GDP为衡量经济发展成就的基本指标，在发展的实践中却越来越显示出其误导作用。因为这个衡量指标所起到的导向作用带有三大忽略：一是对经济发展质量与内容的忽略。以GDP为衡量经济发展成就的衡量指标，必然只重视经济增长的量与规模，而忽视经济增长的质和内容。经济增长的内容主要体现在结构上。停留在失衡的、低级的结构上，经济增长的内容将与生产力发展的实际水平严重偏离。二是对经济发展的社会效果的忽视，为了追求GDP的增大，不顾带来的负面社会效果，对两极分化、社会公平取漠视态度，忽视社会成员对安定、公平、安全的渴望，忽视人力资源的培育，甚至不惜以坑穷扶富、牺牲劳动者未来的健康与保障来拉动本地经济。三是对经济发展的生态成本忽略，对自然资源进行掠夺性开发，牺牲环境、生物物种、土地资源来取得短期经济效果，不惜以高物耗、高能耗、高污染的生产来增大产业规模。

2. 不能全面地认识发展的成效

当今中国现代文明发展模式在实践中还没有完全摆脱物质文明发展仍然占主导地位的特征。把物质文明建设成就作为衡量工业化、现代化建设的唯一尺度和最高标志，不仅淡化了精神文明建设和政治文明建设，而且严重忽视了生态文明建设。这样势必导致人的精神、社会和自然界都呈现出种种病态，不仅社会出现许多不和谐、不协调的因素，更是对中华民族赖以生存发展的生态基础产生根本性破坏。用巨大的惨重的生态代价和社会代价换取物质文明建设的巨大成就，实现国民经济快速高速增长，这种经济发展模式，不仅使经济发展本身难以持久，危及子孙后代的发展基础，而且已经越来越厉害地造成对大多数人民利益的极大损害。

3. 不能辩证地认识发展的条件

经济改革与对外开放是我国社会主义经济建设取得巨大成就的两个法宝。前者的关键在于放开、搞活，从竞争中得到效率；后者的关键在于转换国际国内经济资源、利用国际国内的市场。而改革开放能够得到这些成效，离不开国家原有的经济基础和政治基础，从物质资产到精神动力、从组织资源到工作经验、从政府力量到民间关系。在此当中，我们融入了私人物质利益的精神动力、个体与私人经营的积极性灵活性、外资和外国技术的要素补充与竞争驱动。这些发展条件应当根据正确的理论观点加以辩证认识，不能让错误思潮引入歧途。导致非科学发展的认识就在于眼睛只看到改革开放后新引入的"私""资""外"一类因素的积极作用，看不到一直存在的"公""社""内"的基础作用；只看到"私""资""外"的竞争、驱动、灵活的正面作用，看不到其追逐短期效果、作假、腐蚀、限制发展的负面作用；只看到"公""社""内"原有的僵化、动力不足、产权不明的弊病，看不到与其相联系的精神动力、发展实力、正确引力与创新潜力的内涵，看不到原有的条件受到蚕食、蜕变的原因所在。国外资源与国外市场，既能给中国的发展带来要素补充、先进示范、规模增容的条件，又能产生依赖效应、抑制效应与冲击效应。只看一面、不看两面，就会在实际运作中进入误区，吃亏受损。

4. 不能清醒地认识发展需要的状态

由改革开放为动力推动的我国经济发展，呈现多年的高速增长业绩，能否保持冷静的头脑，始终注意发展所需要的均衡、持续状态，需要有科学头脑、智慧与战略眼光。如果说，在科学发展观提出之前，人们尚无系统的"全面、协调、可持续发展"的高度认识的话，那么，在开展经济发展的各项工作中，少点头脑发热、不赶风头、不走极端，并非过高的要求。很多酿成非科学发展的问题，既有具体的发展战略偏差，又有在日常的工作中表现众多的头脑发热、赶风头、走极端的不良思想和不良作风。

就以我国经济转型来说，事物变化的辩证法表明：经济转型要坚持正确的方向，但绝不能成为一种倾向。由计划经济体制转向市场经济体制当中，不能只要市场没有计划；由粗放型增长方式转向集约型增长方式，不能只追求生产效率而不顾及劳动就业；由适应国内经济发展趋势转向适应国际经济发展趋势，不能只讲国际竞争而不讲保护民族经济。经济发展一走极端，或者很快就带来负作用，或为今后留下隐患。从我国发展开放型经济来看，一味追求对外经贸的依存度，忽视扩大内需；一味强调发挥现有比较优势（即劳动成本廉价的优势），忽视通过自主创新来培育新的比较优势（即技术先进的比较优势）。这在一个时期固然可以成绩卓著，如出口规模增长、创汇数量不断增加，但长远看是没有良好前景的，且在国际市场上缺乏经受波动的承受力。2008～2009年国际经济危机对中国沿海地区造成的冲击，就充分说明了这一点。这次波折从根本上看，就是发展需要讲求均衡、发展需要兼顾不同倾向的问题。

二　第二个层次的反思

这个层次的反思，是针对新中国成立以来、包括改革开放以来我国所走的发展道路进行反思和经验总结。我们对发展方式有两轮重要的反思。第一轮是在党的十一届三中全会前后一段时间，结合真理标准大讨论与第一次思想大解放。那一次反思中讨论的是在各领域如何全面纠正"左"倾思想，涉及发展方式的问题主要包括：端正生产目的，生产发展要为人民带来实惠；注重客观经济规律，尤其是尊重价值规律；注重经济效益，反对盲目追求速度而不顾效益与结构；正确看待物质利益原则，反对否定按劳分配，等等。第二轮是在党的十七大之后我们进行的思想解放大讨论，主题是实践科学发展观。这一次反思与总结主要体现在：对以人为本的理论解说，对全面、健康、持续发展的解说，对两型（资源节约型、环境友好型）社会、和谐社会的理论解说，对循环经济与低碳经济的理论解说。这次反思产生的重大理论进步，是将生态、民生、文明与马克思主义、社会主义结合起来。

以实践科学发展观带来的思想解放，在许多方面重新强调与进一步发展了当年党的十一届三中全会前后思想解放的理论成果。例如，对社会生产目的，从当年的生产发展给人民带来实惠到现在的发展要关注民生；当年提出注重经济效益，现在进一步提出加上注重生态、社会效益，提倡低耗（能耗与物耗）、高效的生产发展；当年倡导按劳分配，主要着眼于正确看待物质利益原则，现在则从尊重劳动、尊重创造的角度，反对只看资本增殖。当年的思想大解放没有提到生态经济问题，但是，从80年代起学界、政界就关注经济与人口、资源与环境的协调发展，生态经济学应运而生，现在则提升到建设生态文明的高度。两次思想解放的理论成果这种一致性，说明我国以往经济发展方式的科学性处于持续改进、改进不足的状态中，实现经济的科学发展任重道远。其不足之处，就表现在偏重发展的手段性而忽视发展的目的性；偏重发展的表面成绩（如增长速度、产业规模）而忽略真正的、深层次的成绩（如经济结构体现的生产力水平、综合发展效益）；偏重当时发展的主流注意力而忽视真正的社会主体，如劳动者的利益；偏重发展的经济利益而忽视社会的、生态的利益等。为此，反思新中国成立以来发展道路的经验教训，必将为社会主义经济发展的正确道路提供科学的指导思想。

三 第三个层次的反思

这个层次的反思，是对世界整个工业革命所开创的历史发展道路进行反思和经验总结，为马克思主义的发展经济学理论提供全新的论证。

近现代经济发展的主要途径是工业化，传统的工业化来自西方发达国家，是造成我国经济发展基本问题与矛盾的最终根源。社会主义工业化既是西方工业化道路的继承，又是其变革。探讨科学发展观，必须以揭示这个发展过程的内在规律与历史地位为使命，论证旧模式产生的历史必然性与被取代的历史必然性。

工业化是生产力的发展进程，但长期套上资本主义经济的外壳，两者相互渗透。即使我们舍掉像资本主义生产关系的直接特点，工业化发展也仍然抹不干净资本主义的色调。比如：经济资源依靠资本（在计划经济中改称为"投资资金"）来调动，资本（投资资金）所有者成为社会生产的主导因素；生产单位总是能够对自然界进行相对无限度索取与征服；物耗成本向外界的转嫁；以资本增殖——表现为利润增加——为生产动力；市场拉动物质资料生产规模并一味增大，造成资源浪费与环境损坏，却总是对社会生产的主导力量有利。社会主义生产方式诞生后更要搞工业化，也无法抹去上述色调。如果我们只看到两种社会制度的差异，不认识来源于资本主义制度的工业化特有的弊病，就会在发展方式上重蹈资本主义工业化道路的许多覆辙。

资本主义生产方式以市场经济的交往方式为载体，资本主义工业化正是在市场经济交往方式平台上进行的。这个平台是历史造就的，有效但有着天生的缺陷。市场经济的机制中没有考虑社会发展长远利益的内在动因，这需要由计划调节机制来解决。相反，市场经济偏好的是高消费，是产品的价值实现，是本位成本的节约而不是社会成本的节约。消费领域的浪费，是对市场经济当事人的支持，浪费越大，企业的市场状态越好。为企业经济成本的节约，不纳入该成本的资源消耗越多越好。这些机制，对于社会经济的可持续发展起到不利作用，而许多理论观点长期赞扬这种"消费一端不提倡节约，生产一端提倡节约"的特定含义，将其作为市场经济机制的优点。为此，从商品领域表现出来的资源耗费，以及环境损耗成本、劳动力健康与发展成本的转嫁，就愈益严重。如果不能科学地认识市场经济体制，把市场经济的缺点误认为优点，那就会使社会主义市场经济无法调节市场经济固有的弊病与缺陷。

工业化、现代化道路是西方发达资本主义国家率先走出来的，既有当年相关国家的具体国情，又有当时世界的历史背景，后来者往往不加分析，将许多具体的事物当成仿效的样板。20世纪60年代后大批发展中国家仿效着西方经验开展工业化，引出许多教训，在西方的发展经济学中早就有所总结，这已经成为世界的精神成果。中国理论界本应重视发展经济学的这些成果，并在马克思主义经济学指导下进一步加以总结。然而，我们后来出现的非科学发展问题，恰恰就是许多发展中国家曾经发生、而在西方经济学者当中已是老生常谈的认识：就是单纯追求物质财富增长的发展模式必然导致日益严重的社会不公、生态破坏。而我国主流经济学家们对此视而不见，一味热衷于所谓市场化是否到位、民营是否取代公营、私有产权是否确实保障一类问题。显然，不能靠这种学者来开展第三层次的反思。

对于"要走出一条与资本主义工业化不同的新路"这个选择，理论界实际上并没有共识。不少观点盲目崇拜西方发达国家在发展进程中出现的各种表征，除了口头上不认可"先污染、后治理"这一点之外，对其发展方式、动力机制、消费类型、产业结构、城镇化发展、产品更新模式、技术发展状态等等一概无条件推崇仿效。不改变这个认识局限，我们就不可能对世界整个工业革命所开创的历史发展道路进行反思。以科学发展观为理论武器，有助于改变上述认识的局限。

第四节　以马克思主义经济学范式阐述科学发展观理论

一　以马克思主义经济学范式应用于科学发展观的经济理论研究

根据科学发展观的内部来源与外部来源，科学发展观的理论涉及马克思主义的哲学、科学社会主义、政治经济学相关理论；从来源于新的发展观与可持续发展观的角度，涉及发展经济学，以及生态、环境、资源、人口经济理论。由于科学发展观主要应用于转变经济发展方式，因此，经济学领域就是科学发展观的主要阐述与应用领域，科学发展观是更新、推进经济学科理论的思想动力。要实现这个理论的发展，以马克思主义经济学范式阐述科学发展观的理论至为关键。

1. 科学发展观的提出及其对社会经济的影响,主要不是一个观念自我更新的问题,而是社会经济矛盾发展的问题。探讨科学发展观不是要从"哲学发展观"的变革出发,而是要从经济发展观的变革出发。科学发展观所要解决的主要问题,是生产关系与生产力的矛盾问题。在马克思主义经济学理论中,劳动二重性即劳动的物质性与社会性,是研究经济运动的轴心,包括经济关系矛盾的展开、经济制度的演变、经济运行的过程,同样,这也是经济发展的轴心。科学发展的研究必须体现这个轴心。经济发展的物质性与社会性就是生产力与生产关系的相互关系问题。

为此,科学发展观不是单纯的生产力发展理论,以科学发展观指导经济运行,不是仅限于人的福利、增长方式、科技、生态、环境、资源等实际问题,而是从生产关系与生产力的内部矛盾及其相互矛盾中揭示社会经济发展规律。科学发展观所阐述的经济发展,不是停留在社会与生产总值、增长手段、资源环境之间的关系上,即人与物之间的关系上,而是进一步认识人与人之间的关系。提高经济效率、增强科技应用、合理利用资源,仅仅是论述的起步,深入探讨下去,只能从人的行为背后的经济关系上来考察,不这样就得不到实质性答案。

科学发展观在指导经济发展方式转变当中,必定涉及制度问题,包括制度背后的利益关系问题。提倡科学发展,不可避免要触及依附于非科学发展的既得利益者,涉及生产关系的变化,绕开这个问题不是马克思主义经济学者的态度。坚持马克思主义经济学的使命,就要客观分析各种利益关系的矛盾问题,并指明解决的途径。

2. 研究科学发展的问题,必须遵循从现象到本质、从感性认识到理性认识的认识路线,将历史事实正确地上升到理论分析,再将理论返回到实际中去。

在科学发展问题研究中运用抽象法,就不能将研究停留在某些现象问题上,如经济增长是投资带动还是消费带动、是依靠"民营"经济还是依靠国有经济、是扩大内需还是扩大外需。如果仅仅围绕着这类问题来探讨科学发展的答案,产生非科学发展背后的经济关系就会被掩盖。

当然,马克思主义经济学也应当吸收西方经济学在方法论上的某些长处,尤其是在应用于社会主义经济建设的时候,不仅要坚持原来重视社会历史发展的本质、重视制度变迁的基本问题,也要重视经济运行中的现象、重视解决宏观与微观领域中的生产、经营、流通、管理等问题，借鉴、吸收西方经济学的实证分析方法、收益成本比较方法、边际分析方法、均衡分析方法等。

二　科学发展观针对着解决生产力发展中积累的内部矛盾

观察中国生产力发展，要从新中国建立、开展社会主义建设的 60 年历程谈起。我们以实现社会主义工业化、现代化为目标来发展生产力，社会主义制度的优越性为新中国带来生产力发展的巨大进步，尽管前 30 年由于"左"的干扰，制度优越性受到一定程度的抵消，但经济发展的成就在发展中国家仍然是一流的。撇开这个干扰因素，前 30 年的生产力发展总体特点，是集权式计划经济体制下的粗放型发展，体制模式与增长方式两者是相适应的。但是，当粗放型发展已经为工业化奠定了一定的规模基础之后，就需要转变为集约型发展以实现在经济质量和结构上的提升，否则就落后于世界经济技术发展潮流。此时生产力发展就必定出现搞活、开放的要求，转向市场经济体制就成为我国社会主义生产关系发展的必然。后 30 年的生产力发展是在改革开放背景下进行的，由于满足了搞活、开放的要求，国民生产总值获得极大增长，国家的综合经济实力有很大的提高。但是，生产力发展内部的矛盾也在积累，越到后来就越是严重。

改革开放以来生产力发展有哪些内部矛盾？

1. 第一个矛盾，是生产力根本动力与初始动力的矛盾

根据马克思主义经济学的原理，人是生产力最根本的动力，劳动者的生产积极性、创造性的发挥，是推动生产力发展的根本性动力。这种通过人的努力来体现的发展动力，最初表现为"苦干"，进而表现为"巧干"。"苦干"是有限度的，"巧干"则是无限度的。现代生产力的发展，越来越依靠"巧干"的水平，这就是科学技术的应用。邓小平同志所说的"科学技术是第一生产力"就是指现代生产力的发展以发挥劳动者积极性、创造性，尤其是创造性，来提高"巧干"的水平，这是最根本的。同时，马克思的经济理论又指出，在商品社会中，货币是生产的第一推动力。这个"第一"，只是就具体生产进行的程序而言，它只表明"初始"的含义，并非表示"最根本、最重要"的含义，如同"科学技术是第一生产力"的那个"第一"那样。归结起来，我们可以这样简明地说，劳动者的生产积极性、创造性是生产力发展的根本动力，而获取货币进行投资，是现代生产

力发展在具体项目上的初始动力。

在以社会主义市场经济为经济体制改革的目标模式中,"社会主义"与"市场经济"虽然是可以结合的,但并非是天然相容的。恰好相反,两者是天然相斥的。要使两者兼容于一个统一的经济体制中,要靠人为的力量不断调节、正确把握分寸。"社会主义"以劳动者的解放为使命,社会主义建设是最终走向共产主义的中间过程,必须依靠社会平等、自主劳动、共同富裕为动力支撑;而"市场经济"反映社会历史仍然处于"人对物的依赖性"发展阶段,所谓"物"就是商品——货币,市场经济发展在很大程度上依靠资本投入、物质回报为动力。由于改革以市场为取向,长期以来未能克服主要趋势下的误区:重视"市场经济"而忽视"社会主义",于是在生产力发展上日趋"重物轻人":重视物质资本的投入而轻视劳动者积极性的提高,重视 GDP 数量的增长而轻视人民福利的提高,重视经济效率的提升而轻视社会公平的推进。结果造成生产力发展伴随着一系列负面效应,仅仅就生产力本身(暂时不谈生产关系与社会、政治方面)的负面效应来看,就有:商品上的"短缺经济"变为"过剩经济",劳动的浪费不断增大,社会生产比例中有很多不合理之处;生产能力越来越体现在制造虚假产品与无效工程上;科学技术越来越用在盲目扩张市场与制造虚假产品上;企业经营水平的提高很大程度上系于"低成本、高利润、假效用"的方针实施。这样的生产力发展下去,就背离了发展的初衷。

2. 第二个矛盾,是生产力发展的自然基础与表面成果的矛盾

传统生产力的定义不够全面,只强调人类对自然的征服与改造能力,不强调人类对自然的和谐与适应能力。于是在现实生活中,人们往往为这样的"经济发展成果"沾沾自喜:一片片荒地与良田变为装有机器装备的厂房,一座座高大的烟囱耸立大地直插天空,一车车矿产原料加工成为产品……却不考虑资源与环境的承受力已达极限,生态系统濒临崩溃。我国经济发展成就的取得,正如潘岳(现任国家环保部副部长)于 2004 年 6 月在"建立绿色国民经济核算体系国际研讨会"上所说:"GDP 作为核心指标,成为衡量一个国家发展程度的统一标准。从现行的 GDP 中,只能看出经济产出总量或经济总收入的情况,却看不出这背后的环境污染和生态破坏。经济发展中的生态成本有多大呢?没有一个数据使我们能一目了然地看出环境污染和生态破坏的情况。"实际上,"不断增长的 GDP 数字,是建立在资源环境和公众健康不断透支的基础之上的"。这样的生产力发展再继续下去，就不是成就而是灾难。这种状态不仅背离生产力本身的要求，而且不断损坏着生产力发展的自然基础。不注重保护生态环境与资源永续，我们今后的经济发展，必将越来越需要应对恶劣的环境、取得更加稀缺与更难合格的自然资源，同时需要拿出越来越多的物质财富来弥补和应对自然灾害造成的经济损失，生产力的真正成果又能有多大？发展的效率又在哪里？

3. 第三个矛盾，是生产力发展的前景支撑与现实依托的矛盾

我国提出"四个现代化"发展蓝图之时，世界基本处于传统工业化时代。鉴于日本通过引进国外先进技术在"二战"之后赶超欧美发达国家、"四小龙"通过引进外资成为新兴经济体的经验，中国也大力引资引技。改革开放 30 年，加工制造能力大幅度增长，中国被誉为"世界制造车间"。但客观看来，中国得到的是产业转移多、产业开拓少。在这样的模式下，经过几十年的开放型发展，中国只成为工业大国，而不是工业强国。现在，发达国家已经处于"后工业社会"，科技含量不高的加工制造纷纷转向发展中国家，自己保留研发能力、营销能力与资本产权。世界经济技术正在走向信息技术时代，知识经济形态已露端倪。在这一时代背景下，掌握知识产权极为重要，创新能力成为发展的关键因素，我们称之为生产力发展的前景支撑。而中国对外开放获得的主要是生产能力，欠缺的是研发能力。我们最大限度地发挥了现实的优势：低廉的劳动成本、水电开支、土地使用成本以及逐步改善的物流条件，这是生产力发展的现实依托。由此赢得国际资本的青睐，其结果就是许多工业生产处于国际产业链、价值链的低端。许多企业满足于"加工装配、贴牌生产、部件供应"，高度依赖国外技术，没有自主知识资产。由此产生的贫困化增长越来越厉害。这样的生产力发展再继续下去，就不是缩小与发达国家的差距，而是扩大差距。

生产力发展的上述内部矛盾，提出了发展要以人为本，要使经济、社会、资源、环境相协调，要自主创新等要求。正是生产力发展的这些客观要求，决定了我们必须转变经济发展方式。

三　科学发展观针对着改革开放以来生产关系中产生的矛盾

建设中国特色社会主义是一项复杂的系统工程，在起步阶段是矛盾多发期。在这样的框架下，既有改革带来的体制上的矛盾，也有发展带来的矛盾，也有开放带来的矛盾。从对大量社会现象的观察中，本书尝试概括出如下主要的矛盾。

1. 发展市场经济与坚持社会主义原则的矛盾

发展市场经济是社会主义初级阶段发展生产力的选择，不如此就不能激活整个社会的经济活力，就不能成为在国际经济中发挥竞争力的市场主体，就不能加快科技的发展与提高创新的效率，就不能优化资源配置。但是我们当初忽略的是：市场经济与社会主义原则是有矛盾的。市场经济下价值规律作用得到顺利发挥，而它的作用是多重的，不仅通过竞争提高社会经济效率，也从竞争中产生两极分化。市场经济对讲求奉献、出以公心有削减空间的效应，对追求本位最大经济利益产生吻合作用，会自然放大货币拜物教与资本拜物教。我们不能超越社会发展阶段，为避免市场经济的负作用而绕开它，直接进入未来"自由人联合体"的劳动时间经济。但是必须对社会经济进行调节，这方面我们是没有充分思想准备的。

因此，在利用市场经济谋求发展的进程中，经济发展与社会主义内涵之间不断出现冲突。社会主义内涵包括共同富裕、劳动者的主人翁地位、互助协作关系、全社会努力奋斗勤俭建国的风尚。市场经济首先导致贫富差距不断增大以及生活中出现不公平现象，私有财富的增长也带来了奢靡消费的文化。有人对此归结为政治权力的有效监督欠缺，但这一欠缺只是矛盾得不到有效解决的原因之一，而不是产生这一矛盾的根本原因。加强政治权力监督是非常重要的，但科学发展首先要认识到，对市场经济的负作用必须要调节。其次，还要看到：从市场经济的负作用中得利的既得利益者已经形成气候，且反对调节的声音十分强大。比如抑制两极分化，就有阻力。这点必须清醒地认识到。加强政治权力监督，不能让既得利益者乘机扩大自己的势力影响。

2. 公平与效率的矛盾

这是由第一个矛盾派生出来的矛盾，市场经济在社会公平效应上具有双重性。一方面，市场运作相对于权力运作来说，能够带来机会公平；另一方面，市场运作的结果，可以将上一次竞争的胜负结果转化为下一次竞争胜负的条件，这种结果与条件的多次转化与积累之后，就给后来的竞争带来极大的条件差异，从而使条件优良的一方可以花费很少的努力就达到竞争的优胜。因此市场经济天然具有促成两极分化的内在机制，任其发展，势必最终损害公平。可以看到，决定经济生活的竞争条件包括：资金丰裕或紧缺的投资条件、知名度条件、知识资产条件、与教育投资相关的人力资源培育条件、经济生活中的人际关系与社会地位条件等。这些条件综合作用的结果，带来的贫富差距将是十分巨大的。而面对贫富差距，简单地断言是他们努力程度或天赋程度的差异造成，是完全不科学、不公平的。

3. 劳动与资本的矛盾

这也是由第一个矛盾派生出来的另一个矛盾。多种经济成分的发展，不仅在私人经济内部产生劳动和资本的矛盾，就是在公有制企业内也会产生这一矛盾。马克思主义经济学揭示了资本的本性就是不断追逐价值增值，不断从对劳动的吸收中获得增殖。只要资本的所有者未能克服固有的经济本能，未能超越资本人格代理者的角色，就会极力去榨取劳动。一个时期以来，在竞争与资本积累冲动的推动下，缺少制约与正确导向而造成的劳资关系恶化，一度成为普遍现象，甚至造成黑砖窑那样的奴隶劳动事件。严重地侵犯劳动者合法权益的现象，反映了经济发展中劳动与资本的矛盾未得到妥善处理。这种现象主要来自私人经济与外资经济。其后果，既有经济上造成中国大面积的新贫困群体，也会使人力再生产上生产出健康、文化上不断扩大缺陷的新的不健全群体，更会在政治上形成下层反对力量。劳动与资本的矛盾，不仅发生在企业内，也反映到社会、学术界与政府界，相互的代理人、代言人都在产生，这是潜伏着的社会分裂因素。

4. 行业与地区之间争夺资源的矛盾

按照市场经济的体制规定性，资源争夺是通过市场竞争来实现最终配置的。我国不同行业与地区之间，按照市场机制配置资源，由于历史条件的不同，形成争夺资源不同的优劣情势，资源占有、获得先天不平等。由此造成地区发展不平衡、城乡发展不平衡、行业发展不平衡的局面，它们既有历史遗留下来的不平等因素，又有发展市场经济造成的差距扩大趋势。这需要有计划机制来弥补这种先天性的不平等。而计划机制不足、与市场机制不协调，以及计划机制本身的缺陷，使资源争夺呈现更为复杂的矛盾，一方面妨碍资源优化配置，一方面影响社会和谐与实现整体小康水平。

5. 经济领域的政治权力扩大使用与监督机制欠缺的矛盾

由于社会经济问题的复杂性、社会生活多种因素的关联性，需要越来越多地制订各种规则，进行裁判、协调，从而需要越来越多的行政管理。

我国从改革开放以来，这样的客观需要加上原有计划经济的集权需要，形成了类似东亚国家实行过的"政府主导型"市场经济模式。政府发展成为强势政府。这样政治权力的扩大、集中趋势十分明显。党政机构及其工作人员，其行政行为与政策规章，基本只受到来自内部的监督。来自外部的监督：如代表会议、媒体、社会团体等的监督十分微薄。越是这样，权力的运用就越是面临着能否出于公心、公平、公正、公开办事的问题。对执政党和政府内掌握、实施的权力者来说是严重的考验。在权力机构方面，无论集体还是个人，都有自己的利益诉求，这种利益诉求如果不符合公平、公正、公开的权力运用原则，就对社会产生深远的不和谐影响。

不完善的权力监督制约机制，使各级权力机构拥有的资源、财税、行政等强制权力不是更好地弥补与修正市场机制本身固有的缺陷，而是在市场之外开辟了一个新的"行政命令与指令计划式"的"独立王国"，在这个空间里各级政府中的某些官员，就有动力和能力进行各种过度投资的"形象工程"与"政绩工程"的建设，获取各种经济利益与个人财富或声誉，竭力运用一切权力集中力量建设对自身局部利益最有利的高产值、高税收的短期项目，这就为地方、部门与小团体的利益得到了"持续性"的保证。但对整个市场经济、整个社会中"可持续发展"的基础却遭到了极大的破坏。[1]

此外，还有社会经济管理中全局利益与局部利益的矛盾，代际观念的矛盾等，这里不再详论。

第五节　科学发展观研究中的误区

本节通过马克思主义经济学范式的应用，对科学发展观理论中不恰当、不正确的研究试作如下辨析。

阐述科学发展观的问题，不能离开科学发展观的核心。在"以人为本"（包括"以人民的福利为本"和"以劳动者为本"）还是"以物为本"（包括"以 GDP 为本"和"以资本为本"）这两种"为本"的对立后面，涉及一系列生产力与生产关系的矛盾。离开这些根本性问题，把贯彻科学

---

[1]　参见方时姣《科学发展语境下生态内生经济发展研究》第一章第一节。此为广西大学马克思主义经济学研究中心全国性招标一般项目结题报告。

发展观视为生产力意义上经济增长方式转变、视为"宏观经济调控"等，都只能在皮毛问题上转圈子，不可能触及实质。有些对策反而可能加剧非科学发展倾向。以下是科学发展观研究中的部分理论误区。

一 误区一：从生产主导型的发展转变为消费主导型的发展

这种观点认为，我国前一时期的经济增长拉动因素中，投资与出口所占比重过大，消费所占比重过小，经济呈现生产主导型发展的格局。为此，要转到消费主导型的发展格局上来，提高消费在经济增长拉动因素中所占比重。一些学者认为，消费地位的上升伴随着社会需求结构的重大变化，如生活消费品让位于耐用消费品、私人消费品让位于公共产品、物质性消费品让位于服务性和文化性消费品。诚然，探讨科学发展观必定涉及生产与消费关系问题，但这仅仅是现象表层之一。围绕这个表层现象来探讨，不能解说消费本身包含的不平等、不合理，不能揭示科学发展与非科学发展的本质对立。解决生产与消费关系问题，不是靠财力分配的更改所能解决的，而要涉及经济发展方式。

实行市场经济体制以来，代表市场力量的消费其实对经济增长已经起到巨大的作用。之所以投资与出口所占比重过大，原因不在于不重视消费。扩大出口规模是解决我国庞大的农业剩余劳动力的主要途径，投资比重大，是地方政府急于取得经济发展的政绩，等不到通过消费来扩大需求进而促进生产规模，于是利用政府集中的巨大财力，在基础设施建设与新产业发展上大规模投资。无论是出口与投资，其具体项目中多有急于求成、追求数量、追求短期经济效益的倾向，包含许多非科学发展因素。这些非科学发展因素都挤掉了人民群众正常的消费。因此，从扩大消费入手，解决盲目扩大出口与投资，追求短期经济效益的弊病是必要的，但是，以"从生产主导型的发展转变为消费主导型的发展"作为转变经济发展方式的战略思路，则是不正确的。这里有两个问题：

一者，消费有不同的人群针对性，对于广大消费不足的贫困群体，扩大消费可以产生一系列良好的经济、社会、政治效应。而对于富裕阶层，从我国现状来看，扩大消费完全没有必要。一些人骄腆奢侈的消费已经败坏了社会风气，过多地占用了稀缺的自然资源。即使针对一般收入水平的人群，消费行为也有一个生态承受力的问题。不分青红皂白地提倡"鼓励消费"必有后患。转变经济发展方式的关键，是解决日趋严重的两极分化，不解决两极分化而鼓励消费，对于转变经济发展方式是南辕北辙。

二者，"消费主导型的发展"早就是西方资本主义市场经济进入成熟阶段的诉求。在消费主导型之前的资本主义市场经济，资本家的努力积累与不辞开拓市场的辛劳，被认为是经济发展的最主要动力。而在此之后，由消费本身对市场的扩展，才被认为是发展的关键。西方社会公认的由生产主导型发展转到消费主导型发展的拐点，是美国 1913～1914 年福特汽车装配线问世之际。① 西欧与日本，则是在"二战"后的 50 年代相继实现了这一转变。由此，社会的注意力由供给转向需求，生产问题转向消费问题。社会福利成为资源配置的考虑中心。而西方成为"消费社会"实际上是"异化消费社会"，正是造成社会不可持续发展的重要祸根，虽然在西方国家减轻了底层社会的绝对贫困程度，但不能解决相对贫困程度，而且向发展中国家转移了贫困。如果我们重走西方"消费主导型"的发展之路，收获的将只能是祸害而没有条件得到人家的利益。

二 误区二：从"官本经济"转向"民本经济"

这类观点首先把贯彻科学发展观解说成为转向"民本经济"，虚构出"以民为本"与"以国为本"的对立、"民本经济"与"官本经济"的对立。相类似的观点还有：由政府主导型向市场主导型转变。

"民本经济"从概念提出之日起就是欺骗性的，是在科学确定上不诚实的范例。据概念提出者下的定义，民本经济就是民有、民营、民享的经济，是人民自我创业、自我发展的经济。② 与此相对立的就是"官本经济"，也就是政府投资、政府经营、政府管理的经济。这两个定义以及所谓从"官本经济"走向"民本经济"的转折，在美丽词语的外衣下完全背离了马克思主义的所有制理论，有悖于对社会经济历史与我国的经济改革的普通共识。按照这个定义，无论封建社会还是资本主义社会，只要不搞国有制经济，都是"民本经济"，这种历来就存在的概念，对今天的社会主义经济发展有什么新的意义呢？按照这个定义，个体经济与私人经济都

---

① 〔美〕W. W. 罗斯托：《经济增长的阶段》，转引自刘会强《发展观的范式变革》，上海社会科学院出版社，2010，第 155 页。

② 见高尚全《在第三届浙江·中国民营企业峰会上的演讲》，2005 年 11 月 16 日 16：16，新浪财经网，http://finance.sina.com.cn/roll。

符合"民本经济",这两种经济早已存在于我国市场经济体制当中,其中私人经济,更是发展势头极强,有什么必要与科学发展联系起来呢?按照这个定义,只有创业者、投资者才是"民",受雇的劳动者就不是"民",他们是什么,是"要素"还是"工具"?再说"官本经济",一看定义,就知道这不过是改革之前国营经济的另一种说法。经济改革之后,我们已经没有这样的"官本经济"了,有的是国有经济。国有经济的资本是国有资本,但企业是自主经营、自负盈亏的市场主体,是国有企业而不是政府承担投资者、经营者与企业事务的管理者,何来"官本经济"?今天国有经济存在不少问题(包括政府机构违规干预企业),正是我们在改革中要解决的,同时要加强而不是削弱或放弃国有经济的主导作用。其实,鼓吹用"民本经济"取代"官本经济"与我国的经济改革与科学发展都无关,不过是一种绕着弯子提倡私有化的说法罢了。只不过这类说法,与公开主张私有化的主张对比,在诚实方面差远了。

至于"政府主导"或"市场主导"的问题,20世纪90年代我国经济早已由政府主导的计划经济体制向市场经济体制转变,这跟当前科学发展观提出的经济发展方式转变不是一回事。作为市场经济体制本身的类型,法国的国家计划作用较大,日本的政府产业政策作用较大,这算不算"政府主导型"呢?美国尽管政府宏观经济调控力度较大,德国尽管国家实施社会福利程度较高,国际理论界公认是自由市场经济,这算不算"市场主导型"呢?中国根据自己本国国情,是多吸取法国、日本的经验还是多吸取美国、德国的经验,这对于完善我国市场经济体制都可以探讨,但都不属于科学发展观提出的经济发展方式转变。要实施经济发展方式转变,反倒是要求中国加强计划调节机制。不加强计划调节,如何做到"五个统筹"?提议"由政府主导型向市场主导型转变",对于经济发展方式转变不仅是似是而非的,还有可能是误导的。实际上,贯彻科学发展观不是什么放弃"政府主导型",而是放弃政府管理经济当中盲目追求GDP政绩、违背人民意愿与经济规律的行为,要由长官意志转变为民主决策、科学决策,在这个基础上,加强计划调节才能有效。

三　误区三:由国富转为民富

这类观点必然附带主张国有经济由"营利性"向"公益性"转变。脱离具体分析,抽象地谈国富或民富概念,无助于实际经济问题的解决。

"国富"的量，反映国家掌握的财力，财力的使用是否得当才是关键。在经济社会的发展中，财力使用在什么领域、如何分期安排与使用的效率，决定国家需要掌握多大的财力。国家在厉行节约与合理的前提下，将财力用于转移支付、生态文明建设、传统产业的信息化改造、创新体系建设、新产业的合理发展等等，应当得到保证。将减少国家掌握的财力数量或比例作为目标，脱离客观发展需要人为地限定这个量，是没有道理的。科学发展，不是以减少"国富"的量为目标，而是要加强国家财力使用的科学决策与监督机制，提高国家财力使用安排的合理性与效率。

"民富"概念也不能含混，要有科学的分析界定。它至少包含三层内容，一是民众的收入，二是私人经济的发展，三是民间的个人投资。所谓"民富"就是增加三个层次的数量和比例，这一要求是否符合科学发展观的要求，要具体分析。

其一，提高民众的收入水平，正如前述对"消费主导型"的分析一样，要有针对性。对于广大低收入群体，提高收入水平可以产生一系列良好的经济、社会、政治效应，是完全应当提倡的。而对于高收入阶层，从我国现状来看，提高收入水平根本没有必要提倡。我国的基尼系数已经处于世界各国的前茅，已经不可容忍了，其中既有相当多数的群体收入水平过低的问题，也有极少数人的收入水平过高的问题。从我国社会现状来看，真正依靠科技致富的比例并不占多数，多数富裕者的收入来源是对国家资源的占用与对劳动者的剥削。比如相当一批暴富起来的"山西、内蒙古煤老板"就是这样一批人，他们的富裕往往是建立在国家的资源、煤矿工人的生命与血汗的基础上的。社会主义初级阶段允许剥削存在，但必须限制。非科学发展的一个重要表现，恰恰是对剥削限制不力，损害了我国经济发展的动力。即使针对一般收入水平的人群，提高他们的收入水平主要应当是转变经济发展方式的结果，而不是转变经济发展方式的条件。转变经济发展方式的关键，是解决日趋严重的两极分化。不解决两极分化而含混地以提高民众的收入水平为目标，则完全没有讲到点子上。在这个层次上不分青红皂白地提倡"民富"，不能实际解决问题。

其二，私人经济的发展，在一些人心目中可谓"民富"的主题。在这个主题之下，什么国有经济统统退出竞争性领域、什么国退民进、什么以民营经济为主体等等主张，本来属于"补资本主义的课"的建议，或曰"走世界社会发展共同大道"的建议，却都被说成转变经济发展方式的措施，真不诚实。本来，我国社会主义市场经济已经明确了所有制方面的规定性，就是以公有制经济为主体，多种经济共同发展。损害公有制经济的主体地位，正是损害发展合理性的重要祸根。当初为了搞活经济，提出发展民营经济，而民营经济作为国营经济的对称概念，不仅包含着集体经济、个体经济与私人经济，还包含着国有资产承包、租赁给民营企业家的经济形式。但由于改革开放过程中新自由主义和私有化思潮的危害，民营经济已经蜕变为私人经济的代名词。至此，民营经济已经失去了原来搞活经济的初衷，发展民营经济与发展私人经济在实际中画了等号。而我国私人经济发展的比重超过公有经济，这种违背历史潮流的变局，没有任何转变经济发展方式的意义，毋宁说起到相反的效果。

其三，增加民间的个人投资。民间的个人投资包括私人企业主的个人投资，如果把这个内容排除，剩下的民间个人投资还有各类从业者的个人投资，包括个体劳动者的个人投资。后者的结果是增加了民众的财产收入。从原则上来说，社会主义市场经济中的民众有劳动收入与财产收入两类收入，但社会总体应当使劳动收入的比例大于财产收入。因此，增加民众的个人投资与转变经济发展方式没有直接的关联，它基本属于搞活经济、发展多种经济成分、发展多种投资形式的体制性问题。从现实上看，我国社会保障体系发育不全，通货膨胀持续发生，多数社会成员对个人的经济前景心存疑惧，急盼在劳动收入之外还有自己的财产收入。创造条件满足民众的这个愿望，也可以与转变经济发展方式相联系。但这跟提高一般民众的收入水平相类似，它主要应当是转变经济发展方式的结果，而不是转变经济发展方式的条件。

相关的问题是，国有经济由"赢利性"向"公益性"，跟国有经济退出竞争性领域，实际上是同质的提议，后者早就被马克思主义经济学界指出，是一种违宪的主张。市场经济本身是竞争经济，不参与竞争、不能盈利的经济，配做宪法规定的国民经济"主导"吗？当前部分行业国有经济中的问题，不在于其"赢利性"，而是由于内部治理结构失调、私有化关系滋长，国有企业的收益未能造福于国家和人民。推进改革的重要努力方向，就是要改变国有企业内部的生产关系与经营机制，而绝不是抽调企业的"赢利性"这块基石，将其变为某种准政府部门一样的服务机构。

综上所述，笼统地把"发展成效由国富转为民富"当成转变经济发展方式的思路，实在是一个误区。

四 误区四：非科学发展中产生的矛盾来自"社会转型"

"社会转型"是指"由苏联模式向中国特色社会主义转型、由计划经济向市场经济转型、由传统社会向现代社会转型（或有农业社会向工业社会、信息社会转型）"。这样的社会转型是传统因素与现代因素此消彼长的一种整体性的社会发展过程，是社会的生产方式、交往方式、社会结构和利益关系的深刻变革。伴随着社会矛盾、社会问题、社会风险、社会冲突、社会代价，涉及面广。由此引出的问题，就不完全是科学发展观所针对的了。社会主义市场经济理论、新时期党的建设理论、社会主义价值观理论、建设小康社会与和谐社会理论，都分别覆盖我国社会转型问题的探讨。这样，完全分散了科学发展观的研究对象，也就意味着面对社会转型这个过于广泛的话题，不能有效地用科学发展观来回答。

参考文献

[1] 李崇富、李建平：《科学发展观与历史唯物主义》，人民出版社，2006。

[2] 邹平座：《科学发展观的经济学解释》，社会科学文献出版社，2007。

[3] 刘会强：《发展观的范式变革》，上海社会科学院出版社，2010。

[4] 〔英〕戴维·皮尔斯、杰瑞米·沃福德：《世界无末日》，张世秋等译，中国财政经济出版社，1996。

[5] 〔美〕莱斯特·R. 布朗：《建设一个持续发展的社会》，祝三友等译，科学技术文献出版社，1984。

[6] 〔法〕弗郎索瓦·佩鲁：《新发展观》，张宁等译，华夏出版社，1987。

[7] 〔印〕阿玛蒂亚·森：《资源、价值与发展》，杨茂林、郭婕译，吉林人民出版社，2011。

[8] 〔美〕约瑟夫·E. 斯蒂格利茨、〔印〕阿玛蒂亚·森、〔法〕让-保罗·菲图西：《对我们生活的误测——为什么 GDP 增长不等于社会进步》，阮江平、王海昉译，新华出版社，2011。

[9] 程恩富：《用科学发展观统领中国经济改革和发展》，载《海派经济学》第 13 辑，2006。

〔10〕《科学发展观是正确处理当今我国社会矛盾的强大理论武器》,《马克思主义研究》2007 年第 12 期。

〔11〕刘建武:《科学发展观是一个完整的科学体系》,《当代世界与社会主义》2009 年第 6 期。

〔12〕张巨成:《推动科学发展　促进社会和谐》,《人民日报》2009 年 12 月 11 日第 7 版。

〔13〕侯远长:《科学发展观开创了中国特色发展观的新境界》,《理论前沿》2008 年第 20 期。

〔14〕江传月:《论发展观》,《改革与战略》2009 年第 7 期。

〔15〕李曙新:《论当代中国科学发展观对西方发展观的扬弃与超越》,《当代世界与社会主义》2010 年第 1 期。

〔16〕王征国:《"五个统筹"是科学发展观的根本方法》,新浪网,http://www.sina.com.cn,2008 年 11 月 17 日,http://news.sina.com.cn/o/2008 - 11 - 17/143614742272s.shtml。

〔17〕程恩富:《用科学发展观统领中国经济改革和发展——全国高校社会主义经济理论与实践第 19 次研讨会闭幕讲话》,《海派经济学》2006 年第 1 期。

〔18〕曾康霖:《略论马克思关于金融作用于经济的理论》,《金融研究》2000 年第 7 期。

〔19〕刘东峰:《缩小贫富差距是扩大内需的前提》,经济学家网站,2011 - 01 - 29,http://www.jjxj.com.cn/articles/17133.html。

第三章

生态文明建设的理论解说

第一节　生态文明建设的理论内涵

一　有关生态文明的概念

在本章中，生态、文明、生态文明、生态文明建设四个概念将先得到解释。

1. 生态的广义与狭义

生态概念最早来自生物学，是描绘关于植物群落之间、动物群落之间、植物与动物各个群落之间相互关系的概念。生态平衡指的是在植物或动物界当中，群落或种群之间在营养供给、相互影响等方面的协调、平衡状态。从生物学内产生的生态概念不可避免地涉及生命体外部的环境因素，因而生态概念由生物学走向生命体与自然环境相互关系的领域，并产生了涵盖生物与环境相关关系的自然科学新门类：生态学。限于自然科学领域的生态概念，就是狭义的生态概念。

生态概念虽然本身是狭义的，但是对它的研究却越来越广泛。由于自然科学领域的生态问题越来越密切地影响到人类社会的经济、社会与政治问题，因而研究狭义生态学与经济、社会、政治相关性的社会科学新门类相继产生，出现了生态经济学、生态社会学与生态政治学等等。

社会科学一向有借用自然科学概念的习惯，生态概念也不例外。生态概念被借用到社会科学一些门类中，形成了经济生态、社会生态、政治生态等概念。经济生态，是指社会经济中不同所有制经济、不同经济结构、不同经济主体之间，在多数条件下都存在着一种相互依赖、相互制约、相互影响的共生关系、主次关系。社会生态则是指属于社会群体与发展资源的人群、人力的生产与再生产以及相关社会环境问题。政治生态是指社会的政治生活中，相关政治力量、政治实体与政治行为之间所存在着的相互依赖、相互制约、相互影响的共生关系、主次关系。社会生态、文化生态等也是在类似的场合中借用这个概念。这些场合的生态，就是广义生态。

在社会科学研究中，如果没有专门定语或特别说明，一般都是在狭义的、也就是本来意义上的角度来谈及生态概念。所谓生态领域、生态系统，在外延上就是指纳入社会科学研究的自然界。狭义的生态是本身强烈影响社会经济的自然状态。

2. 文明

"文明"这个概念分别用于道德伦理与社会历史两大领域，学术界都分别有多种或含糊或清晰的界定。从社会历史领域来看，本书认为文明概念包含三重含义：创造物质财富与精神财富的能力，协调社会冲突的方式，工具理性与价值理性的水平。当这些能力、方式、水平升级时，我们可以说社会更"文明"了。

马克思、恩格斯认为，文明是整个社会进步的标志，是反映整个社会生活和社会面貌变化的正面状态。文明是随着人类社会分工的发展，随着私有制、阶级和国家的出现，能用文字记载自己历史的社会发展过程。马克思、恩格斯还经常把"文明"用于阐述人类在物质文化和精神文化方面的一切成果，这时讲的"文明"同"文化"相近似。

文明分为不同类型。从文化角度，可以按具有典型意义的不同民族、不同宗教、不同地域、不同时代来划分，如"中华文明""西方文明""基督教文明""伊斯兰文明""古代文明""现代文明"；从所创造的文化成果、创造能力类别的角度，分为"物质文明""精神文明""政治文明"；从社会发展阶段的角度，分为"农业文明""工业文明"等。

社会历史领域的"文明"与道德伦理领域的"文明"是不对称的。社会历史的文明进步并不等于道德伦理文明的提高。就是说，创造财富的能力增强并不必然带来财富的公平、高效利用，协调社会冲突的方式精致并不等于社会矛盾的减少，工具理性与价值理性并非同步提升，相反，还可能是价值理性愈加虚伪的状态下片面提升工具理性。人类几千年来的文明就是充满"真善美"与"假丑恶"相互博弈的过程。

3. 生态文明

本书对已有的生态文明概念表述进行加工，主要是剔除过宽的褒义，使该概念集中到人（社会）和自然之间关系的含义上，为此，我们界定：生态文明是指人们在社会实践过程中处理人（社会）和自然之间的关系所取得的一切积极、进步成果的总和，是实现人与自然和谐共生、良性互动、共同发展的物质与精神成果的总和。一般来讲，生态文明包含社会机制和制度、经济和产业、科学和技术、观念和意识等各个领域，形成促进人类经济社会可持续发展的环境和运行条件。上述含义中，人与自然和谐发展是生态文明的总体状态，可持续发展是生态文明的判别标准。

上述含义适用于两个场合。

一个场合是将生态文明作为文明的一个类型，这样，生态文明就与物质文明、精神文明、政治文明相并列。当今世界，无论资本主义还是社会主义，都有上述文明类型的一定的共同内容，只是社会制度背景不同，发展的性质与程度不同。

另一个场合是将生态文明作为人类社会文明发展的一个阶段，这样，生态文明是继农业文明、工业文明之后的一个更高阶段。当代人类社会是在工业文明阶段，生态文明是我们追求的未来目标。人类社会文明发展的阶段划分，与其他发展阶段，如生产力发展阶段、社会经济形态发展阶段、人的个体发展阶段等有对应关系。[1]

在第一个场合，生态文明对物质文明、精神文明、政治文明有这样的渗透、交融关系：在生态文明理念下的物质文明，将致力于消除经济活动对大自然自身稳定与和谐构成的威胁，逐步形成与生态相协调的生产方式、生活与消费方式；生态文明下的精神文明，更提倡尊重自然、认知自然价值，建立人自身全面发展的文化与氛围，从而转移人们对物欲的过分强调与关注；生态文明下的政治文明，尊重利益和需求多元化，注重平衡各种关系，避免由于资源分配不公、人或人群的斗争以及权力的滥用而造成的对生态的破坏。

在第二个场合，生态文明是对现有文明的超越，传统工业文明导致人类社会经济的不可持续发展，人类需要开创一种新的更合理的文明形态以

---

① 李欣广：《生态文明与马克思主义经济理论创新》，中国环境科学出版社，2011，第4页。

延续自身的生存，生态文明就是取代工业文明的文明形态。这种文明形态进步的象征是：它高度重视包括自然和人类社会在内的全面发展；在对人、对社会、对自然的关系上，摆脱了单纯的实用性和功利性；它能够顺应自然规律，以人与自然的和谐为基础，以寻求人与自然之间长期稳定的关系为目标，从而可以消解工业文明中所固有的人与自然等多方面的矛盾和冲突。它将引领人类放弃工业文明时期形成的重功利、重物欲的享乐主义，摆脱自然界与人类两败俱伤的悲剧。

4. 生态文明与其他三种文明的关系

一方面，生态文明是物质文明、政治文明和精神文明的自然基础和前提。没有生态安全，人类自身就会陷入最深刻的生存危机状态；没有良好的生态条件，人类根本不可能有物质享受、政治享受和精神享受的环境条件。从这个意义上说，没有生态文明，就不可能有高度发达的物质文明、政治文明和精神文明。

另一方面，人类自身作为建设生态文明的主体，必须将生态文明的内容和要求内在地体现在人类的法律制度、思想意识、生活方式和行为方式中，并以此作为衡量人类文明程度的一杆基本标尺。也就是说，建设物质文明，内在地要求社会经济与自然生态的平衡发展和可持续发展；建设政治文明，内在地包含着保护生态、实现人与自然和谐相处的制度安排和政策法规；建设精神文明，内在地包含着环境保护和生态平衡的思想观念和精神追求。

5. 社会主义生态文明建设

从历史角度来看，人类早就组织起来开展服务于维护自然环境与生态资源的经济建设活动。由于社会没有生态文明总体目标，这类建设只能是物质文明建设的直接配合，我们可称为没有独立出来的生态文明建设。由于其目的的公益性与非商业性，生态文明建设基本由政府组织进行。以剩余价值生产为基本动力的资本主义社会，虽然在局部领域有生态文明建设，但其规模与深度是远远不充分的。社会主义制度建立，在政府组织下开展公益性与非商业性的经济建设活动，成为我们的制度优势。

随着生态经济观念的发展，生态文明建设被列入社会主义建设当中的一项，与已有的物质文明建设、精神文明建设、政治文明建设相并列。成为社会主义"四位一体"建设中的一部分。生态文明建设独立提了出来，有利于其更全面、深入和大规模开展。当前建设生态文明，既是社会发展目标的一种完善，又是经济发展方式的一种转变。是践行科学发展观的内在要求，是建设和谐社会的基础和保障。

二 生态文明建设的内容

在科学发展观的指导下，社会主义建设的一个新领域：生态文明建设，被提到全国人民面前。

2007 年 10 月，胡锦涛总书记在党的十七大政治报告中，提出了实现全面建设小康社会奋斗目标的号召，首次将"建设生态文明"与建设物质文明、精神文明、政治文明相并列到社会主义建设目标中。

生态文明建设包括如下内容：

1. 开展大规模的国土整治

将这一系列的项目列入社会经济发展的规划中，其投资量巨大须科技论证充分，它处于生态文明建设的前沿，如保护湿地、草场维护、治沙防沙等等。它们作为生态建设项目与经济建设项目并列，相互协调，根据实际情况确定轻重缓急，排出优先地位。如出现某些突如其来的生态危机则要尽快实施环境治理，一旦有这类随机性立项与拓展的生态建设部分项目出台，原已列入规划的经济建设项目就要让位。大型国土整治项目着眼于国家环境保护与基本资源维护，是生态文明建设的重点。

2. 创建生态化的产业体系

生态化的产业体系由环保技术、循环经济、绿色产业构成。现阶段这类建设的重点包括：（1）探索最大限度的有效利用可再生资源技术、利用高科技实现不可再生资源的生态化和探研新的资源以实现生存的新途径。（2）改进煤炭的使用方式，研发洁净煤技术并促其加快利用。使我国煤炭的使用方式形成以煤气化为核心的多联产能源系统。（3）大力发展可再生能源，必须通过技术研发，一方面降低可再生能源的成本，另一方面要解决可再生能源能量密度较低、不连续等技术问题。

这项建设还包括构建生态化的产业政策体系。如对建筑业，要规定新建筑的更新时限，以减少建筑业的物质消耗与建筑垃圾的产生。凡是上档次的建筑物，更新时间应在 60 年以上。根据中国日报记者王茜引自《中国日报》（英文版）2010 年 4 月 6 日的报道，相比中国的 35 年平均建筑寿命，发达国家的建筑，像英国的平均寿命达到 132 年，而美国的建筑寿命也达到 74 年。延长建筑年限就是建筑业生态化的要求。

3. 以生态为议题的政治制度建设

围绕生态、资源、环境问题建设，建立健全相应的政治制度、政治结构和法律体系。

保护生态环境的政治制度建设，是社会主义制度建设在新的条件下的继续。这方面建设主要来自两个驱动力。一是由于对科学认识的提高而对已有制度的补充、完善、更新。二是已经形成共识，甚至已经成为法律法规的制度规范，由于反生态势力的阻挠无法落实。政治制度建设就是要打破这类阻挠，使代表自然规律和人民利益的规范成为行动措施。

建立健全生态环境与生态建设检测制度。这项工作由国家环保部承担，检测结果一般向国务院报告，特殊部分向全国人民代表大会报告。

4. 发展生态文化事业

发展生态文化事业包括进行生态环境、生态伦理教育，提高环保科学的意识，推崇生态意识的文艺。通过生态文明建设，使社会的法律制度、思想意识、生活方式和行为方式都体现生态文明的内容和要求；使制度安排和政策法规都包含着保护生态、实现人与自然和谐相处的规范；使经济建设符合社会经济与自然生态的平衡发展和可持续发展要求，使人们的精神领域包含着环境保护和生态平衡的思想观念并成为精神追求。

体现生态文明内容和要求的生活方式及行为方式必须与一般的社会管理相配合，如建立生活垃圾的分类回收，就是城镇环保卫生职业操作与居民生活习惯两者的配合。生态文明建设包含这种职业操作的建立与完善。

总之，生态文明建设是一项跨越经济、政治、社会、生态诸领域的系统工程，不仅要谋求科学技术和产业的生态化，思维方式、生活方式和价值观念的生态化，制度建设与政策实施的生态导向，而且要相互结合、配套运行。

按照科学发展观的要求所要建设的生态文明，是具有中国特色的社会主义生态文明。我们一方面要立足于中国特殊的自然生态环境、人口素质状况、经济文化发展水平和社会政治条件，另一方面要把建设生态文明的目标与社会主义现代化建设的其他远景目标有机地结合起来，使生态文明建设与小康社会、和谐社会、两型社会（资源节约型、环境友好型）建设，以及联合国千年发展目标的实现有机地整合起来，互相协调、整体推进。

三 生态文明建设的使命

1. 从生态经济基本矛盾看生态文明建设使命

生态文明建设的使命是什么，这要从人类社会出现的生态经济基本矛盾中来看。

在构建可持续发展经济学之初，理论界就已经提出了"现代生态经济基本矛盾"这个概念。该矛盾是指自然界的资源环境与人类社会经济活动扩张对资源环境损耗的矛盾。它的表现是：一方面当代人类经济活动不断扩大，在对自然资源的需求增加上已超过了自然资源再生能力，造成人类经济活动需求扩大与生态系统负荷过重与供给能力相对缩小之间的矛盾。另一方面，社会生产和社会生活排放废弃物增长已超过了生态系统的净化能力，造成人类经济活动的排污量增长与生态系统净化能力及环境承载力下降之间的矛盾。[①]

生态文明建设的基本使命就是应对不断加剧的生态危机。经济发展对生物可再生资源及其非再生性矿产资源的严重依赖，已成为经济发展本身的制约"瓶颈"。而经济活动产生的排放物使现有的陆地、水体与大气层都难以自我净化，经济规模过大使生态系统难以维持平衡。从现有的科技水平来看，我们必须在生态文明建设上，力争尽快扭转生态均衡被破坏与经济发展均衡机制缺失的这一趋势进程。

2. 中国开展生态文明建设的迫切性

生态经济基本矛盾是世界性的，但对于中国尤其致命。这是由中国的国情、中国的经济发展实际状况所决定的。因此，中国开展生态文明建设的迫切性来自两方面。

一是中国庞大的经济总量如何与紧缺的自然资源相吻合。中国的人口众多，经济总量很大，而自然资源人均分配量很少。我国的综合资源负担系数（即一国自然资源所负担人口数量与世界平均值的比值）为3，即为世界平均负担状况的3倍。2010年中国GDP总量上升到世界第二位时，人均GDP只排在世界100位左右，经济继续发展将受到自然条件的极大制约。从自然条件来看，中国的自然地理影响生态环境问题又多又重。45%的国土是沙漠和戈壁、缺氧的高寒山区、缺少土壤的大石山区，还有相当

---

① 刘思华主编《可持续发展经济学》，湖北人民出版社，1997，第15～16页。

比例是坡度险峻、难以耕作的山地。中国淡水资源人均占有量只有世界人均水平的 1/4，被联合国列为 13 个贫水国之一；耕地人均占有面积为世界人均水平的 40%，人均矿产资源储量只有世界平均水平的 58%。从历史条件看，中国是文明早熟之国，经济开发已经耗竭了大量生态资源，中华民族的发祥地黄土高原多数地方已变为生态贫困区域。千万年来滋养中华儿女的"母亲之河"黄河已是含沙量极高、水量越来越小、河床极不稳定、经常暴发水灾的河流。中国的石油储藏量曾经较为丰富，经多年开发已不能用"丰富"一词来形容了。而中国由铜的富产国转为贫产国，也就是工业化的结果。

二是中国的经济发展势头已经对自然资源、生态环境造成巨大压力。经济发展中粗放式增长对资源消耗、环境损害的程度仍然很高。

我国 GDP 的快速增长一直是以资源的高消耗和环境的高污染为代价的。矿产资源不足偏偏资源消耗巨大，石油消耗量、天然气需求量，钢产量、有色金属产量都在快速上升。我国目前能源利用效率仅为 34%，相当于发达国家 20 年前的水平，相差 10 个百分点；我国能源消费强度远高于发达国家和世界平均水平，约为美国的 3 倍，日本的 7 倍。[①] 这将加剧我国能源供不应求的矛盾。

在我国七大水系中，有近五成的断面受到不同程度的污染，75% 的湖泊出现了不同程度的富营养化。根据《2007 年中国环境状况公报》显示，中国有近四成的城镇大气达不到国家二级标准，在监测的 500 个城镇（县）中，出现酸雨的城镇 281 个，占 56.2%。此外，海洋污染、固体废物污染等都比较严重。目前，我国因为环境污染和生态破坏所造成的经济损失非常大，它们不断吞噬着我们经济建设的成就。

3. 我国生态文明建设的双重任务

从我国国情来看，生态文明建设承担着这样一个双重任务：一是要遏制第一代生态环境问题，即因工业不发达和贫困而产生的资源环境恶化的趋势，解决发展不足产生的生态贫困，消除"贫穷污染"；二是要防止第二代生态环境问题，即工业化发展产生的生态危机。[②]

第一代生态环境问题与中国人口众多、人均自然资源不足相关，在存在经济贫困、资源利用效率低、利用方式落后的背景下，人多物薄，从事

---

① 曹春梅、李俊生：《科学发展观视域下的生态文明建设探析》，《桂海论丛》2009 年第 2 期，第 13～16 页。

② 刘思华：《绿色经济论》，中国财政经济出版社，2001，第 62 页。

任何产业都会过多地耗竭资源而损害环境。生态文明建设承担的这重任务，要与扶贫相结合。

第二代生态环境问题与我国工业化正处在重化工业作为主导产业的发展阶段相关，这个阶段的产业特点加上我国人口数量的庞大，造成物质资料的需求规模与经济活动规模都极为庞大，因而反映出的现代生态经济基本矛盾也特别尖锐。我们不得不在每一步发展经济当中都顾及生态环境的承受力。因急于发展经济、迫于解决就业，甚至追求政绩的经济主体，不愿这样两头兼顾，而一味耗竭资源与损害环境。其后果就是客观上的生态经济基本矛盾不断转化为人民生活质量下降、生态需求无法满足的社会矛盾。

为应对现代生态经济基本矛盾，在社会主义建设中，我们将通过生态文明建设，从自然环境与物质资料生产的实际变化中协调两者的关系，从观念、制度上推进人与自然关系走向和谐，应当采取正确认识与合理约束，从弥补已经造成的生态系统损害，逐渐改善由于现代生态经济基本矛盾加剧而造成的不良后果。这就是生态文明建设的使命。

第二节　社会主义生态文明建设的实践与经验

一　社会主义生态文明建设的实践历程

生态文明建设并非从该概念被提出之日开始。我国社会主义建设一开始就包含着四大文明建设，也包括生态文明建设。但各类文明建设都是逐步被独立提出来的，生态文明建设是最后独立提出来的。

中国共产党领导社会主义生态文明建设的实践，经历了两个阶段，并开始迈进第三个阶段。

1. 以新中国前 30 年为第一阶段

新中国一成立，就对大江大河开展了大规模的治理，各项生态工程纳入各五年计划当中，最突出的进行"绿色万里长城"的三北防护林带建设。党号召与组织了植树造林、绿化祖国的群众性行动，自然保护区陆续建立。由于整个世界在这一领域的认识方才开始，不能期望中国这样的发展中国家对于生态问题有更多的认识。兴修水利和农田基本建设是很必要的生态建设，但科学指导不强，一定程度上过多使用了民力、遵循自然规律不够。在"大跃进"与"文革"中后期偏离正确轨道的"学大寨"运动中，出现不少以违背生态自然规律来获取短期经济成绩的事，损害了国家的自然资产。这些不足之处，总体上都能得到纠正，并总结和汲取了相应的经验教训。

2. 以党的十一届三中全会之后、新中国成立后的 20 多年为第二阶段

在生态系统，国家总体上本着尊重科学、尊重知识的方针，逐步深化对可持续发展的认识，强调经济、人口、资源、环境协调发展。国家出台了计划生育，保护环境、自然资源和耕地，保护物种等一系列法律法规，将扶贫、流域治理与种草种树、退耕还林相结合，制定了《中国 21 世纪议程》推动可持续发展，提出转变经济增长方式和走新型工业化道路，组织循环经济的实施，规划并实施了部分资源枯竭型城镇的再发展方案。由于客观上经济建设的规模超常增大，外延扩大再生产一再强化，对环境与损耗更大的重化工业在规模与比例上都大幅度提升；而主观上各地政府与企业为追求 GDP 与经济利益，不顾生态环境约束，实施某些不可持续的投资项目，对这一时期全国维护生态环境的努力抵消很大。总的来说，这段时期，无论在物质基础、技术基础还是思想观念上，都为全面深入开展社会主义生态文明建设准备了条件。

3. 开始迈进第三个阶段，是从胡锦涛同志为总书记的党中央提出科学发展观为起点的

这个阶段的转换与起始是鉴于第二阶段盲目追求经济发展的表面成果以及市场经济主体追逐局部利益或私利，出现掠夺性的资源开发利用，资本利益驱使企业搞虚假治污减排，国外高污染生产的转移，珍稀物种的走私偷猎等现象，给中国的生态资源造成难以估量损失的现实。2010 年 2 月胡锦涛同志在中央党校的讲话中，号召加快经济发展方式的转变，推动了这一阶段转换进程。然而，能够完全从第二阶段迈进第三阶段尚待时日。由于科学发展观所包容的生态文明理论逐步发展，带动了我国的生态文明实践进入新的阶段。当人们在电视上看到淘汰落后产能而炸毁这类生产设施的画面、看到代表绿色能源的发展成就的画面不断出现的时候，确实感受到生态文明实践新阶段正在来临。开展低碳经济的努力，则显现了社会将从化石能源消耗转向新能源应用的曙光。

二　生态文明建设涉及三大系统

1. 生态文明建设涉及社会系统

人口增长过快，人口总量过大，都会对经济增长速度与规模提出很高的要求，为此很容易超出资源环境的承载力，破坏生态平衡。人口与生态的相互影响已为人类所共识。因此，实行计划生育、节制人口过快增长的工作，既是社会系统当中有利于人的再生产的建设工程，同时又是涉及社会系统的生态文明建设的基本措施。

确立"计划生育"国策，是我国生态文明建设中涉及社会系统的标志性工程。

基本国策，就是立国、治国之策当中最基本的政策，是对国家经济建设、社会发展和人民生活具有全局性、长期性、决定性影响的重大谋划和政策。确立"计划生育"国策是我国进入新时期之后的标志性工程。

新中国成立后不久，鉴于人口与经济、社会、资源、环境之间的矛盾逐渐显露，中国政府曾号召计划生育，提倡避孕。但这一反传统的做法显然未能形成全国的共识，计划生育基本停留在号召的水平上，未能有效推行。党的十一届三中全会以后，计划生育的政策地位显著上升。1980年9月，五届全国人大三次会议批准的政府工作报告阐明了国家普遍提倡一对夫妇只生育一个孩子的政策。1982年党的十二大报告提出："实行计划生育，是我国的一项基本国策"。这项国策基本内容，就是提倡晚婚晚育、少生优生，控制人口数量，提高人口素质。计划规定，到2010年全国人口总数控制在14亿以内，到21世纪中叶，全国人口总量在达到峰值（接近16亿）后缓慢下降，并同时全面提高人口素质和健康水平，基本实现人口与经济、社会、资源、环境协调发展。从70年代末，开始了长达20多年的立法进程，终于在2001年12月通过《中华人民共和国人口与计划生育法》，将我国推行了20多年的基本国策以法律形式确立。

2. 生态文明建设涉及生态系统

"保护生态环境"是与"计划生育"并列的另一项国策，确立这一国策，是我国生态文明建设中涉及生态系统的标志性工程。

1972年6月，中国政府代表团出席联合国在瑞典斯德哥尔摩召开的世界首次人类环境会议。代表团根据会议材料，对照中国情况，发现中国的环境污染与生态失衡已达到较严重的程度。周恩来总理听取汇报后，指示立即开全国性会议，强调环境保护。1973年8月，国务院在北京召开了第一次环境保护会议。1978年，中共中央批准国务院环境保护领导小组的《环境保护工作汇报要点》。1983年召开第二次全国环保会议，确定环境保护为基本国策。相应的体现是：（1）在机构上，从城乡建设部内设立环境保护局，到成立国务院直属的国家环境保护局，到升格为国家环境保护总局，到成立环境保护部——中国国家环保行政机构的设置，经历了四次跨越。（2）在立法上，自1979年《中华人民共和国环境保护法（试行）》颁布施行以来，中国已制定10部环境保护法律，15部自然资源法律。（3）在行动上，环境保护由抓末端治理向抓源头和全过程控制延伸，由抓点源治理向抓流域、区域综合治理拓展，由注重工业企业污染防治向统筹城乡环境保护发展，由注重行业企业的环境管理向推动形成有利于环境保护的社会制度、体系转变。（4）在工作计划上，自"六五"计划开始，每个五年计划都有环境政策与发展目标，从防治污染到国土建设，从资源利用到发展新举措。

与直接的环境保护相配合的还有：节约能源、保护耕地、自然保护等。分别在立法、规划与建设方面不断推进。党的十六届五中全会首次把建设资源节约型和环境友好型社会确定为国民经济与社会发展中长期规划的一项战略任务。

3. 生态文明建设涉及经济系统

提出走新型工业化道路，发展循环经济、低碳经济，可视为经济系统中的生态文明建设的战略性工程。

党的第十六次代表大会报告首次将"走新型工业化道路"作为国家的发展方针。新型工业化道路主要包含三重含义：一是产业跨越式发展含义，要求我国远未完成的工业化脱离传统轨道，建立在当代最先进的技术基础上，以信息化带动工业化，以工业化促进信息化；把信息产业摆在优先发展的地位，将高新技术渗透到各个产业中去。二是以科教兴国战略作为工业化支撑，在开放发展中谋求以自主创新和提高劳动者素质的理念来实现长远的进步。三是以可持续发展战略作为工业化的支撑，追求"科技含量高、经济效益好、资源消耗低、环境污染少、人力资源优势得到充分发挥"的特征。新型工业化道路的提出，既是对我国工业化放在世界与时代的大背景下进行审视的结果，也是科学发展观的重大应用。

在上述三重含义中，第三重含义与生态文明建设直接相关，其他两重含义也间接相关。（1）产业跨越式发展，是从产业结构与技术结构两方面来解决中国经济发展中面临的生态环境约束。由于中国人口众多，无论从产品需求、就业规模、投资规模等来看，同样发展水平的工业生产所形成的生态压力，都比当年处于相同阶段的西方国家大得多。中国的工业文明尚未到成熟时期，生态问题就已经很严重，已经难以可持续发展。为此，客观上就迫使中国及早改变发展模式，引入生态文明的发展新因素，在尽可能取得工业文明成果的同时摆脱工业文明损耗资源环境的负面效果。

（2）科教兴国战略是在中国工业化开放式发展中解决本国生态危机的重要保障。依靠科技，逐步实现产业生态化、自主化。中国无论是承接国际产业转移，还是对外投资向外进行产业转移，都不能允许生态成本转移。

发展循环经济是从改变经济形态来推进生态文明。20世纪90年代之后，发展知识经济和循环经济成为国际社会的两大趋势。我国从20世纪90年代起引入了关于循环经济的思想。此后对于循环经济的理论研究和实践不断深入。胡锦涛同志在2003年中央人口资源环境工作座谈会上指出，要走循环经济之路，按照循环经济这样一个理念，搞好我们的建设，搞好我们的发展。① 党的十六届三中、四中、五中全会决议中都明确提出要大力发展循环经济，把发展循环经济作为调整经济结构和布局，实现经济增长方式转变的重大举措。国务院下发《国务院关于加快发展循环经济的若干意见》文件，"十一五"规划也把大力发展循环经济列为基本方略。全国上下形成了贯彻落实科学发展观，发展循环经济的热潮。

发展"低碳经济"是从能源使用来推进生态文明。从某种意义上说，提出"低碳经济"是人类为挽救地球大气层的生态平衡、避免"温室效应"加剧导致海平面上升危机的努力方向。发展"低碳经济"带有国际磋商与承诺的特性。胡锦涛主席在2007年9月在APEC第十五次领导人非正式会议上发表讲话，就各国联手应对全球气候变化提出四点建议，其中提到四个"碳"：发展低碳经济、研发和推广低碳能源技术、增加碳汇、促进碳吸收技术。这是我国政府实现科学发展、低碳发展的强烈政治意愿。② 我国全社会正在动员起来，从宏观上、微观上在政策鼓励、绿色审计与认证、建设立项、科技进步、社区发展等方面着手努力发展"低碳经济"，力争从生产到生活都展现新变化。

4. 生态文明建设在三个系统综合开展

实施可持续经济发展战略，体现了我国在三个系统综合开展生态文明建设。

---

① 解振华：《发展循环经济：落实科学发展观的生动体现》，《人民日报》2004年1月29日第9版。

② 《胡锦涛在APEC第十五次领导人非正式会议上发表讲话》，中国共产党新闻网，2007年9月8日，http://cpc.peo/le.com.cn/GB/64093/64094/6236110.html。

1987 年，联合国"世界环境与发展委员会"向联合国大会提交了《我们共同的未来》的报告，提出了可持续发展的模式。中国在 20 世纪 90 年代将可持续发展战略与科教兴国战略作为中国发展战略的两大支柱。1992 年联合国环境与发展大会后，我国政府率先组织制定了《中国 21 世纪议程——中国 21 世纪人口、环境与发展白皮书》，作为指导我国国民经济和社会发展的纲领性文件，开始实施我国可持续发展战略。2003 年 7 月，中国国家发展和改革委员会发布了《中国 21 世纪初可持续发展行动纲要》。这个行动纲要不仅直接对领导国民经济的各个政府部门提供一个全面的可持续发展工作目标，也对社会上所有企事业单位制定一个贯彻可持续发展的行为准则。

可持续经济发展战略，包含自然工程、经济工程、社会工程，是一个多层次的大系统。在现代化建设中，实施可持续经济发展战略为实现人、社会与自然的和谐、协调发展，就要把控制人口、节约资源、保护环境放到重要位置，使人口增长与社会生产力的发展相适应，使经济建设与资源、环境相互协调、相互促进。这是我国在三个系统综合开展生态文明建设的标志性工程。

实践科学发展观为我国贯彻可持续经济发展战略提供了思想理论武器。科学发展观要纠正传统发展观片面考虑经济发展的弊病，强调经济与社会、人口、资源、环境协调发展，实现经济效益、社会效益和生态环境效益的统一。在推进发展中充分考虑资源和环境的承受力，不断保护和增强发展的可持续性。要统筹考虑当前发展和未来发展的需要，既积极实现当前发展的目标，又为未来的发展创造有利条件。在科学发展观丰富的内容中，直接包含生态文明建设的内容是保持人与自然的和谐发展，实现自然资源永续的利用，实现自然生态系统和社会经济系统的良性循环。党中央多次开展宣讲和组织学习科学发展观，对各级党政机构人员进行再教育，从而提高了生态文明建设的自觉性。

三 生态文明建设与扶贫开发

扶贫开发是我国改革开放以来就一直重视的工作，在我国迈入新世纪全面建设小康社会的事业中，消灭贫困仍然是一个不可放松的使命。科学发展观的"五个统筹"，其中四个：统筹城乡发展、统筹区域发展、统筹经济社会发展、统筹人与自然和谐发展，都与扶贫直接相关。国务院在

2010 年年底制定的《中国农村扶贫开发纲要》，在新的历史条件下为这项工作提出了具体的指导方针与工作准则。社会主义生态文明建设直接与扶贫开发相关联。

1. 扶贫开发是涉及三维的系统工程

将扶贫工作放到可持续发展的三维（经济、生态、社会）系统来看，这是一项有多目标集合的系统工程，主要包含以下三个方面。

（1）扶贫工作的中心在于人的再生产走上正常运行轨道，首要目标就在于使贫困地区的群众依靠自身力量脱贫，达到温饱水平。在此基础上，以人的全面发展为远大目标，以提升提高人的素质为规划目标，将教育、消费结构、文化生活、文明程度等纳入扶贫工作。精神文化上的贫困，既是贫困本身的表现，又是造成物质贫困的基本原因。

（2）扶贫工作的基础在于使自然—生态环境再生产走上良性发展之路。在贫困地区，多属于环境恶劣、生态已经失衡，但还可治理的地方。为此先要研究出一个科学治理生态环境的方案，再发动群众实施。对正在出现环境生态环境退化趋势的地方，要拟订好紧急措施，把治理生态环境的工作与发展生产的工作同时放在日程上，制止环境继续退化。发展生产要服从生态环境治理，必要时，宁可调整经济活动，也不可停止环境治理，为此，扶贫资金的一部分将用于环境治理。

（3）扶贫工作的基本内容是使经济再生产能正常发展。这项工作一开始，就必须积极发展商品生产，一般应从资源特色来选择品种。将资源优势转化为生产优势、进而转化为产业优势。一般的商品生产要上升为社会化商品生产，在社会化商品生产中，分工水平应逐步提高，产前、产中、产后服务要有专门提供渠道，各种生产要素如技术、信息等来自经济主体之外的市场。

总之，扶贫工作绝不是单一的经济工作。它是综合经济、社会、人口、资源、环境等各系统协同并进的整体。其发展目标的系统性正是其可持续发展进程的性质决定的。

2. 经济建设与生态建设的具体关系及分类对策

经济建设与生态建设，是互相制约、互相促进的对立统一，两者之间存在着矛盾或融合等关系。判断的基本依据是来自国家近几年推行的主体功能区规划。划分主体功能区是要根据不同区域的资源环境承载能力、现有开发强度和发展潜力，来确定开发方向、规模与强度的，开发是否符合上述标准，决定了经济建设与生态建设有什么样的关系。两者之间的关系具体分为四种类型。

（1）第一种类型是相互矛盾的关系，就是说，某些经济建设会造成生态环境的损害，而保护生态环境就要舍弃某些经济活动。这种关系的典型体现为列入退耕还林的生产。在经济与生态的矛盾中，以保护生态环境为重。在必须保护的山地，退出原来已经开发的粮食或经济作物的种植，恢复树林的生长，避免引起生态失衡、水土流失、环境恶化。退耕还林必然给当地群众带来经济损失，从长远来看是发展的必要措施，但"退"必须与"转"结合起来才有脱贫的效果。为贯彻退耕还林而放弃粮食自给生产，会有经济风险，需要有配套措施：①计划好过渡过程，根据实际情况逐步退出。②给予合理的生态补偿，弥补退耕还林的经济损失。③寻找替代性生产，将"退耕"之失转化为"还林"之得。

（2）第二种类型是关联不大的关系。经济建设与生态建设两件事可以各自开展、齐头并进而互不干扰。某些经济建设不妨碍保护生态环境，可以放手发展。如因地制宜地发展经济作物、发展低耗能耗材的加工业，如竹藤手工编织等。但是，互不干扰不是绝对的，这要注意时间与限度。如果某些经济建设超过一定限度，或者从长远来看，有可能会损害生态环境，这需要有科学的分析评估，根据生态环境承载力对这些经济建设实行合理控制，争取短期经济效果而又不造成长远的生态恶果。

（3）第三种类型是某些生态建设不产生直接经济效果，但长远有利于经济建设，这类生态建设在短期内是本地的经济负担，这要根据经济承受力，有计划、有步骤、有阶段性地开展。按照国土建设与区域治理的需要开展绿化山林，就是这种关系的典型。这项工程没有经济产出目标，只以提高植被水平为目标，种植非经济用途的林木，控制水土流失、恢复地区生态系统、重建生物多样性的环境条件。

（4）第四种类型是相互融合的关系，某些经济建设本身就包含生态建设，生态建设直接就带来经济效果。这种关系主要体现在发展有利于保护生态环境的特色产业上，如在荒山荒坡上种植果木与发展经济林木，在绿化山林的基础上取得林业收益，在科学指导下开发、转化生物资源，如中草药资源，能同时得到经济与生态两种收益。

体现第四种类型关系的一个门路是发展以保护旅游资源为前提的旅游休闲产业。该产业被比喻为"无烟工业"，相比工业制造来说，相对物耗低、污染少，又不像农业那样要开垦土地，环境保护容易做到。旅游业发展不能违反传统文化与生态文化保护的要求，景点开发尤其要科学，否则旅游发展仍可引起生态损害。对此，可借鉴境外在发展旅游业中实施"生态保育点"的经验。被列为生态保育点的地方，应具有很强的自然生态与人文生态特点，弥足珍贵，必须高度重视在旅游资源开发中完整保存，防止资源的破坏，游客来此必须能承受住宿、餐饮、游览、交通不够方便的代价，旅游部门不能只从经济考虑，招徕超过景区接待能力的过多的游客。

3. 在扶贫开发中兼顾生态建设的战略措施

（1）科学地选择要发展的产业、产品类别。上述第四种类型关系的产业理应优先选择，但一个地区只选这类产业可能是困难的，或者是不够的，选择第二种类型关系的产业是必然的。

为了能够做到科学地选择要发展的产业、产品类别，政府与经济主体都要进行认真的学习交流、充分的调查研究、严谨的科学论证，切忌凭灵感和拍脑袋决策。既吸收本地群众与外地创造的经验，又结合本地区情况，尊重知识与科学，力争有所创新。

（2）高度重视智力指导。贫困地区一般都是自然障区，属自然地理条件人们较难适应、自然资源不易利用的地方，要想在这样的地区发展，就更要用人的智力资源来弥补自然资源的匮乏，战胜恶劣的自然环境。人们已强烈意识到，发展特色产业需要科技支持。科技水平关系到特色产业发展的成败。从整个区域的视角看，生态建设的设计与特色产业项目的选择，要依靠科技来论证与实施。人们在扶贫开发中实践积累了大量经验，需要科学地总结。应注意不要将经验中的方式说成模式，方式是单一的，模式是综合的；方式主要看市场机会、实施条件，模式则要看地方的资源禀赋、时代条件。科教扶贫、劳务输出、旅游扶贫、特色种养、异地安置等，都是方式，但都不能称其为模式。一个模式必须依据当地的经济、社会、自然地理条件，综合多种经验，概括成多条原则，将上述各个方式置于一定的结构中，才能形成行之有效的某种模式。

（3）提高农业产业化水平，发展农工商一体化经营的产业经济。这在发展贫困地区特色产业中极为重要，提出发展特色产业已有多年，有成功也有失败，其中的关键在于经济效率。农工商一体化经营正是提高效率的途径。农业产业化的集中表现，就是形成有社会分工、地域分工的产业链条。以下链条就是其典型：

初级产品生产 → 初加工产品 → 最终产品
乡村　　　　　　　小城镇　　　　　城市

第一个环节是由贫困地区乡村开发本地有特色的生物资源，生产出初级产品。第二个环节是建立依托自然资源的初加工型生产，成为城镇工业的延伸基地。第三个环节包括深加工与商贸，是开拓市场的前沿。乡村需要用科技、资金等生产要素来开展种养生产，可以由后两个环节输入。整个产业链条要充分体现社会化生产水平。通常推出的"公司＋基地＋合作社＋农户"的产业化模式，应该理顺其中的经济关系。农村的家庭经营，要放在产业中的"车间"位置。当然，这仅仅是一个理论模式，实际情况千差万别，农工商一体化经营方式要具体塑造。

（4）解决生活用能问题。广泛发展沼气生产，列入农村发展循环经济的重点工程。政府要对这项工程安排更多的财力和技术投入，根据实际情况提高沼气生产的规模、集约度与技术水平。有条件的地方尽量发展薪炭林，作为权益之计，减少烧柴对环境的破坏。充分利用水能资源发展小水电，通过小水电开发和使用扩大农民对家用电器的内需。逐步推广太阳能应用，实行新能源补贴政策。

4. 完善生态补偿机制

生态补偿，就是应用政府转移支付手段与非市场定价，对遵循宏观生态要求的地方与有关经济主体给予经济补偿。从本意上看，生态补偿与贫困与否没有必然联系，但在实际生活中，这一联系十分密切。发达地区的生态补偿以发展循环经济、低碳经济的补贴与政策优惠方式实现，针对性很强，而贫困地区的生态补偿则有更多的依据。扶贫资金是为消除贫困而设立，绝大多数贫困地区都要以推进自然——生态环境再生产良性发展为扶贫的基础性工作，两者呈现重合关系。如果仅仅这样看，随着地区贫困的消除，必将减少扶贫资金的下拨。显然，生态补偿不是按这样的机制运行的。我们更要注重与扶贫并不重合的补偿。在贫困地区，独立于扶贫目标的生态补偿依据来自以下几点。

（1）来自退耕还林的补偿。退耕还林所引起当地经济生活的变化，就是要从粮食自给生产转为市场获取，这里就有经济风险。需要退耕还林的地方一般是陡坡、丘陵或半山地势，粮食自给生产不仅造成群众生活贫困，而且破坏自然环境，肯定要放弃，及时改植林木。但粮食是群众生活的必需品,替代粮食生产的,既可能是有经济收益的经济林种植,也可能是维持生态环境的生态林种植。前者需要若干年份的投入,后者则只能因地制宜地发展林下经济,多多少少为生态环境而牺牲物质生产。无论哪种情况,都需要予以补偿。前者是扶持性资助与购粮补贴,后者是根据生态林数量质量,由国家代表社会来实施"生态购买"。这样,方可减少退耕还林造成的直接经济损失与经济风险。

(2)来自主体功能区划的补偿。主体功能区的划分体现了经济与生态双重要求的区域分工,避免了盲目的地区攀比与竞争。其中,有关限制开发区域和禁止开发区域的设定,对某些地方为实现发达、致富而片面追求工业化、城镇化作出了限制,在重点生态功能区甚至连农业也要限制。贫困地区必定有各类主体功能区,重点生态功能区的比重可能会远远大于非贫困地区。在国家设定的重点生态功能区,既要舍弃一些产业发展机会,又要投入相应的财力采取必要措施实施其生态功能,完全的生态补偿数额必然很大,需要根据中央和地方两级财政的转移支付能力逐步增加。

(3)来自自然保护区的补偿。无论是国家级、省级或市县级的自然保护区,这里的经济建设受到更严格的规模与结构控制。贫困地区内的自然保护区,对作为扶贫工作基本内容——经济再生产有更大的制约。根据自然保护区的级别,分别由各级财政以拨付财政补贴的形式对自然保护区给予生态补偿,将补偿财力用于推进当地的产业生态化、资助当地的基础设施建设。

第三节 科学发展与生态文明建设

在本节中,我们要弄清两个密切相关而又有所区别的问题,一是科学发展与生态文明建设的关系,二是科学发展观与生态文明建设的关系。前一个问题是"两件事情"的关系,是相互影响的关系;后一个问题是"理论与实践"的关系,是指导与被指导的关系。

一 科学发展与生态文明建设的关系

从概念上来说,生态文明建设是比较通用的概念,可以发生在不同社会制度与不同战略、方针下。在社会经济发展中,一般不存在生态文明建设"有没有"的问题,只有"重视不重视"的问题。而科学发展则是特定的概念，是党中央通过对改革开放以来我国社会经济发展的经验教训总结，用马克思主义来科学认识各种发展问题，领导全国人民要努力实现的一种发展状态或模式。总的来说，科学发展是生态文明建设的保障，生态文明建设则是科学发展的判断标准源泉。

1. 科学发展是生态文明建设的保障

科学发展通过经济发展方式转变来实现，可有力地遏制经济、社会、资源、环境相互不协调的发展趋势，为生态文明建设提供了较好的基础。如果经济发展方式得不到明显的转变，生态文明建设仅能成为发展中的补救措施。非科学发展破坏生态环境，而生态文明建设则修复被破坏的生态环境。用比喻来说，一个人的健康首先要改变不科学的生活方式，在饮食、作息、劳逸、生活环境等方面符合健康要求，否则，这个人就将一边在不科学的生活方式摧残下身体状况日趋恶化，一边却又通过医疗保健来补救，最终并无成效。

生态文明建设所要建设的资源节约型、环境友好型社会，离不开社会经济发展的健康、合理的机制。当前，在经济发展方式尚未转变的条件下，相当大比重的"发展业绩"其实是建立在浪费资源、破坏环境的基础上的。我们不能一边在生态文明建设的旗号下努力促进资源节约、环境友好，一边在经济发展的旗号下高耗费资源、大破坏环境。只有制止后者，前者才能奏效。前者的努力必须要在后者的改进下才有实际意义。

2. 生态文明建设是科学发展的判断标准源泉

在经济发展方式转变进程中，选择新的发展观、新的发展战略、新的发展模式、新的发展道路，必须紧密联系生态文明的理论与实践。实现科学发展的基本途径是转变经济发展方式。科学的经济发展方式是积极推动经济发展对社会正向作用的方式，它不仅注重经济数量的扩展、速度的提高，更注重经济质量的提高、经济结构的改进；不仅注重经济指标的单项增长，更注重经济社会的综合协调发展。我们在经济发展中不是强调要正确处理好谋求当前利益与谋划长远发展的关系吗？懂得何为当前利益并不难，而判断何为长远发展，则要从实践中不断丰富已有的正确认识。这个实践，主要就是生态文明建设。其中，经济发展的结构、质量如何评价，离不开本国产业结构、技术结构对本国资源系统、环境系统与生态系统的影响。这要在生态文明建设的实践中提出实证性与规范性的数据（即现在已经怎么样，根据现实应当怎么样）。为此，转变经济发展方式以生态文明建设作为客观标准形成依据，生态文明建设以转变经济发展方式为新的立足点和操作载体。

二 科学发展观为社会主义生态文明建设提供思想指导

生态文明建设是社会的一项建设，一种实践活动，它在不同的社会背景下，可以在不同的思想理论指导下进行。我国改革开放前的生态文明建设，没有独立的思想理论指导，但是，把祖国和家乡建设好、尊重自然规律这两个理念，始终是我国社会主义生态文明建设的实际指导思想。改革开放后，可持续发展观逐步成为我国生态文明建设的指导思想。

科学发展观吸纳、包含了可持续发展观，并在马克思主义发展理论的基础上提升与扩展了可持续发展观的观念。自此，社会主义生态文明建设就获得了更为系统、更高水平的思想指导。具体来说，科学发展观为社会主义生态文明建设提供了如下思想指导：

1. 科学发展观摆正了生态文明建设的位置

科学发展观的核心是"以人为本"，但人类自身的利益必须在与自然的和谐中才能真正实现。借口"为人类福利增长"而损害人与自然和谐的发展行为，并不是以人为本。建设生态文明是促进人与自然和谐关系的，科学发展观没有提出和建立时，生态文明建设往往被视为物质文明建设的附属部分，是等待物质文明建设高度发展之后才顾得上的事业。只有科学发展观深入人心，生态文明建设才能被视为直接体现着社会主义建设的目的。科学发展观有关统筹人与自然和谐发展的原则，说明建设生态文明不是人类消极地向自然回归，而是人类积极地与自然实现和谐。人类既不能简单地去"主宰"或"统治"自然，也不能在自然面前无所作为地消极地适应。在建设过程中，人类自身是生态文明的主体。

2. 科学发展观为生态文明建设扩展了视野

一切改进自然环境的措施都带有生态文明建设的含义，但是在缺乏高远的眼光与视角的情况下，局部性的生态文明建设就可能成为只有行动没有目标的应急行为。科学发展观的重要内容之一，就是强调社会经济的发展必须与自然生态的保护相协调，发展不能以破坏生态平衡为代价；发展不仅要与现存的自然条件相适应，也要顾及子孙后代的利益，要走可持续发展的道路。按照胡锦涛总书记的解释，"可持续发展，就是要促进人与自然的和谐，实现经济发展和人口、资源、环境相协调，坚持走生产发展、生活富裕、生态良好的文明发展道路,保证一代接一代地永续发展"①。因此,科学发展观不是一般地要求我们在经济发展中顾及保护自然环境、维护生态安全,而是把这些要求本身就视为发展的基本要素,其目标就是通过发展去真正实现人与自然的和谐以及社会环境与生态环境的平衡,实现植根于现代文明之上的"天人合一"。简言之,科学发展观的上述要求成为我们建设社会主义生态文明的思想境界。

3. 科学发展观为生态文明建设提供破除利益障碍的理论武器

生态文明建设发生在人与自然界之间,但背后无不牵涉到人与人的利益关系。简单看来,优良的环境、绿色的产品,对无论哪一类人都是有同等生态效益的,但实际上,环境与产品的生态程度在市场经济条件下也被打上价格等级。在通常情况下,劳动者与低收入者是生态恶化后果的率先承受者,而私有经济主体及其利益相关者最有可能通过生态代价向社会转移、向劳动者与低收入者转移以获得不合理利益。所以,生态文明建设是最有利于劳动者与低收入者,又是最可能受到生态代价转移势力抵抗、破坏的。

"以人为本"与"以物为本"(其延伸就是"以 GDP 为本"或"以资本为本")是对立的,后者在经济发展中经常打着"效率""经济成就""GDP 增长"的旗号,讨好资本的利益,损害劳动者与群众的利益。一些企业对内不改善工作环境与条件、不防治职业病,对外不改进排污状况、不防治三废而危及周边环境。这些有损害社会的生态利益而获取不合理经济利益的势力,总要千方百计地阻挠生态文明建设的进程。然而,他们不是振振有词地歪曲"发展就是硬道理"来为其破坏生态文明辩护,就是借口"稳定压倒一切"来指责对生态文明建设的维护与促进是不利于社会稳定。人民群众要以科学发展观为理论武器,揭示其性质,剖析其谬论与行为。

生态文明建设实际上包括生态变革和社会变革,调节人和自然的关系离不开调节人与人之间的关系。这其中不仅有观念上、认识上的障碍,也有来自非科学发展的既得利益集团的阻力。仅仅在生态文明建设范围内谈建设,不足以触及对生产关系方面阻力的揭示。落实科学发展观与开展生

---

① 《中央人口资源环境工作座谈会 胡锦涛、温家宝讲话》,人民网,2004 年 3 月 11 日,http://www.people.com.cn/GB/shizheng/1024/2383932.html。

态文明建设，从两方面的推进有利于相互促进。生态文明建设暴露的问题可以从落实科学发展观方面来努力解决，科学发展观被虚化或误导的状况则通过生态文明建设的行动来辨明。

生态文明建设所要求的制度、规章、治理方式，只有在消除了错误的发展观念基础上才能真正得到建立和实施。

4. 科学发展观为物质文明建设与生态文明建设制定了统一的战略规范

物质文明建设与生态文明建设要有统一的筹划。如果各行其是，就可能发生相互矛盾的准则，物质文明建设很可能按照错误服务方向的技术发展轨迹进行，生态文明建设则得不到物质文明建设的有力支撑或配合。要使两种文明建设有统一的准则，就要有统一的战略规范，统一的战略规范来自作为共同指导思想的科学发展观。在社会主义现代化建设中，科学发展观作为统一的指导思想，把生态文明建设的理念贯穿于整个经济建设实践中，使经济发展方式的转换始终不脱离生态文明建设的要求。

科学发展观为我们以重新认识社会经济发展中的产业、产品、技术、工程项目提供了全新的观念，为生态文明建设的物质基础提供了思想保证。

科学发展观为我们学习借鉴国际经验提供了正确的价值规范。作为一个发展中国家，我们要合理吸取发达国家在生态环境方面的经验教训，特别注重生态保护和可持续发展，最大限度地降低发展的自然生态代价。正如党中央所要求的，在我们的现代化建设中，必须把控制人口、节约资源、保护环境放到重要位置，使人口增长与社会生产力的发展相适应，使经济建设与资源、环境相协调，实现良性循环。

生态文明建设的新平台，不是自然产生于社会传统事物中的，而是在推进科学发展中产生的。以建设社会主义新农村为例，离开科学发展观的引领，我们根本找不着门路。按照西方发达国家走过的工业化道路，我们只能重现"畸形繁荣的城镇—城镇边缘的贫民窟—逐步破败萧条的农村"这一局面。大多数发展中国家就出现了这种局面，我们前几年农民工问题也走到了这个局面的边缘，农村的萧条在局部地方至今仍存在。不开拓新路，必定有内在的经济力量把我们的城乡发展拉到这个地步。出路只有：拒绝西方发达国家走过的工业化道路，不要把城镇工业发展建立在农村衰败的基础上，从社会生态新需求、绿色新产业发展的视野出发，从加强计划调控、推进共同富裕的机制入手，开辟农业发展的新领域、拓展农村发展的新市场。

三　我国社会主义生态文明建设的世界意义

1. 将社会主义生态文明建设与马克思主义时代化相结合

人类社会的发展是在矛盾的产生与解决的不断运动中实现的。马克思主义作为科学的世界观与社会科学理论，必然要不断跟踪与分析这些矛盾，指出其运动规律与发展趋势。

和平与发展是当代世界全局性的主题。环境与这两个主题密切相关。

一者，环境与发展作为对立统一的矛盾的两个方面，从 20 世纪后半叶开始为国际社会所普遍关注。由于传统的工业化包含着的人与自然的矛盾趋于激化，造成环境污染、生态失衡、资源耗竭，对人类生存和发展所依赖的自然环境构成了致命威胁，未来人类能否会在资源、环境的损耗中生存，这一可持续发展的重大问题已成为当今世界人们普遍关注的议题。共产党人肩负着解放无产阶级和全人类的重任，必须对自建立后每一个时代所面临的重大问题给予科学的回答，坚决地为解决与大多数人切身利益相关的重大问题而努力。中国共产党根据当代世界重大问题的观察与我国社会主义经济建设的实践，推动马克思主义与时俱进。社会主义生态文明建设的指导思想是科学发展观，它是马克思主义发展经济学与生态经济思想理论在当代中国的发展与应用。本着马克思主义的实践精神、创造精神、与时俱进精神，高瞻远瞩，把握时代发展的主流，回答了时代的重大课题。科学发展观在理论上开辟了在马克思主义的指导下对人类社会可持续发展问题的进一步研究，把人与社会、人与自然关系的论述相结合，是马克思主义理论时代化的重大成就。

二者，环境是引发国与国之间冲突与战争的重要因素之一。在国际关系中，环境问题其实就是国土资源与国土内各种自然资源的争夺问题，这类争夺始于工业革命初期，在各个时代表现状况不同。而从 20 世纪后半叶开始的环境资源争夺，这种争夺涉及各类自然资源，其中包括历史上未曾发生争夺性的资源的特征。解决环境资源争夺，当然是各国实力的较量与博弈，但最终解决要依靠生态文明的发展，在环境领域推动国际合作。如果中国共产党既有生态文明建设的卓越成绩，又有处理国际关系的战略智慧与战术技能，就会对维护和平不致因为环境资源争夺而受到破坏作出有效贡献。

2. 将社会主义生态文明建设与塑造"中国发展道路"相结合

当今世界已进入信息时代，科学技术日新月异，知识、信息、科技在生产力发展中的作用空前增强。人类对自然进行改造和创造物质财富的能力越是增大，越是要符合客观规律，就越要把握好正确的方向，因而需要有总体的指导性理论。马克思主义生态经济理论对人类的可持续发展起到引导社会前进的航标作用。中国是一个处在全面发展进程中社会主义大国，中国面临发展经济和保护环境的双重挑战，解决这个问题不仅是本国的建设问题，而且是中国如何适应时代发展的问题。既要提高自己的经济发展水平，又要为地球生物圈的良性运行增加有利因素，这样才能为世界的进步作出应有贡献。生态文明建设为保障我国经济社会持续健康发展创造有利条件，我们通过这一实践，在环境与发展问题吸收和借鉴人类社会创造的一切成果，探索解决世界环境与发展问题的途径。通过社会主义生态文明建设，塑造"中国发展道路"，必将为发展中国家提供具有世界历史意义的成功范例。

3. 将社会主义生态文明建设与积极参与全球生态环境保护相结合

中国共产党领导人在国际场合指出："人类共同拥有一个地球，实现可持续发展是世界各国共同的责任。"① 中国政府开展可持续发展的全球行动，致力于建立包含相对公正的国际生态关系的国际新秩序。为此中国领导人积极参与一系列的国际会议，如国际保护臭氧层大会高级别会议、中国环境与发展国际合作委员会、全球环境基金成员国大会、联合国环境与发展大会首脑会议、可持续发展世界首脑会议、联合国千年首脑会议，并以此为外交平台，为建立相对公正的国际生态关系，强调了自己的原则与认识，努力开展外交行动。中国的观点是：（1）各国共同行动，保护全球环境，防止某些发达国家转移污染、或利用"环保主义"来阻止别国的正当发展。（2）国际上对地球上的资源要有合理利用、正确保护的共同规则，并共同遵守。（3）创造可行的条件，使世界各国能分享人类的知识和智力资源，促进全球可持续发展发展。

我国作为一个社会主义大国，理应根据世界新的情况力争为人类承担的新贡献。中国政府继续以强烈的历史责任感，已经并将继续承担与我国

① 江泽民：《在全球环境基金第二届成员国大会上的讲话》，《人民日报》2002年10月17日第1版。

发展水平相适应的国际义务，积极参与保护地球生态环境。我国坚持开展环境与发展方面的国际交流与合作，既提高本国利用资源与治理环境的水平，也推进各国的可持续发展事业。中国还通过社会主义生态文明建设积累的经验与物质力量，向发展中国家提供有关生态建设的援助。

参考文献

［1］余谋昌：《生态文化的理论阐述》，东北林业大学出版社，1996。

［2］《中国21世纪议程》，中国环境科学出版社，1999。

［3］毛志录：《人类文明与可持续发展》，新华出版社，2004年6月版。

［4］祝光耀主编《青山、绿水、蓝天——人与自然和谐之路的探索与实践》，中国林业出版社，2006年1月版。

［5］严耕、杨志华：《生态文明的理论与系统建构》，中央编译出版社，2009。

［6］赵曦：《中国西南农村反贫困模式研究》，商务印书馆，2009。

［7］《国外马克思主义生态文明理论研究——张云飞教授访谈》，《国外理论动态》2007年第12期。

［8］王明亮：《生态文明建设与经济发展方式转变》，《城镇发展研究》2008年第4期。

［9］曹春梅、李俊生：《科学发展观视域下的生态文明建设探析》，《桂海论丛》2009年第2期。

［10］《中国农村扶贫开发纲要（2011~2020年）》，《人民日报》2011年12月2日第1版。

［11］《国务院关于印发全国主体功能区规划的通知（国发〔2010〕46号）》，中央政府门户网站，2011年6月8日，http://www.gov.cn/zwgk/2011 - 06/08/content_1879180.htm。

| 第四章 |

非科学发展批判

第一节　改革开放以来经济发展的偏差

一　科学发展观的"革命对象"——非科学发展

提出科学发展观，就是提倡科学发展，反对非科学发展。因为非科学发展的许多事例早已发生在我们的经济发展实践中，亟待纠正。

改革开放以来我国经济社会发展从总体上说成就是主要的，问题是次要的。发展的成就归功于党的十一届三中全会以来马克思主义中国化、时代化、大众化的进展，而所出现的比较严重的问题，基本可以归结为非科学发展（通俗地说就是不科学的发展）。

所谓非科学发展，是指党的十一届三中全会以来，我党把工作重心转移到经济建设上来之后，在经济发展中出现的不合理的发展行为与事件，是对邓小平同志提出"发展是硬道理"这一观点作歪曲性理解下的行为组合。它的总体表现，简单地概括，就是单纯追求经济上的表面成就，如GDP 的增长规模与速度，忽视社会层面的问题与生态领域的问题。非科学发展是这种发展手段和发展目的的双重迷失：在发展目的上误将 GDP 增长当成发展的目的，在发展手段上误认为只有货币资本投入才能带来发展。两者的共同之处就是"以物为本"，即发展只是为了物质财富的增加，发展只能依靠资本的投入。非科学发展是不和谐发展，其效果有一系列明显缺陷：以经济总量富裕来损害经济社会公平；以单纯经济增长伤害生态环境的平衡；以当代人的发展危害后代人的发展能力；以城镇或少数发达地区的发达排挤农村或多数欠发达地区的发展机会；以有利于发达国家的方式危害着中国的长远发展；等等。

纠正非科学发展行为，不仅仅是简单的模式转换，更是整个发展道路的变革。

总的来说，倡导提倡科学发展，反对非科学发展，实际包括两层内容，一层是纠正改革开放以来在经济发展中的偏差，接受有关教训；二是纠正社会主义国家与发展中国家在工业化道路上重蹈西方资本主义工业化道路某些病态特征的失误，超越历史局限。很明显，这两层内容属于不同性质的问题，我们要分开论述。本节先论述第一层需要了解的原因。

二　改革开放以来出现非科学发展的主要原因

为使科学发展有针对性，就要追溯发生非科学发展的原因。改革开放以来出现非科学发展的原因是多方面的。

一是我们在马克思主义中国化、时代化、大众化进展中，正确认识只能在曲折获得，既要总结经验，又要接受教训，某个时期产生的正确观点往往有历史局限。比如说，改革开放之前，建设社会主义就是发展公有制经济，这是完全正确的观点，但是如果没有丰富的具体认识支撑，把公有制当成唯一的经济成分，当作政府行政支配下的工作系统，就会产生低效、僵化的弊病。20 世纪 50 年代新中国的建设，就有这样的历史局限。经济发展也是这样，改革开放以来集中精力发展中国经济，是正确的，但同样会有历史局限。只有经过实践并善于总结经验教训，丰富了一系列具体认识，我们的事业才能不断取得成就。

二是在我国的改革开放中，要面对发达资本主义国家主导世界经济的外部环境，发展中的中国需要从外部获取别国的经验与国际信息，西方意识形态趁机向中国渗透。"文革"浩劫对我国思想信仰的破坏导致意识形态上抵御"西风"的防线薄弱，这方面的错误思潮严重干扰了我国改革开放正确方向的把握，造成了发展道路上的方向偏离。这一方向性偏离的社会力量扭曲了改革事业，侵蚀了社会主义固有的"以人为本"原则，却为依赖资本、轻视劳动，以至追求私利、忽略社会利益的人创造了条件。

三是出现了从非科学发展中滋长出来的既得利益集团，其主要部分是背离"三个代表"要求的权势力量，他们以 GDP 为本，只顾追求地方GDP 增长的政绩，其社会行为是越来越偏爱"纳税大户"而厌恶"主人公"、要效率不要公平，依靠投资者而忽略劳动者。宪法上载明的有关工人阶级与工农联盟的规定，成了他们越来越反感的东西。更不要说该既得利益集团内还有大量大搞权钱交易、贪婪腐败之辈。

上述非科学发展的倾向，一开始尚不严重、尚不系统。党和人民也是逐步认识、逐步防范。改革开放以来，邓小平同志强调共同富裕道路、强调"两手都要硬"，江泽民同志提出"三个代表"重要思想，都是针对已经出现的非科学发展而提出的重要决策。胡锦涛任总书记期间，提出科学发展观的针对性更强，正确的导向更为系统、全面。这一指导思想上的迈进，将不仅有力地推动我国经济发展方式的转变，使改革开放沿着正确道路前进，而且将深刻地总结这 30 多年的历史，推进马克思主义中国化、时代化、大众化的发展。

三　非科学发展出现的诱发因素

1. 快速私有化趋势诱发了整个社会的物质财富追逐热

根据国家统计局的部分资料和国家工商管理局、全国工商联的资料综合测算，在 2006 年二、三产业中得出如下数字：（1）资本结构：公有制经济与私有制经济（包括港澳台资本和外资，下同）在全部企业的实收资本中所占比重分别为 48%、52%。（2）就业人员结构：公有制经济与私有制经济在全部企业的就业人员中所占比重分别为 32%、68%。（3）GDP 的结构：公有制经济与私有制经济在全部企业的 GDP 中所占比重分别为 37%、63%。①

2. 贫富差距的不断扩大裂解了社会共同的利益基础与理想追求，侵蚀了"一心一意谋发展"的精神源泉

私有化趋势的结果就是贫富差距扩大。基尼系数持续上升，在一段年份内已连续多年超过国际警戒线。"2000 年达到 0.417。超出国际公认的 0.4 的警戒线，此后一直居高不下，2005 年中国基尼系数为 0.458，2008 年高达 0.469，近两年持续攀升。实际已超过了 0.5，超过世界所有发达国家和包括印度在内的所有周边国家。""从 1988 年至 2007 年，收入最高 10% 人群和收入最低 10% 人群的收入差距，已从 7.3 倍上升到 23 倍。"②

贫富差距造成的社会问题不少。脱离实际的学者指责社会上的"仇

---

① 李成瑞：《大变化——我国当前社会经济结构变化情况及其复杂性分析》，中安论坛，2007 年 8 月 31 日，http://bbs.anhuinews.com/thread-288889-1-1.html。

② 李炳炎：《关于防止"两极分化自然出现"的理性思考》，《当代经济研究》2010 年第 11 期。

富"情绪，他们根本不懂："仇富"完全是"坑穷"催生出来的。处于贫穷状态的社会群体，不仅受到强势群体的有形欺负（拖欠工资就是最典型的事例），还受到整个社会的无形压抑。在这种压力下，全社会求富的驱动力异常强大。由于各个行业都醉心于"创收"，相互服务的社会分工链演化成相互榨取的社会盘剥链，这对于手中资源、权力最少的群体，意味着巨大的生存压力。贫穷虽然已经不再意味着食无肉、衣无锦，却意味着安身难、出行难，要在人无法待下去的恶劣工作环境下劳动，时间长，工资收入低，由于贫困可能会被完全剥夺发展机会。由此，社会底层对贫富差距不断扩大的感受更敏感，不满情绪更加强烈，这种情绪虽然尚未上升至整个社会思想层面，却是实际生活中反映出值得高度关注的重要问题。可以说，经济改革的社会代价越来越大的根源，主要是两极分化。

3. 盲目追求经济发展政绩造成改革过程的三类代价巨大

盲目追求经济发展政绩在 1958 年"大跃进"时期曾经发生过，在现时条件下则更能产生复杂的负面效应。一是市场手段与干预手段的不成熟驱使经济活动选择了一种"急功近利式"的发展模式，盲目投资、低效生产与恶性竞争的现象十分严重。二是资源价值化、要素流动市场化使政府手中掌握的最大资源——土地成为身价百倍的财富，追求政绩的权力把手伸向了原有土地的使用者，加剧了在征地、拆迁、移民安置补偿方面的官民矛盾。三是随着私人经济与外资经济的分量增大，逐步成为纳税大户与产值功臣，在不少地方政府的心目中已经举足轻重。为追逐政绩，各地政府片面迎合投资者，纵容资方种种恶化劳资矛盾的行为，不合理地将改革成本全部转嫁到工人身上，造成企业改制中的矛盾冲突。上述盲目追求经济发展政绩，在经济上往往会不顾产业结构、生产质量，一味追逐最能显现增长规模剧增的 GDP 统计数字，由此付出了投入巨大而产出方面表面虽有经济发展成绩却缺乏质量的经济代价；造成与人民群众矛盾加深、与劳动者离心离德的社会代价；造成自然资源掠夺式经营，以长远生态环境损失换取一时经济增长的生态代价。

4. 奢靡之风危害社会系统与生态系统

由于新自由主义的泛滥与逐利的商业广告遍布各种媒体，嫌贫爱富的风气盛行，对社会系统与生态系统起极大负面效应的消费主义在我国开始蔓延。有人指出，中国正在成为"全球新兴的消费主义"国家。在我国消费率长期偏低、消费拉动经济增长的作用相当微弱的同时，奢侈型、享乐型、挥霍型消费却大有世界夺魁之势，这是两极分化与文化堕落相互推动的结果。据统计，目前中国的奢侈品市场价值约为 20 亿美元，约占全球总额的 30%。[①] 一个典型事例就是，在杭州一家酒楼推出了 19.8 万元的超豪华年夜饭，相当于吃掉贫困地区 1000 个学生一年的学费。这恰好就是英国著名作家萧伯纳与一个超肥胖富翁的对话里说的"看到你，就知道为什么发生饥荒"的现代写照。这种状况，极不利于社会凝聚力，不利于各个行业艰苦创业，不利于提倡健康生活方式。另外就是最终浪费自然资源。

5. 权钱交易下的市场驱动

私有化思潮作祟的市场经济发展，造成我国社会上官德、商德、警德、医德、师德和公民道德、家庭道德的迷失，使我国经济发展付出高昂的社会成本与代价。其中，警、医、师三类职业，都曾经有过"人民的卫士""白衣天使""人类灵魂的工程师"的崇高称号，由于在职业操守中不少人道德违失，给服务对象造成物质和精神上的巨大损失，现在却被社会上夸张地喻为"黑狗、白狼、四眼蛇"。而诸德迷失当中，危害最广泛、最难治理的就是官德迷失。

在正常的市场经济运行中，经济发展水平影响市场需求、市场需求拉动供给，在供给能力能够满足的条件下，生产规模得以扩大。这种客观运行机制，一旦受到人为干扰，就会出现变异。其最突出的人为干扰就是权钱交易，在此真实目的下出现随意采购、随意施工、随意立项，为供应商、开发商、投资商提供商机，以劫取国家、纳税人的钱财，产出成果是虚假的，甚至是有意的。这样的生产，往往兼有私商赚钱、官员获贿、地方出政绩、国家增大 GDP 的"一石四鸟"的好处，表面看是"发展"，实则耗费资源，没能给社会提供真实的财富，没有给人民带来真正的实惠，准确地应当称作"经济折腾"。以建筑为例，中国作为建筑产能最大的国家，以每年新增建筑面积总量 20 亿平方米的速度消耗掉全球 40% 的混凝土和钢材。然而在这新建筑如雨后春笋般诞生狂潮的背后，建筑废墟和"陈旧"建筑的残余屡见不鲜：为修建五星级酒店而推倒四星级酒店或是在还未竣工的情况下就平整刚刚开发的建筑工地事例也常有耳闻。在沉闷的爆破巨响声中，许多高大巍峨的新建筑应声而倒，人为地结束了它们短

---

① 方时姣：《科学发展语境下生态内生经济发展研究》第二章。此为广西大学马克思主义经济学研究中心全国性招标一般项目结题报告。

暂的寿命。

四 非科学发展出现的社会基础

非科学发展是一种行为组合，人的经济行为总是受"选择"背后的利益关系和制度结构的制约。如果不挑明生产关系、挑明人与人之间的社会关系，经济问题的研究就会背离它的实质。

在经济发展中，社会主义生产关系与生产力的交互运动表现在，当生产力对生产关系提出了适应其发展的要求时，生产关系由于其内部受其具体形式（经济政治体制）与社会环境的影响，存在着相对独立的运动，对生产力的发展要求并非完全适应，两者之间有一定的矛盾。矛盾或者来自生产关系不成熟，或者来自生产关系的变异。前者可以通过改革开放前的经济发展来说明。改革开放之前，我们曾以为通过高度集权的计划体制就可以顺利完成这个配置，但实践证明，自上而下的行政管理机构无法处理好社会经济中大量复杂的、变动的信息，难以判断资源配置何为优劣，如何达到优化配置。僵化的机制更因多层次的传递阻碍了总体计划的有效实施，软预算约束等失效机制便从中产生。

改革开放本来就是要纠正这种不合理的机制，以求社会主义生产关系更完善、更成熟。但在改革过程中，为了纠正僵化机制而放开、搞活，客观上享有了使生产关系变异的某些因素：（1）政府经济管理职能的"分权化"改革，使地方政府享有了较强的相对独立的经济利益。（2）公有制企业要成为独立的市场主体，产生了较强的本位利益追求的驱动。（3）允许私人经济与公有经济共同发展，使经济发展中凭借资本的力量率先富裕起来的社会群体得以出现。（4）市场经济环境与企业本位利益，对各级政府执政的观念发生了"以钱为本"的影响。这些因素，在市场经济体制模式中本是无法消除的，但应当置于社会主义上层建筑有效的调节、控制之下。一旦这种调控不到位，就会使社会主义生产关系发生变异。生产关系变异扭曲了经济改革的本来面目，使经济发展中出现了非科学发展。

改革一旦偏离正确方向，就产生了资源劣化配置的"双拉动机制"：投资来拉动增长，权力拉动投资。"双拉动机制"的逻辑链条是政府以GDP增长为发展目标、依靠投资来拉动增长，投资者通过投资来赚钱，在投资经营中压低成本支出；政府迁就投资者，默许其压低成本，于是一方面低成本占用与耗费自然资产，一方面使劳动收入在社会经济收入中所占比例越来越低。其总体结果是：经济"发展"了，地方的 GDP 数字上去了，投资者腰包更涨了，生态问题严重了，两极分化加剧了。从宏观经济现象上来看，这就表现为过于依赖投资与出口、消费在经济增长中所起的作用很小。

中国"十二五"规划表明中央政府决心扭转这一不平衡增长的现象，但一些地方政府仍然将热衷于"大项目带动大投资，大投资带动大发展"，舍不得放弃那个资源劣化配置的"双拉动机制"，有意或无意地不愿将发展的拉力转到消费上来。社会消费，包括教育、医疗、民用建筑事业的发展，是民生工程，不能仅靠政府重视就能解决，必须建立在"民富"的基础上。个人消费，扩大消费的主体必须是中低收入者，因此必须建立一种机制，确保这部分人群的收入能够有较大幅度的提高。如果这个方向搞错了，扩大消费就会带来更厉害的奢侈之风。依靠政府转移支付来补贴消费作用有限，基尼系数不降低，是得不到合理的扩大消费的。

扭转上述非科学发展趋势，涉及地方政府、投资者与劳动者之间的利益关系。在资源劣化配置的"双拉动机制"背后，出现了有意从资源劣化配置中获利的既得利益者。他们的行为包括：（1）盲目从经济规模中取得政绩或经营业绩，损害产业合理发展；（2）有意弄虚作假，以低成本获取最大业绩；（3）掠夺社会的自然资产，转化为本位的经济资产；（4）依靠外商的各种资源，达到损害民族经济利益而与外国资本分肥；等等。这些资源劣化配置的既得利益者，想要让他们在经济发展中遵循"以人为本"、实现五个统筹、转变增长类型的方针，其反应或是不愿意、或是无兴趣、或是想方设法抵制。来自香港的政协委员潘祖尧在全国政协十一届四次会议举行的第二次全体会议上发言，指出许多城镇建设盲目发展，"政府换届，规划改样"，官员为了政绩热衷于大拆大建，不按科学办事，建筑公司暗箱操作，导致建筑造价飙升，最后是经济受折腾，地方 GDP 上来了，圈内人士大获私利，这就是那种在生产关系运动中背离社会主义而具体化为滥用职权、扭曲市场行为的一个例证。①

资源劣化配置的既得利益者之所以阻碍转变经济发展方式，是因为这些人的利益诉求与社会主义格格不入。他们信奉的、或大言不惭地宣告

---

① 仁文主意：《对一位香港委员 7 分钟讲话博得 10 次鼓掌的感想》，强国论坛，2011 年 3 月 11 日 17：00：10，http：//bbs. people. com. cn/postDetail. do？id = 107905911。

的，是这么一些原则或理念：经济决策，谁官大谁说了算，人民无发言权；经济行为是我资产所有者的权利，私有财产神圣不可侵犯，法律订立也应当根据此项原则来制定；政府必须为纳税者服务，谁纳税多政府就要听谁的；等等。这显然是一种执政为商、立党为私、搞私有化的理念，是社会主义生产关系变异在思想政治层面上的体现。不从生产关系入手有针对性地扫除障碍，就打不开生产力科学发展之路。

人们指责"官商勾结"，其实，就我国作为政府主导型市场经济模式，客观上存在着大量公私合股企业与私人企业来说，官商之间有密切关系是正常的，问题是政府（官）站在什么立场、本着什么利益原则来与企业（商）发生密切关系。如果执政为己不为民，行使权力为私不为公，官商就会从权钱交易中谋取私利，罔顾国家和人民的利益。于是资源劣化配置就得以通行。

五 非科学发展是对人与自然关系的扭曲

1. 改革开放初期，在重视人民群众物质生活水平提高的同时，忽略了生态需要。许多地区一直把经济发展凌驾于资源与环境保护之上，以牺牲环境为代价的经济发展成为一种普遍现象。这样的发展，不要说从长远来看不符合可持续发展的要求，就是对眼前的资源环境约束都难以应对。我国现有的实际情况是一方面资源本身紧缺，另一方面资源利用水平低下（以能源利用效率为例，按现行汇率计算，中国单位资源的产出相当于美国的1/10，日本的1/20，德国的1/6）。这种资源与环境的巨大压力使我们不得不正视发展方式问题。

2. 不完善的市场经济强化着"高消耗、高污染、低价值"的产品生产，并使市场成为争夺生态经济利益和转嫁生态环境成本的工具，商品交换中充斥着价值剥削和生态剥削。

3. 快速私有化趋势打造了一批顽固坚持掠夺自然资源、疯狂破坏环境，以追求尽快发财的企业，包括私人企业与私有化了的所谓国有企业。这些企业通过行贿把有关管理机构拉下水，动用专政权力来压制当地人民反抗破坏生态环境的斗争。其中，权力管理者、企业掌管者、专业检测者的职业道德缺失，相互勾结，发生了不少以污染来损害人民利益并最终得逞、不受追究的事例，生态失衡是世界性的现象，但我国人民群众为此直接受害面之大、受害程度之深，却是罕见的。

4. 拜金主义逐步增大着人与人、人与自然之间的伦理观的支配程度，物质富裕所伴随的生态贫困事实上正在降低整个社会的生活品质。在世界许多国家已经逐步推行了的生态道德，我国的不少社会成员却对此置若罔闻、不屑一顾。

第二节　对资本主义工业化道路的清算

从人类文明史来看，资本主义工业化道路，对于西方发达国家来说，无疑是"成功"的道路，因为这些国家依靠这条道路具备了强大的经济技术实力，处于世界强势地位，有条件实施强盗行为，本国劳动人民尽管受剥削压迫，但相比东方世界落后国家的人民处于水深火热的困境来说，还是幸运得多。于是羡慕这条道路的成功者，仿效这条道路，就成为"普世心理"。我国现实经济中的非科学发展，从源头上来说，是社会主义国家与发展中国家在工业化道路上重蹈西方资本主义工业化道路某些病态特征的失误。要实践科学发展，最终还需要对资本主义工业化道路进行清算。

一　资本主义经济发展的历史代价

资产阶级一登上历史舞台，就伴随着开辟世界市场的壮举、乘上工业化发展的快车，为了抓住这个时代的机遇迅猛发财，他们同时向人和自然进行了凶狠的掠夺。

1. 原始积累——残酷榨取劳动者的血汗

资本主义原始积累是用暴力来获取资本与劳动力，取得资本主义发展的财力与人力基础。在资本主义工业化发展的几个世纪中，资本主义血汗工厂对劳动力的压榨极为骇人听闻，每日十几个小时的工作时间，用工人的健康与寿命换取工厂主的利润。

西方学者们并不否认资产阶级曾经残酷榨取劳动者的血汗的历史，但是他们否认包括《资本论》在内的一切谴责上述历史的正义性。凡是揭露资本主义发展前科的思想，都被他们视为邪说。因此，西方国家的资本主义原始积累给世界带来极坏的榜样，第三世界包括中国的私人经济、外资经济，一切崇拜、模仿西方资本主义生产方式的国家或企业，无不重捡当年原始积累的手段，有的甚至不以为耻反以为荣。

2. 扑向大自然的掠夺

从重商主义时代起，"资本主义生产开始以前所未有的深度和广度介入自然生态循环之中，将自然视作廉价和无限的资源加以利用，虎皮、海獭皮、象牙的风靡使这些物种遭到毁灭性的打击，而香料、印度茶和可可豆的流行更使得原产地大量的原始森林被砍伐，煤炭、漂白、印染与冶铁业的发展不仅污染了欧洲的环境，也使得欧洲的自然资源迅速枯竭"[①]。

在西方资本主义国家两个多世纪的工业化进程中，制造业生产与工业品消费加起来，消耗了地球上大量的矿产资源、化石能源，同时排放了大量温室气体。工业化推动城镇化、交通设施建设与建筑业，破坏了大量自然生态环境。现在大气层面临温室气体（主要是二氧化碳）排放过量、温室效应强烈，给人类生存带来严重威胁，造成这个局面主要是西方工业化国家的责任。自18世纪中叶以来，西方国家累计的碳排放量占总排放量的80%，这笔良心账是他们一直回避、却客观存在的。直到当前西方国家进入后工业化社会，也只是出现碳减排趋势，但排放量仍然远远超过发展中国家。连同历史账一起算，按人均碳排放量，从1850年至2005年，发达国家为940吨，是中国88.1吨的10倍多。2004年，中国即使成为"世界车间"，成为世界制造品的最大生产基地，人均碳排放量为3.6吨，也只是世界人均排放量的87%，仅接近美国的1/5。[②]

一句话，资本主义经济发展的起点，就是在整个世界，展开了一条在资本主义制度推动下虐待自然与奴役劳动者的最高代价的工业化道路。

3. 继续不公正的国际规则

"二战"以来，经济生活国际化与国际经济合作不断发展，非西方国家的经济体在世界经济中起到越来越重要的作用。以国际贸易、国际投资为形式的经济交往规模不断增大。西方发达国家除了在政治外交上不断打压对他们的国际旧秩序有所违拗的国家以外，在贸易规则、投资规则、知识产权、金融秩序等方面设置种种不公平的内容，继续霸占市场，阻碍发展中国家的后来居上，掠夺别国的资源财富。近年来，在国际生态关系领域，又开始新的不公平规则的构建。

减少温室气体排放，是全世界各国约束自己发展行为的联合行动，发

---

① 方时姣：《科学发展语境下生态内生经济发展研究》报告第一章第一节。
② 于刃刚：《低碳经济与河北省产业结构调整》，《河北经贸大学学报》2011年第3期。

达国家与发展中国家各自需要减多少碳排放量？就会有两种减排标准，一种是发展中国家的"人均减排量均等"标准，一种是发达国家的"基数比例均等"标准（举例说，世界碳排放 100 吨，27 个西方发达国家历史累计基数 87.5 吨，其他国家占 12.5 吨。该方案是：西方在自己 87.5 吨的基础上，到 2020 年，减少 20%，减少 17.5 吨，也就是说到 2020 年可以排放 87.5 - 17.5 = 70 吨，发展中国家也按照 20% 减排标准，减少量为 2.5 吨，也就是说到 2020 年可以排放 12.5 - 2.5 = 10 吨）。这样必然限制发展中国家的工业化。

二 西方资本主义工业化道路的特征

资本主义工业化道路对可持续发展的破坏性，来自两方面，一是体现人类文明发展的历史局限性，二是体现社会经济制度本性的弊病。

从前者来说，资本主义的文明发展，呈现出三维系统的复杂性。在经济领域，人类在生产力发展推动下物质文明率先推进，创造了巨大的生产力，伴以经济波动、生产过剩与经济危机等多种病态。在社会领域，社会文明出现二重性的总体发展，既有自由劳动者与社会权益逐步改进，又有反人性的资本主义生产方式与国家的高度统治。根据马克思、恩格斯的理论，资本主义生产使"人"变成了实现经济增长的工具和手段，造成了马克思曾经指出过的人的劳动及人自身异化的现象，造成人的畸形片面发展。这种生产方式本身就是反"以人为本"的。资本主义的精神文明曲折发展并呈现复杂局面，文化繁荣与精神病态相伴生。而在生态领域，生态文明严重滞后，自资本主义工业革命以来，世界工业文明的发展就是建立在掠夺资源、破坏环境、损害生态和牺牲几代人利益的基础上的。即使当生态危机普遍震撼全人类的 21 世纪，国际联手维护生态环境仍然是貌合神离。

从后者来说，西方资本主义工业化道路，不是一个单纯由生产技术决定的生产力发展方式，它与该道路的主导力量——资产阶级与依托的社会制度——资本主义不可分割。构成与支持西方资本主义工业化道路的基础，包括所有制关系（即财产制度）、社会主体、经济运行机制、科技发展方式、社会管理制度、社会意识与伦理道德。

1. 阶级特征：资产阶级主导的经济增长

中央民族大学的刘永佶教授曾指出：资本主义以资产阶级为主体的社

会意识贯穿于社会运动和制度中。每个资本所有者都作为资本的人格化，执行着资本增殖的职能，并固守资本的所有权。① 马克思早在《共产党宣言》中就对资产者进行过深刻地刻画。丹尼尔·贝尔也曾精彩地指出："资产阶级与众不同的特征是，它所要满足的不是需要，而是欲求。欲求超过了生理本能，进入心理层次，因而是无限的要求。"② 对劳动者来说，人虐待自然与自然奴役人的现实对他们而言仅仅意味着生存的需要。

由于资产阶级主导经济增长，社会经济就受制于三种行为特征：

（1）生产经营将依据资本本性来开展。社会营造了对资本增殖最有利的资源高消耗的生产体系：在对原料成本的高效使用的同时，对社会的自然资源（特别是不可再生资源）高消耗。前者获得企业的微观效率，后者获得产业的规模效应，从而支撑经济的高速增长。

（2）生活内容将依据资本本性来引导。社会形成贫穷与高消费并存的生活体系：一方面对劳动者生活费用支付低成本报酬，一方面对市场吸收的生活资料推动高消费来刺激经济增长。前者获得企业的低成本，后者获得宏观市场扩展，以支撑经济的高速增长。纵观已经实现工业化的资本主义国家的经济模式，均具有上述两个对立统一的特点。

（3）经济主体以资本的眼光来看待自然界。如果说，来自社会的人力资源被当作增值源泉的可变资本，那么，来自自然界的自然资源就成为不变资本的最初来源。由此，人与自然关系的恶化与资本主义剥削的强化同步进行。资本成为剥削自然和人的关系载体，生产成为资本奴役下虐待自然的运动。在自然资源承担为资本增值的原料、动力的使命下，各个资本家与社会保护资源环境的公共利益进行着博弈，以虚伪的保护来掩盖实际的掠夺，就成为他们最普通的经济理性。

2. 运行机制：市场依赖的经济增长

生产发展依靠市场，一直被美化为人类社会经济发展的美好机制，因为市场背后的是自由的创业、平等的竞争、优胜劣汰的进步、"消费者是上帝"的选择。但是，忽略市场的另一面是片面的。市场不讲公共利益，不讲扶弱助贫，不讲全局优化。对于追求资源优化配置，市场走的是短期

---

① 刘永佶：《论哲学和政治经济学在研究社会经济矛盾中的内在统一》，《马克思主义研究》2009 年第 11 期，第 25 页。

② 〔美〕丹尼尔·贝尔：《资本主义的文化矛盾》，赵一帆等译，生活·读书·新知三联书店，1989，第 68 页。

的、局部的小路，不会走长期的、全局的大路。

为赢得市场，每个企业的生产要讲究商品质量，但对于全社会的资本主义生产，竞争必然驱使企业追求能分摊成本的最大数量。市场机制所带来微观意义上的资源节省被宏观意义上的资源浪费所抵消，自然环境成为这场游戏中最大的输家。

扩大市场就要扩大消费，不管扩大消费是否对社会有真正的实惠。奢侈浪费就是扩大市场的最有利的社会行为。德国学者一针见血地指出："资本主义是奢侈的产物"①。由奢侈带来市场扩大、导致生产扩张、同时导致自然资源被不断开发、掠夺，由此导致利润增加，从而构成一个资本主义工业化发展的逻辑链条。

为适应市场竞争与市场扩大，须有生产资本的扩张，也就要有消耗自然资源的物质力量的扩张。"无休止的资本积累追求的是一个物质至上的文明，并能使一部分人或一些小集团增加消费机会和场合，而不顾整体消费者的生活质量改善和长远的社会整体福利"②。

3. 科技发展方式

科技发展本来就具有双重性，它一方面是社会进步的手段，一方面又是人类向自然索取的手段，科技发展使人类向自然索取得更多、对自然循环破坏更重。因此，人类使用科技是需要调节、控制的。但在资本主义的主导下，没有这样的调节，科技发展仅仅成为追逐利润最大化的手段。先进科技的选择与应用，要服从于资本增值的利益，于是，科技垄断造成节约劳动和资源的失机，迎合市场造成绿色科技被冷落，大量科技研发资源用于对可持续发展作用不大、而对投资增值作用大的项目，得到热衷于开发的是只能直接节约成本而不能增进资源永续利用的技术，能够创造产品新效用的新技术无益于生态经济效益，等等。此外，不少技术由于有加速资源耗费、污染环境、破坏生态平衡的副作用而遭禁用，但是在这样的技术被淘汰的同时，同类型的技术又不断被开发、研制、运用，直到它们的副作用令人难以承受。

面临世界性的可持续发展呼声，半个世纪以来有了生态技术和生态工

---

① 〔德〕桑巴特：《奢侈与资本主义》，王燕平、侯小河译，上海人民出版社，2000，第150页。

② 〔美〕伊曼努尔·华勒斯坦：《历史资本主义》，路爱国等译，社会科学文献出版社，1999，第2页。

艺资料的生产、生产废物和消费废物的收集与利用、生产性质和非生产性质的生态服务等诸多成就，但这仅限于那些能够开发出生态需求市场、增加资本积累和向消费者增加税收的领域。

4. 社会管理制度

资本主义法律制度的强化保证了资本在剥削自然环境的过程中能够从市场中得到它需要的一切，包括最大化的利润、最低廉的劳动力、最充足的生产资料和最广泛的市场，从而强有力地发展着人与人、人与自然的不平等。

由于文明的发展，当代资本主义社会在资源节约与环境保护上开展了前所未有的努力，但是仍未能抵消资产阶级本性而对世界产生的负面作用。那些能够得到大多数经济单位支持的国家生态干预制度，"只是因为在通常情况下，费用转嫁到了整个社会"，"并促成了对于生态商品与生态服务的需求市场的出现"①。而所有看起来对生态环保有利的管理措施，都被塞进私货与阻碍。如发达国家环保标准在许多场合并非是为了保护环境，而更多的是为了筑起贸易壁垒。再以美国汽车行业为例，早在20世纪60年代美国最大的汽车垄断企业间就相互达成协议，拖延实行关于汽车排气的生态标准，许多应在1972年实行的标准一直延期到1981年才得以实施，即便是环保标准得以实施，跨国公司也能通过各种途径加以回避。

5. 社会意识与伦理道德

从人类社会道德演变史来看，从原始社会到资本主义社会，文明的发展，既是不断调节社会行为的进程，又是不断产生恶行的过程。资本主义工业化伴随的市场驱动，导致节俭被奢侈所取代、克制为贪婪所压倒、利他被自私所利用、诚实为欺诈所驱逐。

社会发展不断产生出正面的新思想观念，但资本主义的文化基础总是阻碍着新发展观的扩展。主导资本主义社会的权势者们在如何处理人与自然、富人与穷人的关系上也持有根深蒂固的偏见，正像乔治·吉尔德（大卫·洛克菲勒的养子）在《财富与繁荣》中所讲的："物质进步有不可避免的优势……并在消费它的大众中提拔极少数能生产财富的杰出人物"，"福利促使穷人选择懒惰而非工作……与穷人相反，富人需要的激励是更

---

① 〔苏〕и. 库克利娜等著《资本主义国家环境管理的理论与实践》，郑友敬、黄学译，中国环境管理学会，1982，第17～34页。

多的财富"。这是资本主义富贵者们不打自招的心声，其意识形态在整个资本主义的上层建筑中普遍地体现和弥漫着。①

6. 社会特征

资本主义工业文明发展是以人和自然的牺牲为代价来换取社会物质财富极大增加的，"人"贬值了，自然生态恶化了，换来物质世界的高度发达。马克思、恩格斯在他们许多著作中已经揭示资本主义工业文明社会的基本特征：是物的世界的增值和人的世界的贬值与自然世界的衰败。异化劳动使人同自然界、同人的本质相异化。早期的西方国家的资本主义工业化发展是这样，许多当代发展中国家的资本主义工业化发展也是这样。

当代发达国家的资本主义进入后工业化时期，劳动者生活有所改善，生态环境保护有所注重，那是由于科技发展、包括工人阶级在内的人民群众的斗争、向第三世界进行贫困转移与污染转移的综合结果，不是资本主义工业化道路的本性带来的。而后发的资本主义国家却没有这样的综合结果。

三 资本主义工业化弊病对社会主义工业化的影响

1. 社会主义工业化道路的历史局限

社会主义制度的建立就是针对资本主义生产力与生产关系的固有矛盾，力图通过生产资料的公有制在经济发展中避免资本主义式的经济、社会和文化危机，从而为建立一个人与自然、人与人和谐发展的新模式扫清障碍。但是"必须记住的最重要的一点是，世界社会主义运动以及社会主义国家，其本身都是历史资本主义的产物。它们不是存在于这个历史体系之外的结构，而是从它的内部过程中分泌出来的。因此，它们也反映着这个历史体系的一切矛盾和制约"。所以，"它们的错误，它们的局限性，以及它们的消极后果，都是历史资本主义均势的一个部分，而不属于那个尚不存在的、假定的历史体系，即社会主义世界秩序"②。也正因为如此，社会主义运动从它产生的那一天起，就基于一个过去资本主义历史所造就的基础。

于是，我们看到苏联在长期的工业化积累过程中，生态环境状况持续恶化。工业化的生产与交通造成高废气排放，空气污染严重，到计划经济

---

① 〔美〕坎特伯雷：《华尔街资本主义》，吴芹译，江西人民出版社，2001，第64~65页。
② 于刃刚：《低碳经济与河北省产业结构调整》，《河北经贸大学学报》2011年第3期。

后期，在 102 个城镇中，空气污染浓度甚至经常超标 10 倍以上。模仿西方石油农业的结果，造成化肥、农药大量使用导致土壤和水中的残留增加，到 20 世纪 80 年代末，苏联 1000 万公顷耕地的 DDT 残留量超标，土壤大面积污染，清洁水严重缺乏。

2. 社会主义国家呈现西方资本主义工业化道路某些病态特征的原因

（1）新生的社会主义经济出于与资本主义经济开展竞赛的需要，把目标集中到经济增长速度上，其中包括了社会主义工业化初期积累的榨取自然资源的做法。劳动者地位的改善促进了人的发展，但由于社会主义国家多是在经济落后的基础上建立的，财力薄弱，故在财力安排与工作安排上，也在或长或短的时期暂时搁置了对人的发展需要的满足。

（2）学习发达国家优点长处存在误区。在科学技术、市场经济运作、社会化大生产管理方法等方面，后发的社会主义国家向先发的资本主义国家学习已有的经验是很有必要的。这种学习也要科学，也要鉴别。否则，就把人家的缺点当成优点、甚至把人家自己都抛弃了的东西还当成宝贝捡回来。而要辨别优缺点往往需要历史过程。

（3）资本主义工业化道路伴随着的市场化、城镇化与产业结构变化，对后来者展示的是一幅前进路上的景观。社会主义者由于进行了制度变革，可以在生产关系领域创造自己的有利于人发展的新做法，但在生产力与经济交往方面一开始只能简单模仿、接受。而这些变化中不利于可持续发展的做法，必须在剔除的同时以创新的做法加以替代。在较长时期内，后来者能够意识到的，往往只是如何有效地模仿、跟进，对于创新既无意识又无经验。像盲目的城镇化与盲目地缩小农业，能够意识到另有发展路径、并有相应做法与科技支撑，至今也没有形成共识。

3. 两种经济体制下的社会主义工业化道路

（1）社会主义"计划型"工业化道路与西方资本主义工业化道路的比较。

比较资本主义工业化道路，社会主义计划经济体制下的工业化发展既有资本主义没有的优点，又有资本主义没有的缺点。

优点在于，消除了经济危机，避免了大规模的商品生产过剩的社会性浪费，减少了社会经济中大量多余的中介交易过程。可以通过经济核算，局部落实"艰苦奋斗、勤俭建国、厉行节约、反对浪费"的方针。

缺点在于，社会主义计划经济时期单一公有制经济基本没有市场竞争，一直未能解决粗放式增长方式。①当它奉行"非消费取向"的工业化模式时，不像资本主义那样会实行一种面向客户的"高价值、集约化"生产，从而间接曲折地提升社会整体的福利水平，又未能在低消费、高积累的经济机制上直接地提升社会整体的福利水平。②缺乏市场机制的经济体制降低了自然资源的利用效率，缺乏从资源利用、资源配置、价值实现和价值分配的循环链条中谋求生产主体利益的动力，又没有出现直接提高这种利用率的科学生产方式。③国际经济竞赛、宏观积累冲动以及"为生产成就而生产"的增长目标不可能顾及人与自然关系的协调。

无论是优点还是缺点，社会主义"计划型"工业化道路与西方资本主义工业化道路都存在如前所述的多方面的共同点。最显著的就是像资本增值追逐一样，社会主义经济中存在资产规模追逐，领导权力扩张还是其背后的驱动力之一。虽然计划经济体制可以运用政府与全社会力量来开展环保行动，指令性计划本身可以包括环保指标，还可以规定企业应承担自然资源使用费、环境破坏补偿费、强制性的无工业废料技术推广和废弃物排放标准制度等。这些规定的落实无一不取决于这两种力量的博弈：代表社会生态利益的规定与贯彻它们的直接权力背后那种扩张利益的博弈。

（2）社会主义"市场型"工业化道路与西方资本主义工业化道路的比较。

经济改革与开放追求的目标是搞活内部经济、利用外部资源，具体目标包括资本积累多元化、发展动力多样化，而企业市场主体地位的认可、多种经济成分的共同发展、竞争与市场机制的引入确实能够增强经济发展的活力、效率，有利于消除那些妨碍企业效益自主提升的利益因素，但是忽视了来自资本主义工业化带来的负面影响：即私有资本和自由市场对人与人、人与自然关系的破坏作用；高代价经济增长模式所依附的动力机制与思维定式。

4. 社会主义工业化中的粗放式增长

粗放式增长是我国作为发展中国家进行工业化初级阶段，由于科技与管理落后，人力资源质量欠缺，比较优势阶位较低而造成的，与改革开放时期形成的非科学发展没有必然联系。

由粗放式增长转变为集约式增长，可以在传统工业化模式中做到，如同发达国家后来的变化一样。苏联从20世纪70年代起，就竭力想把粗放式增长转变为集约式增长，始终未能很好地实现，其原因就是指令性计划体制的僵化使然。为此，苏联经济增长越来越依靠自然资源和物质资本的增加，到 1970 年以后全要素生产率急剧地跌落到负值，粗放型的经济增长方式的转变没有取得进展。我国在计划经济时期也是实行"高指标、高投入、低效率的外延增长"，给经济社会发展带来诸多的负面效应。

90 年代初期，我国提出了"两个转变"：从计划经济体制转变为市场经济体制，从粗放式增长转变为集约式增长。经过多年的经济体制改革，第一个转变基本实现，但第二个转变就像是煮了夹生饭，似变非变。增长方式转变不尽如人意的问题，中国与苏联不一样。苏联是缺了"第一个转变"，我国是生产关系的变异造成非科学发展，阻碍了经济增长方式转变。生产关系的变异自然会使社会生产偏向资本主义的"以物为本"而不是"以人为本"。具体来说：（1）高开发与高投入，资源成本主要由社会承担，造成的收益与政绩，分别由投资者与地方政府分享。（2）高消耗与低效率，是因为市场经济扭曲，竞争不公平。（3）高排放与高污染，是因为当事人可以用不正当手段转嫁恶果，生态外部效应转由人民群众承担。（4）高浪费与不节约，是因为市场主体以此扩大市场，其局部利益与社会、生态利益相对立。

世纪之交我国提出要走新型工业化道路的思路，是为避免重蹈西方国家工业化老路，走出一条符合中国国情的工业化道路。其中关于以信息化带动工业化是应对世界经济技术发展变局的战略性对策要求，走一条科技含量高、经济效益好、资源消耗低、环境污染小、人力资源优势得到充分发挥的新路子，显然是以转变经济增长方式为内容的。可以断言，无论我国的工业化选择什么新战略与方式，都要以转变经济增长方式为起步，否则终将一事无成。

第三节 理论与偏见的清算

一 对西方经济理论偏差的清算

从西方经济学庸俗化以来不断扩展的主流经济学，是关于资本主义市场经济的理论阐述。从这套理论中，我们找不出有直接反生态、反社会、导致非科学发展的观点字句，但是，它所强化的理论局限性却产生出了各类弊病。

西方经济学的三大偏差：眼界的偏差、背景关系的偏差、诱发思潮的偏差，是导致非科学发展的理论根源。

1. 眼界的偏差

以西方经济学的经济增长理论为理论依据建立的工业文明发展模式，既是工业文明发展的产物，又是工业文明发展的理论表现。西方现代经济增长理论中，一个明显的缺陷就是把经济增长从"人—社会—自然"的有机整体中分离出来，把社会因素和生态环境因素实际排除在经济增长模型之外，导致自然与社会、生态与经济的尖锐矛盾和严重对立。这种理论及模型以经济增长为唯一目标，以经济要素为依托，不把生态环境与自然资源纳入经济增长的内生变量之中。其隐含的理论前提，就是不考虑环境与资源在经济发展中的有限性、不可再生性与枯竭的可能性。

美国生态哲学家弗·卡普拉指出："通行的经济理论对社会问题的选择，与经济学家们明显无力采纳生态学观点密切相关，当代经济思想的主体，天生是反生态的。经济学家们忽视社会和生态的相互依赖……全部价值被缩减到私人利润生产的唯一目标上。"[1]

西方主流经济理论的三要素论：资本、劳动、土地，表面上涉及了经济、社会、自然生态三大系统，实际上，该理论只承认来自经济系统的资本，为此论述了资本的来源——积累、资本投入的选择、资本使用的效率，而拒绝承认来自社会系统的劳动力、来自生态系统的土地（及其他自然资源）。西方主流经济理论根本回避劳动力这一劳动者所能提供的生产要素及其再生产是否合理的问题、使用是否合理的问题，回避劳动力再生产所需的生活费用与社会条件如何满足的问题。似乎凭借价格机制，就可以任意在劳动力市场上取用这种生产要素；凭着资本的支配权，就可以无度地使用劳动力。因此，不奇怪，劳动者的实际问题是不入正统西方经济学家的法眼的。只有一些有社会良知的学者，以离经叛道的方式才在经济学中关注劳动力再生产的问题。另外，西方主流经济理论还把土地等自然资源看成只受市场价格调节的要素，似乎只要有足够的价格刺激，自然资源就可以不断地供给，生态环境就可以永久为其无限扩大的物质生产服务。于是，经济增长所需要的自然开发可以在市场、资本的支撑下无限制

---

① 〔美〕弗·卡普拉：《转折点：科学、社会、兴起中的新文化》，中国人民大学出版社，1998，第160页。

地进行，根本不考虑自然资源环境容量与自然资源数量的制约。所以说西方主流经济理论"它完全忽视了现代经济社会的健康、稳定、持续发展的前提条件是要维持自然生态财富（生态资本存量）的非减性，完全否定了自然资源和自然环境的承载力即生态环境支撑能力的有限性，完全违背了经济不断增长和物质财富日益增加要以生态环境良性循环为基础这个铁的法则"①。

综上所述，西方主流经济理论家们看待经济发展，只立足于经济系统的运行机制，不考虑社会系统与生态系统的制约。在他们的眼里，经济发展纯粹就是市场机制下资源丰裕或稀缺的问题，是有价格、支付能力所决定的供求矛盾的问题。这种局限在一维系统的眼光，不可避免会造成反社会、反生态的效果。正如我国生态经济学家和生态哲学家余谋昌先生指出的："'在自然—经济—社会'统一系统的三大要素中，经济主义只追求一个目标——经济增长。经济主义模式按照还原论方法，只关注一个变量——经济增长，排除也是十分重要的——社会（公平）和自然（环境与资源）这两个变量。这样就形成它的反社会和反自然的性质。"②

2. 背景关系的偏差

西方主流经济理论把社会经济发展完全摆放在一个"天赋人权"的乐园中，认为社会为各类人群提供了平等自由的资本主义制度，本性自私的人类可以自由地在这个制度中，凭借经济理性来开展竞争，在国家提供的权利保护框架下优胜劣汰。不同的社会成员分别拥有资本、劳动、土地等不同的要素，他们在市场与社会分工之下各尽其利、各自得到应有的要素报酬。不同经营者在经济中投入产出，各自承担成本，凭其效率争取利润，满足其自私心。这套资本主义社会赞歌，根本不符合客观现实。我们这里不去论述马克思主义经济学一百多年来对其的揭露和批判，只是指出由于这样的经济理论掩盖客观矛盾关系，于是这样的现实：雇佣劳动中的剥削，市场主体追逐利润而罔顾社会利益，社会经济被大资本所垄断，一切长远利益，包括劳动者的发展、生态环境的改善都被忽视，在西方经济理论那里就只有辩护，没有批判和变革。

人类社会的发展，必然需要对共同利益的关注，对各类社会成员行为

① 刘思华主编《可持续发展经济学》，湖北人民出版社，1997，第 5 页。
② 余谋昌：《生态哲学》，陕西人民教育出版社，2000，第 105 页。

的调节，对各种社会经济关系的调整。否则，无法应对来自人类自身、来自自然界的挑战。而在西方主流经济理论那里，只要"看不见的手"在运行，最多是加上政府的宏观调控，就可以在不妨碍市场主体自私追求的条件下顺利地发展。追逐利润、崇尚资本，成为西方主流经济理论的发展动力，优胜劣汰的竞争法则，被当成社会唯一的圭臬。面对当代日趋严重的社会矛盾与生态矛盾，西方主流经济理论的这套说教，只能误导人类社会的发展。

3. 诱发思潮的偏差

西方主流经济理论诱发的思潮，主要有：财富至上思潮、技术至上思潮、消费至上思潮。它们无一不是人类社会走上生态文明的巨大思想阻力。

西方主流经济理论把财富增值作为社会进步的基本标志与追求的目标，其全部学说仅仅关注财富生产的经济过程、财富分配、推动财富生产的市场机制，而屏蔽了财富背后的社会关系、社会发展阶段与国际关系。一部西方列强对东方世界血腥的掠夺、征服、剥削的历史，对农民与工人的剥夺、压榨的历史，被西方经济学美化成只是财富生产方式进步、财富生产规则创新的历史。西方经济理论宣称实证分析方法而摒弃包含价值判断的规范分析方法，提倡经济学只问效率，不问道德。因此，这套理论眼里只有围绕财富获取的成功、效率，没有与财富相关的和谐、合理。由此诱发的"财富至上"思潮，误导社会成员变成追逐财富的经济动物，成为只有"经济理性"、没有社会良知的人群。

西方主流经济理论认为通过生产技术进步与市场价格机制的互动，可以解决生态经济矛盾。这种结论不可相信。科技进步是解决资源与环境问题的有力手段，但科技的作用，只有在合理的发展方式下才能真正起作用，否则，或者是治标不治本，或者是起反作用。以降低物耗，减轻污染为例，竞争机制能够促进企业采用降耗的新技术，但由于盲目扩大市场供应，在各个企业降低能源与环境成本之后，又加大了社会总体对资源能源的消费量。至于科技创新下产生多少无用却诱人的商品、产生多少没有必要却大量浪费的"新产品"，就更不用说了。

西方主流经济理论通过"财富至上"的诱导，加上宏、微观经济都要扩大市场、解决购买需求不足、尽力实现商品价值的需要，以种种方式尤其是广告宣传来鼓吹消费至上。由此引发社会上的消费主义思潮。这种思潮造成在中国也像拉丁美洲和南亚一些国家一样，在高收入人群中，出现一味效仿西方国家的高消费、高享受、高浪费的生活方式，把享受消费引到了过度消费的模式中。所表现出来的，是西方"现代化"高享受生活与中国封建社会奢靡的腐朽传统的结合，造成连西方国家也难见到的畸形消费与斗富比阔，其豪华攀比从宠物到死人，怪状连篇。其性质都属于环境破坏型消费和资源浪费型消费。

当今世界，已经随着西方经济学的不断繁荣、诺贝尔经济学奖成果丰硕的同时，在经济系统中出现国际金融大资本对人类的统治、制造金融危机引发的全球金融经济危机、价格暴涨、持续将全人类的财富都搜刮进极少数金融大亨的钱袋的种种现象；在社会系统中由市场竞争制造出就业不足，剥夺劳动者的劳动权、发展权，通过人间极端的贫富分化在财富大量过剩的同时剥夺穷人的消费权；在生态系统，造成资源和环境的破坏，地表严重污染和大气温室效应使人类陷入空前的危难之中。西方主流经济学所崇尚的"丛林规则"必然导致异化劳动与物质财富占有的垄断，导致形成了以物质财富为权力的对人类与自然界的专制统治，包括世界霸权。而今天国内外许多经济学家还在西方经济学各种学理的细节上深入挖掘，对这个体系修修缮缮，以各种新函数、新公式、新概念来构建一座美好的"科学殿堂"。面对现实世界的矛盾，其"科学性"已荡然无存。问题是对其理论清算十分欠功夫，所以还能够继续阻碍人类对新的发展道路的探索与实践。"以这样的经济学来指导中国经济改革与发展，既不能明确世界经济的一般性矛盾，更不能揭示中国经济的特殊性矛盾"。[①]

二　对新自由主义危害的清算

新自由主义的主要危害是对我国改革开放的误导，但对我国的经济发展也起到危害作用，就是助长了非科学发展。

1. 新自由主义剖析

新自由主义本来是一个学术概念，在西方经济学流派中，它由传统自由主义在新的历史条件下演变而来。传统自由主义是指源于亚当·斯密等古典经济学家的经济自由放任学说，曾经是资本主义发展的主流意识形态

---

① 刘永佶：《论哲学和政治经济学在研究社会经济矛盾中的内在统一》，《马克思主义研究》2009 年第 11 期。

之一。20 世纪 30 年代后，西方经济学者出于对世界社会主义经济思想的对抗，将古典的自由主义发展成为新自由主义。作为学术流派的新自由主义包括伦敦学派、芝加哥学派、供给学派、货币主义学派等，其中以哈耶克为代表的伦敦学派因涉及"自由与奴役"一类政治议题而名声显赫。由于当时主张国家干预的凯恩斯主义对解说和应对资本主义国家频频发生的经济危机更有用，新自由主义长期处于边缘地位。至 20 世纪 70 年代，西方经济陷入严重的"滞胀"，这种局面不仅使经济学界纷纷抛弃凯恩斯主义经济学，更使西方主要国家的政策指导思想发生变化。在美国的"里根革命"和英国的"撒切尔新政"时期，新自由主义的崛起达到高潮。其标志就是取消或放松微观经济的政府调节。实际上，发达国家的经济政策并不是完全贯彻新自由主义，这些国家的政府经常从务实的立场，兼用新自由主义和凯恩斯主义。但是，西方政治家很快发现，可以将新自由主义作为一种意识形态工具，在新的历史条件下，为国际金融垄断资本主义服务。

新自由主义相信依靠市场的自我约束和自我调整能力，就能实现资源配置效率。该理论反对政府对经济的直接干预，强调减少对商业运行进行限制，主张建立不受政府权力约束的自由市场制度。同时，强调个人机会平等，对结果平等采取了漠视的态度。正因为新自由主义有这些内容，被西方政治势力综合成为一种极端的市场原教旨主义，归纳为"私有化、市场化、自由化"的政策主张。这套说教不仅被他们视为"医治经济痼疾的万灵丹"，也被宣称为解决世界发展问题的"救世良方"。仿佛各国只要按这个"良方"行事，就会提高效率、成功融入"全球经济一体化"。

西方政治势力推行新自由主义具有典型的双重标准特点。一者，新自由主义主张商品服务、资本、货币的跨国自由流动，要求发展中国家放松对资本和金融市场的管制。但英美等西方发达国家从来就没有完全实行过这样的政策，而是通过政府补贴、非关税壁垒，滥用反倾销措施和特殊保障措施等搞贸易保护主义。其目的就是在让其他发展中国家任凭国际金融垄断资本去盘剥，同时维护当今以美国为首的发达国家或国际垄断集团的利益和国际金融寡头的利益。二者，新自由主义主张反对国家干预，实际上反对的仅仅是有利于工人阶级的国家干预，例如，劳动法、工资法、社会福利、社会保障等方面的干预。同时反对其他国家一切有利于增强国家经济实力、维护自己经济主权和经济利益的国家干预。对于有利于国际金融垄断资本运行的、有利于资本主义克服危机、有利于垄断资本攫取超额垄断利润的国家干预，新自由主义不仅保留，还不断加强。

新自由主义的推行，一度使西方发达资本主义国家活力有所焕发，并更利于继续保持经济、科技、军事等领域相对较强的国际地位，但是却给世界经济带来灾难。各国政要推行新自由主义的政策路线，结果导致苏联和东欧改革的失败，造成1994年墨西哥的金融危机，1997年东亚的金融危机，1998年的俄罗斯金融危机以及其后拉美国家发生的一系列危机，阻碍了一些非洲国家经济结构的调整。最后，出乎西方国家垄断资产阶级意料之外，从2008年起发达国家自己也深陷经济危机。尽管他们在悄悄地出台各种凯恩斯主义的政策，仍然在意识形态上死抱住新自由主义。

2. 新自由主义对中国改革开放与经济发展的危害

我们批判新自由主义，既要针对西方政治势力的这种意识形态图谋，又要针对国内在意识形态上投身于西方怀抱、甘心使自己国家受害的错误思潮。

新自由主义直接的危害是误导中国改革开放。中国的经济体制改革是市场取向，包括发展私有经济在内的多种经济成分，对外开放是利用国际市场与国际资源，新自由主义的主张则顺势将其推向"私有化、市场化、自由化"的错误泥坑。这套理论误导中国改革的方向偏离，其表现为：我国经济体制改革的模式明明是社会主义市场经济，却被一些人命名为"现代市场经济"，实则是资本主义市场经济；发展私有经济本应是在以公有制经济为主体的前提下，靠经营者自身的努力来积累资产，却变成国有企业大量被排挤，被外商与私人收购或控股的中外私有化局面；农村经济的改革方向本应是在土地集体所有制基础上实行集体与家庭双层经营的新型社会主义经济，却变成集体资产被挖空、家庭经营成唯一经营主体的小农经济；国民经济运行本应是市场调节为基础、计划调节为主导，却变成架空计划、扭曲市场、外资与私人大资本日趋垄断的局面。

中国的经济发展，本来应当在改革开放推动下，既发挥社会主义制度的优越性，又吸取人类共同的科技财富和世界文明发展的经验，通过放开搞活、参与国际分工、经济资源转换等途径来发展生产力，而在方向偏离的平台上，经济发展必然受到冲击，新自由主义对此负有如下责任：

1. 鼓吹私有化对公有制经济的发展造成破坏

破坏发生在三个方面：一是那些相信"人间正道私有化"鬼话的公有企业领导者，无心管理、经营企业，把精力通通放到产权转让上，转让给外商、港商、发达地区的私人、甚至领导小圈子内的人。在转让没有完成时，企业毫无业绩可言。二是公有企业领导向私人企业老板看齐，大权独揽，以权谋私，职工的地位形同私人老板下的雇工。如此，公有制企业的优点丧失，却没有私人企业那种财产约束。三是一些地方政府把地方经济发展的希望寄托在私人经济上，劫公济私，公有企业在各方算计下得不到应有的公共服务，却遭受经济盘剥，财力流失、活力萎缩。一些吃里爬外的"方丈"蓄意搞垮"寺庙"以自肥，明明一些公有企业可以通过经营机制改革提高效率的，却活生生被搞垮。一些人面对上述现象不看本质，却错误地认为公有企业必然是低效率的，解决的办法就是"卖掉、分掉"，一了百了。由此造成我国占主体地位范围内的生产力被损害，直至影响产业结构升级，许多资金、技术密集型产业只能依赖外商投资来发展。

2. 鼓吹市场化，对国民经济的计划调节造成破坏

邓小平同志对国民经济运行早有精辟论断：计划和市场都是方法，都是调节经济的手段。资本主义也有计划，社会主义也有市场。因为社会主义与资本主义经济都是社会化大生产，都需要交叉运用计划与市场来调节。那些崇拜新自由主义的经济学者只信市场作用，否定计划的作用，以为市场在资源配置上是万能的，故而在学术论著中抨击产业政策、否定计划调节的观点一再出现，并力图影响政府的决策。我国在经济发展中出现的产业结构升级滞后、城乡发展不均衡、区域发展不均衡、对内与对外的经济不协调，固然是多种原因造成，但调节不力就与新自由主义的市场化鼓吹相关。

3. 鼓吹自由化必然搞乱我国对外开放的方略

我国对外开放不能只看成就而忽略所付出的代价，不能轻视提高涉外经济中的管理和交易水平，不能忽视国家经济安全和总体利益。而新自由主义的开放观鼓吹一切取决于国际市场，主张采取不设防的政策，将国家的经济利益置于没有任何保护的国际博弈中。在这套说教的影响下，许多地方政府出现"为开放而开放"的施政行为，盲目让利于外商，甚至不惜损害自己的经济社会利益。按照新自由主义无原则"融入经济全球化"的观点，我国就不能在产业发展上努力培育我国比较优势尚不充分的资本和技术密集型产业，就无法坚持国民经济发展的民族主导权、适应知识经济发展的客观要求、努力培育有自主知识产权的产业，就可能成为发达国家经济发展的附庸、陷入依赖外国技术、依附外国资本、依仗外国品牌的陷阱。虽然总体上我国对外开放并不是这样，但局部的后果还是有的。

4. 反对调节市场，片面鼓吹竞争效率，强调个人机会平等而漠视结果平等，不利于走共同富裕道路，而有利于两极分化

最终长此以往，固然可以调动少数经营者的积极性，却必然损害与抑制广大劳动者的积极性与创造性。单纯依赖市场的发展，就是不能促进社会公平、不能健全社会福利与保障制度、不能实现社会产品合理再分配的发展、不能人让多数人过上体面而有尊严生活的发展，这样的发展终将使社会主义固有的优越性不复存在。

三　对偏见与遗留影响的清算

中国的经济体制改革是市场取向的变革，对于长期生活在计划经济中的人们来说，思想需要解放，有许多观念需要更新，但是所有这些思想观念的变化，都不能离开马克思主义经济学的指导。当人们还不能正确地应用马克思主义经济学理论的时候，就容易产生许多偏见，不利于科学发展。

偏见之一：效率优先兼顾公平

效率优先兼顾公平这项原则，在改革初期，强调反对平均主义时是正确的，而一旦"平均主义"被社会所放弃，就不能简单地把效率与公平分先后。尤其是在非科学发展颇为强势，社会两极分化状况严重的时候，公平应当摆在效率前面。为此，本书简要对效率与公平的关系作出如下剖析：

大体上说，效率是宏观效率与微观效率的组合，公平则是机会公平与结果公平的综合。效率体现为创造财富的力量，公平体现为财富得到合理分配的原则。只考虑创造财富而不合理分配财富，就失去财富创造的人文价值；只考虑合理分配财富而不考虑创造财富的力度，就欠缺分配财富的基础。因此，总体上来说，效率与公平具有统一的一面。然而，具体来看，效率这个"创造力度"不包含生产中的人文因素，它只讲究客观的资源配置与组织手段的合理安排，而社会经济不能不顾及劳动者的感受、意愿与潜力发挥。能够满足后者的，正是公平。因此，离开公平、或公平太过欠缺，效率提高是有限的。

机会公平与结果公平这两类公平，对于效率的作用各不相同。机会公平来自社会成员的社会权利，这类公平关系到经济生活中能否人尽其才，它将从基本生产要素——人力资源来影响效率。机会不公平，效率直接受损。结果公平直接发生在分配财富的领域，这类公平关系到社会成员的基本生活条件，决定着社会和谐程度，严重缺乏结果公平的社会，必将间接损害效率，而这类损害可能会发展到致命的地步。

无论效率还是公平，都要靠制度、规则的安排来推进、引导的。而制度、规则如何安排，与经济理念相关联。新自由主义打着效率优先的旗号，主张放任市场机制的作用，表面看能促进效率，但效率与公平的复杂关系必定会出现他们预测不了的结果，新自由主义否认为社会创造两类公平的条件，诱发非科学发展，必将对效率产生直接的或间接的损害。其结果是既丧失公平，又损害效率。

偏见之二：自私是发展的动力

崇尚自私，更是一种社会代价及其负面影响很大的思潮。自古以来，自私自利是一般学派的伦理观都不推崇或至少回避的丑陋思想，在文明昌盛的现代社会，竟然在中国一度受到学术理论殿堂的推崇，这完全是经济上私有化猖獗在上层建筑领域中的表现。其领军人物就是家在香港、经常跑到大陆宣扬其理论的张五常先生。张五常是挑战马克思主义阵线中较为粗陋的人，他那著名的所谓马克思主义已经死在棺材里、他只不过是给这副棺材钉上最后一颗钉子的狂言，足以说明他的见识有几钱几两。这号人领军崇尚自私，其思潮泛滥对我国市场经济发展的职业道德与社会道德严重失范起到推波助澜的作用。我国社会上官德、商德、警德、医德、师德和公民道德、家庭道德的迷失，都与此思潮泛滥有关。

自私是发展的动力这一命题，是不懂得经济发展是社会综合因素的结果。从事经济活动的当事人出于各种不同的动机，人们或者为自己的谋生、致富，或者为企事业的兴旺，或者为家乡的发达，或者为国家、民族的强盛，有的还为某种理念的实施、某项造福于社会的重要科技的检验。私心公心，有着复杂的关系，在不同条件或不同人的身上，有的对立，有的统一。行为科学早已指出人们有不同层次的需要：生理的需要、安全的需要、社交的需要、尊重的需要、自我实现的需要。人处在不同条件下，就可能有不同的需要。这绝不是一句"自私"所能概括的。一般来说，只要社会规则正常、关系较为协调，人们的各种良性动机都会形成发展的动力。在社会激励机制强大的条件下，各类良性动机就会形成强大的发展动力。新中国的成立、党的十一届三中全会前后的变革，都促成了社会大批群体出于公心、出于崇高动机来投身于发展。否认这样的社会现实，就是脱离实际的偏见。

偏见之三：浪费是生产兴旺的前提

这种偏见以如下推论为依据：生产的持续发展靠资金的循环周转，资金周转最关键的是所生产的商品能够卖出去，而商品能够卖出去就意味着要有足够的市场，因而一切能够扩大商品市场的措施都能够促进生产的兴旺。购买得越多，生产就越有推动力。如果社会上的购买者都十分节俭，商品购买得少，就影响商品出售、影响资金回流、造成生产推动力下降。结论是，越是在消费上浪费，越是有利于生产。然而，上述推断是不正确的。这是站在单个企业的角度来看待社会经济，把生产的目的完全撇开，把社会经济的自然资源约束完全撇开，也把社会资源的优化配置完全撇开。经济运行的实质不能停留在现象上来认识。我们从实质上分析，就要指出：（1）生产的目的是满足社会成员的需要，脱离生产目的的浪费带来的只能是无效的生产，其兴旺并无意义和价值。（2）生产的持续发展的基础是自然资源有保证地供给，自然资源的有限性决定了社会经济不能建立在浪费的基础上。（3）"经济"的概念包含着"节约"的含义，企业生产讲求节约、生产出来的商品在消费上又要浪费，这本身就是自相矛盾。商品消费的浪费，无论对企业资金循环和扩大生产如何有利，都会违背社会经济的节约原则。（4）从社会经济的全局与长远来看，要想使生产兴旺，就要不断有科技进步，有产业结构、产品结构的升级。社会应当一方面力求人、财、物的节约，另一方面要把更多的经济资源配置到最能推动科技进步与结构升级的领域，使产品需求经常处于更新状态，在国际市场上则不断提升竞争力。

由于"浪费是生产兴旺的前提"这一偏见的影响，市场经济中的营销手段基本上包含着不科学的消费引导，人们处处可见那些鼓励盲目消费、鼓励盲目更新耐用消费品的广告。盲目消费引发了盲目扩大的消费链条。比如，有人服装过多、衣柜不够，于是添加衣柜，又造成房间不够，于是扩大住房面积。为选择低价格住房，须选择较远的地段，于是就添加交通工具。这在商品销售者看来是大好事，但这一切财力、物力的支出，不过是建立在"服装多则幸福多"的虚幻消费观之上的。

这一偏见的影响，还使得用豪华包装来增加商品销路，成为盛极一时的营销理论。销售一件商品，就要支出超过商品本身几倍的代价，真正体现了用浪费来增大市场份额的原则。相关企业的收益是增加了，但是社会增大消耗却没有增加消费效用，这是怎样的低效益！

以上所列举的偏见，反映出市场经济内在的缺陷被某些市场当事人有意识利用，成为引发非科学发展的因素。偏见造成的总体结果，就是经济发展低效益，同时伴随越来越大的社会代价与生态成本。

参考文献

［1］程超泽：《中国经济隐患：论持续发展的制约因素及相应对策》，外文出版社，1999。

［2］刘恒中：《劳动经济制度导论》，中国财政经济出版社，2002。

［3］刘伟、蔡志洲：《走下神坛的 GDP——从经济增长到可持续发展》，中信出版社，2006。

［4］薛进军：《中国的不平等——收入分配差距研究》，社会科学文献出版社，2008。

［5］迟福林：《第二次转型——处在十字路口的发展方式转变》，中国经济出版社，2010。

［6］谢世平：《论工人工资的优先权》，《广东商学院学报》2005 年 6 期。

［7］颜鹏飞、潘德冰：《正确区分科学发展与非科学发展》，《人民论坛》2009 年第9 期。

［8］马英：《对资本主义生产方式的批判性思考》，《社科纵横（新理论版）》2010 年第 3 期。

［9］袁霓：《用工荒与就业难并存的经济学分析》，《改革与战略》2011 年第 1 期。

［10］常修泽：《论以人的发展为导向的转型》，《改革与战略》2010 年第 9 期。

［11］刘云：《对中国超级工程热的忧思》，《城镇》2011 年第 10 期。

［12］方时姣：《科学发展语境下生态内生经济发展研究》2010 年 1 月结题研究报告，第 2 章。

［13］梅荣政、张晓红：《新自由主义思潮》，高等教育出版社，2005。

［14］李慎明：《从国际金融危机看新自由主义的危害》，《社科党建》2009 年第 12 期。

第五章

科学发展中的道路探索

第一节　中国经济社会发展的三个维度

从某种意义上说，科学发展观是中国社会主义发展实践的历史经验总结。深入理解科学发展观，不能仅限于从已有的理论解说，也不能仅从当前为转变经济发展方式的具体目标层面来看。尽管科学发展观理论解说字面上的含义已经十分丰富，但还需要从三个维度来看，因为它凝聚着来自历史经验总结的更深更多的信息。

一　时间维度

时间维度，代表着中国社会主义发展实践的历史过程。了解科学发展观的内涵要追溯这一实践的源流。从新中国成立之日起，"发展观"所涉及的客观实践就已经开始，社会主义的发展在经济系统、社会系统、生态系统三个系统运行，至今经历有三个阶段。

1. 第一阶段，新中国在十一届三中全会之前的发展实践

在经济系统，新中国在旧中国经济残破凋零、现代产业近乎空白的条件下，通过建立指令性计划经济，集中调动全社会的经济资源，打下比较完整的国家工业化初步基础，直至 1978 年五届人大时，已经建立了令其他发展中国家难以相比的现代工业规模、现代交通通信设施，社会主义国有经济对此立下汗马功劳。以三级所有的人民公社体制为前提，展开了大规模的农业水利建设。全社会提倡勤俭建国、奋发图强，提出实现工业、农业、国防与科学技术现代化的目标。占世界 1/5 的人口，在很少有外援的条件下，基本解决了吃饭、就业问题，充分证明了社会主义制度对生产力的促进作用。这一时期的发展成就，体现了社会主义经济制度的优越性。

但受"左"的经济建设路线影响,以及历史发展的局限。在这一阶段存在的问题是在所有制与运行机制上,盲目追求"一大二公",排斥市场调节,陈云同志明智的"大集体、小自由""大计划、小市场"的主张未被接受。社会经济增长方式是粗放型,在起步阶段难以避免,但在以后的工作中并未改进。经济发展中重群众运动、轻专业管理,重政治动员、轻科学技术,重精神力量、轻经济规律。这些片面性做法使社会主义经济建设过多地交了学费,优越性打了折扣。"大跃进"与"公社化"运动严重违背经济规律与自然科学规律,一度中断了经济发展。而文革对社会经济的全面冲击,更是拉大了我们本已缩小的与发达国家的差距。这一时期新中国的经济发展,其基础条件与外部环境很差,前进步伐是艰难的。

在社会系统,新中国的教育卫生事业获得旧中国无法相比的发展,中国人均寿命达到任何发展中国家都达不到的高度。以往处于社会底层的劳动者社会地位大幅度上升,干部队伍的教育取得较好成效,社会风气总体良好。在国有经济中,强有力的保障体系解除了人们生活的后顾之忧。但是,壁垒森严的城乡分离制度,使占人口大部分的农村居民相比城镇居民成为"二等公民"。阶级斗争扩大化的失误,使占人口少部分的公民长期受到不必要的压抑,特别是旧中国剥削阶级的后代。由于缺乏政治文明的理念,处理社会内部矛盾的方式方法很不得当,人文精神有所欠缺,创造性不能全面发挥,社会主义人道主义只能限于在阶级友爱观念下狭隘地发扬。民主与法制建设远落后于社会主义事业的发展需要。频繁的政治运动、特别是十年文革造成的大量冤假错案,极大地损害了社会主义的政治资源。

在生态系统,新中国一成立就开始了大规模的治理水灾工程,各项生态工程纳入各五年计划当中,党号召与组织了植树造林、绿化祖国的群众性行动,自然保护区陆续建立。当然,由于整个世界在这一领域的认识方才开始,不能期望中国这样的发展中国家对于生态问题有多少认识。兴修水利和农田基本建设是很必要的生态建设,但科学指导不强,一定程度上过多使用了民力、违背了生态规律。在"大跃进"与"文革"中后期偏离正确轨道的"学大寨"运动中,出现不少以违背生态自然规律来获取短期经济成绩的事,毁坏了国家不少的自然资产。

2. 第二阶段,改革开放的中国在科学发展观提出之前的发展实践

在经济系统,社会主义经济从文革的摧残下复苏,经济建设得以全力推进。通过改革,扩大了各种社会力量发展经济的自由度,提高了经济主体的竞争程度，搞活了经济。通过开放，达到了利用国际国内两个市场、两种资源的目的。国民生产总值在几十年时间翻了两番，基础设施建设大规模开展与完成。日用商品供给结束了"短缺"状态，耐用消费品普及于社会，国内旅游与出国旅游先后成为中等收入家庭的消费项目。国家经济实力大幅度增长，成为世界重要的国际贸易与国际投资国。中国跻身于"金砖四国"，已成为对世界经济有重要影响的新兴经济体。但是，由于长期不能扭转"一手硬、一手软"（即抓物质文明硬、抓精神文明软）的局面，资本主义经济的拜金主义泛滥。由于社会主义的政治体制改革滞后于经济体制改革，大量出现行政权力与金钱的非法结合，官商勾结严重，腐败丛生，给经济发展带来严重内耗。由于新自由主义的祸害，公有制经济被人通过各种方式侵吞、蚕食、搞垮，国有资产大量流失，部分私人经济的兴起建立在公有经济被侵害的基础上。国家宏观调控受到部门、地方局部利益的严重干扰，计划调节未能按照社会经济需要进行，各类市场主体追求短期利益又对市场调节造成极度扭曲。经济增长方式长期未能从粗放型转变为集约型，内含扩大再生产总是处于被冷落地位。对外开放中对民族产业保护不足，外国资本垄断与控制我国产业的现象严重。片面发挥比较优势，造成我国外贸贫困性增长，创造财富多、获得收益少。人民用血汗换来的外汇资产在国际金融中大量蒸发。中国的技术创新与产业升级能力长期难以发挥。由此，中国成为工业生产大国、外贸大国，但不是工业强国与创新之国、外贸强国。

在社会系统，结束文革动乱局面，通过拨乱反正、落实政策，调动了广大人民群众的积极性。通过搞活经济、放宽政策，调动了社会的创造性。"在新时期大干四化"成为 20 世纪 80 年代人民群众的普遍追求。但由于盲目地追求 GDP，许多地方政府纵容过度剥削，对劳动者的主体地位维护很差，对资本的溺爱过分；对民族经济发展与自力更生鼓励欠缺，对外国资本与技术的依赖过分。在经济发展中未能"以人为本"，官民沟通的渠道一再被堵，民主法制的建设未能充分体现国家宪法精神，官商之权大于人民之法，甚至造成主人公沦为弱势群体。一度放任教育医疗和社会保障的市场化，极大地损害了社会主义的大众福利。近年来，政府重视民生工程，但是受到既得权势私利的阻挠。

在生态系统，国家总体上本着尊重科学、尊重知识的方针，逐步深化对可持续发展的认识，强调经济、人口、资源、环境协调发展。国家出台了计划生育，保护环境、自然资源和耕地，保护物种等一系列法律法规，将扶贫、流域治理与种草种树、退耕还林相结合，制定了《中国21世纪议程》推动可持续发展，提出转变经济增长方式和走新型工业化道路，组织了循环经济的实施，解决了部分资源枯竭型城镇的新发展。但是，由于客观上经济建设的规模超常增大，对环境与损耗更大的重化工业在绝对规模与相对规模上都大幅度提升；而主观上各地政府与企业为追求 GDP 与经济利益，不顾生态环境约束，继续实施不可持续的经济建设，对这一时期全国维护生态环境的努力抵消很大。外延扩大再生产一再强化、掠夺性的资源开发利用，资本利益驱使下企业的虚假治污减排，国外高污染生产的转移，珍稀物种的走私偷猎，给中国的生态资源造成难以估量的损失。

3. 第三阶段，提出科学发展观之后的发展实践

这一阶段在当前处于起步，还不能说社会已经迈进新的发展阶段，只能说出现了转变经济发展方式的努力。

在经济系统，重视通过提高产品的科技含量、而不是一味压低劳动成本来增强竞争力，企业的科技创新努力不断增强，中国在国际市场上处于国际分工低端位置的局面开始扭转。

在社会系统，民生工程提到议事日程上，农民工的权益得到越来越多的关注。

在生态系统，开展了淘汰高耗能、低技术的落后生产能力的举措，炸毁这类设施的画面不断浮现。绿色能源的发展开始有显著成绩。

但是，上述还只是新阶段的征象。全面转变经济发展方式，进入第三阶段是不容易的。有人们认识上的局限，有制度与技术条件尚未具备的制约，更有与非科学发展结成利益共同体的势力在阻挠我们前进。

二 空间维度

(一) 中国发展与世界相关的三类格局

这个维度，代表着中国社会主义发展实践的国际处境。科学发展观要求我们从大视野上来看问题，世界是一个整体，中国这个大国的社会主义发展实践，必然对外部世界产生很强的影响、得到很强的反应。国际各种力量必然围绕中国的这一发展实践加以集结，与中国自身的变化一起形成某种格局。这也是时代变迁的重要内容。在世界广阔的空间，中国发展的相关格局先后出现三类。

1. 中国发展对世界资本主义体系是一种直接的挑战

我们简称这种格局为"挑战格局"，它发生于 1949～1972 年尼克松访华、中美关系松动之间。此时世界东西方两大阵营对峙，新中国的成立为美国为首的西方世界所不容，遭到其全面封锁、遏制、打压以及几次严重的战争威胁。中国每一步发展，都被其视为挑战，对方必定要封杀。一开始，新中国在外交上被迫向东方阵营"一边倒"，在体制与发展模式上都仿效苏联。后来跟美苏两个超级大国都处于对立状态。这样的格局产生了双重效果，一方面，中国得以扫清旧世界遗留的各种腐朽因素，人民紧密团结在一起；自力更生、奋发向前成为社会的主要精神状态，闯出了独立自主发展高科技的路子。另一方面，我们难以获得国际分工与合作的效果，难以获得国际资源、外国经济技术和社会发展经验、吸收世界文明进步的成果，更谈不上利用自身的比较优势承接国际产业转移。此外，紧张的外部环境会打乱我们发展的方寸：①经济建设中遵循"重工业优先发展"的方针、实行比较极端的"进口替代"战略，完全否定比较优势规律，都与当时的外部环境有关。②苏共二十大提出与资本主义发达国家"和平竞赛"，赫鲁晓夫率领社会主义阵营各国领袖寻找赶超目标，此时深深忧虑"被开出国籍"的中国情不自禁地"超英赶美"，原来科学制定的第二个五年计划被推翻重来，"大跃进"由此发生。③ 20 世纪 60 年代与苏联关系恶化，很大程度上来自苏共领导对美妥协，由此加剧了国内"阶级斗争"紧张局势，从深层次妨碍了四大文明建设。④从援越抗美到珍宝岛冲突，中国走上全面备战之路，对经济建设干扰很大。同时，出于对抗美国或苏联霸权而进行过大的外援，也损害了中国自身经济的财力。⑤中国想超脱苏联模式走自己的路，但是自己创造的一半是符合国情的、一半是更"左"的方针与措施。

2. 中国发展与外部世界交织着博弈与互利关系

我们简称这种格局为"博弈格局"，是中美关系松动到 20 世纪开始为止。1972 年尼克松访华后，中国与西方世界既相互利用，又相互防范。苏联解体之前，世界形成美—苏—中大三角关系，由于苏联处于进攻态势、美国被越战削弱，美中两方稍更接近。中国逐步对外开放，在获得国际资源、外国经济技术和社会发展经验、吸收世界文明进步的成果方面大有改进。后来，由于一时对西方发达国家过多看到繁华一面，由于中华文化圈内的资本主义"四小龙"发展很快，由于苏东阵营解体，中国过多地看好、接受西方发展经验。我们虽然懂得西方对社会主义的敌视，拒绝成为其附庸，但不再独树一帜，仅仅提出世界要多元发展。中国从对外开放中获得了经济资源与出口市场，经济总量取得长足发展，但陷于比较优势陷阱，产生了对外部资本、技术的依赖性。在世界市场竞争中与国际规则接轨，使中国受到很多不公平待遇。苏东阵营解体后，美国霸权主义实际上已将中国作为其最大的敌人与对手，只是由于世界不甘接受由它主导的"一极世界"，多极化趋势对美构成挑战，包括来自其盟国与伊斯兰世界的挑战；再由于中国开放型经济发展使中美经济的相互依赖较深，美国只能在局部上而非全局上遏制、打压中国，双方表面上还要维持着所谓"战略伙伴关系"。这种维持的底线，就是要中国不去挑战美国主导的国际经济、政治秩序。中国的"韬光养晦"方针也满足了这一需要。

3. 中国发展与发达国家和部分发展中国家产生"空间"争夺

我们简称这种格局为"争夺格局"，是从20世纪中国经济实力显著增强，面临"崛起"态势而开始的。从市场到资源，从经济系统到自然系统（包括海洋与外层空间），中国的进一步发展都可能挑战已有的世界格局。中国突出的劳动密集型比较优势营造了自己世界出口大国与创汇大国的地位，这对部分发展中国家的出口形成了挤压。中国要进行发展方式转变，在产业、外贸、技术结构上升级，而每一步发展，都可能与现存的世界经济规则与秩序发生冲撞。西方国家已经开始从温室气体排放、矿产资源交易等方面布置了遏制中国经济发展的天网，人民币的国际化更是面临国际金融的阻拦。当西方发达国家能够做到"别人没有的我有"且能力很强的时候，可以容忍"别人有的我也有"，而当西方发达国家做到"别人没有的我有"能力不强的时候，就难以容忍"别人有的我也有"。这是完全可以预期的前景。"和平崛起""和谐的外经贸战略"是我们的良好愿望，但没有强有力的措施，愿望不会实现。特别是国家的"软实力"如果不能跟上"硬实力"，别人的"软实力"就一定要破坏你的"硬实力"。

（二）空间维度中的国际关系

1. 军事抗衡

当今世界是矛盾的统一体，和平与发展跟战争与对抗是并存的。一个大国不能不在本国发展战略中同时考虑二者。

在"挑战格局"中，有两大阵营之间的军事较量或两个超级大国之间的代理人战争。新中国以解放战争的胜利而建立，并继续在台湾海峡与国民党军队打仗，随后直接介入朝鲜战争与越南战争两大国际战争、经历了中印、中苏两次边界冲突。对第三世界的民族解放战争，中国提供了广泛的军事援助。于是，无论军事工业地位、备战型工业布局、民兵组织的加强建设等都体现着中国的发展深深打上战争烙印。

在"博弈格局"中，中国从"两极对立"格局中脱出，处于"中、美、苏"大国关系的博弈中。美国撤出越南战场后，中国一度面临苏联军事包围的严重危险，受到苏军陈兵中蒙边境与侵阿的威胁，发生了中越边界冲突。随着冷战结束，新的"中、美、俄"大国关系博弈取代了旧的博弈。由于苏联解体，以美国为首的西方阵营得以有目标地收拾对现存国际秩序构成的挑战，坚持社会主义的中国成为西方主要的意识形态敌人。从理论上说，代表国际资本主义反共势力的北大西洋公约组织有着对中国发动多国战争、一举消灭地球上的社会主义力量的冲动。只是此举的成本令其望而止步，而中国向西方开放的市场又有现实的经济诱惑。于是、一方面遏制中国、一方面扫清中国可能的配合力量，就成为西方的战略大计。俄国与伊斯兰世界都是分散与打乱这一战略大计的因素，西方内部也有利益分歧。中国越是综合国力强，越是有实力进行博弈。为此，稳住阵脚、兼顾国防与经济建设，就成为中国发展的重要因素。

在"争夺格局"中，中国有了与"金砖四国"联手跟发达国家博弈的机会，但周边资源争夺、尤其是海洋争夺的冲突危险性上升。战争的威胁始终存在。以美国为首的西方阵营此时主要是以军事开路、政治、经济配合的综合手段在伊斯兰世界扫清挑战西方的力量，为西方主导全球奠定基础，对此中国肯定处于极不愉快的旁观者地位。此外，以美国为总后台，聚拢与中国有国土资源争议的国家形成反华制华阵营的趋势逐渐显露。中国和平崛起的前景并不明朗，反之，依赖自身国力（包括政治、精神方面的国力）抗衡西方主导全球变化的必要性却日渐明显。

2. 对外经济交往

经济交往包括贸易、投资与经济合作。交往中包含商品、劳务、技术、资本等经济资源的输出与输入两种流向（简称经济输出与经济输入）。

在"挑战格局"中，中国进出口贸易受到美国的封锁，前期中国通过社会主义阵营内部发展贸易，后期通过各种渠道发展贸易，规模都很小。贸易对中国经济带来的促进作用与波动的影响都不大，经济决策无须全面考虑国际经济形势。投资无论是经济输入或经济输出基本空缺。在经济合作方面，中国的输入输出是极不平衡的。中国只在 1960 年前获得苏联东欧国家的一些经济援助，而对发展中国家以发展援助的方式付出大量的经济输出，实际上这是以经济代价换取外交成果，中国进入联合国就是这一成果的典型。这种输出方式延续到"博弈格局"。

"博弈格局"后不久，中国进入改革开放时期，对外贸易急剧扩大，世界市场成为中国经济发展的重要因素，对外贸易也成为市场的重要影响因素。对发展中国家的经济输出从单方面的援助变为双赢的合作。中国一方面发展了商业性的工程承包和劳务输出，一方面以经济援助带动企业的经济技术合作，将直接投资、技术输出、优惠性援款结合起来，让受援方得到发展的资金技术、我方企业得到利润与市场份额。中国对外经济交往的"双轮"：贸易与经济合作，前者靠劳动成本低廉的比较优势，后者靠综合性的竞争优势。

进入"争夺格局"，由于中国本土的自然资源无法支撑本国的工业化发展，中国的经济输出越来越需要服务于资源产品输入。另一方面，中国原来依靠劳动力优势在经济输出中取得市场份额难以扩展。这就表明，中国的经济输出要从"扬长避短"到跟发达国家直接较量，双方之间从经济互补关系为主转向经济竞争关系为主。可以预期，今后的中国与西方之间的"贸易战"、"货币战"将层出不穷，经贸政治化将愈加激烈。

3. 国际形象与文化思想影响

在"挑战格局"中，中国的国际形象在不同人当中大相径庭。西方阵营统治阶级出于其阶级本能，总体上视中国为一个危险的红色斗士，极力以围堵防范为要务。广大第三世界的人民总体上视中国为他们的朋友，但其上层人士，则根据其受西方影响的不同而看法不同。社会主义国家内部从团结到分裂，对中国的态度分化。由于中国并不处于社会主义体系的正统地位，在革命思想的影响上，新中国有效影响第三世界的不是社会主义，而是新民主主义。各国争取解放的人民，把毛泽东新民主主义革命理论作为指导思想。文化大革命爆发，世界各国部分群众将中国作为"造反有理"思想来源地。中国在与苏联的论战中，视己为"第三世界领袖"与"世界革命中心"，但"领袖"身份有印度倡导"不结盟运动"来与之争夺，"中心"身份有朝、越、古都认为自己才是。

在"博弈格局"中，中国被视为"美—苏—中"大三角的一极，西方阵营把中国作为可合作的国际社会成员，同时又是一个需要对其误导、分化、弱化的对象。第三世界对中国视为一个走自己的发展道路、并不断取得成功的榜样。苏东阵营解体前后，在全球性的新自由主义思潮泛起当中，中国外交上的"韬光养晦"波及文化思想，中国的独立自主形象越来越限于"政府主导型市场经济"的经济发展模式，缺少文化思想配套。

进入"争夺格局"，为适应发展空间争夺所需要的矛盾协调，中国提出了各种"互利共赢""和谐世界"理念，但在傲慢的西方垄断资本主义面前被冷落。真正能够起到国际形象高大与文化思想输出的内容，必定是针对世界现实矛盾、对现存秩序具有挑战性的。以马克思主义为指导思想的中国，完全有独树旗帜、引领世界发展方向的精神潜力，共同富裕、生态文明、可持续发展，就是其潜力所在。中国如果切实按照科学发展观来发展，在实践上创造实实在在的业绩，在理论上深入广泛地向世界传播，就可以成为世界认可的榜样。

三 文化维度

这个维度，代表着中国社会主义发展实践的思想、精神变迁。引领中国发展实践的精神在很大程度上转化为物质，主流思想融入社会，就成了广义的"文化"。从发展角度来看的广义文化，包括社会的发展目标、政治理念、精神动力源泉、生活方式与判断标准。在中国社会主义发展实践的历史中，先后出现三种这个意义上的文化。

1. "政治挂帅"的文化

这个文化作用于时间维度中的第一阶段。它是建立在革命战争胜利、广大人民具有高昂革命热情基础上的。该文化内涵就是：发展服从于政治目标，以精神追求为发展的主要动力，严格要求人的思想纯洁性，政治教育与政治批判为重要的社会生活内容。经济建设的基本目的是为巩固政权、扩大本国政治思想的世界影响力。

在这一维度下，为了增强社会主义国家的经济实力，经济发展速度被放到重要地位，不仅总体发展速度要快，每个具体项目经常为抢时间，都要牺牲劳动者的健康。"为了拿下大油田，宁可少活二十年"，"铁人"的这一豪言壮语，代表着当时的精神风貌，其支撑是靠理想与热情。

在这一维度下，社会消费生活水平提高受到严格限制，提倡艰苦朴素，虽然有净化社会风气、减少消费领域浪费的作用，但妨碍人的全面成长。贫乏的物质生活伴随贫乏的文化生活，限制了社会成员需求与个性的发展，人的身体健康与精神都缺乏足够营养。

2. "以经济建设为中心"的文化

这个文化作用于时间维度中的第二阶段。它是建立在人民经过长期政治运动折腾，渴望国家现代化建设的愿望十分强烈的基础上的。该文化内涵就是："聚精会神搞经济建设、一心一意谋经济发展。"在社会成员中，虚幻的精神追求动力被现实的物质追求动力所代替。

在这一维度下，提高社会主义国家的综合实力是压倒性需要，经济发展速度仍居于重要地位，但追求速度的力量来自对经济效益的追求，来自"时间就是金钱、效率就是生命"，"效率优先、兼顾公平"。资金、技术、管理，资源开发，一切经济要素都要调动起来，各种经济手段尽可能运用起来，手段的价值判断取决于发展效果，社会性标准有所淡化。

随着市场经济与服务业的发展，出现泛商品化的趋势，货币交易的领域不断扩大。人文精神商业化，出现越来越多以付费为前提的社会扶助、社会关爱。拜金主义逐步泛滥，精神滑坡愈益严重。

3. "科学发展观引领"的文化

以科学发展观引领发展，要贯彻以人为本的根本宗旨，注重和谐、协调，社会效益、生态效益要与经济效益并重，甚至更加重要。为了追求经济、社会、生态的综合效益，为了达到统筹兼顾、协调发展，就必须弘扬科学、理性的精神。在追求和谐目的的过程中，要努力解决新旧之间、公私之间、长期短期之间的矛盾。

四 三个维度的启示

1. 时间维度表明，发展不是直线型的

事物的演变经常呈现"正—反—合"。经济发展好像人在水上划船，大方向一确定，船只就可以起航。但船只前进的路程，很可能左右摇摆，原因来自两方面。一是具体目标可能游移不定，二是划船者朝向目标的力度未必总是准确的。一旦发现船只航行将偏离目标，划船者就要重新校正自己的前进方向。指望船只自始至终朝着目标直线前进，无须校正方向，未免过于理想化；判断划船者必然会按照惯性一直划过去，一有偏离就必然离目标越来越远，则未免过于悲观。一般来说，实际路程会是：瞄准方向—有所偏离—校正—偏离—校正……直至到达彼岸。

从经济发展来看，这种"左右摇摆"的相关问题十分复杂，影响非同小可，校正不会轻易完成。每次偏离—校正，其实都构成一个发展阶段。贯彻科学发展观应当认识这种发展过程，注重调整航向，防止过偏。

2. 空间维度表明，发展是对环境的积极适应

社会主义的发展，是在世界资本主义大环境下进行的。我们要适应这个世界，既不是鲁莽地对抗、也不是屈辱地迁就这个世界；要看清周边的环境，但不能忘记前方的理想目标。对环境中理想目标起积极作用的因素，要善于利用，对于起消极作用的因素，要理智地抵抗、化解。既不能让其消蚀我们的理想目标，也不能对其过度反应，打乱自己的方寸。

3. 文化维度表明，要正确处理理想与现实的关系

社会主义在 20 世纪经历了从"理想"到"现实"的发展历程。第一个社会主义国家的体制被称为"斯大林模式"，一个突出点是未能依据社会现实合适地贯彻理想。大部分社会主义国家走上改革之路，却在资本主义市场经济与社会主义市场经济两条路上分道扬镳。许多前社会主义国家完全放弃了理想，中国则坚持理想而照应现实，（不过现实中有着太多的资本主义丑恶）。21 世纪的社会主义运动，必将经历一个否定之否定的螺旋式上升过程，侧重体现从"现实"到"理想"的发展历程。这个"理想"，既发展能够与市场经济相结合的公有制经济，又发展能够与资本主义反生态的物质文明相对立的社会主义生态文明。

劳动者的解放与人文精神的弘扬是国际共产主义运动的老问题。早在19 世纪，德国那位同情无产阶级革命与共产主义的杰出作家海涅，就曾经担忧革命会破坏文明。早期的考茨基也提到过，不能让国家集中管理精神生产，以避免"使那些最优秀和最有头脑的文化战士与无产阶级政权处于经常对立的状态中"。这类问题归结起来，就是劳动者的解放与人文精神的相互关系问题。这两件事分别代表社会制度的变革与社会文明的发展，是人类历史的两条线。社会文明的内涵是人们的行为方式，人们的行为方式呈现在社会生活表面，它是社会制度的"外壳"。社会文明的进步本身不包含对旧的生产关系的变革，只能有利于各类社会再生产顺利进行。比如，资本主义制度具有自由、平等、博爱的外壳，其内核是资本对劳动的剥削自由、劳动力与货币的交易平等、慈善事业补充贫富分化的博爱，等等。生产力发展是与文明进步都是历史的积累。社会主义运动理应在变革社会制度与弘扬人文精神两条线上都代表前进的方向。社会主义制度必将在打破资本主义制度内核的同时，继承和发扬体现人文精神的外壳。"三个代表"重要思想正是包含着这一系统的观点。那种以为劳动者解放与人文精神是此消彼长关系的说法，不是资产阶级阵营的偏见就是劳动者阵营低觉悟的见识。我们从长远来看，共产主义理想的实现与生态文明的实现密切相关，所以仅有社会制度的变革，没有人的行为方式的进步，是不可能做到的。

五　总结

1. 尊重客观规律

在马克思主义指导下从事社会主义事业，必须尊重规律、把握规律、按规律办事。各级领导在干事业中掌握着或多或少的资源，总有自己的具体的主观目标，或者是大公无私的目标，或者是公私兼顾的目标（如追求政绩）。无论哪类主观目标，都不能将主观凌驾于客观之上。贯彻科学发展观，更要注重遵循如下客观规律。

（1）尊重自然规律。我们必须从人类生态系统的大视角来认识资源环境与生态问题是关系人类未来的大问题。20世纪的资源、环境、生态破坏问题主要是由工业革命以来"高生产、高消费、高污染"的传统发展模式造成的，带有不可逆转性，这就要求人们必须拒绝走"先污染，后治理"的老路，把防治环境污染、生态破坏放在重要位置。

（2）尊重经济规律。经济发展需要数量的增长，但不能把经济发展简单地等同于数量的增长。科学发展观要求我们认识到发展所具有广泛含义：既包括增长所强调的物质财富的增加，也包括生产和分配的结构与机制的改进、社会和政治的进步、生活水平和质量的提高，以及发展的自由选择和机会公平，等等。真正的发展必须做到：①放弃追求经济建设中那些表面上的经济成果，科学认识GDP的真实内容，终止追求高产值、高速度，高投入的经济绩效，代之以资源优化配置，合理利用，整合各种生产要素，节约化、集约化、规模化经营的经济绩效。②实现经济发展速度和结构、质量、效益相统一，量的增长服从于"质"的"进化"。③在经济建设中防范发展成本过高、产生金融风险、城乡差距扩大等问题。④要充分运用现有的体制资源、人力资源、自然资源、资本资源、技术资源以及国外资源等方面的有利条件和有利因素，而不是把经济发展单纯寄托在消耗自然资源上。

2. 广义生态平衡

不仅在人与自然关系上保持体现生态平衡，而且在经济生态、政治生态、文化生态等领域都要有平衡协调。

历史证明了这个道理：极端之点不是科学范式。任何事物都有不同方向的"极"，设新、旧、质、量为四极，如下图所示。

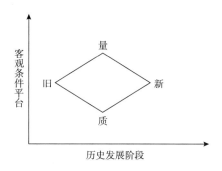

上图表示事物的"新旧度"与"质量度"分别由横轴变量（历史发展阶段）与纵轴变量（客观条件平台）决定。坐标上的菱形，是一个动态图形，它将随历史发展阶段的推移而向前移动，根据客观条件平台的变化而扩缩。在运行中，无论在哪个"极"上失度，就会导致该事物变异，引起负面效果。假定菱形为"社会主义经济"，则"新"代表公有，"旧"代表私有，"量"代表速度与规模，"质"代表效益和结构。"历史发展阶段"如初级、中级、高级阶段，"客观条件平台"由人口、资源、环境与科技水平构成。那么，社会主义经济的合理性、科学性就表明它在所有制与发展程度上，均符合这两类变量的客观要求。

第二节 新发展的矛盾与战略思路

一 中国经济发展中当前目标与可持续发展之间的矛盾

确立科学发展的途径，要针对我国经济发展中当前热点问题与实际的可持续发展之间的矛盾，首先要认识这方面的矛盾。

1. 追求经济发展成效与履行世界环保责任的矛盾

发展成效是与中国的世界地位上升呈正相关的。中国从鸦片战争后就由于国家的落后被世界轻视。新中国成立以来，我们首先在独立自主方面赢得国际社会一定程度的尊重，接着，我们在经济社会取得的长足进步获得世界的赞誉。但是，矛盾也由此产生。

瑞士达沃斯论坛公布的历届世界各国环保状况的排名，是依据各国在环境卫生、空气污染、水资源、生态多样性与生态环境、自然生产资源和气候变化等来进行比较的。2007 年公布的比较结果显示：西北欧国家的瑞士、瑞典、挪威、芬兰，以及拉美的哥斯达黎加位居前 5 名，而北非西亚沙漠大区域的马里、毛里塔尼亚、塞拉利昂、叙利亚、尼日尔以及西南非的安哥拉排名最后。美国的排名远远落后于其他发达国家，中国与印度环保状况位于后列。

从对世界发展的贡献来看，中国的经济扩展在数量上为世界其他地方、尤其是发达国家的经济提供了更大的市场，为世界经济总量提供了更大的份额。然而经济总量的增长又伴随着生态环境状况的恶化，我们日前经济增长的生态环境影响已经逐渐超出了国内区域。我国的温室气体排放量排位已经列上世界前茅，中国的矿产资源耗费也聚焦了全世界的眼光。中国正在成为世界资源环境恶化总体状况与趋势的一部分，不可推卸地负有日益扩大的责任。别的国家会认为，全球对世界环境改善的努力会被中国抵消，由此造成我们的政治、经济、社会压力就会更大。尽管作为发展中的大国，经济发展是我们的历史性权利，但全球生态环境的恶化使我们越来越难以凭借这个权利来为当前的经济发展方式辩护，我们必须准备着承担更大的全球性生态环境保护与养育责任。

世界的舆论在变化，由于发达国家的经济发展水平已经高居于世界平均水平之上，世界的主流舆论将不再为牺牲环保追求增长的业绩唱赞歌，而是向环保状况优良的国家抱以赞扬和尊敬。对于中国而言，在经济发展中当经济强国与成为对世界生态环境保护负责任的大国，这是两个目标。我们不能一味把前者放在第一位。国内外的客观情况都警示：提高环保力度很紧迫，我们现在必须站到理性的席位上思考，是否应当不去盲目追求当世界经济老大的目标，多考虑一下如何尽快摆脱生态环境排后兵的角色？减缓与修复经济现代化进程带来的生态环境破坏，是我们更大的国际责任。

2. 高质量的生活水平与环境保护的矛盾

党的十一届三中全会以来，发展经济被确立为党的工作的中心，解决人民群众日益增长的物质文化需求与相对落后的生产力之间的矛盾成为国家的主要目标。一个流行的口号叫"一心一意谋发展、聚精会神搞建设"，这里所说的"发展"也好，"建设"也好，都是指经济方面的内容。各级政府上上下下，忙的主要就是经济工作，其目的，都是声称要满足人民不断增长的物质文化需求，满足的程度是要全面达到"小康"。当然，在本地经济发展基础上，政府财力丰厚了，诸事都好办，也是直接动力。而人民群众消费水平的提高，就是一个显示发展利益、显示政府政绩的最好标记。但等到经济建设与环境保护产生矛盾，又会怎样考虑呢？

一般来说，各级政府想要既能经济增长又能维护生态环境。然而，在当代的生产方式与科技水平条件下，经济增长对生态环境产生的负面效应，取决于两个因素的乘积，一是经济增长规模，二是在某种经济增长方式下的物耗水平。需求拉动和相互攀比都会促成经济增长规模增大，前一个因素具有一种自然的张力：为当地人民群众提供高质量生活水平而加大经济增长力度具有紧迫性、合法性、趋时性，对于各个地方政府，既有压力又有动力。并且，一个地方的经济增长与那个地方的消费水平还可以形成循环互动，经济增长越快，越有提高消费水平的财力保证；消费水平越高，越能扩张促进经济增长的商品劳务市场。这样，只要增长方式转型与技术水平改进不够快，这两个因素的乘积就会显著地增大，也就表明经济与环保的矛盾会更尖锐。

3. 开展工业化所处阶段与环境保护的矛盾

中国开展工业化的历史进程，经历了三个阶段：第一阶段，以重工业优先发展为引导的阶段；第二阶段，以出口驱动和市场驱动为动力的劳动密集型产业为主的阶段；第三阶段，以重化工业为主导的阶段。三个阶段的历史背景分别是：第一阶段发生在计划经济体制的时期，这个阶段的工业化尽管为新中国的国民经济现代化奠定了初步基础，但在比较封闭、科技水平较低、农业得不到工业很多带动的条件下，工业化呈现比重、规模与技术水平不相称的状态，工业化完全是粗放式增长。当时由于工业总规模不大，对中国的生态环境影响不是很严重。第二阶段发生在20世纪最后二十年，处于改革开放时期，这个阶段的工业化发挥了中国现有的比较优势，无论在占领国际市场、满足人民消费需求、解决就业问题都卓有成就，以致改变了短缺经济的状况。由于中国工业化规模的扩大，生态环境问题日趋严重，只不过劳动密集型产业主要是轻纺工业，产业物耗水平相对不高。

从20世纪90年代末期开始，中国开始进入第三阶段。总体上说，这是消耗资源与排放污染都特别厉害的阶段。我国进入这个阶段呈现有这些特点：①劳动成本廉价的比较优势仍然很强，在我国的重化工业多半还是低端环节的资金密集型产业，即非精细加工制造的生产。②工业技术、特别是有自主知识产权的工业技术仍然是稀缺的要素。工业化快速发展不是建立在科技创新的基础上。③由以上两点，决定了中国与发达国家的后工业化发展有很大差距，但比多数发展中国家的工业化水平高。④中国工业化发展的外向依赖程度较高，外资在推进工业化发展中占有重要比例，中国参与国际分工程度较深，大量生产属于国际化生产，近几年来被国际上誉为世界制造基地。⑤中国制造业与建筑业超强发展，而服务业相对落后。上述特点，反映中国现阶段工业化的依托，既不是智力和科技，也不是服务领域的部门，而是制造业、建筑业、特别是资金密集型产业中劳动密集型环节的劳动力，以及水电、能源、原材料、物流等劳动密集的资金密集型生产部门。

很明显，中国以世界最大的物质资源和环境资源的耗费，来推进处于经济全球化背景下的工业化进程。我们既不能退回到纯粹劳动密集型产业的地步，也没到上升为以科技资源为主的产业发展地步。这就是现阶段我国工业化现状，这一现状也就造成我国物质资源与环境资源的消耗特别大，对生态环境保护的矛盾特别大。面对这个矛盾，没有增长方式的转型、产业结构的调整、生产技术的提高，是难以承受资源与环境两方面压力的。

4. 建立与发展市场经济体制模式与打造生态型经济发展机制的矛盾

资本主义市场经济具有内在的破坏生态环境和资源的经济机制，引起我们深思的是：在中国建立和发展社会主义市场经济，也在复制着上述机制。社会主义市场经济是通过借鉴资本主义市场经济而建立的，当中不仅引进了资本主义经济增长的效率，也引进了为利润而生产、为消耗而消费的不良机制。社会主义市场经济与资本主义市场经济的区别，是强调发展公有制经济、强调有一个超越市场的调节力量：即代表人民利益的政府计划调节，除此之外，在市场主体——企业依托商品、为利润而生产、资本必定追求价值增值等机制方面，都有共同之处。因此，资本主义市场经济破坏生态环境和资源的效应仍然在社会主义市场经济当中发生。我们不可能完全消除市场主体——企业的这类机制，它们仍要在社会主义市场经济当中发生。我们要的是自觉运用社会主义的计划调节机制来限制这些效应、消除其中最显著的后果，同时培育新的生态经济的机制。

为此，首先就要深刻认识资本主义生产方式对生态环境和资源具有破坏作用的内在本性，认识中国建立与发展市场经济体制模式与打造生态型经济发展机制的矛盾。正视这一现实矛盾，深入研究解决途径。不认识上述矛盾而空谈生态保护目标，是无法找到可持续发展的实际路线的。

二　解决矛盾的战略思路

1. 正确处理经济增长与资源节约、环境友好之间的矛盾

经济增长对资源环境的作用呈动态性的双重作用：不利与有利。经济增长的过程产生对减少资源消耗总量与环境保护造成困难，而经济增长的主要结果，即财力的增加却又增强了资源节约与保护环境的实力。从粗放式增长转变成集约式增长，将使不利的作用不断减少，有利的作用不断增加。

理论界一个流行的观念是：经济增长与减少资源消耗总量、环境保护可以不矛盾，只要采取了有力措施，就可以两者兼顾。然而现实当中，由于科学技术发展水平不够，这种兼顾的情况只能是一种可能性、或者少数情况。多数情况是当经济增长与减少资源消耗总量、环境保护无法兼顾时，"不得不"暂时牺牲后者。鉴于这样的现实，正确处理经济增长与资源环境之间的矛盾，就要承认在多数情况下两者不能兼顾，考虑怎么办。一个简单可行的处理原则是，两类指标均得降低，但资源节约、环境友好的目标降低少一些，经济增长目标降低多一些，以求指标体系实际可行。

在这个总的原则之下，有一系列的两难选择要做出明智的决策。

（1）必须认识到，赶超经济总量的世界排位并不代表经济技术发展水平的先进，在当前世界仍在追求这个世界排位的形势下，中国不要图这个虚名。而降低我国温室气体排放量的世界排位则连带着一系列发展的实惠。有一系列真正反映科技先进、生态良好、社会和谐、消除贫困的指标，是中国将要创造前列排位的。

（2）将环境改善作为经济发展的独立成果。总体的环境改善与经济发展是并立的，分属于生态系统与经济系统。但是，许多局部环境改善可以作为建设项目纳入经济发展成果统计中，作为一种经济产出。这些产出既反映对现有经济社会发展消极影响的克服，也是直接反映生活质量的重要内容。在建设生态良好的生活空间、制止环境退化、抵御自然灾害等方面，设计出可以量化的项目。这些生态类项目并未增加物质财富，而是增加生态财富，但同样体现为经济增长。这类项目的比例要视社会的财力决定，不由市场需求所驱动。经济发展规划要安排这类只有环境效益、没有直接经济效益的建设项目，其建设规模同样受到现有社会生产的约束。另外，由于保护环境的需要，许多经济开发项目、措施将作为有害无益的事不能办。这正是达到防止生活质量倒退、避免劳动和资源浪费的必要措施。

（3）宁可放慢工业化扩张速度，也要提高工业生产的技术密集水平。这就是说，不要因幻想有突然降临的集约式增长来替代粗放式增长而迟迟不放弃粗放式增长，而要先逐步放弃粗放式增长。要把更多的发展注意力放在降低现有工业化生产中原料与能源消耗以致对水资源消耗、土地资源的占用上，大力推广节能、节材、节水、节地的生态型工业技术的应用，使其成为工业化重点目标。

（4）树立"适度以经济效益换生态效益"的观念。这个观念首先用于推行"低碳经济"与"循环经济"。推进"低碳经济"主要措施是逐步以可再生的新能源替代化石能源。能源的可再生正是一项重大的资源循环，其他越来越多的资源循环将使生产中循环使用自然资源的产业比重愈益增大，而使传统的采掘工业比重愈益减小。这一同时起到"低碳"与"循环"的核心举措，其实施的主要障碍是成本，要等待科技发展使成本下降根本赶不上建设两型社会的需要，必须从经济发展规划中以计划方式配置一部分社会人力财力，用于开发经济成本高的新能源、新材料，应用特供方式来保护其产业，促使其不断降低成本。

2. 重新理解"走新型工业化道路"

走新型工业化道路有"两个带动""两个跨越"。原有的理解强调"信息化带动工业化",这个带动,体现的是技术意义上的跨越式发展。仅有这个跨越式发展,对于解决生态危机问题能够起到一定作用,但难以完全解决。对比来看,走传统工业化道路,从初级阶段到高级阶段,就要经历重化工业大发展的阶段,其中会有许多高物耗高污染的产业要发展到一定规模。信息化带动,一是要用高新技术来改造早已建立的重化工业,可降低物质消耗与环境污染的程度;二是在工业结构中,信息技术产业占有相当比重,重化工业的比重以至绝对规模都可因此降低。但这两个效果,对于解决伴随经济增长而来的生态环境问题毕竟是有限的。

另一个带动是"产业生态化带动工业化",它体现的是生态意义上的跨越式发展,就是跨越工业化进程中经过的某些导致高耗能、高耗材、高污染结果的产业、产品高增长阶段,直接转向低耗能、低耗材、低污染的产业结构形成阶段,尽可能避免先发展地区走过的非绿色发展弯路、尽可能抄可持续发展的捷径。

相比生态经济意义上的跨越式发展,传统发展的优势在于:发展经济所需的技术应用是现成的,容易上规模,许多产品成本较低,发展顺利,市场态势较好,一段时期内容易达到人均收入较高。但是,传统发展必定要受到资源环境的严厉约束,很难占领市场制高点,产业生命周期短。跨越式发展就是要致力于解决资源环境约束,从而产生这样的优点:推动技术人才资源的更新与高端,有希望在产业发展上处于领先地位,持续发展后劲强。

3. 正确把握扩大内需的方向

扩大内需本身就有生态化与非生态化两个方向,我们要的是生态化方向。生活需求的内容要逐步体现生态文明的生活方式,生产需求的内容要随着产业结构的生态化而逐步实现资源节约与环境友好的要求。整个社会都要大兴物资节约使用的良好风气,少花钱、多办事。这一方面要有政治理念与行政方式的转变,一方面关系到整个市场经济机制的转变。扩大内需应改变依靠"消费者购买力拉动"机制。现有产业结构在相当程度上建立在这样的产品生产基础上,这些产品靠"合法而不合理"的需求拉动。在传统经济发展机制看来,除了毒品、武器、犯案工具等违法产品以外,凡是拉动需求的产品都是好产品,诸如有害健康的香烟、多余浪费的时装、迷信奢侈品、豪华的赌具等，据说它们能够提供税收、就业岗位、出口货源。这样的观念实际上是人类思想不解放的表现。我们需要在改变现有浪费型生活方式的基础上，实现物质资料生产规模的相对缩小，这是转变增长方式的重要驱动力。

4. 在发展开放型经济中提高生态设限标准

对外开放必须具有双向行为，对经济资源的国际流动，既要消除壁垒，降低门槛，又要设置门槛。后者指的是对外贸、外资企业设置社会、生态门槛，无论本国的进出口企业还是外商投资企业，都必须贯彻应有的社会责任与环保义务，绝不允许为追求经济实绩而采取掠夺劳动者、掠夺自然资源与环境的做法。这一门槛可能对外商投资有所抑制，但只有这样才能使外来投资取得的是符合我国综合利益的发展效果。

出口体现着中国的产业成果对世界市场的扩张，但出口选择要严格控制。以将现有的出口由单纯的产业基础扩张为依托，转为以包含生态利益的比较利益为依托。没有比较利益的原材料工业、特别钢铁工业，不应成为出口选择。比较利益前景黯淡的劳动密集型制造业，只能延长其出口寿命。比较利益前景广阔、可培育竞争优势的各类产业，力争扩大出口。注重提高服务产业的比重，尽快以服务业出口来替代制造业出口。

5. 掌控三维可持续发展过程

贯彻科学发展观，涉及经济、社会、生态三个系统的变化，变化的速度要有合理掌控。

从经济系统来说，经济自身协调发展，增长速度应当适中，呈现不冷不热。我国的基本国情决定了我国经济发展慢了不行，过快也不行。经济发展不能过冷的原因是：①仍有脱贫的目标，有解决生存问题的需要。②我国的就业问题仍然严峻，保障就业是发展的现实压力。③经济增长方式的转变必然伴随着部分产业规模的扩大。经济发展不能过热的原因，仅就经济系统本身看：与生态系统重叠的，是资源紧张问题，增长速度越快，投向经济系统的自然资源供给越紧张；增长方式转变，集约型增长点的培育，要依靠科技发展与应用，不能操之过急。

从社会系统来看，变化速度要先快后慢。先快的是迅速打破"GDP 增长效率—投资—政绩"这一"铁三角"，同时从三个方面着手贯彻科学发展观。一是以全面、科学的发展目标替代 GDP 增长目标，扭转重视效率而忽视公平的发展理念；二是尽快改善劳动者权益保障地位，制止越是追求

GDP 增长速度，就越是青睐投资资本、越是忽视劳动者的恶劣趋势；三是推广民本政绩观。后慢，就是在先快的基础上，从容地塑造新的发展机制，振兴对付上述"铁三角"的力量。这一力量来自观念与规章制度。观念上弘扬马克思主义的理念，并普及为社会文化，以有效抵制西方意识形态的侵蚀；规章制度上削弱私人资本代理人的政治地位，提升劳动者的政治地位。不如此，社会系统就会陷入越来越深刻的矛盾与危机。

再从生态系统来看，兼顾劳动就业的经济增长速度与环境保护、生态平衡、资源合理开发的努力，为此要合理地降低经济增长速度，使环境保护与生态平衡的努力跟上来，有时间来安排资源合理开发。相关内容将在第八章中详细展示。

第三节 新发展的未来图像

根据中国社会主义经济发展的历史回顾与现实环视，我们可以看到，由科学发展观所推动的经济社会发展，面临着理顺国际与国内两个方向、社会与自然两个领域的经济关系任务。要走的三条道路，一是公平发展的道路，二是共同富裕的道路，三是可持续发展道路。这三条道路分别体现经济国际化条件下中华民族的复兴，体现社会主义的本质，体现社会经济发展必然的选择。科学发展观将这三条道路"并轨"。

一 三条道路都是中国人民不可放弃的选择

1. 选择公平发展道路

"二战"以后的国际环境下，后发国家的发展大体上都是和平发展，"二战"前通过发战争财、以国家武力来掠夺他国财富的道路已不可行。同样的和平发展，后发国家的发展可以有三类：一是"二战"后日本与"四小龙"，是在西方的关照下发展起来的；二是既未得到西方关照、也未受直接全面遏制，不与西方主导的国际经济秩序冲突，但总体上处于不平等处境而有所发展的，如巴西、印度这两个"金砖"国家；三是在西方主导的国际经济秩序遏制、打压下发展起来的。东欧在社会主义时期的发展属于第三类，但这些国家开放度不高，受到的遏制、打压只是外部性影响，对内部经济运行影响不大。最严重的影响就是技术交流。

中国的发展属于经历和情况更为曲折的第三类。按照第一节陈述的

"时间维",先后有三个经历:"挑战格局"中遭受全面封锁,"博弈格局"中受宽容与限制并存,"争夺格局"中对方被迫交往同时极力遏制打压。西方政客与中国国内亲西方的势力希望中国只能在这样的状态下发展:永远接受不公平的国际经济秩序,成为西方的经济政治附庸。当前以及未来,中国遭受的遏制打压主要不是来自武力行动,而是西方极力维护甚至增强由他们主导的国际经济秩序的不公平内容。随着中国经济实力的增强,还会有新的对中国发展更不公平的规则产生。中国的发展一直是处于不平等境况中,如果不改变现存的国际安排,中国发展必将面临越来越大的阻力。因此,中国的发展坚持民族主导权,以争取公平的国际经济秩序为主要努力,否则就会沉沦为一个永久性的发展中国家。

2. 选择共同富裕道路

邓小平同志在 1992 年的"南巡"讲话中已经指明:共同富裕是社会主义的本质表现。在我们追求共产主义这个宏伟理想的进程中,共同富裕是能够逐步实现的、具有操作性的、可以量化的目标。中国特色社会主义理论体系,包含着追求"富裕"与坚持"共同"的辩证关系,融合了执政党发展生产力与改革完善生产关系的综合努力。20 世纪 90 年代上半期发展起来的社会主义政治经济学,已经勾画了共同富裕道路的制度框架:在所有制方面以公有制为主体,多种经济成分共同发展;经济运行机制体现经济资源配置以市场为基础,计划为主导,国家对国民经济进行宏观调控;国民收入初次分配实行按劳分配为主,多种分配方式并存;建立社会保障体系。如果上述框架得以落实,走共同富裕道路就有制度保证。然而,由于新自由主义对经济学领域、特别对实际工作指导原则的侵袭,上述制度框架被架空、淡化、搁置,两极分化日趋严重,共同富裕似成泡影。这一不可接受的趋向,必须靠实践科学发展观来扭转,结合实际教训,在经济学理论与经济工作中拨乱反正,依据宪法、党章来批判与纠正一切制造两极分化的行为与观念,落实、完善已有的体制框架与政策措施。

3. 选择可持续发展道路

中国政界、学界一直积极参与国际社会关于人类社会走可持续发展道路的倡议。在中央政府主持下制定的《中国 21 世纪议程》中就宣告:必须努力寻求"一条人口、经济、社会、环境和资源相互协调的、既能满足当代人的需求而又不对满足后代人需求的能力构成危害的可持续发展的道路。"十七大将社会主义生态文明建设列入社会主义文明建设的四大类型中，提升了可持续发展道路的品位。

4. 三条道路必须结合起来

迄今以来对上述道路的理论解说，如同三股道上跑的车，只并行不结合。对此，社会主义政治经济学、世界经济学、发展经济学与可持续发展经济学都有各自功能的片面性。走共同富裕道路离不开发展，但如果在国际上总是处于不平等地位，没有经济与社会、生态的协调发展，就无法实现真正的发展、无法达到共同富裕目标。可持续发展经济学固然包含消除贫困的领域，但它的注意点放在消除绝对贫困上，对于消除贫富差距的经济分析尚未涉及。发展经济学强调发展的社会目标、强调国内经济的公平性，但没有以改变国际经济中的不平等地位为研究对象。在民族复兴的感召下，我国作为最大的发展中国家要在世界经济中争取公平发展，同时处理好与可持续发展目标的关系。社会主义的旗帜下，追求共同富裕与可持续发展，必然是相互支持、相互融合，也是相互制约的。共同富裕必将赋予可持续发展以人类的集体动力与可靠的社会机制，可持续发展则规定了富裕的内涵与限度。因此，两者必须结合起来。总的看来，以上论述谈的就是我国在科学发展观引领下新发展的未来图像。我们称之为双向理顺——理顺中国发展中的国际关系与国内关系，三道并轨——公平发展的道路、共同富裕的道路、可持续发展道路并轨。

二　公平发展的主要战略领域

中国经济发展处于不平等境况主要表现在以下方面。

（1）中国处于世界产业链的低端，高耗能、高污染、低附加值的产品在总出口中占很大比例，中国的能源消费量和二氧化碳排放总量持续上升在很大程度上是因为相关产品出口的不断增加。但中国却遭到碳排放绝对量最大的指责，发达国家消费了"中国制造"，却把巨大的温室气体排放量留给了中国。在后京都时代，发达国家将以碳关税的形式，凭借减排技术优势直接"虹吸"中国的财富。2006 年 8 月，在巴西推出的后京都国际气候制度的设计方案，简称《圣保罗案文》。依照《圣保罗案文》，中国应该在 CDM 市场达到一定规模后，转换成定量减排目标，也就是在中国尚未完成工业化、实现消除贫困人口之时，被逼迫提前由"卖碳"者变为"买碳"者，中国作为发展中国家享有的减排达标"豁免权"实际上被剥夺。企业的利润由此将被大量分流。没有技术扩散能力的中国财富只能大量流失。中国政府不但要承担各种各样的国内责任，扑面而来的是多种多样的国际责任，减少碳排放只是新增加的一种。国际责任的重压与未来贸易大棒的高压，使中国的出口结构被迫大幅度改变。

（2）面对逐步融入国际经济的中国，发达国家加紧了对其知识产权的保护，使我国企业获取知识资产的代价越来越高。正如国家知识产权局副局长张勤在中国高科技标准战略研讨会上所言：由于高科技产业的大部分标准和技术都掌握在发达国家的跨国巨头手中，它们通过标准及标准下的专利设置障碍，限制了中国企业发展。中国企业要想自主开发新技术、新产品，各行业的技术标准就是难以逾越的障碍。

（3）在经济全球化的背景下，跨国公司在发展中国家大量复制其生产体系，从国内生产转向国际生产，通过生产网络利用当地的人力资源、物质资源降低成本来增加企业价值。发达国家的企业将大量劳动密集型、非熟练技术的生产工序和零部件生产转移到劳动力要素丰富的发展中国家，自己保留资本密集的生产阶段，发挥了自身的比较优势，降低了产品的生产成本。而我国在国际分工中，主要承担两类生产，一类是组装、生产在我国进行，而设计、销售等价值增值较大的环节都掌握在国外厂商手中。一类是大量进口中间投入品，尤其是核心零部件、技术含量较高的关键设备，并加工装配成最终产品（主要是消费品）然后出口，资本品的出口比例比不上其进口，这就造成我国贸易条件比较不利。这种分工地位反映出我国加工贸易价值链短，附加值低，表明我国的比较优势依赖于劳动力相对丰裕，只能主要专业化于劳动密集的加工装配生产环节。

要使中国经济发展摆脱上述不平等境况，需要有两方面的努力。一是依托逐步上升的经济实力与科技实力，通过各种方式的斗争，争取我国在国际经济规则制定中的话语权，反对增加新的不公平规则、改变原有的不公平规则。二是转变我国自己的经济发展方式，调整产业结构、提高经济输出的科技含量、力争在国际分工中处于水平分工地位，使我国的国际竞争优势从发展中国家的传统优势向发达国家现有的优势趋同。总的来说，前一方面的努力反映的是我国国际经济关系上的改进，后一方面的努力反映的是科学发展观引领下我国生产力发展方面的进步。

三 共同富裕与可持续发展两大目标相互支撑

科学发展观将推动中国今后在公平发展道路上，实现共同富裕与可持续发展两大目标，两大目标缺一不可，且要相互支撑。换句话说，中国的复兴，不是像20世纪初美国成为寡头当家的世界经济大国那样，不是像20世纪30~50年代苏联成为"国富民穷"的世界经济大国那样，不是像20世纪60~80年代日本成为资本集团支配国民的世界经济大国那样。中国要成为共同富裕的世界经济强国、并有长期的后劲。我们的论证有以下几个方面。

（1）共同富裕与可持续发展有着内在的不可分割的联系。世界上的资源总量是有限的，要想优化资源来发展社会生产，没有社会总体调节框架，纯粹依靠市场分配，只能是微观合理、宏观失衡。资源成为少数人的私有财产，就不会有实质上的社会总体调节，就只能依靠市场分配。

（2）离开共同富裕的社会主义经济学理论，无法寻求可持续发展的社会机制。西方经济学是不为共同富裕服务的理论，但它也试图寻求可持续发展的机制。对于资源节约与环境友好，它强调资源的产权、强调法人与自然人的外部责任。具备这些条件，固然可以促进资源节约与环境保护，但强调整体与局部利益的一致性，才有可持续发展的内在动力。社会主义政治经济学是为共同富裕服务的理论，这一理论要探讨社会的整体与局部利益的对立统一关系，而把两方面经济利益的一致性作为主导面，这样才能寻求到可持续发展的社会机制。

（3）离开共同富裕的追求，在两极分化条件下造成的市场，必定是消费品呈现畸形结构的市场，是社会购买力无法与商品总供给相吻合的市场，是严重过剩与不足并存、浪费与短缺共生的市场。这样的市场将永远伴随着物资的浪费，最终就是资源的浪费。公有制为主体，是计划调节占据主导地位的保证，具有限制两极分化、实现共同富裕的作用，能够消除畸形结构市场。

当代中国经济发展的重要途径，就是扩大内需，这一点作为转变我国经济发展方式的战略方针早在几年前就已经提出。几年来扩大内需成效很有限，基本原因就在于社会经济中贫富差距过大。原来具有非科学发展特征的经济增长就是由贫富差距过大造成的。正是贫富悬殊导致内需不足，在内需不足状态下为追求经济增长，就必须扩大外需，导致对出口导向的依赖。而出口导向的竞争力没有条件依赖高端的科技与经营管理水平，只得依赖比较优势——廉价劳动力，维持多年普遍的低工资，低工资反过来强化着内需不足的格局。内需更加不足的结果，加剧了对出口导向的进一步依赖。这种由贫富悬殊、内需不足和出口导向构成的三个环节，人们称之为"铁三角"。① 而出口导向的低端产业过度发展导致国内生态资源、环境被大量损耗。可见，不追求共同富裕，扩大内需就是一句空话，转变经济发展方式的实现必然困难重重，可持续发展也就必定阻力重重。

（4）从市场经济的角度来看待经济发展动力，是狭隘的眼光，必然产生放任物欲的反生态观念。因为这种角度仅仅看到人们经济交往的当前利益，看到协调这些利益的合理方式，而不去注视人类与自然交往的长远利益，以至人类代际关系的正确处理。经济发展动力离不开生态文明理念。生态文明建设在观念上的努力，就是消除膨胀的物质欲望与泛滥的商品、货币、资本拜物教，只有共同富裕的经济体制框架才能提供这一观念的现实支撑。

参考文献

［1］李贺军：《中国经济增长方式选择》，社会科学文献出版社，1999。

［2］戴志望：《经济全球化的二重性与发展中国家的对策》，《厦门特区党校学报》2003 年第 2 期。

［3］蔡长华：《论经济全球化的二重性》，《宏观经济管理》2001 年第 2 期。

［4］李欣广：《科学发展观与马克思主义发展经济学理论的推进》，《海派经济学》第32 辑，2010 年 12 月。

［5］郭殿生：《经济危机、生态危机及 21 世纪的资本主义》，《海派经济学》2011 卷第1 辑。

［6］朱承亮、岳宏志：《环境约束下的中国经济增长效率研究》，《海派经济学》2011卷第 1 辑。

［7］程恩富：《超越霸权，建立全球经济政治新秩序》，转引自《中国未来 30 年》，中央编译出版社，2011。

［8］何干强：《历史唯物主义与总结中国改革实践经验》，《马克思主义研究》2006 年第 3 期。

［9］刘文勇：《在反思新自由主义的前提下转变经济发展方式——评〈经济发展方式转变："本土派"与"海外派"的对话〉，《理论与当代》2011 年第 3 期。

［10］刘湘溶、罗常军：《经济发展方式转变的生态化及其路径选择》，《中国地质大学学报》2011 年第 3 期。

---

① 刘文勇：《在反思新自由主义的前提下转变经济发展方式——评〈经济发展方式转变："本土派"与"海外派"的对话〉》，《光明日报》2011 年 4 月 19 日。

| 第六章 |

科学发展观核心的理论阐述

第一节 "以人为本"是马克思主义的理论命题

"以人为本"是科学发展观的核心，这个提法可以从马克思主义哲学、政治经济学与科学社会主义三大学科来诠释、发挥、阐述。本书主要是立足于政治经济学这个学科来阐述。

根据胡锦涛总书记的解说，"以人为本"的含义是："坚持以人为本，就是要坚持发展为了人民、发展依靠人民、发展成果由人民共享，关注人的价值、权益和自由，关注人的生活质量、发展潜能和幸福指数，最终是为了实现人的全面发展。"[①] 这段论述表明科学发展的目标、依靠与动力。从发展就是"最终目标"来看，"发展是为了实现人的全面发展"。

一 马克思主义经济学对以人为本的解读

1. "以人为本"是历史唯物主义与科学社会主义的结合点

"以人为本"将人的全面自由发展作为发展的最终目的，包含着社会历史发展以人为目的、社会经济发展最终是为了促进人的个性与能力的全面自由发展的丰富内涵。

从历史唯物主义的视角来看，人的发展是一个自然历史过程。这一论断，跟主观唯心主义历史观划清了界限，跟脱离历史条件、只凭道德价值规划社会蓝图的空想主义相区别。人的发展状况，绝不简单是由社会意识所能决定的，归根结底是社会经济规律运动的表现。通俗地说，人的发展状况不能从当时社会是否重视人、关爱人的国家意识形态与社会思潮来决

---

① 胡锦涛：《在美国耶鲁大学的演讲》，《人民日报》2006 年 4 月 23 日。

定，社会现有的重视人、关爱人的理想标准，可以从思想家的言论中产生，但其具体内容与实现程度，都要依赖社会当时的发展水平与经济社会结构。从社会发展阶段来看，马克思主义至少从这三个方面对当代人的发展作出了历史规定：①人类还处在以个体发展水平为标志的社会形态的第二阶段，就是从"人对人的依赖"进入"人对物的依赖"。我们在社会主义制度建立之后发展商品、市场经济，就是承认了不能逾越这一发展阶段。这就表明，人的发展要受到商品、货币、市场交易等的约束，还不能作为"自由人联合体"中的成员来发展自己的个性、能力与需要，不能超越任何物质利益的考虑来相互发生关系。②生产力的发展，不能使产品充分涌流、极大丰富，人的生存、发展、享乐三大需要的满足程度都受到物质水平的制约。③社会经济与文化的发展，包括广义上的教育的发展，还未能消除三大差别（工农差别、城乡差别、脑力劳动与体力劳动的差别），未能消除旧式社会分工对人的束缚。因此，劳动还不能摆脱谋生手段的性质，还无法成为所有社会成员的生活第一需要。

从科学社会主义的视角来看，人的发展与解放始终是社会主义运动的目的，人的全面自由发展是社会发展的终极目标。共产党人进行阶级斗争、革命、阶级专政、生产关系变革、发展生产力、意识形态斗争、道德文化建设，都是为了能达到无产阶级与全人类的解放、推动人的全面自由发展而使用的手段。共产主义学说从根本上含有人文精神与理想境界。

"以人为本"作为历史唯物主义与科学社会主义的结合，要求我们依据社会发展客观规律，顺应历史发展的自然过程，在历史阶段规定的总体框架下，满怀对最广大人民的人文关怀，作出最好的主观选择。这些选择背后仍然有客观历史因素，人们的眼光并不必然透过社会表面认识到本质性的事物，因而往往人们作出的选择，尽管不能超越历史的制约，却可能违背一定历史条件可以获得的最佳方案，包括对人的发展有关的选择方案。所以，我们不能把实际发生的历史事件，都看成历史规律的必然表现。按照科学发展观来做选择，在将人的"全面自由发展"把握为自然历史过程的时候，不能随意地肯定现实所有的现象；在将人的"全面自由发展"作为社会发展的终极目标的时候，不能视为这只是遥远的未来而忽略当前的努力。未来是现在的延伸，未来是现在的理想，现在是未来的基础。我们要打好基础、追求理想。如果搁置理想、一味迁就现实，理想就只是可望而不可即的虚幻，这绝不是马克思主义者所容忍的。

2. 马克思和恩格斯关于人的自由而全面的发展与社会形式关系的论述

马克思在《政治经济学批判大纲（草稿）》中批判了资本主义社会把发展的目的性倒置，认为在这一点上资本主义甚至还不如前资本主义社会。马克思指出，"在古代，尽管处在那样狭隘的民族、宗教、政治境界里，毕竟还是把人看作生产的目的……现代世界总是把生产看成是人的目的，又把财富看成生产的目的"。①

马克思和恩格斯关于人的自由而全面发展与社会形式关系的论述主要参见《资本论》和《共产党宣言》。在《资本论》第一卷描述资本家主观动机的时候，马克思这样写道："他狂热地追求价值的增殖，肆无忌惮地迫使人类去为生产而生产，从而去发展社会生产力，去创造生产的物质条件；而只有这样的条件，才能为一个更高级的、以每个人的全面而自由的发展为基本原则的社会形式创造现实基础。"② 很显然，马克思认为"以每个人的全面而自由的发展为基本原则"的社会形式，是比资本主义社会更高级的一种社会形式。在《共产党宣言》中，马克思和恩格斯指出："资产阶级生存和统治的根本条件，是财富在私人手里的积累，是资本的形成和增殖；资本的生存条件是雇佣劳动。雇佣劳动完全是建立在工人的自相竞争之上的。资产阶级无意中造成而又无力抵抗的工业进步，使工人通过联合而达到的革命团结代替了他们由于竞争而造成的分散状态。"③ "代替那存在着阶级和阶级对立的资产阶级旧社会的，将是这样一个联合体，在那里，每个人的自由发展是一切人的自由发展的条件。"④ 显然，马克思恩格斯表明了比资本主义更高级、或者替代"资产阶级旧社会"的共产主义社会，是"以每个人的全面而自由的发展为基本原则"的。

在恩格斯对科学社会主义的理解中，社会占有生产资料、产品对生产者统治的消除是至关重要的。只有这样，人才不会被生活条件支配和控制，才能成为"自然界的自觉的和真正的主人"，成为"自己社会结合的主人"。⑤ 很显然，恩格斯所认可的社会主义，即科学社会主义是人被当作

---

① 马克思：《政治经济学批判大纲》第3分册，人民出版社，1963，第104~105页。
② 马克思：《资本论》第1卷，人民出版社，1975，第649页。
③ 马克思、恩格斯：《共产党宣言》，载《马克思恩格斯选集》第1卷，人民出版社，1972，第263页。
④ 马克思、恩格斯：《共产党宣言》，载《马克思恩格斯选集》第1卷，人民出版社，1972，第273页。
⑤ 恩格斯：《反杜林论》，载《马克思恩格斯选集》第3卷，人民出版社，1972，第323页。

核心的、能够支配和控制生活条件的，是自己社会的主人。

二　人的全面发展是社会主义的基本要求

1. 社会主义制度的基本规定性要有"人的全面发展"

根据马克思主义的上述思想，促进人的全面发展应当是社会主义经济制度的一项必然的制度安排。对资本主义经济以生产为人的目的、以财富为核心的社会原则，马克思在一百多年前就有深刻的认识并予以无情的批判。按照马克思主义的观点，社会主义之所以被倡导和建立，其最主要的一个方面就是要克服资本主义以生产为人的目的从而使人沦为商品、货币与资本的奴隶的缺陷。一些思想家也看到了资本主义的文明给人类带来的不良后果。

从苏联到中国，曾经存在过的社会主义阵营各国，无一例外地对广大劳动者作出了这样的制度安排，具体体现在对劳动者的就业、收入、劳动保护、后代教育、医疗、休假、养老、文化与福利、男女平等、居住等的制度安排上，以及经济社会发展的具体规划上。这是社会主义制度本质的表现。

但是，历史上各社会主义国家没有提出过"人的全面发展"的目标。究其原因，是因为社会主义国家当时的主要目标是要在经济发展水平上赶超资本主义发达国家，对人民作出过多的承诺不合时宜。加上对马克思主义理解的偏差，"人的全面发展"被视为遥远的社会目标。在中国计划经济时期，意识形态上将人的解放集中于生产关系的改进或"升级"上，对个人强调的是工具与手段作用。进入改革开放时期，根据当时人民生活水平，一开始就重视提高生产力发展水平，作为满足人民群众物质文化生活需要的经济实力。但是，随着经济生活中对发展的理解偏差、市场经济引入后社会调控的欠缺，"以物为本"愈益成为各级政府的发展原则，造成发展目标上只追求 GDP 的增长、发展动力上只依赖资本的投入，忽略了人的地位。为此，党中央才有必要将"以人为本"这一马克思主义的原则提出来，以驾驭经济发展避免脱离社会主义制度的基本规定性。

2. 中国特色社会主义理论体系中有关人的全面发展的论述

按照中国共产党第十七届全国代表大会工作报告的界定，中国特色社会主义理论体系，就是包括邓小平理论、"三个代表"重要思想以及科学发展观等在内的科学理论体系。在江泽民、胡锦涛的讲话中，促进人的全面发展是"三个代表"重要思想和科学发展观中的内容。"以人为本"还是科学发展观的核心。

2001 年 7 月 1 日，在庆祝中国共产党成立八十周年集会上，江泽民在论述党的基本路线和历史任务时指出："推进人的全面发展，同推进经济、文化的发展和改善人民物质文化生活，是互为前提和基础的。人越全面发展，社会的物质文化财富就会创造得越多，人民的生活就越能得到改善，而物质文化条件越充分，又越能推进人的全面发展。社会生产力和经济文化的发展水平是逐步提高、永无止境的历史过程，人的全面发展程度也是逐步提高、永无止境的历史过程。这两个历史过程应相互结合、相互促进地向前发展。"① 江泽民在十六大报告中还指出：全面建设小康社会的一个目标是"形成全民学习、终身学习的学习型社会，促进人的全面发展"。

胡锦涛在十七大报告中阐述科学发展观时强调："必须坚持以人为本。全心全意为人民服务是党的根本宗旨，党的一切奋斗和工作都是为了造福人民。要始终把实现好、维护好、发展好最广大人民的根本利益作为党和国家一切工作的出发点和落脚点，尊重人民主体地位，发挥人民首创精神，保障人民各项权益，走共同富裕道路，促进人的全面发展，做到发展为了人民、发展依靠人民、发展成果由人民共享。"② 这就表明，中国特色社会主义理论中人的全面发展与社会主义建设有着必然的联系，促进人的全面发展是社会主义的要求。江泽民把这种要求提升为建设社会主义新社会的本质要求。③

显然，强调在社会主义经济发展中突出人的全面发展目标，首先是对马克思主义的科学社会主义理论的继承和发展，也是对马克思主义哲学与政治经济学的继承和发展。对于社会主义制度的完善和运作提出了更准确、更合理的指导思想，彰显了中国特色社会主义的理论进步。

---

① 江泽民：《在庆祝中国共产党成立八十周年大会上的讲话》，载《江泽民文选》，人民出版社，2006，第 295 页。

② 胡锦涛：《高举中国特色社会主义伟大旗帜　为夺取全面建设小康社会新胜利而奋斗》，编写组，《十七大报告辅导读本》，人民出版社，2007，第 15 页。

③ 《在庆祝中国共产党成立八十周年大会上的讲话》中江泽民指出："我们建设有中国特色社会主义的各项事业，我们进行的一切工作，既要着眼于人民现实的物质文化生活需要，同时又要着眼于促进人民素质的提高，也就是要努力促进人的全面发展。这是马克思主义关于建设社会主义新社会的本质要求。我们要在发展社会主义社会物质文明和精神文明的基础上，不断推进人的全面发展。"

第二节 社会主义经济社会发展与人的全面自由发展

一 社会主义初级阶段人的全面发展的现实性

社会主义社会的目标是消除生产资料社会化与私人占有的矛盾。随着社会主义社会生产力的发展，人受资本强制、受社会分工局限和劳动受谋生手段制约的问题将逐步获得解决。这就是说，社会主义、也只能是社会主义才有可能为每一个人的全面而自由发展提供实现的条件。换句话说，只有社会主义经济才有可能确保每一个人全面而自由发展。

当前，我国社会主义处于初级阶段，社会生产力水平相对较低，社会化大生产的规模以及社会生产的组织方式未达到社会主义高级阶段的要求，生产要素社会化和社会化生产产品的分配仍然是社会主义初级阶段要极力解决好的问题，在确保每一个人都得到全面自由发展方面还不能有更多的作为。然而，这并不是我们放弃保障和促进每一个人都得到全面自由发展从而放弃坚持社会主义本质要求的理由。相反，正是因为社会主义初级阶段在确保每一个人都得到全面自由发展方面还有很多工作要做，我们才要坚持下去，并努力使社会主义能够对确保每一个人都得到全面自由发展大有作为。

从经济社会发展的实际情形看，在社会生产力水平相对较低的情况下，特别是在每一个人都得到全面自由发展的条件还不具备的情况下，应该从实际出发，分阶段分步骤地逐步使人能够从较多地被生产资料束缚、较多依赖资本、较多依赖旧式分工和较多地把劳动作为谋生手段，过渡到较少被生产资料束缚、较少被资本强制、较多消灭旧式分工和较少地把劳动作为谋生手段，直到最终全部从生产资料、资本、旧式分工和谋生手段的束缚中解放出来。

社会主义市场经济的发展是调动社会力量积累生产资料的有效途径，这个途径资本主义曾经走过。资本主义市场经济最大的特征是私人资本占统治地位，资本对人的强制是一种制度性强约束，只要资本主义存在，这种强制不会解除，因而每一个人都得到全面而自由发展就变得不可能。社会主义可以通过发展公有经济和适当的制度安排弱化资本对人的强制性，让资本既能够很好地（而不是放任地）为社会（同时也为资本持有人）创造财富，又可以很好地促进每一个个人全面而自由发展。这样，社会主义通过发展市场经济，就有经济条件和能够较好地利用社会主义制度的优势处理旧式分工和谋生手段对人的束缚问题。占主体地位的社会主义公有制，只要通过市场经济使社会财富得到较好的积累，它就有条件去很好地处理社会化大生产的组织（可转化为对分工问题的处理）和产品的分配（一定程度上是对谋生手段的解决）问题。

社会主义市场经济有望解决经济上有利于促进每一个个人发展的问题，但社会主义与市场经济结合是难点。社会主义市场经济是中国的创举，它把社会主义的制度优越性与市场经济促进生产力有效发展的长处结合起来。不可讳言，我们对社会主义市场经济的认识和了解是不够深刻的，但从它在中国的实践来看，把新自由主义对它的干扰排除掉，可以看出它对中国经济社会发展、尤其是对每一个个人发展的促进，是一个有成效的选择。仅就它能够帮助人们清楚地看到资本主义市场经济的缺陷、让国人能够清醒地认识到新自由主义对中国的祸害以及使人对社会主义重拾信心，其在中国的成功就已经足够说明问题了。随着人们对它的认识和了解的不断加深，它更要在解决劳资关系、社会保障问题以及与促进每一个个人的发展密切相关的方面，逐步发挥其功力，不断使问题获得解决或者使情况向好的方面转变。正是有了社会主义市场经济这一经济体制模式的出现，我们才真正体会到科学社会主义理论中预示的社会主义优越性是确确实实地存在着，对促进每一个个人全面自由发展而言具有现实意义。当然，我们也应该看到，社会主义市场经济中如何约束资本问题，如何控制城乡差别、地区差别、阶层差别中收入比例严重失调问题，发展的机会公平和均等问题，资源分配使用的合理问题，等等，是社会主义初级阶段下促进每一个个人全面而自由发展的大问题，必须着力加以解决。

二　社会主义经济的制度安排与人的全面自由发展

由于努力促进人的全面发展是马克思主义关于建设新社会的本质要求，那么，发展社会主义经济就必须切实做好有利于人的全面发展的制度安排。人的全面发展应包括：①个体自身的全面发展，②个体与群体之间的发展，③群体与群体之间的发展，④人的总体发展，⑤当前的发展和长远的发展等方面。实践中社会主义经济的制度安排，能够有利于人的全面发展主要分为以下几个方面。

1. 制度安排必须有利于人的自由发展

人们往往对自由发展作肤浅认识，认为"自由"是想怎么样都行，甚至认为自由发展就是可以不择手段。这是对自由发展的庸俗理解。科学意义上的自由发展，是指发展主体——人内在的、精神的方面与外在的社会条件的有机统一。西方经济学把人的自由发展作为手段，忽略或有意回避人与社会条件的有机统一，其发展的逻辑自然就是以"金钱至上""利润最大化"为目的，其结果必然与人的全面发展要求相背离。一些学者简单地将这种现象归结为现代社会必然出现的文明病，认为市场经济必定与人的发展相矛盾，这是对市场经济的误解。以资本增值当作发展目的，只是资本主义市场经济的特色。如果我们把人的自由发展当目的，而把市场经济对价值增值的追求只看作是发展的一种手段，即如果我们实行的是以人为本、把人的发展放在第一位的市场经济，许多被人们所普遍诟病的问题就不会固化。在人的发展中，自由发展是最基础也是最为关键的方面。没有人的自由发展，其他的发展都无从谈起。在人的全面发展中，内心自由、行动自由，独立、创新，身心合一、精神和物质统一，等等，有关发展主体能力的方面，对于人的全面发展都是至关重要的。这些主体能力必须是在自由发展中才能够发挥的。因此，在马克思和恩格斯眼里，人的自由发展才是最重要的，他们心目中的未来理想社会，就是要实现所有人的自由发展。他们认为，每个人的自由发展，是一切人的自由发展的条件。

有利于人的自由发展要体现在社会主义经济所设定产权结构及其相应的经济权利中。以公有制为主体、多种所有制经济共同发展，就是能够体现这一发展的产权结构。社会成员可以在这样的所有制关系框架下，根据自己的条件、主要是从能力发挥来作出就学、就业、创业、居住的选择，贯彻社会分工中的各尽所能原则。我们所制定的社会主义经济法律规范、政策规章，那些由管理或执法部门制定的规定（如工商行政管理部门关于工商企业注册登记的规定），在安排出台前、执行中和执行后的绩效评估都应考虑其是否有利于人的自由发展。国家对社会成员个人所作出的权利限定，要从是否妨碍公共利益与他人的自由发展来制定，而不是从官员行政的偏好来制定。

2. 制度安排必须有利于人的平等发展

利于人的平等发展的制度安排，主要是侧重在发展的条件、发展的机会方面。平等发展是社会主义的基本要求。十七大报告强调要通过扩大社会主义民主，更好地保障人民权益和社会公平正义，而发展中的公平正义的基础是发展的平等。因此，十七大要求"依法保证全体社会成员平等参与、平等发展的权利"。发展的平等主要体现在发展的机会均等和发展的条件平等，即社会主义要给社会成员均等的发展机会和平等的发展条件。这是保证全体社会成员平等发展权利的核心内容。理论界谈论人的发展机会均等的时候，较多地从教育机会均等的角度来谈发展机会的平等。对于人的发展来说，这是一种间接的平等，即教育机会不均等会给社会成员在参与发展时得不到平等的机会。实际上，发展机会、发展条件的平等，更多地体现在直接地影响或决定着人的平等发展的制度安排中。现行规章和政策的地区差异、城乡差异是我国人的发展中最大的不平等。至于群体上、性别上、界别上，甚至是职业上的差异体现出来的不平等，在我们现行的制度安排中也屡见不鲜。一些看似很有道理的准入条件（有明文的也有内部规定），如文凭限制、户籍限制、外文合格证限制等，往往不考虑实用性而简单框定等级，这些都与社会主义发展的平等要求是不相一致的。从目前的情况看，做好有利于人的平等发展的制度安排，是绝大多数社会成员的迫切愿望，是完善社会主义市场经济体制中最具现实意义的工作。

3. 制度安排必须有利于人的共同发展

共同发展，在区域合作、尤其是跨国区域合作中提得较多，但社会主义语境中的共同发展，包含在"共同富裕"的社会理想中。不是共同发展就无法实现共同富裕，中国计划经济和市场经济的实践都已充分证明了这一点，尤其是改革开放三十年后的今天，实现共同富裕的紧迫性已为全体人民看得更加清楚。

在社会主义经济中，共同发展和共同富裕是一个事物的不同方面，共同发展是共同富裕的前提，共同富裕是共同发展的结果。社会主义经济的发展方向必须有利于不同地区、不同民族、不同性别、不同群体、不同界别，甚至不同经济成分、不同发展起点的不同社会成员都能够共同发展。改革开放过程中，我们曾经强调让部分人先富然后带动全体社会成员富裕的办法。实践表明，这种办法对于让部分人先富确实有效，但在先富的部分人带动全体社会成员共同富裕方面，成效不佳。其中最重要的原因，在于先获得发展权的人不公平使用资源并造成后发展者缺少资源发展的问题从一开始就未被关注，即使到了贫富差距拉得很大的今天，这个问题仍然没有引起足够的重视。一些掌权者安心于一些人发展另一些人不发展的状态。

值得警醒的是，在偏离有利于人的共同发展原则下对于资源配置上的缺失（一种制度安排），已经从生产要素配置转变为对政治资源、对话语权的制度安排。既得利益群体对资源拥有的愿望，已经不是为了要对全体社会成员共同发展承担责任。比如，"政府不应迁就上访者牺牲富人利益"的建言已经出现在全国政协会议上，这种主张的经济基础和思想基础与社会主义跟科学发展观是格格不入的。由此可见，对于社会成员或者说人的共同发展、共同富裕问题，是社会主义经济条件下制度安排经济权利时需要特别加以注意的。

4. 制度安排必须有利于人的可持续发展

可持续发展问题，最先于1972年在斯德哥尔摩举行的联合国人类环境研讨会上正式讨论。这次研讨会云集了全球的工业化和发展中国家的代表，共同界定人类在缔造一个健康和富有生机的环境上所享有的权利。1987年4月27日，世界环境与发展委员会发表了一份题为《我们共同的未来》的报告，提出了可持续发展的战略思想。所谓可持续发展，就是"既满足当代人的需要，又不对后代人满足其需要能力构成危害的发展"。这样的一个定义，既能涉及人与环境之间的关系，也涉及经济学意义上解释人的可持续发展的要求。可持续发展是在能永续为前提下的发展。如果是现在能发展将来难发展、当代人能发展后代人难发展，社会是无法进步的，人类社会就没有未来存在的基础。社会主义作为一个先进的社会，理应确保人的可持续发展。十七大报告把可持续发展作为科学发展的重要方面，强调"必须坚持全面协调可持续发展。……坚持生产发展、生活富裕、生态良好的文明发展道路，建设资源节约型、环境友好型社会，实现速度和结构质量效益相统一、经济发展与人口资源环境相协调，使人民在良好生态环境中生产生活，实现经济社会永续发展"。① 除了充分考虑社会经济可持续发展而作出的制度安排之外，根据

---

① 《十七大报告辅导读本》，人民出版社，2007，第15~16页。

社会生活的现实，直接危害人本身可持续发展的因素，包括自然灾害、流行病蔓延、"黄赌毒"、贪图安逸享乐、食品安全等，消除这类因素必须有相应的制度安排，尤其是打击在私利基础上人为扩展这类因素的制度安排。

5. 制度安排必须有利于人的和谐发展

一个社会如果不能为人的和谐发展提供条件，这个社会不是一个完善的社会。社会主义是以人自由而全面的发展为目的的，人的全面发展，最终必定会体现为和谐的发展。没有和谐的发展，人的发展是不全面的。人的和谐发展，可以分为几个不同的层面。首先是人自身的和谐发展，其次是个人与个人、个人与群体（也可称为集体）之间的和谐发展，再次是群体与群体（或集体与集体）之间的和谐发展，最后是人的整体即人类社会的整体和谐发展。因此，社会主义对经济权利的制度安排应该、也能够有利于人的和谐发展。

人自身的和谐发展是社会总体和谐中最基本的层面。人自身的和谐，指的是人的内在条件和外在表现都能与时代和社会相适应，并积极推动社会和时代的进步。人自身的和谐包含三个方面，即心理、思想和能力。就思想方面而言，人自身的和谐指的是个人的思想、观念能够跟上时代发展的步伐，能够与时代进步的节奏相合拍，即与时俱进。就心理方面而言，人自身的和谐指的是人的心理处于健康积极的状态，乐观，向上，勇于进取。就能力方面而言，人自身的和谐就是指人的能力得到全面而自由的发展，人的各种技能、智能和潜能即正确驾驭事物的实际本领能够得到充分的显示。因此，人自身的和谐发展应该是心理、思想、能力的有机统一发展。社会主义条件下的人的和谐发展，应该是以个体人的和谐发展为基本单元的全体人的和谐发展。

社会成员个体人的和谐发展要有相应的外部环境，这就是公共事务的和谐原则。追求社会稳定的基础，就在于公共事务的和谐。缺少这个基础，社会矛盾就得不到解决，在这种情况下，越是追求稳定，就越要乞灵于强行掩盖矛盾、压制矛盾，越造成不和谐的土壤。因此，各级政府为实现社会稳定，最根本的就是要实现公共事务的和谐，在执政为民、立党为公的根本宗旨下，真正做到"权为民所用、情为民所系、利为民所谋"，就能营造社会和谐的良好环境。

第三节　非科学发展背离"以人为本"的
制度与机制分析

一　中国现行多元资本积累方式的利益关系失衡

非科学发展与此趋势密切相关：背离了社会主义市场经济关于以公有制为主体的规定性，以致中国非公有经济已经大大超过了公有经济。在新自由主义的影响下，这一点竟然被许多理论界人士以及官方媒介作为说明中国经济改革获得巨大成功的理由。一些地方的官员甚至愿意夸张地透露本地非公有经济占有的大比例，以表明其政绩的显赫。而这一"成就"与现行的资本积累方式存在着不可分割的关联。

中国引进西方国家的投资与开展经济体制改革后，逐步形成多元化投资局面。投资多元化催生多元资本积累方式，而制度安排未能及时相应改变，中国依然维持社会主义一元公有资本积累时期的制度条件。由此，多元非公有资本无须承担一元公有资本的社会责任，这是一种几乎无须承担社会成本的资本积累方式。

1. 资本收益者责任制度安排存在缺失

（1）中国多元资本积累方式首先在农村复苏。由于价格问题，农村经济中一直存在的非公有资本积累，始终无法超越转化和积累农民活劳动的局限。直到现在，农村中许多已经产业化了的种养业，农民的投资都还主要是转化和积累活劳动而已。直到农民把自己积累的资金作为资本投入到早期的乡村工业，资本的积累方式才发生质的变化。一些经济学家忘记了现代工业（以机器生产为标志）条件下资本积累与小农经济条件下资本积累的差异，进而忘记了社会主义一元公有资本积累条件与社会主义多元资本积累条件应有的差异。

因此，在实行社会主义市场经济多元投资方式的同时，必须设定能够体现社会主义本质的资本积累条件。只有这样，资本才能够很好地为社会主义经济服务。遗憾的是，这种"配套"改革，至今未被理论界关注，更遑论成为政府应该制定的制度了。

（2）在一元公有资本积累时期，资本收益者主要是代表国家和人民利益的政府，依照政府的职能，政府直接把资本收益用于承担社会责任。至于资本收益中有多少用于承担社会责任，这是政府的内部分配，不涉及其他投资者的利益，资本收益和收益分配完全由政府按照其执政理念来决定。在此情况下，资本收益者责任的制度安排是不用考虑的。由于政府具有用制度来替代承担社会成本和生产成本的能力，在资本收益和收益分配完全由政府按照其执政理念来决定的情况下，政府往往会有意让生产环节中的许多成本变成隐性成本，不体现在生产成本之中。比如，政府通过降低劳动者的教育、医疗保健、养老、住房、交通费用等，确保劳动力成本低廉，隐去了应该体现在生产环节中的许多劳动力成本。这一安排好处是避免结算上的麻烦，大大降低了管理成本。政府能够通过制度安排让一个人应该花 10 万元的教育成本隐去，只需劳动者在接受教育时交少量的学杂费就可以完成学业，为什么还要让这个劳动者先垫支 10 万元读书，再让他作为劳动者进入生产环节后，给他支付的劳动报酬中又包括有 10 万元成本呢？在一元公有资本积累的情况下，隐去劳动者在接受教育时的 10 万元劳动力成本，无论是对政府、劳动者本人还是全社会的生产管理，这样做都是最经济的。

但是，在多元资本积累条件下，隐去各种社会成本就意味着投资者逃避责任。在多元资本积累条件下，政府不能以收益者的身份全部支配资本收益，需要明确资本收益在社会分配中应有的份额以及对决定资本收益的生产成本进行必要的管制或政策调节，并就此作出有利于人的全面发展和资本效率的制度安排。可是这一必要措施至今缺失。由此造成中国多元资本积累形式下资本收益者的权利和义务不一致。多元资本持有人能够在一元公有资本积累条件下积累，所获得的积累很大，却没有像一元公有资本那样用所积累到的财富来履行相应的义务。

2. 劳动力成本在多元资本积累中的缺失

在社会主义国家以公有资本形式进行的积累，低工资的目的是为全民的工业基础积累资金，尤其是工业化初期的积累阶段更是这样。与此相应，中国通过低物价机制、消费补贴、福利制度确保了劳动力生产和再生产的成本低廉。转向多元资本积累之后，由于资本持有者的产权有公有和私有的分别，社会资本的一大部分转变为资本自我积累的非公有积累方式，资本与劳动力产权之间关系发生了变化。

（1）低工资成为资本持有人高积累的重要手段。本来，公有资本积累方式的前提是低工资、劳动力生产和再生产的低成本保障，这个前提不复存在，资本积累方式却没有相应转变，于是非公有资本就乐得在原有公有积累方式低工资的基础上分享更多的剩余价值，而不用为劳动力生产和再生产的低成本保障承担费用。

（2）积累方式变更下的劳动力生产成本缺失。由于公有资本积累方式已被非公有的资本积累方式所取代，低工资这一公有资本积累方式的产物已经失去原来合理存在的基础。积累方式与低工资的矛盾没有得到关注与重视，反而被当成中国参与国际市场竞争的优势。这就导致了低工资在积累方式变更后，仍然在与之极不适应的非公有资本自我积累方式中延续。

（3）国家在低工资情况下不再全面确保劳动力的低成本。尤其在非公有经济领域，工资收入和劳动力生产成本之间的矛盾就非常突出。由于受新自由主义的影响，低工资和劳动力成本问题被推给市场，一些经济理论也竭力证明中国的低工资是劳动力太多而影响供求关系的缘故，完全不承认劳动力商品的社会特性。加上有意回避工资与资本积累的关系问题，使得国家可以掌控的经济资源不用于维持劳动力生产和再生产的低成本保障。

（4）劳动力生产成本在经济运行中的缺失。由此导致经济运行中产业的人工成本低廉而引起消费不足，反映着制度惯性与经济体制改革不同步、不协调。其中，资本积累方式的改革变迁与经济社会发展之间的协调未能作为改革开放要考虑的问题。于是中国市场经济中劳动力使用混乱、消费结构失衡，社会消费长期萎缩，最终反作用于经济的总体运行。

（5）决策的城镇倾向加剧劳动力成本缺失的程度。城镇个人社会消费导向出现贵族化，一些涉及社会消费的改革明显地以中、高收入水平为基准。一些人极力推崇的教育产业化，使得大部分城镇和农村贫困家庭无法以劳动收入解决子女的学杂费问题。医疗改革时不考虑中国现时的劳动收入、劳动力生产和再生产，使中国大多数老百姓"病不起"。

（6）劳动力生产和再生产成本居高不下的低工资，等于劳动报酬支付不足，这是资本对劳动收益的过度占有。无论从马克思主义经济学的原理、还是从市场经济中投入与产出需要平衡才可以保障生产活动的正常运行的理念，都可以看出经济上对"以人为本"的损害。

3. 非公有资本对公共资源的排他性使用和超占

（1）多元资本积累下非公有资本对公共资源的排他性使用成本被隐去。

公有资本积累条件下，由于投资主体与政府合一，资本对公共资源的使用带有公共性质，因公共积累的需要，就有对资源使用的排他性。在矿山的开采与公共水源使用的排他性方面，投资主体会以公共占有的形式使用又以公共分配的形式补偿，并由政府以投资主体的代理人身份给利益相关者作出补偿。由于公共分配往往不是一次性行为，因此投资对公共资源占有和使用的成本一般不会一次性核算清楚，为了降低投资额度有时甚至不计成本，由此造成的利益受损者可预期得到各种形式的补偿。对一些具有容量限额的资源的使用，用公有资本积累实行公有性调配的办法，政府能够采取计划手段来解决投资者的排他性使用问题。

实行多元资本投资后，积累方式不能像一元公有资本积累那样采取隐去部分成本的方式与利益相关者协调，非公有资本对公共资源的排他性使用需要按照市场配置资源的方式合理地计算排他性使用费，然而，其所应该承担的成本问题，却从未研究过。非公有资本投资者占有公共资源排他性使用获得的暴利，转化为他们的巨额利润。如房地产开发中的容积率占用、土地被征收者的生存成本等，就是由于一些应有的成本被巧妙隐去，从而转化为投资利润。

（2）多元资本积累下非公有资本对公共资源的超占。

多元资本积累下非公有资本对公共资源的超占往往是与管理者共谋的结果。垄断集团对特许经营权的占用，对无线电波资源的超占，对水资源的掠夺性使用，对空气的过度污染，开发商大量超占容积率、用公地来建设私家花园以弥补私地的商业缺陷，对紧要商品（如燃油、电、水、气）价格的掌控，等等，在私人经济发展以来屡见不鲜。在公有资本积累方式下，资本对公有资源的超占所获得的利润是公有性质的，损公不肥私的事情极少有人愿意做。多元资本积累下非公有资本对公共资源的超占，其结果完全不一样，非公有资本对公共资源的超占，其获得的超额利润资可以成为资本持有人的私产。按照市场经济理论，非公有资本对公共资源超占的问题，完全是可以用市场调节的办法来解决的。遗憾的是，中国至今没有任何可以这样做的市场调节规则。

4. 强势主体对弱势主体的任意挤压

在一元公有资本积累的情况下，社会经济中也有强势主体对弱势主体的挤压问题。全民所有制资本对集体所有制资本、全民所有制和集体所有制的城镇资本对乡镇的公有资本、城镇的集体所有制资本对乡镇的集体所有制资本，都不同程度地存在挤压现象。其中，最典型的莫过于公有制的工业资本对集体所有制的农业资本在积累上的"剪刀差"——即工业资本超额挤占、压低农村集体所有制农业资本的利润。这种现象在社会主义公有资本积累下属于公有资本积累的内部初级分配问题，其社会公平问题在社会的再分配环节有许多制度性的保障——即公有资本对社会的责任是终身责任，它在各个环节的责任有所侧重，最终对社会、对人民要负责到底。

然而，多元资本积累方式的变革秉承了一元公有资本积累下强势主体对弱势主体实行挤压的特点，却因非公有资本积累的私产特性而不能进行公有条件下的内部初级分配、也不在以后再承担法定的社会责任，因而使非公有资本能够依靠社会主义公有制的优越性获取超额利润，让强势主体任意挤占、压低弱势主体应有的利益。这种情况，在工农结合、城乡结合得紧密的领域或产业中表现得较为明显，如"农民工"问题。这一称谓的出现本来就是扭曲的社会经济关系的产物。在别的社会里没有"农民工"这种职业称谓。如果我们把这种现象放到多元资本积累下强势资本对弱势资本挤压的视角来看，其中的机理就能够一目了然。国家向来对城镇就业者的工种都有明确的分类，各工种的工资标准也有详细规定，其中还包括在特殊环境下工作应给予多少津贴的详细要求。所有这些，国家劳动人事管理部门都会以规范性文件予以确定，这是劳动监察的重要依据。从农村到城镇务工的劳动者，他们仅有的是世上最弱势的"资本"——体力劳动，是地地道道的劳动力资源出卖者。这样一个群体在城镇里从事最多的工种是建筑，按国家劳动力分类他们应属建筑工。20 世纪 90 年代初期，建筑工的日工资大致为 20 元。到 2007 年，建筑工的日工资标准加上特殊环境津贴应该在 200 元左右，最低也不应该在每日 150 元以下。把他们定义为"农民工"，就可以不用向他们支付建筑工的工资，每月向他们支付低得可怜的数百元工资就可以了，劳动监察部门也不能以违反劳动法规为由追究业主（强势资本持有人）的责任。至于国家规定的劳动保险，就更可以逃避了。

此外，在大量产业化了的种养业中，农民投入的资本得不到利润的情况更能说明问题。在蚕茧业、蔗糖产业和牛奶乳品业中，农民投资养蚕、种蔗、养奶牛，大多数投资者获得的收益没有外出打工的人收入多。也就是说，他们把钱投进去，赚到的钱原来只不过是自己的劳动收入而已。农工商一体化项目中工商环节的强势资本挤占、压低农业环节的弱势资本收益的情况，在改革年代的中国已经司空见惯。一些经济学家（也有政府官员）经常喜欢把农业产业化的失败归因于农民的市场意识太低，在他们看来，强势的工商资本挤占、压低农业资本收益的事是天经地义的，好像我们这个国家还是在进行一元公有资本积累一样。

5. 公有资本的变异[①]

稍有经济学常识的人都知道，资本积累是需要时间的。非公有资本几乎从无到有，从少到多，直至占优势地位，按照市场规律，应该需要相当长时间才行。在中国，这个过程变得很短，其中的原因，除了非公有资本借着公有资本积累的低成本条件积累、超占资源、挤压弱势资本外，在一元公有资本积累向多元资本积累过程中，公有资本的变异是重要因素。

在非科学发展中，因权利结构的制度安排失当，中国的公有资本已经在很大程度上异变为垄断部门的资本。[②] 正如温铁军认为的那样："在20世纪80年代改革过程中，原有的以'按级分配'为标志的全民所有制，已在'利改税'之后渐变为'单位所有制'，国家资本蜕变为部门垄断资本；而又由于后者并不是剩余价值的直接付出者，因而根本无权占有国家资本及收益"，"那些大多已经在国家资本利润分配中稳定地占有既得利益份额的人，那些意识到手中含金量很大的权力正在资源重组之中渐趋弱化的人，或是那些曾经有条件借助于权力造成的财产关系混乱以'公有'谋私的人，几乎都乐得接受以往放权让利式的'改革'；但却几乎都不愿意看到'产权明晰化'成为现实。"[③] 这就是说，现在的一些在公有资本异变后实际拥有对资本控制权的人，他们不愿意让资本的获得过程放到阳光下曝晒。

6. 总结

从中国实行多元资本积累多年的实践看，因资本的积累方式运作所留下的经济矛盾和社会矛盾成为中国经济健康发展的重大障碍。

[①] 美国印第安纳大学陈社英教授认为，中国国有资产流失与非公有资本在社会主义条件下的原始积累之间存在一定关系，特别提示笔者注意。笔者认为，国有资产流失原因虽然复杂、方式也多种多样，但其中的机理是资本的产权变异，即国有资产的流失是以各种各样隐蔽的、公开的（有文件依据）产权变异形式实现的，有着合理合法的外壳。

[②] 巫文强：《经济运行的制度因素》，线装书局，2007，195页。

[③] 温铁军：《国家资本再分配与民间资本再积累》，载《温铁军文集》，华夏出版社，2004，第36~38页。

在一元公有资本积累条件下，能够使资本以更低的成本进行积累，资本积累的基础、过程、分配以及对社会所承担的责任，等等，都与社会主义的要求相匹配。改革开放后，多元投资主体取代一元公有投资主体，原来专为一元公有资本积累设定的条件被不合理地保留下来；与此同时，因资本的公有性质而不对资本积累设防的做法，在实行多元资本积累时也被沿袭下来，使非公有资本在很多方面能够和公有资本一样分享"公"字待遇。而公有资本原来所承担的巨大社会责任却没能及时适当分割与重新分派。

我们欠缺社会主义市场经济条件下多元资本积累的制度化管理。这个制度管理必须要求多元资本持有人不得借着公有资本积累的低成本条件积累、不得超占资源、不得挤压弱势资本；在对公有资本产权结构进行非公有改造的时候，必须按照市场经济的要求合理确定其转换价格，杜绝权力寻租。要着力解决好多元资本积累方式中资本收益者责任的制度安排缺位和滞后问题，严格监督在一元公有资本积累向多元资本积累过程中公有资本产权向非公有资本产权的变异，加强对垄断集团、垄断行业资本积累的管控。

多元资本积累方式在对资本的管束方面，既没有市场经济规范的资产转化约束,[①] 也没有现代资本主义条件下资本积累所受到的福利国家政策的制约（如反垄断、最低工资限制及劳工保护法规等）。中国多元资本积累方式未能体现社会主义经济"发展成果由人民共享"的目的。

二　中国生产—消费经济失衡的分配机制分析

中国实行社会主义市场经济后，社会产品分配出现了多因素决定的情形，客观上需要国家制订合理的国民经济初次分配制度，作出有利于人的发展和资本效率的制度安排，以保障生产与消费的基本平衡。因这些问题没有受到应有的重视，加上出口拉动、区域差异发展、决策的城镇倾向等政策失误，导致源于国民经济初次分配制度缺陷的中国经济失衡发生，违

---

① 马克思、恩格斯虽然没有直接谈到资本在社会主义条件下需要管束，但笔者认为马克思和恩格斯是有要主导和管束资本这样的意思的。《共产党宣言》指出："资本是集体的产物，它只有通过社会许多成员的共同活动，而且归根到底只有通过社会全体成员的共同活动，才能被运用起来。"（《马克思恩格斯选集》第 1 卷，人民出版社，1972，第 266 页）。

背了以人的生存和发展为目的发展经济的原则。只有调整和理顺生产关系、完善国民经济初次分配制度，才能从根本上解决中国的经济失衡问题。

1. 中国的经济失衡是脱离了人的目的性的国内生产与消费不平衡

中国经济非科学发展的重要表现，在于投资、出口、消费三者比例中，前两个比例过大，而消费比例过小。一方面内需不足，外需过旺，外贸依存度过高；另一方面则是国民收入分配不合理，造成城乡差距、贫富差距、地区差距过大，归结起来就是国内生产与消费不平衡。从发展的人本视角看，这一经济失衡来自低人工成本构成，根源在于初次分配制度的缺陷。

对于国内生产与消费不平衡的一个基本判断，是从投资和消费总量占当年 GDP 的比重来衡量。自 1978 年改革开放以来，中国经济以年均增速 10% 左右的高速度发展，而消费率不但没有随着经济高速增长而提高，反而不断下降。国家统计局的数据资料表明：从 2000 年到 2008 年，中国消费率依次为 62.3%、61.4%、59.6%、56.8%、54.3%、51.8%、49.9%、48.8%、48.6%，好一个递减趋势。与世界平均水平对比，2008 年高收入国家的平均消费率为 78.4%，中等收入国家为 73.5%，低收入国家为 81.2%；与其他"金砖国家"相比，巴西的消费率为 75.7%，印度是 64.9%，俄罗斯是 67.7%。

与消费率低相应，中国的居民消费占 GDP 的比率，从 2000 年的 46.4%，滑到 2006 年的 36.2%、2007 年的 35%，2008 年略回升到 35.3%。而美国同期为 70.1%，印度为 54.7%。根据金三林先生的测算，我国较好的投资与消费比例关系应该是：投资率一般不应高于 40%，消费率不应低于 60%。[①]

上述问题理论界早已指出，政府也在努力纠正经济失衡。然而失衡治

---

① 金三林先生认为，目前世界平均的投资率在 22% 左右，消费率在 78% 左右。其中，高收入国家投资率均值为 20%，消费率均值为 80%；中上收入国家投资率均值为 22%，消费率均值为 75%；中低收入国家投资率均值为 31%，消费率均值为 66%；低收入国家投资率均值为 29%，消费率均值为 75%。各国消费率一般都在 60% 以上，投资率一般都在 30% 以下。从经验数据出发，考虑到我国目前所处的经济发展阶段，以及各国经验，我国较好的投资与消费比例关系应该是：投资率一般不应高于 40%，消费率不应低于 60%。参见金三林《投资与消费比例在多大范围内才算合理》（论文），来源：http://www.chinaacc.com/new/287_ 290_ /2009_ 8_ 7_ ha43622433117890025040.shtml。

理的结果是越调整失衡越严重：投资比例不减反增、消费比例不增反降。显然，生产与消费失衡并不单纯是一个比例失调的问题。失衡的实质，表明国内生产与消费脱离了人的目的性。根本原因是生产严重偏向于低人工成本构成，消费品的生产偏向于能够有能力消费的人群而不是提高居民的消费能力，政策导向和市场导向都没有把绝大多数人的基本消费能力与消费率提高的关系理顺，经济发展受到GDP增长、财政压力和投资者的利益影响十分严重，利益集团主导中国经济向有利于资本更多增值的趋向相当明显。为此，人们清楚地看到，中国的市场经济越发展，资金成本高—人工成本低与技术成本高—人工成本低的产业发展越迅猛，高消费的产品如房产、轿车的生产投资就异常火爆、购买力持续上升，资本市场中投资者的投机行为越受刺激。与此相反，多数实体产业、内需型劳动密集型产业、农业等维系众多消费者收入的产业，资金紧缺、企业运转困难，发展前景不乐观，许多企业面临随时倒闭的风险。长期以来投资结构和消费结构中两极分化严重，高消费群体的消费异彩纷呈、低收入群体为生存和发展而苦苦挣扎。于是，内需不足、经济对外依存度高、分配格局不合理、城乡发展不平衡、区域发展不平衡等，都是脱离了人的目的性的结构性生产与消费不平衡的必然结果。

2. 生产与消费的失衡违背以人为目的发展经济

生产与消费平衡与以人的发展为目的发展经济具有内在关联，一旦生产不按照人的消费需求来进行，不照顾到每个人的需要和消费能力，生产出来的产品就不能够被消费掉，就不能在生产中获得足够的消费资金与消费产品相交换。

满足消费需求的生产，包括以提供物质消费产品与非物质消费产品（如教育服务）两类生产。中国目前的问题是，直接对应于生活消费品的这部分——个人劳动收入部分占的比例太少，而非直接对应于生活消费的收入部分占的比例太大。这就是市场上一些生活消费品如电冰箱等家用电器虽然采取各种手段促销，却还有很多人无钱购买的原因。与此相对称的，就是我国不用于消费或不与生活消费直接相关的增加值实在过多，消费品被大量积压在所难免。造成这类相对生产过剩的局面客观上是由国民经济初次分配的不合理决定的。

3. 生产与消费失衡源于国民经济初次分配缺陷

国民经济初次分配制度设计未遵循以人的发展为目的发展的经济规律

是中国生产与消费失衡的根本原因

根据前一节的论述，对国民经济初次分配带有根本性的变化是产品分配因资本的多元化而不再由国家来主导，直接影响到劳动力生产和再生产的成本确定，即劳动力成本的核算问题。实行社会主义市场经济前，政府直接把资本收益用于承担社会责任。人们也习惯于把资本收益者的责任与政府的责任等同看待。在此情况下，就没有必要在国民经济初次分配中分门别类地特别规定资本收益者的责任。在资本收益和收益分配完全由政府来决定的情况下，政府可以让生产环节中的许多成本变成隐性成本，不体现在生产成本之中。

然而，在市场经济多元资本参与投资并主导产品分配的情况下，产品的分配权由资本持有人掌握，国家已经不能依靠自身掌握的经济资源来承担实行市场经济前隐去的各种社会成本。这就要求国家在实行市场经济多元资本积累条件下，遵循以人的发展为目的发展经济，通过制定合理的国民经济初次分配制度，明确社会主义市场经济中资本在人的生存和发展中应该承担的责任，即确定其在产品收益的社会分配中应有的份额以及对决定资本收益的生产成本进行必要的管制或政策调节，并就此作出有利于人的全面自由发展和资本效率的制度安排，从而通过国民经济的初次分配来保障生产与消费的基本平衡。遗憾的是，这样一个极其重要的经济问题，在国民经济初次分配制度之中被忽略了。①

三　出口拉动、区域差异发展和决策的城镇倾向加剧中国经济失衡

1. 出口拉动强化了初次分配制度设计缺陷对中国经济失衡的影响

中国对外开放的初衷本是"以本国市场换取国际经济技术资源"，与解决生产与消费不平衡问题没有直接关系。由于开放本身的业绩成为地方政府的政绩，为开放而开放成为其行为特征。在生产与消费不平衡引致国内产能过剩、消费不足的情况愈益严重的情况下，扩大出口成为中国解决生产与消费不平衡问题的选择，"出口导向"成为实际的国家发展战略。按照深圳学者徐景安的说法，至 2007 年，中国对外贸易占 GDP 比例高达

---

① 一些学者或非学者提及中国居民收入在国民经济收入分配中占比小，但不是从生产关系调整的角度提出，因此，也就不可能有相应的好对策。这只能看作是一种关注，谈不上重视。

67%，其中出口占 37%（同期美国分别为 29% 和 12%，日本分别为 27% 和 15%）。中国经济对外依存度是全球化水平最高的美国的 2.3 倍，是以出口为导向发展经济的日本的 2.5 倍。[①] 根据中国对外经济贸易统计学会提供的数据，中国 2005～2007 年外贸进出口总额占 GDP 比例分别为 63.9%、67% 和 66.2%，其中出口分别是 34.2%、36.9% 和 37.1%。[②] 中国对外经济贸易统计学会和徐景安的数据虽然有出入，但中国对外依存度高是不争的事实。

可见，提高对外依存度已成为借助国外消费能力解决国内消费不足的手段。然而，对外依存度高并没有能够有效解决生产与消费不平衡的问题，相反还在一定程度上加剧了经济失衡。因为中国的出口是以劳动者的低工资为代价换来的，即是以不断牺牲国内的消费能力来实现的。只要初次分配制度缺陷未能够弥补，出口产品生产规模越大，低工资劳动群体就越是增加，越强化着中国经济失衡的条件。

2. 初次分配制度设计缺陷下的区域差异化发展加剧中国经济失衡

中国的区域差异化发展是依据改革开放条件差异形成的。由于认为东部沿海地区的条件较优，国家的投资布局、对外开放、体制改革政策等都偏向由东部沿海地区先行实施。于是中国经济发展的区域差异非常显著，以外资和外贸情况为例，在 1979～2005 年，我国各地区实际利用外商直接投资的 81.2% 集中在东部 10 省市，而中部 6 省、西部 12 省市区和东北 3 省则分别只占 7.6%、4.5% 和 6.7%。2005 年，中国对外出口的 88.5% 集中在东部 10 省市，而中部 6 省、西部 12 省市区和东北 3 省则分别只占 3.6%、3.5% 和 4.4%。

区域差异化发展加剧中国经济失衡，又与国民经济初次分配制度缺陷密切关联。这个分配的制度缺陷在农村的表现，是农民组织化程度低，无法在市场上抗衡来自城镇公司的供求操纵，也就无法维护生产领域中农产品的合理价格，流通领域挖去了大部分农业价值，由此使第一产业劳动者的报酬水平大大低于第二产业、第三产业从业人员，形成了非农产业始终对农村劳动力具有强力吸引的态势。由于市场自动配置资源的功能，农村

---

① 参见徐景安《利益驱动与价值驱动》，爱思想网，更新时间 2010 年 3 月 21 日，http://www.aisixiang.com/data/32485.html。

② 参见统计学会《1985—2007 年中国对外贸易依存度表》，中国对外经济贸易统计学会网站，http://tjxh.mofcom.gov.cn/aarticle/tongjiziliao/huiyuan/200808/20080805752246.html。

中数量巨大的劳动力资源因地区和职业收入水平的巨大差异而成为发达地区企业用低廉价格获得劳动力创造财富的条件，使经济发展快的东部沿海地区长期依靠低工资来维持区域经济的繁荣，强化了国民经济初次分配中的制度缺陷，同时也就加剧了区域乃至全国的经济失衡。

3. 初次分配制度设计缺陷下决策的城镇倾向使中国经济失衡雪上加霜

中国决策的城镇倾向，从经济角度看有不同类型。工业化初期积累①阶段，经济发展的重心在工业化，城镇承担了直接任务，国家要保障工业劳动者的基本生活需要，直接以其财力来负担医药卫生、养老、教育等劳动力成本，城镇职工的住房以单位福利分配和国家低价出租为主，农村居民的各类消费多以自给自足为主；由此，造成城乡经济的商品化程度有较大的差距。由于城镇的低工资制，城镇居民用于日常生活消费的资金剩余不多，因此城乡差别不是生产与消费之间失衡的诱因。

在计划经济转向市场经济的体制转轨中，各级政府的财政问题决定了中国决策城镇倾向不断加强，市场对资源的配置作用也在帮助拥有丰富资本的城镇进行快速的积累。国民经济初次分配中对劳动的忽视，导致政府迷信单靠城镇可以创造经济高速发展的神话，诱使城镇政府偏爱资本、给资本以超级待遇；迷信城镇化可以单独推进工业化大发展，放纵房地产等行业私人资本几近疯狂地"配置资源"；积极实行城镇特有的医疗卫生市场化、教育产业化；以便更加快速、更加大量地从农村、从各种消费群体中抽吸消费资金。综合起来，城镇化进程的快速推进伴随着农村经济的低迷与农民收入难以增长，促使生产与消费不平衡的问题更加严重。

四　中国社会主义市场经济下国民经济初次分配制度的调整和完善

1. 调整和完善国民经济初次分配制度实质上就是调整和理顺社会主义市场经济的生产关系

按照马克思主义政治经济学原理，国民经济初次分配制度属于生产关

---

① 本文的"工业化初期积累"，指的是工业未能大规模自循环前一个时期的扩大再生产过程。笔者不认同国内文献用"工业化原始积累"来表达工业化初期积累。美国印第安纳大学陈社英教授认为，从政治经济学概念的科学性角度看，"原始积累"一词在国内文献中有滥用之嫌。

系的范畴。因此，调整和完善国民经济初次分配制度实质上就是调整和理顺社会主义市场经济的生产关系。

中国社会经济中生产关系的三个方面都发生了重要的变化：①以生产资料非公有为基础的社会集团在生产和服务中的地位已经非常重要，非公有的生产资料已经占有足以影响社会产品分配的相当比例。2008 年第二次全国经济普查数据显示，2008 年中国第二产业、第三产业非公有制经济企业资产 139.7 万亿元、比重为 67.2%，实收资本 21.7 万亿元、比重为 63.6%，非公有制经济工业从业人员为 1.02951 亿人、比重为 87.7%。②在非公有制经济中从业人员与非公有经济业主的劳动关系是雇佣关系，比重已经相当大。公有经济企业按照市场经济的方式自主决定分配，与从业人员的劳动关系以劳动合同为主，在没有设定劳动者其他权利的情况下，已近似雇佣关系。③非公有制经济企业资产占有人有较大的话语权，在很大程度上影响着国民经济初次分配。企业（包括有证照的个体经营户）劳动者的收入很大程度上取决于资产的占有者或实际控制权人。

理论界和政府管理部门对公有生产资料在社会主义市场经济下如何实现其在社会产品中的分配权，至今没有正确认识，一些政治经济学教科书甚至认为在市场经济下劳动力作为一种生产要素其收入决定于要素价格，即由市场来决定。[①] 这就难免背离"以人为本"而奉行"以资本为本"。

调整和理顺社会主义市场经济的上述生产关系，是调整和完善国民经济初次分配制度的必要前提与现实基础。

2. 调整和完善国民经济初次分配制度的原则

遵循以人的生存和发展为目的发展的经济规律，有利于促进每一个个人都获得全面自由发展。在这一点上，要全面分析生产力与生产关系。一些看似很能促进生产力发展的生产关系，最终会损害生产力的发展，如中国农村按照小农经济方式发展而城镇则按照市场经济方式发展，两者相互构成（也不得不构成）的生产、交换、分配和消费关系在一定时期内有利于城镇生产力的快速发展，但实践表明，这种生产关系正是导致中国经济严重失衡的重要因素。另外，让市场来决定职工工资（美其名为市场配置劳动力资源），实质是由资本持有者和资本实际控制者来决定企业职工工资的分配形式（也是一种生产关系），则是造成中国经济严重失衡的另一

---

① 参见白永秀、任保平主编《现代政治经济学》，高等教育出版社，2008，第 191~192 页。

重要因素。

人的劳动力是最基本的生产力，生产关系首先最应该适应的是能促进确保每一个个人的生存和发展的生产力的发展，其次才是能促进其他方面的生产力的发展。这就是说，一个完善的国民经济初次分配制度要建立在有利于促进能够保障每一个个人都获得全面自由发展的生产力的生产关系之上，只有这样，社会的生产与消费才能够做到基本平衡。

3. 提高生产与消费关系中劳动者的消费能力是完善国民经济初次分配制度的核心内容

中国由国民经济初次分配制度缺陷表现为忽视了即使是在市场经济也同样要照顾到每一个人的需要和消费能力，即每一个人都必须"在生产中获得足够的消费资金以便与消费产品相交换的能力"。即便是仍然受小农经济生产方式约束的中国农村，其消费品的绝大多数也要到市场中购买。一些学者习惯了中国二元结构的城乡差异，政府也在不断地制定具有不同功效的"二元政策"，但现实中，农民照样要为教育产业化、医药卫生市场化"埋单"，照样要承担因实行市场经济而日益高涨的生活成本和社会成本。

在生产中获得足够的消费资金以便与消费品相交换的能力，主要来自就业与获得劳动报酬。这就是理顺社会主义市场经济生产关系，完善国民经济初次分配制度的核心内容。这些核心内容在不同场合有不同的表现形式。在第一产业与第二产业、第三产业的关系中，表现为农业产品的价值要充分体现。考虑到农业在市场经济下的弱质性，还应注意到中国农业中存在的不可市场化（因人多地少）因素。对于中国农村而言，农村工业化和农民流通合作化需要大力推进。在社会主义市场经济多元资本下的生产关系，要解决的核心问题，则是理顺公有生产资料占主体如何在社会产品分配中实现的问题。当前的分配方式、特别是企业分配方式中只注意非公有（或实际控制人占有）要素分配而忽略公有因素的状况，需要引起足够的重视并采取切实可行的措施予以改变；中国由计划经济向市场经济转型过程中的劳动力完全成本缺失以及劳动力生产和再生产与经济可持续运行的关系，更要在国民经济初次分配制度的完善中加以解决。

第四节　实现"以人为本"的制度与政策

按照国际上的发展经济学，各国学者较为一致的观点是：经济发展，是由社会制度和经济结构的变革而出现经济增长，由此增进人民的物质福利和提高人的素质的过程。一般来说，一国的经济发展会使该国出现如下显著进步：通过经济增长提高本国的国民生产总值与国民收入水平；在产业结构、技术结构、就业结构、消费结构上有明显提升，体现工业化与城镇化进展加快；城乡二元结构逐步改进，乡村社会经济进步明显；国民福利指标如人均收入、人均住房、健康、受教育水平得到提高；社会平等有所改进等等。上述表述，是一个有关发展的比较完整的界定。这个界定排斥了只注重 GDP 增长的片面性，容纳了人的全面发展的内容。

许多发展中国家走过"有增长无发展"的弯路，最典型的是 20 世纪 60～70 年代中期，巴西实施高增长战略取得极大成功，1968～1974 年实际年平均增长率达 10.1%。然而从社会效果看，社会分配不公、低收入阶层恶化等社会问题出现。两极分化与高速增长相伴而生，基尼系数持续上升。城镇的畸形繁荣与农村的停滞落后形成鲜明反差。但中国在改革开放后较长一段时期，似乎忘记了别人已有的教训，虽然有很高的增长率，还有部分经济结构方面的提高，但伴生的社会、生态问题十分严重，甚至扭曲了发展的社会主义性质。显然，中国的问题，已不是简单的"有增长无发展"的问题，而是发展本身是否科学的问题。其关键是发展的目标是否端正，是以物为本还是以人为本，是依靠资本来发展还是依靠人民来发展。

保证发展目标的科学性，从制度与政策来说，有以下几个方面建设。

一　设定有利于人的全面发展的经济权利制度安排

制度经济学有一个著名的观点，那就是产权结构决定经济运行的效率。因此，新制度经济学理论侧重于通过考察和分析产权关系来合理界定、变更和调整产权结构，以降低或消除经济运行中的交易成本，提高经济运行效率，改善资源配置。尽管新制度经济学由于立场问题以及分析工具的缺陷，不能说明怎样的产权关系才最合理，但把产权作为经济运行效率的关键，是抓住了经济运行效率中的根本问题。完全的产权关系就是马克思主义经济学所说的所有制关系,它不是简单地呈现在我们面前的。人们能够看到的只是一个个由国家和社会机构(包括正式和非正式、官方和民间,甚至以习俗和惯例执行监督者的形式体现着的)设定的经济权利。这一个个经济权利构成的权利集就是产权。在现实社会中,不同的社会群体获得的经济权利是不同的。这些不同的经济权利集构成了社会的产权结构。而不同社会产权结构下的经济运行效率会有不同的表现,这是被实际的观察和统计数据证明了的。为此,在经济发展中的基础工作是要对经济权利作出有效率的制度安排,以便使经济能够在一个良好的产权结构上运行。

社会主义经济要克服资本主义经济以利润为目的的弊端,必须"以人为本"。社会主义经济在确定产权结构的时候,要求经济运行的效率必须是在考虑"以人为本"、能够促进人的全面发展的情况下的效率,即它是把人的全面发展也作为绩效内容进行考核的效率。因此,设定经济权利的制度安排在社会主义经济中至关重要。

在改革开放中,实行市场经济与社会主义的要求有不相适应的方面,我们必须注意防止把人放在比生产、比财富更次要的地位的情况出现。也就是说,我们要实行把人的全面发展放在第一位的市场经济。这是社会主义的本质要求。在这样的前提下,社会主义经济的制度安排,必须以有利于人的全面发展为原则。一度出现的医疗、教育市场化,现在仍然没有改进的劳动报酬市场化,就是偏离人的全面发展为原则的制度安排。

二　制定有利于人的全面发展的社会经济发展战略

社会经济发展战略是指在较长时间内,例如 5 年、10 年、20 年以至更长时期,根据对社会经济发展各种客观条件的预计,从关系全局的各方面出发,制定社会经济发展所要达到的发展目标与相应的指标、所要解决的重点、所要经过的阶段以及重要部署和重大措施。社会经济发展战略不仅是关系到一国发展能否正确遵循社会经济发展的客观规律、关系到能否适应世界总体的经济技术发展趋势,也关系到在本国内外环境与条件下能否作出合理的选择。制定明确的有利于人的全面发展的社会经济发展战略,就是正确的选择。

从世界发展中国家的发展历史来看,从传统的"工业化战略""赶超战略"到"满足基本需要战略",各发展中国家经历了几十年的社会经济发展战略选择、转换、改良、变革、变通，有诸多教训与经验。从有利于人的全面发展的视角来看，其共同经验在于：在发展中不能只看工业化的表面成就而忽视满足广大人民的基本需要；发展必须要弱化而不是强化二元经济结构，也就是说，不能以削弱农业与农村的发展来推进工业化；必须注重合理分配国民收入，防止贫富差距扩大；在发展中不能光注重物质资本的投入而忽略人力资本的培育，为此就要重视人口数量控制、强调智力开发，等等。这些经验，对于中国现时的理论界来说，虽然是"小儿科"的知识，但是其落实的不尽如人意的状况及原因，必须引起我们予以足够的重视并进行更深入的探索。

中国实施"科教兴国战略"与"可持续发展战略"，必然是有利于人的全面发展的。这两大战略分别针对国家的人力资本积累与生态资本维护，旨在满足人民群众对自身发展与外部生态环境的需要。但这两大战略并未覆盖发展的总体，它们只分别是总体发展当中的部分侧面。鉴于现在我国发展牵涉到的方面太多，中国需要的总体发展战略，只能描述为"科学发展"或"统筹发展"的战略。所谓"统筹发展"战略，就是在各个发展侧面的矛盾双方中，统筹兼顾、主次分明。比如，扩大内需与扩大外需统筹兼顾，以扩大内需为主；建设新农村与城镇化兼顾，以建设新农村为主；自主创新、培育优势与利用传统的劳动密集优势兼顾，以培育优势为主；等等。所有这些"兼顾"与"为主"的选择，都是从有利于人的全面发展为宗旨的。

三 贯彻和谐发展的方针政策

在"以人为本"的发展目的中，满足和谐需要是基本的目标。所谓和谐需要，是指人在社会环境中，得到合理的社会平等、自由、安全、友爱的需要。我们的讨论将此项需要限制在经济社会领域，撇开政治领域，也就是抽象掉社会制度的类型。那么，和谐需要主要包括经济社会领域中的身份非歧视、非政治性社会生活的自由、社会秩序较为正常、司法公平、社会风气崇尚和气、人际交往的正效应等内容。和谐需要的满足不仅是维护社会稳定的基本途径，也是社会生活追求的目的。

联系我国现时的经济发展，和谐需要是否满足，跟是否病态式追求经济效率而忽视其他相关。这类需要应当主要通过非经济手段来普遍满足。财力支出可以一定程度满足和谐需要，但不能完全做到这一满足，关键在于经济发展方式。如果在很大程度上依靠合理的组合因素来调动人的积极性、创造性，如果将竞争、竞赛、合作、解除后顾之忧这些之间的关系正确加以处理、搭配，和谐需要就会满足。合理组合，包括应有的物质鼓励、精神鼓励与社会保障，社会地位的提高。如果完全依赖金钱与物质作为发展动力，完全以竞争作为发展机制，必然会破坏和谐需要。那时，人与人之间会像狼一样争夺物质利益，即使是成功者，也会在获取金钱的同时弄得身心疲惫，丧失亲情和自我本性；更不要说失败者了。

和谐状态在我国的相当欠缺，完全是新自由主义泛滥的结果。西方新自由主义的中国代言人极力鼓吹金钱崇拜、资本崇拜，社会舆论一度过度偏向为私而不是为公、偏向竞争而不是合作、偏向牟利而不是奉献、偏向"成功人士"而不是道德楷模，由此人际摩擦愈演愈烈，"坑穷"逼出"仇富"，害民造就"仇官"。文明的与野蛮的、合法的与非法的罪恶行径四处丛生、无孔不入。各类群体和个体都想凭借自身的特长和优势来坑蒙拐骗，造成社会上遇事层层设防，交往处处警惕。人们的生活质量在这个方面十分低下。

满足和谐需要，有治标与治本两个层次。治标，可通过建立健全法制、建设并加强调解制度，来解决人与人之间的经济纠纷。治本，主要是在经济发展方式上，按照科学发展观的要求，吸取新民主主义时期"公私兼顾、劳资两利"的经验，在发展中重在公平、以公平促效率，扶"弱"抑"强"（这里指的是弱势群体与强势群体），公进私退，扩大合作的空间、缩小竞争的空间。

四　实施有利于人的全面发展的规划与项目

"人的全面自由发展"是一个正确发展目的的概括性表述，全面自由发展的程度受到各方面的制约，最基本的制约就是社会现实的经济、社会发展水平的制约。要将这个目的分解为现实能够实现的目标体现，我们就应当从人的三个需要：生存、享乐、发展的具体内容来认识。

1. 社会经济发展目的由三大需要构成

恩格斯指出的人的三个需要：生存、享乐、发展，其内容可展开如下。

生存需要是由当代人所处的社会经济环境所决定的、人们满足基本生理上的物质性需要，主要包括人的吃、穿、用、住、行以及医疗等需要。

此外，环境安全的需要也属于生存需要，各种自然灾害不仅对人类的物质生产造成破坏，也对生活直接造成危害，人类必须躲避和抵御来自环境灾变对自身生存的直接侵害。当代条件下，当自然灾害伴随发展而来且构成人类生存的重要组成部分时，抵御、减轻自然灾害的后果就成为人的生存需要内容。

满足生存需要，对社会成员个人来说，主要来自两大途径：一是通过从业收入来获取生活资料，二是通过家庭关系。为此，凡是与这两大途径直接相关的需要，都是生存需要的派生需要。前一个途径包括有关满足就业的居住地迁徙、职业性教育、信息获取、经费垫支等。后一个途径包括建立家庭繁衍种群的婚嫁、抚育、养老积蓄、丧葬等需要。

享乐需要就是当代社会所能提供的物质条件下，给人们带来感官上、精神上的快感的需要。享乐需要一方面是生存需要在质量数量上的高档化，如吃、穿、用、住、行当中更舒适、更高级的消费，一方面是高雅或低俗的娱乐活动。

发展需要就是围绕提升、改进人本身的能力、性情而提供物品上或服务上的需要。对人们常说的"智商、情商、健商"进行培育，都属于这类需要。社会上的学习、研究、文学艺术、博览、体育等基本属于满足发展需要的活动。

上述需要的满足，分别联系着相关产业的发展状况。大体上，农业、工业、建筑业、交通运输业、医疗业，主要与生存需要直接相关，也与其他需要间接相关；教育产业主要与发展需要直接相关；文化产业、旅游业，与享乐需要和发展需要都直接相关。但这些需要与产业的相关性是复杂的。

2. 从满足三大需要的价值规范入手确定发展目标

为了让"人的全面自由发展"不致成为一句空话，国家的经济社会发展规划就应当从满足三大需要确定发展目标。

放在优先地位的是满足生存需要。目标主要应有八点：①改进分配机制、保障最低工资、降低基尼系数、抑制两极分化、走共同富裕道路。以便保障低收入阶层、弱势群体的生存需要。在"吃、穿、用、住"这些普通商品的供给方面，分好"蛋糕"比作大"蛋糕"更有效。否则，资本主义那种"劳动者贫穷的原因就是市场太富裕"的运行规律，将传导到我国，引致我们社会永远解决不了生存需要问题。②医疗设施与交通设施的发展，尚需继续，但同时要有合理规则的建立完善。③计划生育、社会保障、职业教育等国策与相关的民生工程措施，是社会发展的重点目标之一，要注意实现这些目标都是系统工程，要有综合努力。④发展公租房，满足无力购房者的居住需求，让财力匮乏者在公平条件下解决居住问题。⑤严肃法规与加强道德舆论，实行"软硬"兼施，抨击婚事丧事的奢侈性，惩治富有者的超出道德底线的浪费型恶劣榜样。⑥提高劳动者的维权能力，严惩欠薪恶行、反对以劣化工作条件来威胁劳动者生命健康。⑦开展食品安全的系统工程，加强建筑质检，提高消费者的维权能力。⑧加大国土生态建设力度，为减轻自然灾害的危害创造条件。

对享乐需要采取合理限制与扩大普及相结合。一方面提升大众生存需要内容的高档化，使"必需"转化为"享受"；一方面限制物质方面的奢侈性享乐。政府可在某些方面创造限制条件，如取消建高尔夫球场的项目与土地批准。

尽力增强发展需要的供给，特别注重发展服务的质量提高，满足发展需要的公平性。发展文化产业、旅游产业，既有开辟精神方面的享乐需求的作用，又有满足发展需要的意义，一举两得，在社会经济中要多下功夫。在这些产业发展中，注重质量要重于注重数量。

多年来"一心一意谋发展"成为倡导的口号，而要使这个口号能够正确引导中国的进步，必须对"发展"赋予正确而准确的含义，这就是发展以满足人的三大需求为基本目标。国家的各项规划、各项产业发展计划、政府的各项政策措施，都是围绕基本发展目标而设置的，而设计好符合上述规范的具体目标，才能落实"以人为本"的科学发展观，为最大多数人谋求到实惠。

参考文献

［1］恩格斯：《反杜林论》，载《马克思恩格斯选集》第 3 卷，人民出版社，1972。

［2］马克思：《资本论》第 1 卷下册，人民出版社，1976。

［3］马克思，恩格斯：《共产党宣言》，载《马克思恩格斯选集》第 1 卷，人民出版社，1972。

［4］〔美〕道格拉斯·C. 诺斯：《经济史中的结构与变迁》，陈郁、罗华平等译，上海三联书店，1994。

［5］何建章：《中国社会指标理论与实践》，中国统计出版社，1998。

［6］巫文强：《经济运行的制度因素》，线装书局，2007。

［7］纪宝成、杨瑞龙：《中国人民大学中国经济发展报告2005——城乡统筹发展中的中国"三农"问题》，中国人民大学出版社，2005。

［8］马晓河：《结构转换与农业发展——一般理论与中国的实践》，商务印书馆，2004。

［9］许崇正：《人的发展经济学概论》，人民出版社，2010。

［10］巫文强：《制度安排与行权付费问题》，《改革与战略》1994年第6期。

［11］巫文强：《浅谈对社会财富的分配与控制》，《广西社会科学》2000年第4期。

［12］巫文强：《中国社会主义经济的制度安排与人的全面发展》，《改革与战略》2008年第7期。

［13］李成勋：《从山西黑砖窑事件看必须坚持市场经济改革的成本底线》，《海派经济学》第20辑，2008。

［14］丁晓钦：《提高驾驭社会主义市场经济的能力——访谈经济学家李欣广》，《海派经济学》第15辑，2007。

［15］张军：《农民工现象的几点思考》，《理论前沿》2006年第2期。

［16］高涛：《我国弱势群体形成的原因及对策》，《新西部》2011年第6期。

| 第七章 |

科学发展的三维系统视角

第一节　马克思主义经济学的范式创新

将马克思主义经济学从经济系统一维转变成三维，这是发展马克思主义理论范式的一个创新性发展，同时对深入阐述"科学发展"理论非常必要。本节对此将加以论证。

一　经济学形态的一维与三维

1. 三维系统视角的由来

经济学研究的维度问题是经济学形态的问题。自从经济学科产生以来，经济学形态发展就经历了一维—二维—三维的阶段性过程，反映了经济学形态的多样性变化。所谓"维度"，就是指学科的研究平台所依托的系统。大多数经济学科属于一维形态，就是指该学科的研究依托经济系统这一维，这是经济学最早产生的形态。生态经济学、资源经济学、环境经济学的建立，使经济学科出现了二维形态，即经济系统加生态系统。而 20 世纪 90 年代，在中国建立可持续发展经济学，使经济学形态从一维转换成三维。

三维系统是指经济系统、社会系统、生态系统，从三维系统的视角来研究经济问题，是为了避免片面性。在 20 世纪 90 年代建立的可持续发展经济学中，初步尝试了应用这一方法论来进行理论研究。真实的世界是不可分离的，即使没有三维系统概念，人们只要想得比较全面，也能够在工作中兼顾经济、社会、生态三个方面。可持续发展经济学将世界分成这三维，是为了从理论上更深入地认识世界、更加理性地看待我们的行为。

经济、社会、生态三维系统的提法，在理论视角上小于马克思学说中的"自然、人、社会"这三维。马克思学说的理论体系中的关于自然、社会和思维发展的规律性的一个基本看法，就是自然、人、社会是个统一的有机整体。马克思学说中的"自然、人、社会"这三维包括整个世界的主体与客体，这要在哲学的高度上把握。而可持续发展经济学中的三维系统，是直接联系人类社会经济发展而言的，一些本原的"自然、人、社会"问题并不完全涉及。我们在探讨可持续发展的三维系统时，需要追溯到马克思学说中的"自然、人、社会"这三维，但这是在理论源头探索的意义上，不是直接将"自然、人、社会"都作为研究平台。

1984 年，我国生态学家马世骏、王如松在《社会—经济—自然复合生态系统》一文中提到："城镇生态系统是社会—经济—自然复合生态系统，是人类栖境从自然生态向人工生态、再向复合生态演替的最高形式。"[①] 这是最早见到的三维系统的提法。但早期的三维系统概念只出现于生态学论著中。哲学界用的始终是"自然、人、社会"这三维的一元系统。

20 世纪 90 年代后期，刘思华教授在主持构建可持续发展经济学的时候，确立了"生态—经济—社会"三维复合系统[②]；另一方面，他从哲学高度探讨可持续发展文明观（即生态文明观）的世界观基础时，应用的是马克思的世界有机整体论，即人、社会、自然复合生态系统整体性的理论。我们从中可以理解到，可持续经济发展中的"生态—经济—社会"三维系统，在哲学中最终归结为由人、社会、自然组成的一元复合系统。

可持续经济发展的三维复合系统，从总体来说，可以概括为生态发展、经济发展和社会发展以及三者发展的协调性与可持续性。可持续发展经济系统运行与发展的整体目标，应该是生态目标、经济目标、社会目标有机统一与同步实现。

2. 如何看待世界的这"三维"

在将世界分成这三维之前，需要解说我们所说三维系统。从根本上来说，经济学所应用的三维系统视角都是广义的社会系统。经济本来就是社会的一部分，生态系统的事物本身属于自然界，但既然纳入社会科学的研究范围，就不再是自然科学那个仅仅为人类在一旁观测的系统，而是与人类的社会行为发生相互关系的系统。人类的社会行为影响着自然界，自然

---

① 马世骏、王如松：《中国生态经济问题研究》，浙江人民出版社，1985，第 99 页。
② 刘思华主编《可持续发展经济学》，湖北人民出版社，1997，第 13 页。

界相应的变化影响着人类的社会，因此，从广义来研究社会不可能撇开自然界，这一视角当中的自然界当然就成为广义社会系统中的生态系统。由此我们可以简单地判定，大气层、臭氧层就在这里所说的生态系统覆盖下，而仙女座星云就无关了。

对三维系统的理解，尤其是对社会系统的理解，理论界尚未统一。一个观点是：经济目标是"经济发展的高效率与有效性"，社会目标是"经济公平与和谐"，生态目标是"生态安全性与资源可持续利用"。王慧炯、甘师俊、李善同的著作引用世界银行对可持续发展的三维系统的界定为：经济系统，包括增长、效益（资源使用与投资）资金；社会系统，包括社会均等、社会流动性、参与、机构的发展；生态系统，包括系统整体性、自然资源、生物多样性、承载能力。[①] 笔者对此的不同看法主要是在对社会系统的理解上。世界银行对社会系统的界定，尚停留在现象层面。

针对上述的社会目标内容，笔者认为，经济公平应作为经济目标放到经济系统，也就是说，经济系统包括效率与公平两大目标；社会目标应界定为人的再生产过程与外部环境的合理有效（经济公平有其特有的含义，它是指社会成员进行经济活动时的机会公平或权利义务的公平，以及获取经济成果的标准公平，获得物质待遇的相对公平。与经济公平相并列的概念是社会公平的概念，如个人发展公平，这就不属于经济公平）。按照本书的界定，经济系统，就是物质财富（包括劳务）的生产、分配、交换、消费构成的领域。系统内的基本事物是人类劳动创造出来的物质资料，它关系到人类得以生存、发展以及从事各种社会活动所依赖的物质力量。系统内所需认识的事物，就是物质资料生产与再生产运动中所形成的全部关系。

社会系统（狭义），就是以人的生产与再生产为内容，所发生的社会活动、社会关系与社会环境。人的生活习俗、自身能力、社会地位、社会需要以及满足这类需要的活动，就构成社会领域的基本事物。

生态系统，从概念外延来说，与自然界是等同的领域，但要做以下两点说明：①它不是全部自然界，而只是与人类的社会行为发生相互关系的自然界。就目前来看，整个地球（包括抵达一定地质深度之内的地表层与地壳外的大气层）都与人类的社会行为发生相互关系，由于太空垃圾的产

① 王慧炯、甘师俊、李善同等：《可持续发展与经济结构》，科学出版社，1999。

生，近地的太空也在此范围内。②人类社会完全处于自然界之内，但社会中的一切事物，在这里仅仅作为自然物质，一切运动，在这里仅仅从自然物质与能量循环的角度来加以认识。从概念的内涵来说，生态系统是自然界中生物与环境、生物与生物之间相互联系、相互依存的关系，并不断进行着物质循环、能量流动和信息传递，使生物—环境形成相对稳定的有机整体。①

二 马克思主义经济学为何从一维转向三维

马克思主义经济学自产生以来，从未忽略过社会与生态系统中的事物。从历史唯物主义原理看，生产力—生产关系（作为经济基础）—上层建筑（包括政治制度与意识形态）构成基本的总体社会结构。其中，马克思主义政治经济学以生产关系为研究对象，在研究中必然密切联系生产力与上层建筑。生产力主要体现人与自然的关系，上层建筑与生产关系的影响主要作为社会因素来考察。因此，马克思主义经济学是立足于经济系统，同时大量涉及社会与生态系统。

还要进一步指出，马克思主义经济学所立足的经济系统与西方经济学所立足的经济系统有重大区别。西方经济学所立足的经济系统，是以物质财富的生产、交换与分配为研究对象的，研究目的是探讨资源的优化配置。马克思主义经济学所立足的经济系统，是指物质财富的生产与交换中的经济关系，分配是经济关系的体现，因而分配不仅是产品的分配，也包括生产资料的分配，研究目的是探讨生产关系的内在规律，以及与生产力的相互关系，揭示社会经济的运行规律。因此，马克思主义经济学所立足的经济系统具有强烈的社会性。而西方经济学所立足的经济系统，在微观层面忽略经济关系，更多地是生产要素的配置技术，进入宏观层面才有强烈的社会性。

但是，马克思主义经济学的传统形态基本上是经济系统一维而不是三维。判断理由是：①所分析的经济运动全部都是经济系统内的运动。从《资本论》的理论分析来看，资本与剩余价值与的相互运动，资本的循环、周转与社会再生产，资本从制造业部门向国民经济各个部门的形态变化与交互运动，都是物质资料领域中的生产关系的运动。社会领域与自然界的

---

① 刘思华主编《可持续发展经济学》，湖北人民出版社，1997，第70页。

事物只是上述经济系统各类运动当中附带分析的影响因素。②构成理论分析的范畴、概念都是从经济领域中概括出来的，反映的都是经济关系的本质属性与经济运动的规律性特点。③构成理论分析前提的，是马克思主义经济学不同于西方经济学的"经济人"。马克思主义经济学的"经济人"，是社会经济关系的代表，这个前提只能适用于经济系统。

在无产阶级与人民群众担负着推翻资本主义制度的历史使命时，作为经济系统一维的马克思主义经济学传统形态，已经能够提供所需的思想理论武器。因为马克思主义已经揭示：作为资本主义社会制度经济基础的资本主义生产关系，不仅给劳动者造成受剥削与无法摆脱贫困的命运，而且严重束缚了生产力的发展。为此，人民有理由否定这个制度，用社会主义新制度来取而代之。至于在制度变革中，如何与维护资本主义生产关系的资本主义的上层建筑——国家机器开展斗争，这就需要其他学科的理论武器了，如科学社会主义、政治学、军事学、法学等。

但是，当一国的社会主义制度已经建立，甚至经济体制的改革已经多年开展，工人阶级与人民群众担负着全面建设富裕、文明、民主、繁荣的社会主义社会这一历史使命时，就出现了发展马克思主义经济学形态的需要，从传统的经济系统一维转变成三维系统。

新中国成立六十周年，至今才提出马克思主义经济学从一维转变成三维系统，是有历史原因的。①这个理论转型，需要以哲学社会科学的繁荣为基础与背景。改革开放之前，党的第一代领导集体提出了"百花齐放、百家争鸣"的方针，由于意识形态领域受"左"的影响，这个正确方针未能落实。直到改革开放后，理论界思想解放取得成效，各种新学科、新思想不断涌现，马克思主义社会学恢复与发展，中国的生态经济学、可持续发展经济学相继建立，生态经济协调发展、发展生态文明等思想陆续出现，都反映了哲学社会科学逐步繁荣的趋势。当然，由于学术界存在浮躁、急功近利等不良倾向、西方意识形态竭力将马克思主义边缘化的影响，这种繁荣受到严重干扰。②这个理论发展需要实践的推进。新中国建立后，从国民经济恢复到各个五年计划，社会主义经济建设取得巨大成就。文革期间经济发展受到严重冲击，但经济建设成就仍然可观，台面上仍然讲"抓革命、促生产"。为此，长期以来社会主义建设主要关注经济问题，而生态、社会问题一直未作为单独的问题来考虑，直到经济建设与生态、社会问题密切交织、相互牵动之后，才逐步重视将经济建设—生态建设—社会建设作为三位一体的问题来关注。③这个理论发展需要人们的思想意识进步到相应的程度。我们在马克思主义指导下建设社会主义，认为在全局上只要遵循经济规律就行，掌握自然规律、技术规律是科学家与工程技术人员的事。随着世界对生态、社会问题的认识不断深化，对经济与生态、社会的联系的了解愈益加深，各国政府的经济政策、社会政策、环境政策综合出台，企业越来越将环保责任、社会责任与经营管理结合在一起，经济学三维形态呼之欲出。马克思主义经济学界理应走在前面，自觉地发展自己新形态的理论体系。

科学发展观的提出，为马克思主义经济学三维化形态转换给出了理论指导与精神动力。科学发展观的核心是"以人为本"，从它替代"以 GDP 为本"的角度，就说明经济发展需要超越经济系统本身的视野，要结合经济系统一道深入探讨社会系统。科学发展观提出的"五个统筹"中，有两个"统筹"分别涉及社会与经济、经济发展与自然，其内容的展开需要跨越不同系统。作为科学发展观主要要求之一的建设"两型社会"，更是一个需要从生态系统来考察经济建设的任务。

由于马克思主义经济学使命的拓展，也需要运用可持续发展经济学的这一理论研究方法，这对于理论上阐述科学发展观、实际工作中致力于转变经济发展方式，都具有关键性的意义。相比之仅仅要求思想上全面考虑、工作中兼顾经济、社会、生态三方面，会产生更高的自觉性。

三 马克思主义经济学从一维转向三维的现实针对性

马克思主义经济学从一维转向三维，其基本的现实针对性就是针对非科学发展的系统失衡。

传统范式的经济学探讨经济系统中的失衡，但当代中国非科学发展的失衡不仅发生在一个系统，而是发生在三个系统。

1. 经济系统与生态系统之间的失衡

这个失衡表现为当今中国发展由经济贫困走向经济富裕，却付出生态环境严重破损的沉重代价。国民生产总值的增加是依靠"环境透支"与"生态赤字"来维持的。对于"环境透支、生态赤字"的说法，可以用生态足迹与生态承载力的对比，或者生态足迹的供求对比来计算。

2008 年 9 月，世界自然基金会和"中国环境与发展国际委员会"共同发布了《中国生态足迹报告》，报告公布了中国截至 2003 年的生态足迹与生态承载力的现状：中国人均生态足迹为 1.6 全球公顷；人均生态承载力为 0.8 全球公顷，前者是后者的两倍。同年 11 月，世界自然基金会发布《地球生命力报告 2008》中公布了 2005 年的数据，人均生态足迹上升为 2.1 全球公顷，调整后的生态承载力仍是 0.8 全球公顷，前者为后者的 2.6 倍。这表明，我国进入 21 世纪以来，生态足迹不断上升，生态赤字不断扩大。①

从自然资源看，像清洁的水源、空气等生态产品十分短缺。进入 20 世纪 90 年代后，中国经济发展面临着越来越严峻的资源压力。我国经济增长带来的是能源消费快速增长，而不是能源利用率的提高。万元国民生产总值能源消费量未能显著降低，主要高耗能产品（原煤耗电、发电厂供电标准耗煤、水泥综合能耗、乙烯综合能耗、吨钢能耗、合成氨综合能耗、运输耗油、发电厂自用电率）的单位能耗水平较之国际水平仍然存在巨大差距，国内一次能源生产量已无法满足能源需求。我国自然资源消费量占世界前列，这种状况使得未来的发展风险十分举动，我国处在本国资源过度开采濒临枯竭、对国外资源依存度过大的被动局面。

从生态环境看，局部地方环境状况急剧恶化特别是众多不合格的企业所带动的二氧化硫、烟尘和粉尘污染处于失控状态。不科学的投资体制经常不断地把我国稀缺的耕地、淡水、森林、一次能源等短线资源投入到低效益的生产活动中。2005 年 1 月 27 日，评估世界各国（地区）环境质量的"环境可持续指数"（ESI）在瑞士达沃斯正式发布，在全球 144 个国家和地区中，中国居 133 位。在世界经济论坛达沃斯年会上发布了 2006 年世界环境绩效排名，在 133 个参加排名的国家和地区中，中国居 94 位。

中国在经济增长取得巨大成就的同时，自然资源短缺与紧张、不可再生资源的枯竭、可再生资源的替续中断、三废污染加剧、环境恶化、生态失衡、自然灾害频发等，越来越严重到令人难以容忍的地步。正如胡锦涛总书记所指出的："如果不从根本上转变经济增长方式，能源将无以为继，生态环境将不堪重负。……不仅无法向人民交代，也无法向历史、向子孙后代交代。"②

目前我国是经济繁荣和生态贫困并存而形成了中国发展的新的二元结

① 参见方时姣《科学发展语境下生态内生经济发展研究》第二章第三节。
② 胡锦涛：《健全环境保护法制，依法防治水污染——在全国人大环境与资源保护工作座谈会上的讲话》，《人民日报》2005 年 1 月 10 日。

构，刘思华教授把它称之为二元生态经济结构。"人口大国、生产大国、资源小国、生态弱国；这是我国的基本国情。"

2. 经济系统与社会系统之间的失衡

追逐 GDP 为本，忽视以人为本，是这一失衡的总根源。

从公平与效率的关系来看，非科学发展的效率优先、蔑视公平，甚至以贫富差距作为追逐效率的驱动力，造成社会贫富差距不断扩大。20世纪 80 年代初，中国的基尼系数是 0.29，在全世界处于第二平均的位置。当时全世界贫富水平最平均的国家是还没有进行经济改革的东欧国家，其基尼系数是 0.25。然而到了 2003 年，中国的基尼系数已到了0.47，是全世界不平均水平具第二梯队的国家之一，全世界最不平均的国家是拉丁美洲，基尼系数为 0.50。也就是说，25 年的非科学发展就能使中国由全世界第二平均的国家变成全世界第二不平均的国家，这个变化速度在全世界处于首位，其不平均状况在数据上变化了 40%，是全世界变化最快的国家，这种贫富差距急剧变化的趋势对一个发展中国家是灾难性的。

其他社会系统的失衡还表现在：就业劳动者过度工作与社会失业严重并存；人力资源更新与升级不足与教育过度发展并存。外资与私人企业出于竞争需要，大面积地违背八小时工作日的规定，让工人处于超负荷劳动状态。与此同时，热衷于城镇化、开发区建设的地方政府盲目征用土地，造成无土地、无岗位、无保障的"三无"农民在增加。经济结构的失衡致使城镇登记失业率逐年上升。农业经济与乡村经济不发展导致农民难以就地从业。

3. 生态系统失衡与社会系统失衡相互影响

生态系统的问题直接影响到社会系统的问题，生态饥渴与生态短缺加剧了贫富差距造成的痛苦指数，在人的身心健康受到恶劣环境的持续损害情况下，生存成本急剧上升。全国几亿人不同程度地呼吸着受污染的空气、喝着受污染的水、吃着不安全的食品，同时医院更难进、药费更高昂。在满足基本生态产品日趋需要付出昂贵成本的同时，贫富差距又在放大着贫困群体的生态困境，出现了在古代近代穷人中没有遇见的生态困境。

4. 生态系统失衡反过来影响经济系统

生态系统的负面效果包括：因环境污染直接造成的经济损失（包括酸

雨和二氧化硫污染、地下水污染、土壤污染、重金属污染对食品造成的经济损失）虚拟治理成本、环境恶化引起的医疗费用增加、自然资源耗减成本和生态环境退化成本（如沙尘暴造成的经济损失、因缺水影响的工农业产值）生态失衡造成的经济损失（如动植物病虫害的直接经济损失、外来入侵物种造成的经济损失）。大体上来说，在这方面的统计学发展水平不够，我们对上述负面效果的统计还是一个不完全统计，未能确切反映其对经济成本的增加与经济收益的抵扣。

5. 社会系统失衡反过来影响经济系统

社会系统的负面效果更复杂，形形色色的社会现象对经济造成的直接效果，必须用多层次的统计来说明。中国心理卫生协会的有关统计数字说道：每年因抑郁症患者给国家带来的经济损失达到了 621.91 亿元，这还不是一个直接的效果。[①] 社会系统问题能够直接抵消的经济成就包括：①由于社会矛盾的加剧，各种人为破坏与人为事故也在增多，且遍及社会生产和社会生活的各种领域，包括火灾、矿难、交通事故等各种安全事故。②由于丧失诚信原则造成市场交易缺乏信用体系，使市场主体的无效经济成本大幅度上升。在经营者之间、经营者与用户之间，由于产品质量低劣和制假售假造成的经济损失。③由于官员追求政绩工程、形象工程增加投资决策失误率造成的经济损失。④如果由于社会风气劣化、奢侈浪费造成的经济损失不好统计，那么，过度吃喝出现营养失衡引发各种疾病造成的经济损失则是可以统计的。

综上所述，非科学发展造成的系统失衡可以这样概括：经济系统运行中经济高速增长在造成非均衡的经济富裕的同时加大了生态贫困、牺牲了社会和谐（如物质财富分配与占有的公平），形成三元失衡结构：经济富裕、生态贫困、社会欠和谐。而后两者的失衡状况又越来越反过来严重影响经济系统的运行，这是一种非持续发展的经济。为改变这样的发展格局，必须使经济问题的研究与相应的理论发展，跨越经济系统这一个维度，同时从三个系统的多元维度来进行。

---

① 《抑郁症：人类头号心理杀手》，搜狐健康，2007 年 7 月 16 日，http：//health.sohu.con/20070716/n251071550.shtml。

第二节 经济学理论的三维系统

一 马克思主义经济学如何从一维转向三维

对这个重大问题，本文在此尝试作抛砖引玉，提出以下途径。

1. 学科范畴上从一维转向三维

这个转向包括：①将经济学范畴从经济系统推入社会系统与生态系统，使同一范畴分别出现于不同系统，一个概念发展成为并列的三个概念。比如，效益，本来只有经济效益，推向另两个系统后出现社会效益与生态效益。这件事在政治经济学与可持续发展经济学都已经做了。相似的还有：利益、需求、价值、危机、贫困。②将经济范畴发展成为适用于多系统的综合范畴，明确该范畴具有三个系统的内涵。③将哲学、社会科学普遍适用的范畴，赋予其分别在三个系统中的明确的含义。比如，"劳动"是个哲学与整个社会科学通用的概念，首先在经济学科中获得明确的含义，在《资本论》中就有劳动过程、劳动资料、劳动对象、劳动时间、具体劳动、抽象劳动、必要劳动、剩余劳动、劳动分工、总体劳动等。但在社会系统与生态系统，劳动概念就需要有明显区别于经济系统的特有含义。

2. 综合效益论是三维系统经济学的核心

为深入阐述科学发展观，我们提出马克思主义经济学的综合发展效益理论，进一步界定经济效益、生态效益与社会效益的内涵，联系我国当代发展实际使三大效益定位合理、关系协调，将马克思主义经济学视野中的社会公平、人与自然和谐的价值观与科学衡量生产力进步的经济思维有机结合。在经济建设中综合考虑经济效益、生态效益与社会效益。经济效益体现创造物质财富的效益；生态效益反映社会经济活动所涉及的自然资源与自然环境的变动。虽然生态效益的内容完全从自然因素来表现，但离开社会，自然因素本身是谈不上效益的。有关社会主体——人的生产与再生产、有关社会和谐的效益，就成为狭义的社会效益的内容。三种效益就各有其社会功能。经济效益的功能是社会生产所提供的满足社会成员生存、发展、享乐的物质资料。社会效益的有两重功能，一是直接提供"人的生产与再生产"所需的社会服务，二是体现社会生活的和谐、安全。生态效益是社会发展中所遵循的自然资源消耗限度与自然环境承载力。

三类效益的综合方式有几种。一是在经济效益当中，改进指标，使本来作为经济效益的指标具有生态效益或社会效益的内容。例如，在社会总产品的增长中，增长绿色产品的比重；在能源比重中，增加可再生能源的比重，这些都是将生态效益的内容融入经济效益指标中；将基尼系数作为经济效益的重要指标，就可使经济效益融入社会效益的内容。二是分别设置生态效益与社会效益指标，使之与经济效益指标并存。三是设计复合型效益指标。如能源消耗系数，即国民生产总值与能源消耗总量比，就是经济效益与生态效益的综合指标。

3. 综合发展目标与综合性措施是三维系统经济学的理论应用

研究发展目标与发展措施要针对经济、社会、生态三个系统的问题，兼顾各个领域，具有综合内涵。实际上，已有大量对策建议必须是兼顾三个系统的问题，但建议者往往不自觉地把注意力集中到某个系统而忽略其他系统。比如，提出民生工程，往往注意的是社会系统的需要而忽略经济承受力；提出发展循环经济与低碳经济，往往注意的是自然能量与物质的循环、是生产中的碳排放，而忽略经济的循环与生产的经济效益，这就降低了对策的可行性。

4. 研究方法上，三个系统的定性分析与定量分析混合使用

此项途径将有四个分途径：①三个系统的定性分析混合使用；②三个系统的定量分析混合使用；③某个系统的定性分析借助其他系统的定量分析；④某个系统的定量分析为其他系统的定量分析提供论据。

二　三维系统视角下的危机

经济危机、生态危机、社会危机统称三类危机。它们的出现分别反映人类社会发展中经济、社会、生态三大系统的病态。只有兼顾研究三类危机，才能深刻认识非科学发展的严重后果。

1. 三大危机的表现

经济危机的表现包括经济总量失衡与结构失衡。实际上，总量失衡与结构失衡不是决然分开的。总量失衡中，供给不足是古老的现象，需求不足则是工业文明后的市场经济现象。结构失衡必将引起总量失衡，且不能通过总量调节来解决。

当代经济危机总是殃及产业、金融两大领域，体现为产业市场急剧缩小，投资与贸易活动极度萎缩，各类经济主体的货币支付能力欠缺，大批企业由于资不抵债而破产。由于经济生活国际化的发展，经济全球化趋势的推进，经济危机一般都是世界性与区域性的。

社会危机包括政治危机，表现为民族种族冲突、民众对政府或某项政策不满引发频繁街头动乱、"黑社会"滋长蔓延。社会危机背后是社会利益矛盾加剧，分配不公，民众利益被忽视、强势群体与弱势群体的关系恶化、法制严重弱化。

生态危机发生在资源、环境、人口、土地、物种几大类问题上。其中，资源、环境、土地三类问题上发生的是常规的危机，人口、物种两类问题上发生的是特殊的危机。石油危机是资源危机的一种。人口膨胀与人口缩减都是生态危机的表现。一般来说，在没有天灾人祸导致的非正常死亡大面积发生的情况下，发展中国家发生的是生育失控的人口膨胀，与此相反，发达国家发生的是人口缩减。计划生育加经济发展、社会保障可以解决人口膨胀，但解决人口缩减的基本途径是减少生存压力。环境污染与生态系统失衡既是环境危机的两类表现，也是造成综合性环境危机的两个缘由。土地危机包括水土流失与土地供给极度欠缺，也就是土地的质量危机与数量危机。

经济危机与社会危机是集中爆发的，一般有来得快，去得快的动态，但不能忽视有经济与社会的慢性危机。且集中爆发的两类危机与慢性危机还可能相互转化。集中爆发的经济危机来得快，如果破坏力太大，就会转化为慢性危机。比如，20世纪30年代的大危机，从1929年爆发，一直到"二战"前都未能完全消退。如果不是"二战"爆发，这个经济危机就转为慢性的。中国的"文革"是由领导人发动而造成动乱，由于越来越失控，显然具有社会危机的症状，经过两年半被强制压下去，但转化为后七年半的慢性社会危机。而生态危机是逐步加剧、持久发作的，如同给负重的骆驼不断加稻草，看不到何时将骆驼压垮。

2. 三大危机的根源

（1）经济危机的根源。

我们不能满足于"资本主义私有制是危机的根源"这种一般性的提法，要有具体分析。

马克思主义经济学原理告诉我们：经济危机最终根源，来自商品生产中私人劳动与社会劳动的矛盾，该矛盾只有在一定条件下才使经济危机由可能转化为现实，这个条件，就是私人劳动与社会劳动的矛盾发展为生产社会化与资本主义私人占有性之间的矛盾。这个说法是正确的，但还需要进一步指出。经济危机不单纯是生产关系弊病的孤立表现，而是生产关系不能调节生产力发展矛盾的结果。在一定的经济技术发展水平下，产业结构的大框架有相对稳定的时期，在此时期内，社会总需求的量也是相对固定的，最多是随着人口数量的逐渐增加而逐步增加。但是，追逐利润最大化的资本主义生产却不会顾及这个社会总需求的相对固定量，各个企业都想以自己的供给来抓住社会市场需求，都想争夺这个需求。由于社会化生产形成的企业分工与相互交易的联系，由于资本主义信用制度支撑着企业的上述市场争夺，社会供给的扩大就像潮水上涨一样一浪高过一浪，一旦商品涌入市场的浪潮冲破了信用抬高的堤坝，"过剩"的危机就蔓延到社会。上述资本主义经济危机的发生过程，可概括为：①产业结构—②需求总量—③供给"过剩"—④信用支持—⑤危机爆发这五个环节。自"二战"以来，资本主义国家生产力发展迅速，社会福利增长，银行调控加强，也就是在①、②、④三个环节上都有改进，此外，发达国家海外市场的扩大也能在相当程度上解决供给过剩的问题，经济危机因此而比"二战"前有所缓解。但是，生产社会化与资本主义私人占有性之间的这个基本矛盾还存在，经济危机总是无法消除。2008年爆发的经济危机，就是环节④中出了问题，引发了所有其他环节中的问题总爆发，很快由美国波及世界，可见环节④的问题仅仅是诱发因素，不是基本原因。

社会主义计划经济时期也有经济危机，但它是比例失调的危机，与资本主义经济危机完全不是一回事，这在过去的经济学中已经论述了，这里不在赘述。

社会主义市场经济是多种所有制经济并存。在私有经济这里，商品生产中私人劳动与社会劳动的矛盾肯定存在；而在公有制经济这里，也会有局部劳动与全局劳动的矛盾，分散的产权与生产经营权造成局部劳动与社会劳动的矛盾。现代经济危机为什么都表现为生产过剩，是因为利润导向的生产方式。对利润的追求造成生产规模失控，对低成本的追求造成经济需求缩小。而由于金融支持加剧了生产的盲目性。同样，缓解经济危机的措施，也跟资本主义国家一样，一是产业结构升级，二是扩大社会福利，三是扩大海外市场，四是管好银行信用。结构调整是在科技发展到一定高度后必须要做的，对任何一个社会都是一个难题，但不同社会制度对此难题的解决能力是不同的。

（2）社会危机的根源。

"平等、自由、博爱"是资产阶级在反对封建统治的革命中提出的口号，无意中为我们分析社会危机根源受到了启发。社会危机的根源，就是社会生活中平等与不平等、自由与不自由、和谐与不和谐的矛盾。注意，任何由一定历史发展所决定的社会结构，都不可能有抽象的、绝对的平等、自由、和谐。因此，社会危机根源中所提到的上述矛盾，绝不是从抽象的、绝对的意义上来说的，而是针对具体历史条件来说的。只有超出当时历史条件所允许的不平等、不自由、不和谐，出现了没有变革基础的社会生活惯性被打破，才构成社会危机的根源。

以中东的社会危机为例。2011 年从突尼斯、埃及发端，短短半年，就有 22 个阿拉伯国家几乎全部相继发生不同程度的群众性街头抗议，这场自发的风波显然是中东社会危机的产物，宗教、政治反对派和外国干涉都是街头运动风生水起渐成规模后才乘机跟进的。一些国家的经济发展成果未能转换为百姓兜里的收入，普遍存在高物价、高房价、高失业率与低收入、低保障的"三高两低"现象。民生艰难的对面是万亿石油美元的海外资产及权贵们的排场奢华。这种不平等来自权力垄断。一批曾带领人民在实现民族独立、提升国际地位等方面作出过杰出贡献的领导者贪权恋栈导致政体僵化，权力垄断使大量社会精英无缘参与国家管理，推动社会进步，更加剧了统治集团的腐朽和低能。在内无有效监督、外无有力制衡的情况下，阿拉伯共和体制下的领导人大兴家天下，裙带成风，后宫乱政，并且图谋子承父业。贪污腐败导致社会财富分配严重不公，民心向背严重失衡。

（3）生态危机的根源。

生态危机的根源在于人的经济社会活动与自然界不协调，从农业社会就开始了，更与工业文明相关，但是人类本身有调节与自然关系的社会本能，只是资本主义以其追求物质利益干扰了这个本能，从而加剧了这类危机。正因为如此，1997 年美国学者詹姆斯·奥康纳发表《自然的理由》一书，就提出了资本主义经济危机和生态危机并存的"双重危机"理论。

3. 三大危机的相互关系

三大危机都有独立的发生根源，都能独立出现，但它们相互之间产生影响。

经济危机很容易引发社会危机。如果社会状况是和谐的，经济危机就可以在政府宏观调控下逐步解除。如果社会状况原来就不和谐，经济危机就会对社会矛盾火上浇油。

社会危机的爆发将不同程度地损害国家的经济，如果危机爆发程度深，持续时间长，就可能引发供给不足的经济危机。

生态危机由于是逐步加剧的，所以，不能缓解的生态危机实际上往往伴随着慢性的社会危机。属于常规类的生态危机，如资源枯竭、自然灾害、大面积水土流失、重大污染事故等，都是对经济正常运行的直接打击。属于非常规的人口危机（如老龄化）物种危机，将对经济起到长期性的危害，但一般不会引发以"来得快、去得快"为特征的经济危机。

4. 非科学发展与三大危机

资本主义将三大危机都推上了历史舞台，给社会经济发展带来病变。

改革开放以来，中国没有出现过西方国家那样大规模的经济危机，但经济发展中曾经几次出现过经济危机现象，包括通货膨胀与通货紧缩交替，反映经济过热与经济过冷交替；产业"瓶颈"与产能过剩交织。发生危机现象的直接原因有：盲目追求地方 GDP 的数量型、速度型增长，忽略质量型、结构型增长，盲目赶产业浪头而形成各地产业同构，总体上都是经济运行机制不良的表现。

社会危机不可掩盖。但不同的危机类型产生原因很不相同。与民族问题相关的危机现象没有普遍性，基本发生在"藏独"、"疆独"的兴风作浪上，这与西方反华势力挑唆支持不可分，与非科学发展有关联，但关联不大。当然要注重提高民族工作的质量。而群体事件、"黑社会"完全是非科学发展的恶果。在发展中漠视两级分化，追求政绩而滥用政府权力，企业过度剥削劳动者不受制约，政府为追求投资、纳税而溺爱资本虐待劳动，缺少制约权钱交易的有力措施。

生态危机的加剧是一个沉重的话题。因为防范生态危机早已提到日程上来了，政府与学界早有重视，社会共识很强，但始终不能扭转危机加深的总体趋势。从环境看，生态环境保护工作一直在抓，但生态环境劣化仍然难以遏制。从资源看，能源供应愈益紧张，形成对中国经济发展的巨大压力，各类矿产资源也在步石油的后尘。人口危机正在悄悄袭来，在人口总量仍然过大的条件下，老龄化来势汹汹。人口数量增长的结构动态越来越妨碍质量提升，比如，成长条件好的居民愈益不愿生育，成长条件不好的居民继续不受节育的约束。土地危机体现为各种用地的需求越来越不能得到满足。物种危机伴随环境劣化、空间紧张而加剧，我们虽然十分努力，但濒临灭绝的物种仍然增多。以上五个方面，与非科学发展关系最密切的是在环境、资源与土地三方面。造成这三方面危机的直接因素，是只顾经济发展，不顾生态效益。一些政府与企业受经济利益驱动，对资源掠夺性开发，对环保采取"闯红灯"态度。粗放型增长方式未能放弃，建设两型社会缺乏动力。

第三节　三维系统视角下的综合发展目标

我国遵循科学发展观及致力于转变经济发展方式以来，发展目标已有从经济一维向三维扩展的显著变化。我们需要指明这一方向，更加自觉地推进这个侧面的努力。

一　三维系统视角中的综合发展目标

新时期以来，我国在社会主义现代化建设进程中先后提出建设小康社会、和谐社会与"两型社会"。其中的内涵，实际上是将我们的发展目标从一维拓展到三维。

1. 建设小康社会基本属于经济系统的发展目标

"小康社会"的概念是邓小平同志在 1979 年 12 月提出的，作为我国将在 20 世纪末达到中国式现代化的一个阶段性目标。这是指在温饱的基础上，生活质量进一步提高，达到丰衣足食。主要经济指标是国民生产总值人均 1000 美元。一般来说，小康生活是指介于温饱和富裕之间的生活状况。小康水平高于温饱水平，但未达到富裕水平。党的十六大进一步提出全面小康社会概念，其衡量指标包括：人均收入、恩格尔系数、人类发展（人口平均预期寿命、人口平均受教育年限等）、贫困人口比例。尽管小康社会在许多场合都包含着社会、生态方面的内容，但这一概念提出的初衷是在经济系统内。

2. 建设和谐社会属于社会系统的发展目标

2004 年 9 月，党的十六届四中全会提出了提高党的执政能力的五大任务，其中包括构建社会主义和谐社会的能力。2005 年 2 月，胡锦涛总书记对和谐社会高级干部专题研讨班作重点讲话，中央政治局组织多次集中学习，重点研究和谐社会的问题。2005 年 3 月，全国人大三次会议，温家宝总理在报告中阐述了树立科学发展观与构建和谐社会的内容。现阶段建设和谐社会的主要着眼点是要使全体公民公平地分享改革发展的成果，同时在市场经济条件下保持社会主义生产关系的本色。加强社会保障与民生工程，是实施和谐社会建设的经济措施。党和政府提出"居有其屋、病有所医、老有所养、幼有所教、贫有所济、难有所帮"，可以视为和谐社会目标走向指标化的内容。尽管广义的和谐社会概念包括缩小贫富差距与可持续发展这些经济、生态系统的内容，但有效实施这一发展目标的措施宜独立在社会系统当中开展。而正确处理社会意义上的官民关系、劳资关系、供应者与消费者关系，以及社会治安问题，都应当提到具体化日程上来。

3. 建设"两型社会"属于生态系统的发展目标

十六届五中全会提出建设"资源节约型"与"环境友好型"社会的目标，作为实践科学发展观的重要内容、作为国家经济与社会发展中长期规划的一项战略任务。它体现了科学的经济发展方式的重要方面："绿色发展"。资源节约与环境友好正是绿色发展的两条主线，两条主线既有区别又有共同点，能够殊途同归。

资源节约型社会是整个社会经济的运转建立在节约资源基础上的社会形态，它以提高资源利用效率为核心效率，以节能、节水、节材、节地、资源综合利用为技术进步、管理进步的重点，追求以尽可能小的资源消耗，获得尽可能大的经济和社会效益，以保障经济社会的可持续发展。

从狭义角度讲，环境友好型社会是以环境承载能力为基础的社会形态，它以遵循自然规律为核心，对社会经济活动进行约束，使其适应自然环境客观要求，使人类的生产、消费活动与自然生态系统协调可持续发展，尤其是经济开发活动、产业与产品的结构演进、生产力布局、技术与生产方式选择等，更要符合保护生态环境的要求。

建设小康社会、和谐社会与两型社会是一个跨越三维系统的整体使命，体现了科学发展的综合目标，缺一不可。

二　综合发展目标提出的意义

综合发展目标的提出，是对科学发展观理念的直接应用，表明国民经济管理发生了重大战略性转变。

1. 端正了我们所需要的发展定位与发展目的

综合发展目标的提出，对纠正前期经济发展中"物质愈趋丰裕、生态愈趋短缺、矛盾愈趋多发"的畸形结果具有直接的针对性。发展方式转变的第一动力在于发展目标的转换，目标的设定取决于发展定位。作为社会经济发展的新型目标，富裕、健康、平等、民主、人际关系协调、友爱诚信、科教繁荣、文化昌盛、环境优美，这才是我们期望的发展结局。综合发展目标作为一个立体多面的尺度，真正衡量着现实中的发展。

2. 贯彻科学发展观的核心"以人为本"的总体平台

科学发展是国民经济管理的追求，这要从三维系统共同产生良好效果来实现。"以人为本"原则要求经济系统的发展成就施惠于人民，但仅此还不够。社会科学理论已经阐明，社会主义建设担负着推进物质文明、精神文明、政治文明、生态文明四位一体的使命。社会再生产包括了物质资料、精神产品、生产关系、人与劳动力、自然资源—生态环境这五类再生产。这就说明，"以人为本"还要求在社会系统中有相对独立的努力和建树，在生态系统中针对人类代际的生态需要，当代不同地区、不同群体之间的生态需要有所作为。国民经济管理要包括社会管理与生态管理，才能贯彻"以人为本"的发展。

3. 成为经济增长方式转变的基本依据

经济增长方式转变是经济发展方式转变的重要突破口。为保证经济"又好又快"的发展，我国的经济增长方式要从过去"高投入、高能耗、高污染、低产出"的模式向"低投入、低能耗、低污染、高产出"转型。正视资源消耗与环境污染对经济增长的突出矛盾，承认资源环境对经济增长的约束，才有转变经济增长方式的理由。否则，各地凭什么将一个个陈旧的生产设备拆除、爆破？凭什么对许许多多将要投产的项目亮起红灯？凭什么消除这样做的强大阻力？就是靠竖起"小康""和谐""资源节约、环境保护"这几面大旗。

4. 更新经济发展动力机制

为兼顾三维系统的良性发展成效，全国各领域都将努力寻求经济活动与社会关系、资源环境所形成的互动关系下的发展，社会将从经济成分、社会群体利益关系、产业结构、产品类型、区域布局、技术选择、效益类型等方面探索新的经济规律，在经济发展的速度、规模、领域等方面提出新的指标，规划新的航线。要在战略策略上善于利用资源高效利用、资源开发与替代、降耗减排、保护与治理环境等科学技术的力量。

5. 这一目标将成为国民经济管理改进提出正确的指向

多年来，"市场化"成为经济体制改革的原则，也是国民经济管理体制改革的原则，各项管理改革都本着如何才能实现"政府调控市场、市场调节企业""宏观可调控、微观可放开""管而不死、活而不乱"等来筹划。这些管理改革并不完全适用于社会、生态系统。经济发展方式转变涉及面很宽，必然要对相关的国民经济管理体制的改革提出不同于"市场化"的新的原则。在社会、生态系统，市场越来越成为一种利益制约的客观环境，而需求、供给更多地来自理性引领，政府将成为科学决策的组织者，民间成为理性的源泉和监督力量。为此，对计划调节与市场调节两大调节手段的应用，要在法规、制度、规划等方面作出更新，还要构建社会约束的力量，鼓励各种社会团体参与综合发展目标的建言献策、舆论监督；引导社会意识的理论、社会风尚、理念。

三　三维系统视角中衡量经济发展的指标

在综合发展目标追求下，改进国民经济管理首先是改变对经济发展的主要衡量指标，停止使用以 GDP 为经济发展的主要衡量指标与政府工作导向。与此同时，要寻求替代性指标，作为经济发展的主要衡量指标与政府工作导向。最后，基于发展定位设置相应的指标体系、确定指标之间的次序。

经济发展主要衡量指标的设定可沿着两个途径去探索。

1. 借鉴国内外已有的综合衡量指标

国内外已经提出了许多可供选用的综合发展指标。

联合国可持续发展委员会（CSD）提出的"可持续发展指标体系"，包含 147 项可持续发展指标，以"驱动力—状态—反应"为框架，可全面系统评价各国的可持续发展。其中，"驱动力指标"反映能否可持续发展的成因，即可持续发展的促进或制约因素。"状态指标"用来衡量可持续发展过程中各系统的状态和水平。"反应指标"表征是否可持续发展的"特征值"，是判断人类为促进可持续发展所采取的对策效果。

世界银行在 1995 年 9 月公布的一套以国家财富作为衡量依据的可持续发展指标体系。该指标体系将国家财富分解为自然资本、人造资本、人力资本、社会资本 4 个部分，并运用该指标体系对世界的 192 个国家的资本存量进行了粗略的计算，这是一个反映各国可持续发展的能力的重要参考。

中国科学院可持续发展战略研究组提出并逐步完善了一套五级叠加，逐层收敛，规范权重，统一排序的可持续发展指标体系。该指标体系分为总体层、系统层、状态层、变量层和要素层5个等级。系统层将可持续发展总系统解析为5大子系统：生存支持系统、发展支持系统、环境支持系统、社会支持系统、智力支持系统。变量层共采用45个指数加以代表。要素层采用了219个指标。全面系统地对于45个指数进行了定量描述。

国家统计局统计科学研究所和中国21世纪议程管理中心联合成立的"中国可持续发展指标体系研究"课题组提出一套指标体系，依据可持续发展的定义，将指标体系确定为经济、社会、人口、资源、环境和科教六大部分。指标体系分为描述性指标和评价性指标两种。其中描述性指标共有196个，评价性指标共有100个，均按6大部分分设。[①]

笔者认为，只有可持续发展指标体系才能包括三维系统的变量，并体现科学发展的原则。因此，作为经济发展与政府工作导向的主要衡量指标要从上述借鉴中抽取。首先，我们应当分设两类指标体系，一类是导向型指标，另一类是研究型指标。后者属于百家争鸣领域，鼓励理论界研究。前者则在吸取后者的基础上，由中央统一规定，作为政府宣传、统计、考核、评估我们发展成效的依据。这套指标体系在经过试行后要相对稳定，用了较长时期后有所修改，以求跟上总体认识的进步。

导向型指标设定应符合以下原则：一是简明，一组指标不超过10个就足够了。二是在统计上可行合理，符合统计学原理并在今后国家各级统计工作中能够操作。三是国家与地区可共用，分级衡量，其中部分指标能与国际接轨。四是"用户友好"即外行人容易理解，可产生宣传效果。

2. 按三大建设目标，即小康社会、和谐社会、"两型社会"的内容分别设定指标

"小康社会"初始含义是从世界各国人均国民收入的比较中产生的，反映人民可达到生活比较富裕的状态，这一状态虽然在收入水平上差于发达国家，但相对于中国人民在历史上长期处于贫困状态，新中国成立后长

---

① 张颖辉：《长山群岛生存与环境支撑系统可持续发展能力研究》（第二章第四节：国内外可持续发展指标体系的研究进展），辽宁师范大学硕士论文，2005。

期为解决人民的温饱而努力的情况来说，无疑是巨大的进步。然而，随着可持续发展与生态文明的认识不断深入，我们要有新的观念。这就是，一些局部经济指标根本不需要追赶发达国家，而在另外一些经济指标或其他指标上，必须赶超发达国家。例如，在人均 GDP 指标上，完全不用羡慕发达国家的高指标，因为我们已经认识到人均 GDP 并不代表国民的幸福指数、更不代表可持续经济发展。该指标只能作为事后的参考性指标，既无须作为事前激励人民的指标，也无须作为事后的成就来宣传，顺其自然。而在反映共同富裕的指标（如贫困线以下的人口占总人口的比重、基尼系数），反映非物质消费的恩格尔系数等，反映经济发展与稳定指标（如科技进步对经济的贡献率、失业率），反映城乡差别缩小的指标（如农民人均纯收入）等，就要规定下来，作为我们显示社会主义国家幸福指数的成就性指标。如果某一年我国在这些设定的指标上都提高，而在 GDP 或人均 GDP 上下降，那应当看成我国经济发展了，不是倒退了。

和谐社会的指标包括社会保障水平与社会矛盾状态两大内容。社会保障水平可以设置如下指标：住房基尼系数、人均医疗保险金、老龄人人均可支配收入、适龄少儿人均义务教育基金、慈善捐助占消费支出总额的比重等，在实践中逐步完善。社会矛盾状态的指标很难量化，像发案率、群体事件数等，并不是越少就体现越和谐，相反，治安不作为与高压状态下都有可能出现很低的发案率和群体事件数。因此这类指标需要在法制严明、政治民主的前提下使用。

两型社会建设指标体系应由三类指标群组成：①资源使用效率指标群，比如，万元 GDP 的能耗、地耗、水耗、金属原材料消耗、非金属原材料消耗，电力弹性系数，农业灌溉水利用系数，工业水重复利用率，初级产品出口比重，等等。②环境保护效果指标群，如森林覆盖度、水土流失面积占国土面积比例、土地荒漠化比例、城镇人均绿地面积、城镇污水处理率、城镇空气污染综合指数、生活垃圾无害化处理率、垃圾及废弃物资源化比例、万元 GDP 三废排放总量等。③产业生态化指标群，如企业清洁生产比例、可再生能源占总能源比例、"静脉产业"占 GDP 比重、环保产业增加值占 GDP 比重、高新技术产业增加值占 GDP 比重等。这三类指标群可以分别计算综合值，在每类指标群内给定各个指标的权数，加总后得出。两型社会建设可以用三个指标综合值来衡量。

两型社会建设指标具有国际对比的意义，必须赶超发达国家，因为这方面指标的动态变化在主要程度上代表我们发展循环经济、低碳经济的成就，应当学习人家的经验、创造自己的优势。

无论选择哪个途径，都要在统计实践中逐步得出相关科学设计：指标本身的组成、各个指标的权数、各个指标的排序。反映各类目标的实现程度后，再组合起来。

四 三类发展目标的统筹安排

三类发展目标各有其社会功能。经济目标的功能是社会生产所提供的满足社会成员生存、发展、享乐的物质资料。社会目标的功能有两重作用，一是直接社会所提供的"人的生产与再生产"所需的服务，二是体现社会生活的和谐、安全，以优良的社会环境塑造优良的社会成员。生态目标体现社会发展中遵循自然资源消耗限度与自然环境承载力的成就。

根据上述社会功能，三类目标都将有两类指标，一类是下限指标，一类是上限指标。

下限指标是必须达到一些最基本的指标，包括：①经济目标中反映社会生产所提供的满足社会成员生存与基本发展的物质资料的指标；②生态目标中反映自然资源消耗限度与自然环境承载力底线的指标；③社会目标中反映社会所提供的满足社会成员生存与基本发展的社会服务指标，以及社会基本安全指标。就社会生产力发展水平与社会调节能力基础来看，上述三类指标都是能够达到的，不能达到的指标则是社会发展过程中发生了严重的缺陷与忽略所致，必须率先地、尽快地纠正。

上限指标，在当前人类社会竭力争取可持续发展的大背景下，通常考虑的只出现在经济目标上。经济目标的上限指标，是由市场所推动的主要取决于商业智慧、取决于科技发展水平与政府决策偏好三大因素。从政府决策偏好这个因素看，如果党和国家出于某种政治考虑实行一项重要的体制变革与政策变更，并伴有取得经济目标的期望，那么在一段时期内所调动的社会能量可能在经济、社会目标上达到一个高度。从科技发展水平因素来看，如果社会出现了新的科技革命与新技术产业化的图景，国家的产业结构或产品结构就可能从计划或市场双重推动下、调动社会更多的资源进行重大调整，经济指标将有一个攀升。从商业智慧这个因素来看，由于市场主体通过学习效应、制度创新，在经营管理的组织形态、业务水平与经营战略的进步上，产生了社会性的汇集，经济指标或社会指标将有一个攀升。

上限指标与下限指标会产生矛盾，最可能出现矛盾的情况是：①在确立以经济建设为中心之前，曾经有过为达到社会目标的上限指标而损害经济目标、生态目标的下限指标。例如，为追求某种平等社会蓝图而抑制社会分工、削减劳动报酬差距、限制个人致富活动等。②为达到经济目标的上限指标而损害生态目标的下限指标、或损害社会目标的下限指标。如对自然资源进行掠夺性开采，以劳动者健康透支为代价取得经济成效。

为确保生态目标或社会目标的下限指标不受损害，就必须调整经济目标的上限指标。这是一个总的原则，关键在于要把生态目标或社会目标的下限指标规范清楚，以便增强操作性。这是第一层次的调整。

但仅仅不损害生态目标或社会目标的下限指标是不够的，如果每一个计划中都仅仅保持这种"不损害"，那对于我们当前已经产生的生态状况与社会和谐、安全和人的发展很不如人意的状态就无法得到改进。而且生态状况与社会状况是动态的，不稳定的，有可能在不知觉的情况下趋向恶化，或者有自积累的损害发生。没有一个指标量的"储存、积累"，想要稳定地停留在现状只是空想。为此，争取安排生态目标与社会目标的积极的改进指标，是完全必要的。

从理想的原则来说，经济目标、生态目标、社会目标三类指标应当是平衡发展的，都要有同等地位的上限指标。但实际上在现实生活中做不到。在社会主义初级阶段，还是只能以经济建设为中心，以经济发展作为更多优先考虑。我们能够做得，是在确保不损害生态目标、社会目标的下限指标的基础上，争取安排生态目标与社会目标的积极的改进指标，对经济目标的上限指标加以应有的限制。

当然，上述所说的道理都是在上限指标与下限指标产生矛盾的情况下适用的。就多数情况而言，经济目标的上限指标，与三类目标的下限指标往往都会相矛盾。所以统筹安排很必要。

第四节　综合发展效益

效益分为经济效益、生态效益、社会效益，这是当前理论界在可持续发展与科学发展的探讨中，对综合发展效益基本组成部分的共识。立足于这一的共识，进一步从理论上深入研究由这三类效益组成的综合发展效益，就可望使三大效益定位合理、关系协调，将科学衡量生产力进步的经济思维与人的发展、人与自然和谐的价值观与有机结合。在这一探索中，本书也仅只是提出问题、部分解决而已，全部问题远远未能解决，这有待于理论界共同努力。

一 三类效益的内涵

1. 经济效益

所谓"效益"，是效果与代价的对比。经济效益是经济投入与经济产出的对比，通常以生产要素的耗费与占用为分母，以社会有用产品和劳务为分子，这是经济效益的一般规定性。分母代表经济资源，分子代表经济财富。

经济效益概念本身就包含有合理增长方式的内涵，它决不鼓励盲目地追求经济规模与经济速度。经济效益本身包含着的投入与产出的对比，就表明节约（包括耗费的节约与占用的节约）是其内在的要求。

2. 生态效益

早在 20 世纪 80 年代出版的《政治经济学社会主义部分》中，就在该教材第五章的"经济效益与生态效益"中，给生态效益下了一个定义："生态效益，通常是指人们进行社会经济活动时，通过自然生态系统获得物质和能量转换的最大效率，从而保持生态平衡和改善生态条件。"[①] 多年前该教材所下的这个定义，比后来许多定义都更简明通俗。但是，将生态效益的内涵定位在"通过自然生态系统获得物质和能量转换的最大效率"上，在生态学上固然具有科学性，但很难与"人类社会经济活动"直接挂钩。此外，定义中诸如"最大效率""保持生态平衡和改善生态条件"等文字，都是好效益、正效益的表述，而生态效益本身的定义应当是中性的。为此，本书基于社会经济可统计、核算的角度，对生态效益定义作如下表述："生态效益，是人类开展社会经济活动所占用与耗费的自然资产，引起自然生态系统变化效果的对比。"人类对自然生态系统的干扰，归根结底是对自然资产的占用与耗费，主要分为对资源的耗费与对环境的影响。所引起的自然生态系统变化效果，包括：减少或增加自然资源、破坏

[①] 南方十六所大学《政治经济学》教材编写组：《政治经济学社会主义部分》，四川人民出版社，1985 年 7 月第 4 版，第 143 页。

或保持生态平衡、对环境产生好的或坏的影响等。至于人类社会经济活动中所引起的自然能量与物质的转换效率，是在我们可统计、核算的生态效益背后发生的自然过程，需要通过科学技术来加以认识与掌控。

3. 社会效益

社会效益是一个很难统一界定、远远没有达到理论共识的概念。初步计有二十多种说法。本文对已有的说法进行归纳，大体上分为五类：

一类是将社会效益归结为外部间接经济效益，即无法直接用货币来计量的经济效益。这一界定又分为两种，一是将社会效益作为企业直接的经济收益以外的收益，如企业获得的社会声望、信誉等。二是将社会效益作为指企业承担社会义务所增加的资源或给社会带来的收入，如某企业吸收残疾人员或社会待业人员就业，即可为国家增加人力资源，并减轻国家支付大量救济金的财政负担，从而为社会带来收入。在这里，社会效益概念用于企业，说明企业在主要创造经济效益之外还有非经济效益。

二类是将社会效益看作是从社会、国家的角度来看待的价值和作用，而不是从资金投入与行为主体的经济收入来看待的价值和作用。或者说是能够给他人创造收入、减少损失但不能转化为投资者财务收益的带有社会性、公益性的效用。如不能给投资者带来财务收益的纯公益性效用如防洪效益。在这里，社会效益是从行为主体的角度提出来的。

三类是将社会效益作为对社会的发展进步，对物质文明和精神文明建设两个方面产生的影响。或者说社会效益是指人们的社会实践活动对社会发展所起的积极作用或产生的有益效果。这一概念等于将经济效益包含在社会效益概念当中了。因此就进一步说广义的社会效益包括政治效益、经济效益、思想效益和文化效益等。在这里，社会效益概念只能独立使用。

四类是将社会效益作为相对于个人的、家庭的、集体的等局部性效益的概念，包含有全局性效益的内涵，同时将经济效益作为相对于文化效益、思想效益、政治效益的概念，因此社会效益与经济效益就不是相并列的概念。按照这类说法，凡是国家所考虑的效益，如推动科学技术进步、保护自然资源或生态环境、提高国防能力、保障国家和社会安全、改善人民物质、文化、生活及健康水平等方面所起的作用，都属于社会效益。这是从效益层次上来提出社会效益概念。

五类是将社会效益归结为教育、医疗、卫生防疫、出版、图书馆和档案部门、软科学研究等非物质生产部门的贡献，如人才培养对社会的贡献、医务工作对社会的贡献、图书出版发行后良好的社会影响、图书馆在物质文明和精神文明建设中所发挥的作用、档案工作的社会公益性所产生的作用、软科学研究对社会除了可计算为经济效益之外的贡献，鉴于我们这里探讨社会效益，是出于总体上认识综合发展效益，论述的角度是将发展视为三个系统的运动，即经济系统、生态系统、社会系统的综合演变，因此我们不取上述一、二、三、四这四个角度，而对第五个角度从理论上加以扩大和提升。于是我们将社会效益定义为：以人的生产与再生产为内容，包括人在经济生活之外的社会生活的效益，它反映人们在追求社会性目标过程中，所有投入与努力与所获的社会效果之间的对比。

按照此界定，社会效益的内容不能仅仅从教育、医疗卫生、出版、图书馆和档案、软科学研究等非物质生产的"部门性社会贡献"来把握，而是从人的生产与再生产的总体收益来把握，是人在社会生活中作为发展主体力量、其生命成长、能力形成、精神感受的各类效益。社会效益应当是社会系统中的效果与投入之比，在一定的社会投入条件下，取得的社会效果越大，则社会效益越大。

4. 三类效益的共同点与区别

从本质上看，三类效益都是广义的社会效益。经济效益是创造物质财富的效益，创造物质财富本身就是社会行为；生态效益，关联着社会经济活动所涉及的自然资源与自然环境的变动。可见，经济效益与生态效益都是社会性的概念，虽然生态效益的内容完全从自然因素来表现，但离开社会的角度自然因素本身是谈不上效益的。除开这两方面，有关社会主体——即人的生产与再生产、有关社会和谐的效益，就成为狭义的社会效益的内容。

5. 三类效益理解上的语义诠释

（1）对"投入"与"代价"概念上的歧义。

对经济系统而言，在人们理解中"投入"与"代价"是一致的。但涉及生态与社会系统，人们通常所说的"生态代价"与"社会代价"却不是"投入"的含义。"生态代价"不等于"生态投入"，"社会代价"也不等于"社会投入"。人们一般所说的"生态代价"与"社会代价"，实际含义是"生态负效果"与"社会负效果"，用于说明在追求经济效果的同时，产生了这两类负效果。对于经济效果而言，这两类负效果就是"生态代价"与"社会代价"。

（2）理解生态效益与社会效益概念中的误区。

经济效益作为经济投入与经济产出之比已经深入人心，但生态效益与社会效益尚未普及运用，人们对它们的理解往往偏离效果与投入之比这一内涵。有两种偏离，一是将投入当成效益，如用于生态建设或社会事业发展的财力投入，这些投入占经济总投入的比重或人均投入的数量；一种是将效果当成效益，如森林覆盖率、教育与医疗发展规模等。其实，前者只是表明社会对生态与社会问题的重视，后者只是生态建设与社会建设的成就，它们都不是效益这个概念。两种误区的出现有其必然性。在经济建设领域，社会必须从粗放型增长进入集约型增长阶段，经济效益成为主要追求目标。而在生态建设与社会建设领域，当前强调的是建设本身的规模与建设成就的数量，真正的效益观念只是初步强调。但我们在理论探讨上，不能陷入误区。

二 三类效益的构成

探讨三类效益的构成，就是在上述各类效益内涵的基础上，找出现实生活中属于每一类效益的效果或代价。

1. 经济效益的构成

构成经济投入与经济产出的内容应当是具体的。用于经济投入的生产要素，主要类型是劳动力、劳动对象（即土地等自然资源）劳动资料（工具、原材料等），它们分别转化为可核算的劳动量与物质资本量。劳动量以在岗人数或劳动时间来计算，物质资本量以货币价值量来计算，其中可以单独抽出最重要的生产要素：能源，土地，并以能源、土地的计量单位来计算。所有经济投入都可通约为货币资本。成为经济产出的社会有用产品和劳务，要转化为可核算的生产值。

2. 生态效益的构成

按照前述的生态效益定义，该效益由生态效果与生态投入之比构成。生态投入，就是分别选择某一范围内（从整个国家、省市县等地区单位、到企业和产品）的自然资产占用与消耗（包括能源消耗、原料消耗、水资源消耗与土地占用等）；生态产出，就是在生态投入相同的范围内，以经济产出为基数、以对生态系统的影响值为系数，两者乘积或者两者乘积的倒数。于是我们有两个公式：

公式 1　生态产出 = 对生态系统的影响值 × 经济产出

公式2 　　生态产出 = 1/（对生态系统的影响值 × 经济产出）

先解释"对生态系统的影响值"，所谓对生态系统的影响，分为对环境的影响与对资源的影响，需要分别评估后再相加。对环境的影响包括对大气、水体、空间占用三方面。假定空间占用的影响暂时忽略不计（不是不需要计，而是现在很难操作），那么，对大气与水体的影响，只有生态建设中产出的生态产品才有正数影响值，只有零排放污染的产品生产才有中性、即系数为零的影响值，绝大多数的产品生产，应都是负。对资源的影响，可分为对可再生资源的影响与对不可再生资源的影响。凡是使用不可再生资源的生产，其影响值都是负数；对可再生资源的影响，凡是超出资源再生能力的生产都是负数。这样，对生态效益的计算就会对人们产生一个印象：我们现在的经济发展，多数都是伴随生态负效益的。尽管这就是客观事实，但对一个理论概念的探讨本身就带来否定表述也不是办法。于是在数值的评估上我们可以加上一个限制：承载力，只有超出自然承载力的不良影响，才算为负值。这样可以减少生态负效益的范围（例如，对使用不可再生资源生产的影响值，像石灰石之类的资源是不稀缺的，因此水泥生产在这一点上不用评为负值）。

两个公式分别适用于不同情况。对生态系统的影响值有正、负、中性（其数值为零）三种。公式1适用于影响值为正数和零的情况，公式2适用于影响值为负数的情况。也就是说，对于生态系统有良性影响的经济产出，与生态产出是正比例关系。比如，植树造林，森林首先视为经济产出，它的量越大，生态产出就越大。对于生态系统有负面影响的经济产出，与生态产出是反比例关系。比如，某种产品的产出同时带来一定量的温室气体排放，其影响值的负系数一定，则经济产出越大，负的生态产出就越小。

确定上述构成的方式表明生态效益概念是服务于社会经济运行的。从理论上说，绝大多数的产品生产都只能是负的生态效益，如果对生态系统的不良影响一定，那么，经济产出越大，表明负的生态效益就越小。生态效益的概念，实际上就是要求我们在社会物质生产中，以尽量小的生态代价来获得足够的经济产出。同时，社会还要从事生态效益为正数的物质生产，如种草种树、节水设施、环保建设、垃圾转化、新能源开发等。

3. 社会效益的构成

研究社会效益，首先要对社会效果与社会投入进行界定。

社会效果，作为"人的生产与再生产的总体收益"，既有生理性的、也有社会性的。生理性的效果包括人的寿命、健康，它们是大自然与社会共同带来的结果，其中大自然带来的量应当先行排除。比如，人类的寿命在现有经济技术水平下，假定平均世界水平是60岁，如果某国广义的社会发展良好、特别是医疗保健条件好，使国民的平均寿命达到70岁，那么，其寿命只有超出世界平均水平的那个10岁才属于该国的社会效果。社会性的效果包括人力资源的培育与利用、人身安全与和谐、人的尊严等。

社会投入，除了包括社会系统中所投入的人、财、物力，还应当包括社会承诺与社会动员（不包括人、财、物力），后两者在一定意义上比前者还重要。社会承诺，是指社会领导力量向全体社会成员提出远景规划所要达到的基本目标，这一目标一作出，就承担了兑现的责任，含有社会领导力量背上了对全体社会成员思想债务的意义。社会动员，是指社会领导力量为带领全体社会成员去努力实现所承诺的目标，所付出的组织代价、政治思想上的动员工作代价，以及政治、军事、法律上的保卫代价。在支付与耗费了社会承诺与社会动员之后，如果取得的社会效果不大，社会效益是不高的。

从历史上看，新中国成立初期，新中国社会发展的社会效益是巨大的，因为当时的"社会投入产出比"十分良好。当时主要的社会承诺是"翻身解放"，这在最大限度上得到兑现；当时的社会动员十分有力，全国从上到下团结一心，发动了最广泛的人民群众来进行新中国成立后的建设事业。建国初期短短几年，所取得的发展综合效益，一大半不是来自缺少经验的经济系统的努力，而是来自历史机遇给我们的社会系统的努力。其中的社会效果：新中国的社会成员在生存、安全、健康、获得做人的尊严、获得精神活力与欢乐等方面，成效十分显著。

三　三类效益的度量

效益本质上要用相对数来度量。度量的单位有实物量或者价值量。

1. 经济效益的度量

在现实生活中已经广泛运用，其指标的具体化可根据度量目的而选用分子或分母。如果要度量总投入与总产出，只能选用价值化的指标：资金代表所有投入的各类生产要素的加总，生产总值代表所有产出的社会有用产品的加总。该指标以资金占用或资金耗费为分母，生产总值为分子，经济效益指标是资金生产率。如果要度量单项生产要素投入下的总产出，分母可以是实物量。比如，劳动耗费下的经济产出，经济效益指标就是劳动生产率；度量一定土地占用、或者一定能源耗费下的经济产出，则经济效益指标就分别是土地生产率或能源生产率。

2. 生态效益的度量

关键在于如何寻找自然资产投入与生态产出的数值。当前，我们尚未有自然资产总投入的计算方法，可量化只是部分单项自然资源消耗，如原料、能源的消耗可以用价值量，能源消耗与土地占用可以用实物量。生态产出的度量，在经济产出方面，要对作为劳动成果的生态产品用价值估算。生态系统影响值是没有单位的系数，但得出这一系数无法直接取得实验数据，而是需要科学界专门机构根据各种信息综合测评、共同商定。

在没有获得严格意义上的生态效益量值时，社会通常代之以一定时期、一定范围的生态成果或生态实绩来间接反映生态效益，于是，一方面是在经济成果有较大增幅的情况下，一些主要的单项生态资源的消耗（如能源）没有增加，这说明生态效益有所提高；一方面是国民收入水平非减情况下，社会的生态财富出现增量（如森林覆盖率增加），环境状况呈良性变化（如水污染程度降低、温室气体排放降低）。

3. 社会效益的度量

社会效益构成中的社会投入与社会产出，都难以量化。在社会投入中，只有投入到社会领域的人、财、物力才能量化，它们都是以社会效果为产出目的的经济投入。真正说明社会投入的"社会承诺"与"社会动员"更难用确定的数量来表现。因此，现阶段只能暂时以社会系统中经济投入与社会效果来对比。这样计算的社会效益是不完全的社会效益。

社会效果的度量，或者是某一社会部门（如教育、医疗、社会保险、治安）的社会效果，按照该部门专门的计量方式来算，或者是一国某一时期总体的社会效果，理论界设计了综合社会效果，如人的发展指数（包括人口平均寿命、人口平均受教育年限等）。某一社会部门的社会效果除以该部门的经济投入，得出这个部门的不完全社会效益；总体社会效果除以国民经济用于社会的经济投入总量，就得出一国某一时期总体的不完全社会效益。

社会效益度量的不完全性，还因为在社会投入与社会产出的计量当中，通常只对"量"进行计算而避开了对"质"的计算。以教育事业为例，人们一般注意的是，当前要强调对教育领域的投入规模以及教育事业的发展规模，而不计算规模以外的效果。教育事业的发展规模，简单地说就是学校的数量规模、教师数量与学生入学数量。实际上，只有通过教育大众化的发展，实现教育机会均等化，追求社会上的人力资源成长，才是从社会效益意义上看问题。曾任世界银行副行长的温诺·托马斯就认为，在人口的自然分布均等的情况下，在同一个国家内的教育机会的严重不均等将是最大的浪费。教育机会不均等，使国家的教育投入变成富裕阶级的奢侈品，对于社会发展的收效甚微。此外、不正确的教育理念，使学生耗费大量社会教育资源与自己时间精力、却在人才成长方面收效甚微，这种效益低下，无法用规模增大来弥补。

四　三类效益的追求

既然三类效益其本质都是社会效益，三种效益就各有其社会功能。经济效益的功能是以尽可能少的经济成本提供满足社会成员生存、发展、享乐的物质资料。社会效益的功能是以尽可能少的社会成本，提供"人的生产与再生产"所需的服务，实现社会生活的和谐、安全，以优良的社会环境塑造优良的社会成员。生态效益的功能是以尽可能少的生态成本支撑社会发展，不超出自然资源消耗限度与自然环境承载力。

经济效益的提升，取决于社会生产中"人尽其才"与"物尽其用"两大因素。如果人力资源配置、社会分工与劳动分工合理、优化，人的积极性充分调动，就能提升经济效益；如果生产资料配置合理、优化，各类机器设备与原料材料的质量不断改进，就能提升经济效益。综合性经济效益的提高，取决于科技发展水平、组织管理水平，前者反映人与自然的关系，后者主要反映人与人的关系。理顺与改进这两类关系，都与社会生产两层制度有关：微观的企业制度与宏观的经济体制。在追求经济效益的社会运动中，如果社会出现了新的科技革命与新技术产业化的图景，国家的产业结构或产品结构就可能从计划或市场双重推动下、调动社会更多的资源进行重大调整，经济效益指标将有一个攀升。如果企业通过学习效应、制度创新，在经营管理的组织形态、业务水平与经营战略的进步上，产生了社会性的汇集，经济效益或社会效益指标将有一个攀升。如果党和国家出于发展决策实行一项重要的体制变革与政策变更，并带动经济效益的取得，那么在一段时期内所调动的社会能量可能在经济效益、社会效益上达到一个高度。

上述对经济效益追求的描述，适用于全局的、长期的经济效益，其中没有任何损害生态效益与社会效益的因素。但是，对于追求局部的、短期的经济效益，就不完全适用了。提高劳动强度、延长劳动时间、压低劳动报酬，都可能提升经济效益。掠夺性地开发自然资源当然也能提升经济效益。对于市场竞争，无论在企业间、地区间、国家间，都会有多种提升自己的经济效益、而损害别人的经济效益的做法。所有这些，都要分辨清楚。

反过来，对生态效益或社会效益的追求，必然要反对片面追求局部的、短期的经济效益，在这方面没有什么争议。我们现在面临的重要问题，是在追求生态效益或社会效益当中，产生限制经济规模与经济发展速度的要求，这对提升全局的经济效益将带来限制，国家要统筹安排。然而，这种限制要求是为了社会经济的可持续发展，也就是说，归根到底，有利于追求长期的经济效益。

上述对经济效益追求因素的论述，在很大程度上也适用于对生态效益与社会效益的追求。区别在于三点：①为提升这两类效益，对于提高科技发展水平、组织管理水平、改进相关制度，要将"以人为本"、生态优先的原则直接放进去。②生态效果与社会效果的短期或长期利益评估，经常不是一次性认识就能解决的，可能需要长期实践。当前认识到的效果很可能只有短期利益、而在长期上却有害。科学的评估有赖于各自学科的不断进步。③后两个效益的追求还要有独立的建设与发展措施。为此，争取社会主义物质文明、精神文明、政治文明、生态文明建设"四位一体"，这是我们的全面追求。

五　三类效益的综合

效益都是用指标来度量的，三类效益都可设置各自的指标体系。要追求综合效益，三类效益的指标就需要综合起来。

三类效益的综合方式有几种。一是在经济效益当中，改进指标，使本来作为经济效益的指标具有生态效益或社会效益的内容。例如，在社会总产品的增长中，增长绿色产品的比重；在能源比重中，增加可再生能源的比重，这些都是将生态效益的内容融入经济效益指标中。又如，将基尼系数作为经济效益的重要指标，就可使社会效益融入经济效益的内容。二是分别设置生态效益与社会效益指标，使之与经济效益指标并存。三是设计复合型效益指标。如能源消耗系数，即国民生产总值与能源消耗总量比，就是经济效益与生态效益的综合指标。

1. 改进经济效益指标

改进经济效益指标的方向在于扭转盲目追求增长的数量而注重经济增长的质量。增长质量有两方面内容决定，一是体现增长有效率，能够在同等产出情况下减少投入，或在同等投入条件下增加产出。无论哪种情况，都表明有效率的增长就是节约型的增长，节约投入、节约生产要素、节约劳动、原材料、能源、土地资源，增长的效率已经包含有生态因素。二是体现增长的结构优化。在增长中，不是复制原有的落后结构，而是在结构升级中增长。当代先进的产业结构，主要是信息化与生态化。前者适合信息技术广泛应用、信息技术产品市场不断扩大的趋势，赶在世界经济技术潮流前沿，其产品的价值量高，因此可以在较小的生产规模与物质投入情况下获得更多的国民财富。因此，产业结构先进性的两个方面，后者直接体现生态效益，前者也间接体现生态效益。

2. 设计经济——生态二维系统的复合型效益指标

经济效益是最成熟的概念，对经济效益进行生态化改造，提高这个概念本身的综合发展含量，是提高社会经济发展指标衡量科学性的最简捷、最实用的办法。经济效益进行生态化改造有两种方式。

一种是经济效益的产出不变，产出还是"社会有用产品和劳务"，而对投入的内容进行扩展，增加生态性投入，即包括经济成本与可核算的生态成本在内的全部投入，于是经济效益就成为生态经济效益。宏观生态经济效益指标，反映的是一国为获得一定量的有用产品和劳务，耗费或占用了多少劳动、资本、土地、能源、水资源、金属矿产等。微观生态经济效益指标，要通过生态性成本内生化的政策措施，使微观经济效益指标逐步转化为微观生态经济效益指标。

生态经济效益指标体现了"追求一个系统的效果，衡量两个系统的成本"这样的构成。暂时将发展目的限于取得社会有用产品与劳务、也就是物质财富上，只不过加上了生态制约的衡量内容。如果国家为取得这个直接经济效果付出的劳动、资本、土地、能源、水资源、金属矿产总量过高，反映在生态经济效益指标上就肯定低。但是这还不能衡量完全的综合发展效益。

另一种是经济效益的投入不变，投入还是"生产要素的耗费与占用"，而将产出的内容扩展为经济效果与生态效果两方面。这样的生态经济效益指标，反映了经济建设包含有生态建设的双重成就。比如，通过本年度某一投资规模，取得了某个商品与劳务总量，同时也取得了改善环境、开发新资源的成就，包括森林覆盖率提高，等等。这类生态经济效益指标用于宏观经济，用于考核全国与各级地方的双重建设成就，拓宽了"政绩"的含义。当然，其局限性是明显的，没有计入生态性投入，就可能使增加生态财富与耗费生态财富两相抵消，虚报政绩。

经济——生态二维系统的完全复合型效益指标，是将以上两种方式结合起来。以经济投入与生态投入为综合代价，以经济成果与生态成果为综合成果，完全体现"追求两个系统的效果，衡量两个系统的代价"的构成。

3. 设计经济—社会二维系统的复合型效益指标

这类复合型效益指标，在理论基础上要远远落后于生态经济效益指标。部分经济指标已经包含着社会效益的内涵，如恩格尔系数、基尼系数，可视为初步的经济——社会二维系统复合型效益指标。鉴于"社会投入"还无法量化，我们现在可以先设计这样的指标：在经济投入基础上能够取得经济与社会两方面成果的指标，反映"追求两个系统的效果，衡量一个系统的成本"的构成，实际就是"少花钱、多办事"。办好的事情，既有经济意义，也有社会意义。这样的指标，也仅仅是权且用之，其缺陷非常显著：既不能解决两个系统的效果相互矛盾的问题，也不能反映社会投入的代价。对两个系统的效果相互矛盾的问题，只能在发展目标上寻求综合平衡发展，对经济发展指标与社会发展指标采取统筹安排的方法。

4. 设计三维系统的复合型效益指标

这类指标，在理论上应当反映"追求三个系统的效果，衡量三个系统的代价"。但如前所述，"社会投入"还无法量化，我们能够在现实生活中设计的，只能是"追求三个系统的效果，衡量两个系统的成本"，即以经济投入与生态投入为综合代价，取得经济、社会、生态三方面的综合成果。此项设计，先以经济—生态二维系统的完全复合型效益指标设计中的两个系统综合代价为投入项，再以三个系统的效果加总数值为产出项，两项相比即可。

产出项的计算有两种方式。一是选择有代表性的单项经济效果、生态效果与社会效果，分别对每个单项效果设定权数，进行加权综合；二是选用反映三维系统共同的综合效果值。设计这一综合效果值，正是世界性的研究课题。国内外都是从"可持续发展"入手，分别设计了可持续发展的指标体系。但指标体系是不能直接作为产出项来计算复合型效益的，还得产生一个单项指标。预期理论的发展趋势，我们有待可持续发展指标体系的研究继续推进，不断简化，最终解决以单一指标来反映经济发展、社会发展与生态成效提升的综合产出。

参考文献

[1] 刘思华主编《可持续发展经济学》，湖北人民出版社，1997。

[2] 张坤民等《可持续发展论》，中国环境科学出版社，1999。

[3] 李君如：《全面建设小康社会综论》，江西高校出版社，2003。

[4] 颜廷锐、王飞等编著《中国全面小康问题报告》，中国发展出版社，2004。

[5] 朱启贵：《绿色国民经济核算论》，上海交通大学出版社，2005。

[6] 李志强：《生态效益、经济效益和社会效益的矛盾和统一》，《中国资源综合利用》2000 年第 2 期。

[7] 张颖辉：《长山群岛生存与环境支撑系统可持续发展能力研究》，辽宁师范大学2005 年博士硕士学位论文。

[8] 杨淑艳：《从经济—社会—生态三维度看可持续发展战略》，《思想政治教育研究》2008 年第 6 期。

[9] 卢中原、侯永志：《中国 2020：全面建设小康社会目标的新要求》，《中国发展观察》2008 年第 4 期。

[10] 周叔莲：《加快经济发展方式的转变》，《新视野》2010 年第 3 期。

第八章

绿色经济与绿色增长

第一节　生态文明相关经济形态概念的
关系与战略安排

在科学发展观引领下的生态文明建设，是要建设一个人与自然和谐的社会经济，形成全新的经济形态。本章的内容，将对生态文明相关的经济形态概念：生态经济、可持续发展经济、绿色经济、资源节约型社会、环境友好型社会、循环经济、低碳经济等，按口径分为三个层次，分别解说其内涵。根据我国科学发展的客观需要，结合上述三个层次的概念内涵，阐述我国可持续发展的战略取向。

一　基于人与自然关系的经济形态

在马克思主义经济学的术语中，经济形态是指代表一定历史阶段生产力水平的生产关系（包括劳动占有关系与劳动交往关系）与生产方式的表现形态。在一定历史阶段，总体生产力水平基础上的社会经济制度是最显著的经济形态，在这个角度上，人类历史上的经济形态就是人们所熟知的原始社会经济、奴隶社会经济、封建社会经济、资本主义经济、社会主义共产主义经济。但在其他角度上，又有不同的经济形态分类，比如，从劳动交往关系的角度，就可分为自然经济、商品经济、产品经济。从生产技术系统、主导产业的生产力角度，就可分为渔猎采集经济、农业经济、工业经济、知识经济。上述经济形态分类，一个共同点就是它们在同一地理范围中是承前启后的，也就是说，经济形态概念中有"时间维"。只有在不同地理范围中，不同经济形态才在同一时代并存。也有发展道路与方式的选择不同，而可能出现的不同经济形态，如计划经济与市场经济这两个概念。

在经济发展中，人与自然的关系状态也构成不同的经济形态。在这一领域，相关概念不断出现：生态经济、可持续发展经济（或可持续性经济）、绿色经济、资源节约型与环境友好型社会、循环经济、低碳经济等，都可作为经济形态概念。为此，需要理清这些概念的关系，以免因不断涌现的概念给人们的思想带来混乱，或展现一幅杂乱的图景。

二　生态文明相关经济概念的关系

分析生态经济、可持续发展经济（或可持续性经济）、绿色经济、资源节约型社会、环境友好型社会、循环经济、低碳经济这七个概念，可作出如下逻辑判断：①口径最宽的是生态型经济与可持续性经济，它们在概念外延上包含其他概念的内涵。②口径居中的是绿色经济，它的概念含义反映了生态型经济与可持续性经济的一个主要侧面。③口径最小的是资源节约型社会、环境友好型社会、循环经济、低碳经济。其中，相对于生态文明建设来说，资源节约型社会、环境友好型社会主要是目标性概念，循环经济、低碳经济主要是手段性概念。以下分别做解说。

1. 生态型经济与可持续性经济是最能全面反映可持续发展理念的概念

人类走可持续发展道路，是一项新的选择，是发展模式与发展道路的转型。这一选择表示人类经济社会发展不再按照原有的方式延续下去，因为那样必将导致社会经济不可持续，必将随着资源系统的耗竭而坠入灾难性的崩溃。人类要追求的是建立与之相反的可持续性经济，这是一个"经济发展的生态代价和社会成本最低的经济"[①]。也就是说，在人类社会永久的发展中，不断产生的生态代价和社会成本，始终都要低于再生的资源，以保持资源系统能够为我们的子孙后代永续利用。而要建立的这一新类型的经济，其根本特点就是在自然与社会两个方面体现生态平衡。因此，综观这两个概念，对于走可持续发展道路的选择而言，可持续性经济是总体目标、生态型经济是总体性质。它们分别反映了人类未来理想的社会经济的两个侧面。

生态型经济或可持续发展经济不仅包括人与自然的关系，也包括人的社会关系。人与自然的关系直接属于生态平衡问题，人的社会关系则间接

---

① 刘思华主编《可持续发展经济学》，湖北人民出版社，1997，第 20 页。

进入生态平衡问题之中。在社会关系出现严重两极分化、严重不平等、社会矛盾总是选择暴力解决的状态下，频繁发生的社会动乱将大量毁灭各类资源，直接破坏人类社会赖以持续的资源系统。因此，可持续发展问题必然包含和平与发展问题，而消除贫困与不平等就是其主题。

2. 绿色经济反映了人与自然之间关系和谐性的概念

人与自然之间关系的和谐性是生态型经济或可持续性经济的主要方面。人们用"绿色经济"来命名人与自然和谐关系的经济形态，但绿色经济一般不用于形容人与人之间关系的和谐性。

理论界为什么要用"绿色"这个概念来反映人与自然之间关系方面的经济和谐特征？这是从生态学角度出发的。世界各民族都对"绿色"的生命活力象征有共同感受。如果结合中国文化，则还有更深的意蕴。绿色是植物的颜色，在中国文化中有生命的含义，也是春季的象征。同时在中国的五行学说中，绿色是"金木水火土"中的"木"的一种象征。绿色是生命的原色：从人类为了生存栽培植物开始，绿色就代表了生命、健康、活力和对美好未来的追求，哪里有绿色，哪里就有生命。在这里，绿色是一个特定的形象用语，它不仅仅是指绿颜色或是有生命的植物，而是指一种自然万物和谐共存的生态环境以及对其的保护、维护和改善，绿色中蕴涵着生命最基本的意识，追求好的方向。

3. "两型社会"是可持续发展战略的目标概念

资源节约型社会与环境友好型社会是我国在社会主义经济建设中，贯彻实施可持续发展战略的两大目标，它们分别针对解决人与自然关系中两个主要问题：资源与环境，来体现人与自然和谐关系的发展蓝图。资源节约型社会要求的是经济发展不能突破自然资源供给的承受限度，在社会经济的各个环节（生产、交换、分配、消费）必须通过各种手段提高资源的利用效率，实现自然资源的永续利用。环境友好型社会要求的是要将人类活动对自然的负面影响限制在生态环境的承载能力范围之内，通过保护自然环境的自我修复能力，加上人类对已损害的自然环境的修复，维持人类社会与自然环境的协调状态。

建立资源节约型社会与环境友好型社会都是实现生态型经济的现实目标，分别反映两个重要侧面，但不是全面反映生态型经济的所有内涵。如人的生产与再生产就不是直接纳入建设"两型社会"的含义中。这两大目标既相互区别，又相互制约。比如，对于资源节约，就要求人类在遵循环境保护的标准当中适度使用自然资源，以及使用自然资源生产的物质财富，这是环境制约下的资源节约。对于环境保护，既要防止人类过度使用自然资源而直接破坏生态环境，也要对生产生活中产生污染进行防治，而防治污染的根本办法就是相对减少矿产资源的使用，这是资源制约下的环境保护。

资源节约型与环境友好型社会，其重合之处，就是对基本资源的珍惜与保护。基本资源包括土地——土壤资源、水资源、森林与其他植被资源、物种资源。保护这四大资源，是最重要的资源节约，同时也是最主要的环境保护（见下图）。

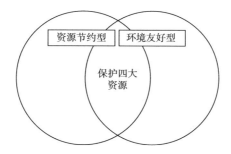

4. 循环经济和低碳经济是可持续发展的实践要求

循环经济和低碳经济分别从两个角度来体现可持续发展的实践要求：循环经济是可持续发展的一个现实途径、低碳经济是可持续发展的一个现实效果。两个概念的外延都不宽，但实践性很强。它们的口径还不一样，循环经济是从物质能量可循环的领域来看的，低碳经济是从能源与大气的角度来看的。

（1）"循环经济"一词，首先由美国经济学家 K. 波尔丁在 20 世纪 60 年代提出的，主要指在人、自然资源和科学技术的大系统内，把传统的依赖资源消耗的线形增长经济，转变为依靠生态型资源循环来发展的经济。它由"宇宙飞船经济理论"延伸而来。"宇宙飞船经济理论"指出，地球只是茫茫太空中一艘小小的宇宙飞船，人口和经济的无序增长迟早会使船内有限的资源耗尽，而生产和消费过程中排出的废料将使飞船污染，毒害船内的乘客，此时飞船会坠落，社会随之崩溃。为了避免这种悲剧，必须将经济增长方式从"消耗型"改为"生态型"；从"开环式"转为"闭环式"。宇宙飞船经济要求建立既不会使资源枯竭，又不会造成环境污染和生态破坏、能循环使用各种物资的"循环式"经济，以代替过去的"单程式"经济。20 世纪 90 年代之后，发展知识经济和循环经济成为国际社会的两大趋势。我国当时就开始引入关于循环经济的思想。

经过多年的理论研究和实践，现在取得基本共识的循环经济（cyclic economy），是以产品清洁生产、资源循环利用和废物高效回收为特征的生态经济体系，是基于一种物质闭环流动型经济运动的经济形态，其基本内容是在资源开发与产品的生产、流通、消费全过程中，通过资源高效和循环利用，实现废弃物的低排放甚至零排放，把清洁生产和资源综合利用融为一体，达到保护环境，降低资源耗费的目的。

循环经济的宣传和推广，为可持续经济发展提供了一种现实的经济形态。从它与传统经济相比来看，传统经济是"资源—产品—废弃物"的单向直线过程，创造的财富越多，消耗的资源和产生的废弃物就越多，对环境资源的负面影响也就越大。而在循环经济中，经济活动组成一个"资源—产品—再生资源"的反馈式流程，以物质闭路循环和能量梯次使用为特征，按照自然生态系统物质循环和能量流动方式运行的经济模式。从而使经济系统与自然生态系统的物质循环过程相互和谐，促进资源永续利用。因此，循环经济是对"大量生产、大量消费、大量废弃"的传统经济模式的根本变革。

（2）"低碳经济"，从严格的定义来说，就是消耗含碳元素燃料小的经济。几千年来，人类消耗的燃料主要是来自木材、煤炭、石油这三大类由碳元素构成的自然资源。工业革命之前是木材，工业革命之后是煤炭、石油这两大化石能源。木材是可再生资源，取自可生长的树林，但是，在人类对其消耗的速度超过其再生速度的条件下，木材作为燃料就是在直接破坏地球的一个基本资源：森林与植被，并危及其他三个基本资源：土地—土壤资源、水资源、物种资源。工业革命发生了煤炭、石油对木材的燃料替代，使世界在大规模燃料需求的条件下，挽救了森林、挽救了生态环境。在某种意义上说，工业文明是靠化石能源来支撑的。然而，这两大化石能源是不可再生资源，对它们的大规模使用使社会经济发展的资源依托十分脆弱，一旦资源耗竭对人类社会的持续发展就将是毁灭性的打击。恰好科学界基本测算到化石能源在不远的将来就会耗竭，在此之前会给经济发展带来越来越高的能源成本。

同时，过多使用煤炭、石油很难避免对大气层的污染。在科技水平不高条件下对大气层是直接污染，大气中的二氧化碳含量会急剧升高；即使科技水平提高也只是减少污染，但温室效应仍然会存在。只有对这三大燃料的使用都降低，才会有效地保护地球生态环境。

追求"低碳经济"是实施可持续发展战略的一个重要方面。在当前人类经济活动危机大气层的生态平衡、温室效应不断增强的情况下，保护生态环境的核心措施就是发展低碳能源和低碳能源技术。前者意味着发展替代性的非化石能源，如核能发电、风力发电、沼气应用、太阳能应用以及其他可再生能源的开发利用。后者意味着提高现有不可再生能源的使用效率，如天然气综合利用，煤炭资源的清洁利用、综合利用和循环发展，建立和推广整体煤气化联合循环发电系统（IGCC）。

循环经济与低碳经济从不同角度改进了传统工业化的资源消耗方式，确立了十分重要、极为迫切和现实的生态经济发展路径，关系到人、自然资源和科学技术的相互关系。

三 走可持续发展道路的战略安排

前面我们已经按照概念的理论内涵口径将七个概念分为最宽、居中、最小三个层次，现在我们还可以从战略安排上将七个概念分为高低不同的三个层次。①最高的层次是生态型经济与可持续性经济；②中间的层次是绿色经济；③最低的层次是资源节约型社会、环境友好型社会、循环经济、低碳经济。在实施可持续发展的战略中，应将最低层次作为"最近"的安排，最高层次作为"最远"的安排。

本书所谓"最近"或"最远"的安排是指如下含义："最近"的安排将形成最直接的战略措施，最现实的发展指标，最优先的日程安排与最能影响社会日常生活的具体提倡。在国家五年发展规划等各类计划调节中，将尽快设计出能够量化的对应指标，用于考核各级政府、企业等可持续发展的实绩与程度。而"最远"的安排，将从观念上远远超越上述直接的、现实的、具体的、日常的、量化的束缚，基于全面、系统地思索人类未来，将现实能做到的或者暂时无法做到、但必将要做到的来个通盘考虑，努力创造条件逐步实施，在或短或长的时期内付诸实践。对于"最远"的安排，要严格把握上述含义，不要有束之高阁的误解。

在我国经济建设进程中，面对着越来越严重的人与自然的矛盾，自20世纪80年代起，理论界开始不断引进与探讨可持续发展的新理念，逐步提出在经济建设中注重维护生态平衡、走可持续发展道路的主张。1994年国务院通过的《中国 21 世纪议程》阐明了中国的可持续发展战略，标志着可持续发展已经成为国策，并需要成为社会共识。

下面我们具体论证。

1. 实施低碳经济与循环经济是当前紧迫的战略措施

从某种意义上说，低碳经济是横向比较下的战略措施，循环经济是纵向比较下的战略措施。

（1）低碳经济。

低碳经济成为国际生态关系的聚焦点，是履行国际生态义务的直接领域。推行低碳经济将直接促进大气环境保护、延缓全球温室效应加剧的进程、缓解世界能源危机。为此，低碳经济成为世界各国联手推进的国际生态大事，它不仅有助于引发人类生产生活方式的改变，也将引发国际经济中的新的商机、利益关系与竞争机制。中国要争取成为持续重要的碳交易市场与低碳商品生产与出口基地。

（2）循环经济。

发展循环经济已经成为我国工业化发展进程中、贯彻可持续发展战略所不可避免的选择。我国正处于工业化中期阶段，还需要经历一个资源消耗阶段，投资率高，原材料工业增长速度快，特别是粗放型经济增长方式没有根本改变，资源浪费大，单位产值的污染物排放量高。为此，我国的工业生产必须注重两端：一方面在资源开采、生产消耗这一端提高资源利用效率；另一方面在减少资源消耗的同时，相应地削减废物的产生量。

2. 建立资源节约型社会与环境友好型社会是我国生态文明建设的行动指南

"生态文明建设"概念包括制度建设、经济机制（市场与计划）、产业体系、生态文化。由于"生态文明"如同"社会主义""小康社会"、"和谐社会"一样处于相同的概念层级，不可能在短时期内完全揭示其丰富的内涵，因此，我们当前只能在现有认识基础上规定生态文明建设的行动指南，这就是建立资源节约型社会与环境友好型社会。

为此，我们的现实的生态文明建设，就是围绕两个中心来开展。一个中心是：在经济社会发展的各个方面，以节约使用自然资源和提高自然资源利用效率为中心，以节能、节水、节材、节地、资源综合利用为重点，以尽可能小的资源消耗代价，获得尽可能大的经济和社会效益。另一个中心是：在经济社会发展的进程中，以环境承载能力为基础，以遵循自然规律为中心，以绿色科技为动力，坚持保护优先、开发有序，合理进行功能划分，在环境保护、生态平衡的前提下进行开发与建设，实现自然生态系统与经济系统的良性互动。

显然，按照建设两型社会的目标来开展生态文明建设，已经超出能源使用与资源循环的低碳经济与循环经济范围，涉及整个国民经济。这需要在国民经济规划当中，逐步完善其指标与措施，保障经济社会的可持续发展。

3. 处理好生态型经济中两大和谐问题

"生态型经济"中包含人与人的关系、人与自然的关系这两大关系，"绿色经济"反映人与自然之间的关系。可持续发展战略必须最终实现人与人之间、人与自然之间的两大和谐。对于我们确定原则，最高层次是生态型经济，与中间层次的绿色经济在战略上分别是"最远"的安排与"中间型"的安排，应当有正确的理解，不能简单地理解为要先解决人与自然之间的和谐、然后再解决人与人之间的和谐。

走可持续发展道路，人与人之间跟人与自然之间的和谐应当不分先后。但从历史的发展进程来看，实现两大和谐是不可能同步行动的。我们知道，人类历史自进入阶级社会以来就没有和谐，也没有其他思想能够真正提供实现和谐的思想武器，只有马克思主义提出共产主义目标、使世界整个社会成为"自由人联合体"，才指出了人与人之间实现和谐的根本道路。但是，这条道路具体怎么走，仍然有待探索。苏联社会主义模式的失败对走这条道路是一个挫折。中国在党的十一届三中全会之后，走出了原来"阶级斗争为纲"的迷误，按照社会主义初级阶段党的基本路线与走共同富裕道路的理念来建设和谐社会。经过建立市场经济的一段实践之后，面对诸多社会矛盾，我们逐步认识到，人与人之间实现和谐仍需进行努力探索。相比之下，人与自然之间的冲突，虽然迟至20世纪中叶后才为人类所意识到，但对矛盾的解决却能较快形成共识，寻找出正确的发展路径。环顾当前，我们在解决人与自然之间矛盾的努力中，虽然障碍重重，却基本能够迈出坚实的步子。而在解决人与人之间矛盾的努力中，还未迈开大步，还有一系列重大认识问题需要取得突破性进展。

对此，我们可以得到这一基本判断："绿色经济"的理念，应当更快地转化为实际的制度、政策、产业发展规划、企业经营战略以至生活准则，成为更清楚的舆论宣传与教育材料，成为社会主义生态文明建设的实际行动。而对于人与人之间实现和谐，一方面要努力领会、大力贯彻科学发展观的"以人为本"理念，将已有的正确认识落实在行动中，一方面则继续在马克思主义指导下，发展哲学社会科学，面对现实、经过实践来取得诸多问题的社会共识。当然，在许多问题上，两者是相互促进的。如抑制两极分化、限制耗竭资源的奢侈型生活方式，就同时具有推进两个和谐的意义。其中可行的内容应当作为可持续发展战略的有机组成部分列入当中。

第二节　建设资源节约型社会、环境友好型社会

党中央在十六届五中全会上提出了建设"资源节约型"与"环境友好型"社会的目标，作为实践科学发展观的重要内容，将建设两型社会定为国家经济与社会发展中长期规划的一项战略任务。这一目标的提出，突破了从经济意义上来表达发展目标的局限，首次从生态意义上来表达发展目标。

一　资源节约型社会

（1）资源节约型社会是整个社会经济的运转建立在节约资源基础上的社会形态，借助先进的科学技术和管理理念，采用法律、行政、经济、工程和宣传教育等综合措施建立资源高效利用的社会系统。它以提高资源利用效率为核心效率，以节能、节水、节材、节地、资源综合利用为技术进步、管理进步的重点，追求以尽可能小的资源消耗，获得尽可能大的经济和社会效益，从而保障经济社会的可持续发展。资源节约需要有生产方式、生活方式与行为方式几方面的改进。

资源节约的内容包括三个层次。第一层次的节约是生产资料的节约，主要追求降低现有工业化生产中原料与能源消耗，降低农业生产中水、土资源消耗。这一层次的突破口在于转变粗放型经济增长方式，大力推广生态型技术的应用。第二层次的节约是物质资料的节约，主要追求物质资料生产规模的相对缩小，这就要求在增长方式转变基础上进一步改变现有浪费型生活方式，这关系到整个市场经济机制的转变。第三层次的节约是社会资源的节约，主要追求在社会生活中各种经济资源、人力资源、生态资源的高效率。要使整个社会的物资节约使用，少花钱、多办事。除了市场

经济机制转变之外，还要有政治理念与行政方式的转变。三个层次均可作用于产业结构调整上，促使产业结构"绿色化"。由此看来，只有第一层次的资源节约是靠科技进步来解决，而另外两个层次的资源节约则要靠经济与社会机制的改进来解决，当然更离不开科学发展的推进。

（2）节约的范围包括全部再生产过程的节约，而不是特指某一环节的节约。依据马克思的社会再生产理论，节约型社会在其节约范围上要求生产领域节约、交换领域节约、分配领域节约和消费领域节约，如果只偏重某一领域的节约，而忽略了其他领域的节约，势必会事倍功半。为此，资源节约型社会内涵主要有两个内容，一是生产型节约，二是消费型节约。

生产型节约是体现经济增长方式转变的重大成果，粗放型增长的突出表现就是在生产中高物耗、高能耗，浪费资源，增大原料与动力成本，进而产生高污染，社会在取得物质成果的同时还要为生态维护付出重大代价，经济成果与生态代价两相抵消，最终收益不大，局部还有得不偿失的。生产型节约要通过改进生产技术、改进管理方式来取得。在此基础上发展低耗能、低排放的经济，严格限制高耗能、高耗水、高污染和浪费资源的产业发展。

消费型节约要使全体社会成员树立新型的消费观念和优化消费行为，在全社会形成崇尚节俭、合理消费、适度消费的理念，用资源节约的根本理念引导消费方式的变革，逐步形成文明、节约的行为模式，形成与国情相适应的节约型消费模式。在倡导节约型消费中，不仅包括公共资源的消费，也包括个人消费品的消费。有的消费虽是个人出钱，实际上最终还是涉及公共资源。水、电消费归根结底是耗费公共资源，尤其是高档别墅与高尔夫球场，更是占用土地这项最基本的公共资源。鉴于任何人都没有随意浪费社会公共资源的权利，中国工程院院长徐匡迪院士提出建议制定奢侈品的标准，开征购买奢侈品的高消费税，在经济上限制奢华的不良风气，积极制止不良消费倾向扩大和蔓延的趋势。① 倡导消费观念的转变，意味着扼制人无尽欲望的膨胀，在全社会确立生态文明的消费观。

关于在宏观经济中"刺激消费、拉动增长"的主张，从生态经济角度来看，既有合理的因素，也有不合理的因素。合理的因素，是当前我国全

---

① 徐匡迪：《依靠科技创新，建设节约型社会》，中国网，2005 年 6 月 27 日，http://www.china.com.cn/zhuanti/115/jieyue/zhuanti/txt/2005－06/27/conent_ 5699958. htm。

体人民的总体消费水平、尚未达到小康水平，对人的自由全面发展还有来自消费方面的抑制；不合理的因素，是在合理消费不普及、不足的条件下，大面积地出现了浪费型的消费。这种消费刺激起来，表面上能够拉动经济增长，实际上不可能增加社会福利总水平，反而败坏社会风气，刺激"强势群体"对贫富分化的追求。

（3）在节约的内容上，是全部生产要素的节约。生产要素种类繁多，按照本书的分类是四大类：自然资源（包括土地）、劳动力（包括人才）、物质资本（包括生产工具、动力与基础设施）、知识（包括技术、管理、信息）。人们通常从自然形态理解的生产要素包括：天然资源、人力资源、人造资本资源、知识技术资源，一般被通称为人、财、物。资金是实物资源的购买凭证；企业家才能则是人力资源与知识技术资源相结合的复合性要素。许多论著的生产要素还包括生产条件，如地理位置、基础教育、现代通信、交通、专业研究机构、专用软件等。无论从哪一种概念来理解，节约的内容都应是广义的全要素的节约。既包括基本生产要素的节省，又包括对生产条件的有效使用，还包括了对生产要素的开发和保护。"劳动是财富之父，土地是财富之母。"生产要素是财富的源泉，两方面的结合反映了人们迫切地占有生产要素以获取财富的欲望，拥有的同时就更加要求节约生产要素。

二 环境友好型社会

环境是人类生存与发展的外部条件。对环境不友好，环境无言，但人类生存与发展的外部条件遭受破坏，感受危害的是人类自己。生活环境的好坏是直接反映人们生活质量的重要内容，工作环境的好坏决定劳动者得不得职业病，自然灾害的发生关系到人的安全与经济社会的发展。因此，环境友好这个看起来以生态为本的提法，实质上是以人为本的。

从狭义角度来定义，环境友好型社会是以环境承载能力为基础开展经济活动的社会形态。它以遵循自然规律为导向，对社会经济活动进行约束，使其适应自然环境客观要求，使人类的生产、消费活动与自然生态系统协调可持续发展，尤其是经济开发活动、产业与产品的结构演进、生产力布局、技术与生产方式选择等，更要符合保护生态环境的要求。环境友好型社会是体现人与自然和谐共生的社会形态，它要求认识并尊重自然环境及其演变规律，保护生态环境，在全社会形成有利于环境的生产方式、生活方式和消费方式，努力降低自然资源消耗与废弃物的排放，建立人的活动与自然运动的良性互动关系。

环境友好要有发展方式的两个兼顾，既要追求正面的发展效果，又要消除消极的发展效果。后者包括造成环境退化、酿成自然灾害、挤占物种生存空间等。主要体现发展目标的转变，同时也体现由于保护环境的需要，人们需要有意识地对现有社会生产进行约束。许多经济开发项目将作为有害无益的事不能办。这正是达到防止生活质量倒退、避免劳动和资源浪费的必要措施。同时，社会生产中将要增加只有环境效益、没有直接经济效益的建设项目，它们将视社会的财力有计划地安排，不由市场需求所驱动。

环境友好必须针对人类对生态环境的四种错误行为：①植被破坏。这种行为来自以破坏森林、草地、水生植物等作为夺取生产生活基地的前提，或者向森林草原进行竭泽而渔式的利用。②过度开发。为发展经济而使生产规模过大，导致地形地貌、水文状况改变过多，对原有环境的生态系统破坏、扰乱过度。③环境污染。这种行为来自社会生产中向外界排放"三废"，丢弃生活垃圾，不处理好排泄物，④空间挤占。这种行为反映了人类的生产生活挤占了野生动植物的生存空间，导致物种越来越处于濒危状况。相应的，上述四种对自然环境的不友好也遭到自然环境的报复。植被破坏与过度开发会直接引起各种自然灾害，环境污染导致人们得不到清洁的空气、水体与良好的生活环境，空间挤占引起的物种灭绝更是破坏了人类现在与未来的发展资源和生态条件。

总体来说，环境友好主要依靠两个方面的改进，一是发展目标的拓展，二是约束现有社会活动，主要是约束社会生产。前者要将制止环境退化、抵御自然灾害、建设生态良好的项目直接列入发展规划中，这不仅要求政府直接投入相当的财力、人力、物力，还要整个社会富有热情、全力配合、积极参与，建立有效的建设成果管理制度。后者要根据保护环境的需要，对许多经济开发项目、措施作为有害无益的事而停办，中止相关项目。这两个方面的改进不是靠纸面上的报告或口头笼统的评论，要产生实效，需要靠科学发展的总体推进。

环境友好型社会的建立要通过多方面的途径，最主要、最直接的是：开展国土资源建设，保护与增殖基本自然资源，如森林资源和草原等植被、海洋资源、土地资源、水资源，防止水土流失。这是实现环境友好的根本。同时，建立自然保护区，保护物种、尤其保护野生动物，维护自然生态链。开展城镇绿化以及市内社区、单位的绿化工作。

三 建设两型社会的总体措施

加强资源节约和环境保护，我们必须把这两项工作融入经济社会发展全局，切实抓紧抓好，努力实现节约发展、清洁发展、可持续发展。

一是统筹推进经济社会发展与资源节约、环境保护。保护资源和环境，就是保护生产力；提高资源利用率和环境质量，就是发展生产力。把人口、资源和生态纳入到发展的总规划中来，作为重要变量，统筹规划。国内外经验表明，资源节约的发展模式、山川秀美的生态环境正在成为新的竞争优势。节约资源就是增强发展后劲，保护环境就是保护生产力，这不仅对发达地区十分重要，对欠发达地区同样不可或缺。在社会主义现代化进程中，必须把经济社会发展与资源节约、环境保护统筹考虑，将资源接续能力、生态环境容量作为经济建设的重要依据，推动经济社会发展与资源节约、环境保护相互协调、相互促进。

二是构建资源节约和环境友好的国民经济体系和社会组织体系。现代国民经济体系的各个领域，都不同程度地利用资源、影响环境，单独在某一个或几个方面推行节约环保，难以从根本上缓解资源环境对经济发展的制约。这就需要我们从更高的层面、更广阔的范围，全面系统地落实资源节约和环境保护的基本国策。在生产、建设、流通、消费等各个环节，工业、农业、交通运输、建筑、服务等各个领域，加强资源综合利用，强化生态环境保护。凡是涉及环境变动的产业（农业、采掘业、制造业、交通业、建筑业等）都要遵循自然规律的约束，控制占地面积，尽量采用多保持原生态条件的开发方案，注重复垦，保护环境中的植被、水文，减少人类活动对自然的损害。社会组织要通过宣传、教育等措施，大力推行有利于节约资源、保护环境的生产方式、生活方式和消费模式。建设物资循环社会系统，将生产、生活领域丢弃、排放的废弃物、生活垃圾有效回收，不使污染环境。

三是解决资源浪费和环境污染的突出问题。重点抓好节能、节水、节地、节材，降低单位产出的能源资源消耗。特别要搞好工业、交通和建筑节能，加快淘汰高耗能、高排放行业的落后生产能力；开展全方位的减排，尽量减少以至消除来自生产制造、交通运输、商业服务等领域的废气、废水、废渣。发展清洁能源和可再生能源。要把水、空气、土壤污染防治作为重中之重，降低污染物排放总量，高强度治理直接对水域、大气的污染排放，落实重点流域和区域污染防治任务，提高城镇污水、垃圾处理能力，加强水源地保护和农村面源污染防治。

四是健全节约资源、保护环境的长效机制。要逐步建立政府引导、法规支撑、企业为主、公众参与的运行机制。各级党委政府要把节约环保作为促进科学发展的硬任务、考核各级干部的硬指标，实行有利于节约环保的财税、价格政策，完善节能减排指标体系、监测体系和考核体系。健全节约环保的法律法规和标准体系。企业必须严格执行环境法规和排放标准。要把节约环保纳入国民教育体系，使之成为全体公民和全社会的自觉行动。

第三节　发展循环经济

在《生态文明与马克思主义经济理论创新》（中国环境科学出版社，2011 年 10 月版）的第四章第三节中，笔者已对循环经济做了初步论述。本节是在内容上与之相衔接的，两本书的理论观点具有延续性。本书不再重复前一本书的观点论述，如果两本一起阅读，就能完整地理解本节的理论。

一　循环经济的理论解说

1. 马克思有关循环经济的理论观点

美国经济学家肯尼斯·鲍尔丁 1966 年在《即将到来的宇宙飞船世界的经济学》中提出"循环经济"理论，此前，"循环经济"的思想早已出现在更早的一些学者的论述中。马克思在《资本论》关于人与自然之间的物质变换和"生产排泄物的利用"观点中，虽未直接使用"循环经济"这个概念，但循环经济思想已十分清晰。

受当时德国著名的化学家、农学家李比希"物质代谢"概念体系思想的启发，马克思的物质变换理论包括自然物质代谢、社会物质变换及这二者之间物质变换的广泛内涵，该理论不仅体现了把生态学和唯物主义自然观相结合的生态自然观，而且强调了物质变换（生态循环）与经济循环密切关联的生态经济观，可视为 21 世纪可持续发展观的理论源泉。

马克思把劳动过程比喻成"物质代谢",即劳动过程不仅包括人类对自然的吸收,还包括人类对自然的代谢。人类把从自然界索取的各种资源以"生产排泄物""消费排泄物"的形式送回自然界,使之最终回归于自然。根据马克思自然观理论,作为生态系统改造主体的人通过劳动"调整"和"控制"着人与自然之间的物质变换过程,应该正确处理和协调人与自然之间的物质变换关系,将利用自然与保护自然相统一起来,达到人与自然的和谐。

马克思在《资本论》第二卷第五章中,专用一节的笔墨讨论了在大规模社会生产条件下充分利用"生产排泄物"的问题,指出"废料利用"和"废料减少"是促进生态经济良性循环的根本途径。

首先,马克思对排泄物进行了分类。他说:"我们所说的生产排泄物,是指工业和农业的废料,消费排泄物则部分地指人的自然的新陈代谢所产生的排泄物,部分地指消费品消费以后残留下来的东西。"其中,"消费排泄物对农业来说最为重要",将"消费排泄物"返还与土壤,不仅改善土壤质量、提高作物产量,而且减少农业产品的污染、促进生态环境的循环,体现了现代生态农业的思想。对于大规模社会劳动所生产的数量巨大的废料,通过新的生产过程转化为新的生产要素,生产排泄物的再利用造成的节约提高了利润率,"所谓的废料、几乎在每一种产业中都起着重要的作用"。如"已经有数以千计的工人从事再生产呢绒的制造"①,马克思的这些思想包含了当今发展生态工业及循环经济的根本观点与基本构想。

其次,指出科学技术进步的重要性。排泄物是一个可变的物质,能够通过人的再利用"转化为同一个产业部门或另一个产业部门的新的生产要素"②,正"因为每种物都具有多种属性,从而有各种不同的用途,所以同一产品能够成为很不相同的劳动过程的原料"③。马克思说:"机器的改良,使那些在原有形式上本来不能利用的物质,获得一种在新的生产中可以利用的形式;科学的进步,特别是化学的进步,发现了那些废物的有用性质。"④ 可见,"排泄物"多重属性的开发依赖于机器的改良和科技的进步,使循环再利用成为可能。对此马克思举例:"化学工业提供了废物利用的

---

① 马克思:《资本论》第3卷,人民出版社,1975,第116~118页。
② 马克思:《资本论》第3卷,人民出版社,1975,第95页。
③ 马克思:《资本论》第1卷,人民出版社,1975,第206页。
④ 马克思:《资本论》第3卷,人民出版社,1975,第116~118页。

最显著的例子。它不仅发现新的方法来利用本工业的废料，而且还利用其他工业的各种各样的废料，例如，把以前几乎毫无用处的煤焦油，变为苯胺染料，茜红染料（茜素），近来甚至把它变成药品。""人们使用经过改良的机器，能够把这种本来几乎毫无价值的材料，制成有多种用途的丝织品。"① 化废为宝，使物质流动循环是循环经济的关键环节，马克思的观点对循环经济有很强的启发。

最后，论述生态经济良性循环的途径。马克思认为，应该把废料利用和废料减少区别开来，他在《资本论》第三卷中说："应该把这种通过生产排泄物的再利用而造成的节约和由于废料的减少而造成的节约区别开来，后一种节约是把生产排泄物减少到最低限度和把一切进入生产中去的原料和辅助材料的直接利用提到最高限度。"② 按照马克思的观点，降低环境污染不仅依赖于末端治理，还取决于源头控制。资源的稀缺性使得原料日益昂贵，在资源循环利用一定基础上提高资源利用效率、减少投入是循环经济要突破的"瓶颈"。正如马克思指出的："废料的减少，部分地要取决于所使用的机器的质量。机器零件加工得越精确，抛光越好，机油、肥皂等物就越节省。这是就辅助材料而言。但是部分地说，这一点是最重要的，在生产过程中究竟有多大一部分原料变为废料，这要取决于所使用的机器和工具的质量。最后，还要取决于原料本身的质量。而原料的质量又部分地取决于生产原料的采掘工业和农业的发展（即本来意义上的文明的进步），部分地取决于原料在进入制造厂以前所经历的过程的发达程度。"③

2. 社会经济中的物质循环利用模式

循环经济追求最大限度地利用进入经济系统的物质和能量，提高资源利用水平，减少污染物排放。循环经济的实质，就是要把依赖资源消耗的线形增长模式，转变为依靠生态型资源循环来发展的模式，主要通过资源的高效利用、循环利用和废弃物的无害化处理三条技术路径去实现。这种经济形态遵循"3R"原则：①资源利用减量化（Reduce）原则，即在生产的投入端尽可能少地输入自然资源；②产品再使用（Reuse）原则，即尽可能延长产品的使用周期，并在多种场合使用；③废弃物再循环（Recycle）原则，即最大限度地减少废弃物排放，力争做到排放的无害化，实现

① 马克思：《资本论》第 3 卷，人民出版社，1975，第 116～118 页。
② 马克思：《资本论》第 3 卷，人民出版社，1975，第 116～118 页。
③ 马克思：《资本论》第 3 卷，人民出版社，1975，第 118～119 页。

资源再循环。"减量化、再利用、资源化"这三大原则构成循环解决的主要支撑内容。

（1）"减量化"旨在减少生产和消费过程的物质量。

这是输入端方法，以资源投入最小化为目标，从源头控制资源投入，减少资源使用和废弃物排放以及进入生产和消费过程中的物质和能量，特别是控制使用有害环境的资源。使用产品标准设计，提高中间产品的通用性，在产品创新中力求体积小型化、重量轻型化，减少多余的更新换代，产品维修中减少抛弃，以达到节约资源和减少废弃物排放的目的。

（2）"再利用"旨在提高产品物质利用效率。

这是输出端方法，产品离开生产过程，经过市场直至消费完成，再被重新引入"生产—消费—生产"的循环系统。要求产品在完成其使用功能后，最大限度以初始形态再重新利用，减少一次性用品的污染。在消费过程中，将可维修的产品重新返回到市场使用，不可维修的废旧物分解为原料再供使用。在流通领域还包括包装材质的再利用。

（3）"资源化"旨在实现生产废弃物的再生资源化。

这是过程性方法，以生产绿色化为目标，生产过程中原料与能量的资源利用效率。从原料制成产品的生产过程中，实行清洁生产的工艺和技术，使生产废弃物可回收和综合利用，成为其他类型产品的原料，能量多次利用，达到高效循环、节约资源，最大限度降低污染，实现资源的"闭合式"循环。

不管是消费中的废弃物，还是生产中的废弃物，都可以将其加工成的新材料或产品，这类加工称为再生工业，产生"再循环"效果。再循环可分为四类："就地再循环"是清洁生产方法的技术手段；"异地再循环"是将废物从其产生地点运输到专门的加工设施；"机械再循环"指拆开废旧产品利用其中的零部件；"化学再循环"涉及废弃物分子结构的更根本性改变，如塑料再生（对张汉民再循环分类的修改）。

二 循环经济的应用层次

从资源流动的组织层面来看，循环经济可以分为企业、生产基地等经济实体内的小循环，产业集中区域内企业之间、产业之间的中循环，以及包括生产、生活领域的整个社会的大循环三个层面。企业层面是我国循环经济的重要落脚点，也是发展很不平衡、需要局部攻坚的层面；区域层面是我国当前试点最有成绩、又亟待铺开的层面；社会层面是我国刚刚起步，发展水平较低，需要唤起全社会关注的重点层面。

1. 企业层面：生产流程

企业内部物质和能量的循环利用，是以企业为立足点，改进设备和生产工艺，进行清洁生产，减少废料。企业内部建立废弃物转换为资源的生产流程，形成耦合上游、下游生产环节的"资源—废物—资源"生产链条。如美国杜邦化学公司搞原料的替代，寻找对环境危害最小的原料来控制污染，同时让这个车间的废物到下一个车间变成它的原料，废物通过梯形利用越来越少，最终形成"零排放"。

2. 区域层面：企业共生

在企业相对聚集的区域，将上述企业内部的废弃物转换为资源的生产流程，安排在企业之间，建立废弃物的再利用的生产体系，实现物质与能量的循环。比如，丹麦卡伦堡生态工业园区，发电厂的热供给炼油厂和制药厂，同时对周围居民供热。发电厂脱硫产生的硫酸钙是石膏板厂的原料，同时硫酸可以被制成稀硫酸；发电厂用燃煤产生的粉煤灰来铺设公路，并供给小型的水泥厂。炼油厂的废水又可以供给发电厂用来冷却。这样在发电厂、石膏板厂、炼油厂、制药厂之间形成了一种循环关系；企业之间形成了共生，保证了资源的合理利用。

我国对循环经济区域层面的论述有如下几点：①把工业视为一种类似于自然生态循环体系的系统，在一定的区域或范围内，将一个企业产生的废物、副产品等作为下一个企业的生产原料，延长资源利用的产业链，减少排放。通过企业间物质循环和能量流动的多层次循环利用，构建起的一个符合生态系统环境承载力、物质能量高效组合利用、工业生态功能稳定协调的新型工业组合。① ②依据生命周期、产品生态设计、生态产业管理理念等理论，建立起使物质、能量高效循环利用的生态产业链和一种新型的产业生态系统管理体系，实现产业生态系统与自然生态系统的协调可持续发展。② ③生态工业系统是由各子系统有机组合而成的复合系统，通过子系统内部的持续性发展、子系统之间的协调性发展来实现三维复合系统

---

① 汤慧兰、孙德生：《工业生态系统及其建设》，《中国环保产业》2003 年 2 期。
② 胡山鹰等：《生态工业系统分析和集成方法》，《复合生态与循环经济——全国首届产业生态与循环经济学术研讨会论文集》，2003。

的整体进化，通过二级递阶控制和分散控制的综合来保证系统的顺利进行。① ④通过模仿自然生态系统中的生产者、消费者和分解者关系构建生态产业链结构模型，建立依托型共生网络、平等型共生网络、嵌套型共生网络及虚拟型共生网络四种产业共生网络运作模式。企业参与产业共生网络，能够通过产业共生网络生成的成本传导规律而降低交易成本、获取集群效益。② ⑤生态工业园区是一个包括自然、工业和社会的复合体，园区中成员之间副产物和废物通过交换、能量和废水逐级利用、基础设施共享，实现园区在经济效益和环境方面相互协调的发展。③

宁波的"生态工业示范园区"创建了循环经济的产业发展典范。该园区内的象山石浦水产品循环工业园区的设计、安排、布局，都是根据工业生态学原理，以对水产品资源的高效利用和循环利用为目标，对水产品加工采用"资源—产品—废弃物—再生资源"的循环经济模式，使经济活动对自然环境的影响降低到最小程度，实现自然资源的持续利用和生态系统的良性循环。它的整个功能定位，分为水产食品加工系统（初加工、精加工、深加工）、水产资源综合利用系统、海洋生物制品开发生产系统及支持功能系统。各生产系统内的产品输出、系统间通过中间产品和废物的相互交换、能量和废水的逐级使用和互相衔接，即水产食品加工企业生产形成的鱼头、鱼刺等废物由鱼粉厂收购，加工成高档水产鱼粉作为高档动物饲料。鱼粉厂和鱼糜生产及食品加工产生的高浓度废水由海洋生化厂收购，提炼水解鱼蛋白、氨基酸等作为上佳的食品调味剂和保健品原料，留下的废水及生活污水由污水处理厂处理达标排放，从而形成一个完整闭合的工业共生链。

3. 社会层面：循环流动

通过发展绿色消费和资源回收，在社会范围内实现"资源—产品—再生资源"的循环流动，把整个社会建成循环型社会。对此，时任国家环保总局局长的解振华在中国科协 2004 年学术年会上就指出，"要在一定区域内，用生态链条把工业与农业、生产与消费、城区与郊区、行业与行业有

---

① 吴伟、王浣尘等：《略论生态工业系统的运行个控制》，《工业工程与管理》2002 年第 4 期。

② 王兆华、尹建华：《生态工业园中工业共生网络运作模式研究》，《中国软科学》2002 年第 2 期。

③ 陈定江等：《生态工业园区的 MINLP 模型》，《过程工程学报》2002 年第 1 期。

机结合起来，大力发展资源循环利用产业，实行可持续生产和消费，全面提高资源利用率，逐步建成循环型社会"。中国社会科学院数量经济与技术经济研究所研究员齐建国等学者就曾建议，① 按照规模经济要求，形成基于市场机制的多层次废弃物回收、分类、运输、再制造、再生利用体系。其中，由个体废品收购与分类者、中小型废品集散商，以个体为主导的社会废品运输商、专业化的废品拆解商、专业化的再生利用厂商是社会层面循环经济的主体。有特殊安全和环境准入要求的废弃物循环利用（如危险废弃物、发动机再制造等）则由国家指定的具有相关技术资质的企业进行回收、运输、再生利用和安全处理。

日本资源再生系统和德国双元系统为循环流动提供了宝贵经验。日本资源有限，所以特别注重资源的再利用，尤其强调建立循环型社会。日本的资源再生系统由 3 个子系统构成的：废物回收系统，废物拆解、利用系统以及无害化处理系统。德国建立双轨系统模式，组织一个专门对包装废弃物进行回收利用的非政府组织，接受企业的委托，组织收运者对他们的包装废弃物进行回收和分类，然后送至相应的资源再利用厂家进行循环利用，能直接回用的包装废弃物则送返制造商。

三　循环经济的应用目标

从根本上说，属于循环经济的操作要在一定程度上模拟自然生态系统运行方式，以求得社会经济当中自然能量与物质的合乎生态要求的循环。循环经济是人类追求的经济形态，在不断接近循环经济形态的过程中，我们要分别实现这些具体的目标：①通过对物质生产要素与产品的循环利用，达到节约自然资源的目的，实现资源的可持续利用，缓解经济发展和自然资源不足的矛盾。②在资源的循环利用中，变废为宝，解决对环境有危害的三废排放，促进经济发展与生态环境保护的协调。③由资源综合循环利用而延长生产链条，并推动环保产业与其他新兴产业的发展，增加新的就业机会，促进社会稳定发展。④对自然资源的循环利用必定以科技进步为前提，有利于推动社会的科技创新和企业的技术创新，有利于产业结构向科技含量高、经济竞争力强的结构转变，促进经济的绿色化转型，提

---

① 齐建国等：《中国循环经济发展的进程与政策建议》，《经济纵横》2010 年第 10 期，第 25 ~ 31 页。

高经济运行质量。⑤循环经济要求在物质消费上注重自然物质的节约，有利于克服市场经济引诱盲目高消费、追求奢华的缺陷。

四 循环经济的基本矛盾

1. 自然能量、物质的循环与经济循环之间的矛盾，是循环经济内在的矛盾

任何经济活动，都发生两种循环，一是客观的物质、能量的循环，简称自然循环；二是通过生产要素投入与产品或服务的产出，将经济成本回收、价值增值得到实现的经济循环。

传统意义上的经济活动，人们的关注点往往放在经济循环的效益，而忽略自然循环的效果。在传统工业经济的各要素中，资本在循环，劳动力在循环，而唯独自然资源没有形成循环，由此产生的物耗、污染这些生态代价往往转嫁给社会。最终结果就是无限度消耗自然资源，危害生态环境。如果以自然能量与物质的循环为标准，那么，在现有的方式与技术条件下就可能出现经济不循环：生产上投入多、产出少；或者产品的产出无法维持社会现有消费的规模。因此，提出循环经济的理念，就是要将经济循环纳入自然能量与物质的循环之中，或者说，在保证经济循环的目标下达到自然能量与物质的循环。很明显，实施循环经济的基本矛盾，就是经济循环与自然能量与物质循环两者的矛盾。可以判断，未来的发展方向是两者完全统一，但是，社会在相当长时期内，是难以完全使两者统一的。我们首先反对的是那种只顾经济循环、不顾自然能量与物质循环的"一边倒"倾向。在不能做到普遍循环经济的情况下，我们只能在部分领域，或者达到经济循环而放弃少部分自然能量与物质循环，或者达到自然能量与物质循环而牺牲少量的经济循环，或者有幸两个循环都完全达到。也就是说，社会只能在局部领域实现循环经济，并逐步扩大这种状态，最后在全社会实现循环经济。

因此，发展循环经济，不仅是一个实现自然物质与能量循环的技术问题，也必然涉及成本与收益、投入与产出等经济效益问题。循环经济本意就是将经济循环纳入到自然循环之中，这就离不开"生态效益"与"经济效益""经济成本"和"生态成本"两对共生而矛盾的概念，需要运用计划调节与市场机制双重引擎来引导循环经济发展，使企业同时能够兼顾自身利益与社会利益。

从这个意义上，实现循环经济的程度，应当作为现代化发展的一个指标，实施循环经济意味着更新工业经济的循环状态。

2. 对循环经济项目的筛选

从整个社会角度来看，实行物质与能量的循环有几种情况，一是循环带来经济效益，只要努力于相应的技术应用与经营方向即可；二是循环只带来生态效益，没有或降低经济效益，这也要有必要做，但视其可承受的成本而定；三是循环两类效益都未得到，这种循环生产是不成功的，部分可作为前期探讨。各级政府在指导循环经济时，对上述几种情况如何安排，要心中有数。

具有强大外部经济性而"经济成本"明显大于"经济收益"的循环经济项目，其"生态效益"没有使项目主体受益，只能在政府的扶助下进行。因为项目所产生的生态效益是由全社会受益，甚至整个生态系统受益。之所以有生态效益而经济效益不强，可能是企业研发能力有限、资金短缺、市场有效需求不足；或者企业技术不够成熟，资源循环项目开展后成本过高。一旦技术成熟，就可以做到资源循环利用既能降低成本、又能产生生态效益。对此，政府要通过政策手段支持那些"生态效益"很好而"经济效益"暂时不高的行业和技术项目，对于内部不经济的循环经济试点企业给予政策优惠和补贴。

另外，由于对利润的追逐，还会出现一些使用价值上有害的"循环利用"，如"地沟油""黑心棉"以及报废汽车的表面更新等，这种资源节约是与危害消费者的健康和生命相伴随的。对此，作为公共事务管理者的政府必须负起责任，运用法律手段严厉打击这类"循环利用"，为推进循环经济发展创造必需的法治环境和体制条件。

3. 循环经济发展与市场经济的适应关系

循环经济作为"经济"的一种形态，不能脱离企业生产经营以追求效率和利润最大化为目标的市场经济体制。

（1）需要理顺供求关系。循环经济的价值链要想实现顺利流转，相关的商品载体要以市场需求为导向，不能只考虑资源回收与能量循环的利用。如果回收的原料没人愿意使用，那仍然只是一堆垃圾，不能顺利进入资源循环系统。过多耗费生产成本的循环利用，或者缺少市场需求的资源化产出，得不到市场认可的价值，虽然有客观的生态效益，企业最终却会放弃将废物资源化的努力。废旧资源综合利用在我国具有较长的历史，为什么生活中的塑料瓶、包装箱等废旧物品会有那么多人主动去捡拾，会有那么多人收购，为什么不用政府激励或约束机制就能回收利用？原因就在于这些东西有市场需求，回收利用耗费的成本小于新购置的成本。为此，政府要核算废物资源化所产生的"经济效益"和"生态效益"，支持建立废物回收或资源化废物的交易市场，理顺供求渠道，通过需求引导企业进行废物资源化，促进循环经济"资源—废物—资源"链条的实现。

（2）发展支撑循环经济的高技术。循环经济项目如果生产技术、生产设备不先进，生产效率不高，生产出的产品个别价值大过社会价值，在市场交换中就会使耗费得不到足够补偿，亏损的生产者会在市场竞争中淘汰。这是制约循环经济发展的现实因素。因此政府不是盲目补贴企业，而应在综合权衡利弊的情况下，依据市场前景和经济效益建立有序的市场退出机制，引导企业量力而行地参与循环经济。正确面对循环经济中存在的企业优胜劣汰问题，是市场经济条件下政府遵循市场机制的应有职责，同时，推迟实施各项"效益"明显小于"成本"的循环经济投入，也是循环经济的应有操作。这在一定程度上也为真正有能力并且经济环境效益好的企业留足了发展空间。另外，由于资源有多种用途，在平均利润不一致的情况下，资源会向着利润高的地方流动，还会造成循环经济的不可持续性。比如，我国之前如火如荼开展的生态农业，近年来却因耕地用途的改变而逐步退出，究其原因，就在于资源朝着利润高的地方流动了。这必然造成循环经济的不可持续发展，对此，政府要清楚认识经济效益对于循环经济主体内生动力和对于资源流动的引导性，在局部地区或领域采用行政法规等强制措施直接控制某些资源配置（如土地的配置），以便在经济承受力许可的条件下加快循环经济的实施。

第四节　发展"低碳经济"

一　低碳经济概述

1. 低碳经济提出的背景

"低碳经济"概念首先是英国在2003年的国家能源白皮书《我们能源的未来：创建低碳经济》中提出来的。

科学观测表明，工业革命以后，随着化石燃料的大量使用，大气中二氧化碳等温室气体浓度不断上升，是引起全球气候变暖的重要原因，造成冰川退缩、海平面升高、极端气候事件增多等很多问题，对人类生存环境带来严重的负面影响，已经到了难以容忍的地步。"碳减排"成为挽救地球生态环境的首当任务。

人类社会活动产生碳排放的主要原因是能源的消费，特别是高含碳量的化石能源的燃烧。能源是人类社会发展的必要物质基础，能源消费量将随国民经济增长和人民生活水平提高而不断增加。因此，发展"低碳经济"本身是一个悖论，我们对此要有辩证理解，即在大气层温室效应对人类威胁日趋增大的背景下，世界各国经济总体发展当中不可避免出现碳排放增加的同时，要采取一切办法降低碳排放。解决这个任务，一方面要努力推进技术变革（如减碳技术、零碳技术、负碳技术）；另一方面要推进社会经济变革，从各个环节降低能源消耗量。

2. 发展低碳经济的国际社会性

在低碳经济中，包含着"低碳"与"经济"的复杂矛盾。"低碳"直接表现为人与自然之间的关系，着眼于降低生产和消费活动中的二氧化碳排放量，以缓解全球变暖的压力；"经济"则直接是人与人之间的关系，碳减排中所花费的投入由各类经济主体承担，而碳减排取得的产出则是具有最大公益性的，有利于全人类。所以，全球性的低碳经济不可能建立在一般的世界市场经济基础上，而是建立在国际生态与经济协调的基础上，以国际条约的规则约束、指标检测、国际监督的方式来推进全球低碳经济的发展。当然，可以在国际协定框架下利用市场经济机制来服务于低碳经济。各国能否达成真正推行低碳经济的国际生态与经济协调，反映当代国际社会文明发展程度。国际社会出于对地球大气层的维护，不断达成产生碳减排的国际协定。这里，围绕碳减排的责任、义务、权利、收益，必然产生种种国际性的矛盾与争议，其中不乏充满讨价还价、阳奉阴违的现象。

有人认为，西方主流媒体对气候变暖和低碳经济的炒作，是针对发展中国家的阴谋，目的是限制发展中国家的发展和现代化。这种说法有一定合理性，但是太片面。本书对此作如下几点分析：

（1）将气候变暖的主要原因归结为温室气体排放是国际科学界的共同结论，西方政治界只能利用而不可能炮制。这在历史上屡见不鲜。如同进化论被利用、人口论被利用一样。我们只能警惕"被利用"这个层面，而不是否认温室气体排放本身的科学结论。

（2）低碳经济问题的实质，是人类的工业化高度依赖化石能源这种不可再生的高碳资源而引起的。我们可称之为"一根两果"问题：既有环境恶果——大气层的温室效应，又有资源恶果——能源耗竭前景明显。提倡碳减排不是阴谋，在碳减排的世界联合行动中对发展中国家制定不公平规则、企图以此打压别国的经济发展才是阴谋。

（3）国际碳减排的公平性首先得分清责任。温室气体效应的发生绝非一朝一夕之果，现在大气层中过量的二氧化碳，是西方发达国家过去几百年工业化过程中排放积累下来的，其主要责任人是西方发达国家。现在他们已经完成了工业化，无论在产业结构还是技术应用上推行碳减排都处于领先优势。此外，发达国家的能源效率水平不仅源于其先进的技术，还得益于它们的能源密集型工业大量转移至发展中国家。这些引发温室气体效应的主要责任人反过来打出低碳牌，既限制发展中国家的工业化发展，又迫使发展中国家高价购买它们的技术，这绝对是不公平的。

要使国际碳减排具有公平性，除了对发达国家与发展中国家规定不同的义务约束之外，发达国家应当对发展中国家要走低碳型的工业化道路给予经济和技术援助。这种援助不是施恩，而是还它们历史上对地球生态系统欠下的债。

二 中国发展低碳经济的国际国内背景

1. 努力争取碳减排是中国自身需要的目标

我国是发展中国家中工业化推进最快的国家之一，属于"新兴经济体"，碳排放增加很快。一方面不可避免受到西方针对新兴经济国家的压力，一方面我国对这"一根两果"所受之痛比许多国家更甚。发达国家上百年工业化过程中分阶段出现的环境问题，在我国20多年来集中出现。中国在传统污染问题（废物、水、酸雨、土壤、海域等污染）依旧十分严峻的态势下，温室气体排放这类污染也在迅速增加。不管是作为一个负责任的大国，还是作为我们自己维护生态环境的协调发展，都必须在减排问题上采取切实有效的行动。

如果说，发展中国家都需要走一条低碳型的、与西方当年不同的工业化道路，其中包含发展中国家主动提出的、力所能及的减排目标，在可持续发展目标引领下力争经济发展与资源环境的双赢，那么，中国出于不管哪方面的原因，都应当起个率先行动的榜样。为此，我们要认真履行《中国应对气候变化国家方案》，加强应对气候变化能力建设。积极参与制订实施应对气候变化的国际公约，维护国家环境与发展权益，为减缓全球气候变化作出新贡献。

中国不仅要在走低碳型工业化道路上为发展中国家作出榜样，还应当在改变生活方式上为发达国家作出榜样。碳减排的重要前提是人类约束工业化唤起的物质欲望，将物质欲望控制在一个合理范围内，这就是当前人们在热烈讨论过低碳生活的含义。当然，物质欲望控制对生活在贫困状态中的人群没有意义，他们的碳排放是人类生存必需的最低限度排放。而那些先富起来的国家和先富起来的人，尽管只占人类少部分，其碳排放却占了大头。因此，要说低碳生活，对这部分人才有意义。正如我们不能像当年空想社会主义把希望寄托在富人的善良愿望一样，我们也不能对富人寄托其自愿实行低碳生活的善良愿望，必须创造社会约束的条件，有立法上的斗争。当然，在具体的例子中，西方发达国家现在还走在前面，中国指望的是我们的社会主义制度本性与科学发展的思想指导。

2. 中国进行碳减排是迎难而进的努力方向

在来自西方国家的压力下，中国进行碳减排存在着许多困难。中国在工业化尚未完成之际，将被迫进行能源消费结构的调整。

原煤储藏丰富是中国经济的比较优势同时也是中国制造的优势，中国"以煤为主"的一次能源结构短期内很难改变。中国正进入工业化中期，重化工业比重仍在持续增加，能源密集度在不断提高，能源消费呈现迅速增长态势，由此决定了中国温室气体排放总量大、增速快，单位 GDP 的二氧化碳排放强度高。由于能源结构的刚性，以及能源效率的提高受到技术和资金的制约，因此中国控制二氧化碳排放的前景不容乐观。据有关部门对中国能源消费数据的推算，仅以天然气来代替煤炭，就会提高电力部门平均成本，提高企业生产成本，而降低居民福利、降低经济增长速度。

我国在 2011 年制定并公布了《"十二五"控制温室气体排放工作方案》，明确了我国应对全球气候变化的重要任务是控制温室气体排放。为了降低能耗和污染物的排放量，实现 2015 年国内二氧化碳排放比 2010 年下降 17% 的目标，我国要积极加快转变经济发展方式、树立低碳发展理念，提高企业和个人的低碳意识，开展低碳试点工作，注重低碳减排技术的开发和运用，努力增加碳汇，积极发展低碳能源，同时控制非能源活动温室气体的排放，发掘更多高排放产品的替代品，提高能源利用效率，为应对全球气候变化承担相应的责任。

三 低碳经济的实施问题

1. 低碳经济的实施类型

"低碳经济"是可持续发展经济的一个具体模式，所有有助于可持续发展经济的措施，一般都是推动低碳经济的措施，具体有以下三个方面。

（1）减碳即低碳排放。

这类措施以"低碳能源技术"为中心推进技术结构、产品结构变革，其核心是提高现有不可再生能源的使用效率，如天然气综合利用、煤炭资源的清洁利用、综合利用和循环发展，建立和推广整体煤气化联合循环发电系统（IGCC），发展二甲醚转化高效能源。这是我国科技领域应当重点鼓励的地方。在工业生产中，"碳捕获与碳封存"技术正在发展起来，这将极大地缓解化石能源使用中不断产生温室气体的负效应。

提高能源利用效率，减低碳排放强度，需要在生产、流通、服务、以至消费和生活等各个部门和领域采用强有力的政策和措施，包括技术、经济、管理上的各项政策措施。在制造业领域，高效率的组织生产和利用能源，更新用能设备；在交通领域，使用高效燃料和低碳排放交通设施，比如，发展推广使用电动汽车；在建筑领域，采用高效节能材料以及节能建造方式；等等。其中的关键应该是不断创新的低碳技术和节能技术。

此外，一切节能的技术、经济、社会行为，都可归结到低碳排放措施中。因为我们的生产生活用能主要是依靠化石能源，与"碳"密不可分。尽管"节能"与"低碳"含义不同，在现实生活中却可以画等号。

（2）零碳排放。

这类措施主要是发展零碳能源，即发展替代性的非化石能源，如水力发电、风力发电、生物质能、核能发电、太阳能应用以及其他可再生能源的开发利用。这是我国发展"绿色产业"的重点领域。这类发展的关键有两个：一是再开发新的非化石能源生产技术（如人类要是成功利用核聚变发电，将获得一项巨量的新能源），二是对现有新能源的生产成本不断降低，使之在经济上增加使用比例。在某种意义上，可再生能源的大规模应用，迈出了从工业文明走向生态文明的一大步。此外，用有机肥替代化肥，是在能源消费之外的领域，替代煤炭石油，实施零碳排放的重要措施。

（3）负碳

一切有利于吸收大气层中的二氧化碳的举措都属于这类措施。基本的就是植树造林，绿化国土。绿色植物具有吸收二氧化碳的功能，能够增加碳汇，多多益善。

为减少森林消耗，节约纸张是重要措施。已有一些节纸的建议，比如，①禁止纸质媒体商业广告的建议，所有报刊禁止登商业广告，报刊不再有广告功能；禁止街头散发、张贴纸质广告；商业广告只能在互联网工商管理部门提供的分类免费网页上刊登。②国家建立大型连锁教育网站，所有教材免费下载，各类大中小学课本循环使用，定期更新内容，彻底杜绝教材上的浪费。

2. 低碳经济实施措施存在的困难

中国发展低碳经济包括三个改进，每一个改进都要克服很大的困难。

一是通过产业结构的改进，降低单位国民经济生产值的能源消耗量。工业化必然提升碳排放，工业化内部的生产技术进步，如资本有机构成提高等，往往也要提高碳排放。当前我们能够采取的结构改进措施是：增加国民经济中服务业的比重，尤其是出口产业中服务贸易的比重。

二是能源使用技术的改进，降低单位产品的能源消耗量，这要广泛推广世界上一切先进的节能技术。要做到这一点，不仅面临技术发展资金不足与技术基础差等约束，还需要涉及很多引进、研发、应用等的经营管理体制问题，往往办起事来复杂得很，不能短期奏效。

三是能源结构的改进，降低单位能源消耗碳排放量，这要发展各类新能源来替代化石能源。但应用新能源是困难的。原子能发电有很严重的环境和安全问题。它产生大量的放射性废料。它利用的铀是不可再生的矿物资源。德国的能源观察小组指出，世界已探明和可能的铀的储量最多能够满足七十年的需求量。2020年以后，世界将面临铀的供应短缺问题。利用可再生能源发电也困难。"可再生的"发电所必需的设备和厂房要靠使用矿物燃料和不可再生矿物资源的工业部门来生产。与传统的发电相比，利用可再生能源发电往往代价昂贵。风能和太阳能这两种最重要的可再生能源资源是充满波动性和间歇性的，需要大量的传统发电能力做后备。生物质能是可再生能源资源。但是，由于受土地和淡水的限制，生物质能只能满足世界对液体和气体燃料的小部分需求。更糟的是，最近的研究表明，考虑到陆地开发和土壤腐蚀导致的排放，用生物质能制造燃料并不比传统的石油排放的温室气体更少，这方面的技术还得突破。我们注意到，德国、美国都在大力发展生物质可再生能源，欲催生一个带领国民经济再振兴的新产业，中国也要有所作为。

这三个改进，牵动很多方面，不可能一蹴而就。作为国家长期性的发展规划，应当将三个改进作为一条主线。

四　发展"低碳经济"的社会措施

发展低碳经济要改变产品设计，所有制造产品、建筑产品、交通工具，都要向"节能"、"换能"的要求看齐。同时改变生活方式，以少耗能的生活方式来替代盲目追求"舒适、豪华"而导致多耗能的生活方式。

发展"低碳经济"的直接宏观措施，就是围绕着发展低碳能源和低碳能源技术实施一系列政策，包括对家庭与对企业的政策。对家庭的政策有：对家用电器采用生态型标准，设立基金提供节能服务和贷款，扶持提供绿色住房服务。对企业的政策有：建立碳排放交易系统，将使用化石能源规模较大的企业纳入其中，促进企业为废气排放付费；对企业实施能源审计，安装智能计量表；建立能源标识、建筑节能绩效证书制度；设立基金资助企业获得采用节能减排设备投资所需的贷款；等等。

发展"低碳经济"的直接微观措施，就是建立"低碳经济试验区"。就像中国 20 世纪 80 年代初建立的经济特区是市场经济的实验室一样，低碳经济区可以成为未来大规模低碳经济发展转型的试验基地。低碳经济区将众多节能减排的措施集中于这个区域中，切实有效地减少二氧化碳的排放量。

英国在这方面有先例。位于伦敦南郊的贝丁顿零（化石）能耗生态社区建于 2002 年，是首个世界自然基金会和英国生态区域发展集团倡导建设的"零能耗"社区，现已成为英国首个完整的生态村。那里实施的主要措施有：以生物质燃料热电联产为小区实现集中供暖；通过屋顶铺设光伏板为电动汽车充电；增加南向窗门玻璃面积，减少北向玻璃面积；增加保温绝热材料厚度；使用节能电器；等等。与同类居住区相比，该生态社区住户的采暖能耗降低了 88%，用电量减少 25%，用水量只相当于英国平均用水量的 50%，而居民的生活质量并没有因此而降低。[①]

---

① 夏箐、黄作栋：《英国贝丁顿零能耗发展项目》，《世界建筑》2004 年第 8 期。

第五节　绿色增长

一　绿色增长的含义

经济理论上没有"绿色增长"的确切定义。从世界各国提出的绿色增长战略和构想中，可以把"绿色增长"初步概括为：绿色增长是一种"低排碳、低耗能、低污染"的经济增长模式。低排碳，即经济增长"低碳化"——降低温室气体排放强度；低耗能，即要求"高效化"利用能源——降低能源消费强度；低污染，即实现社会环境"清洁化"——降低环境污染程度。简言之，绿色增长是一种以"三低"（低排碳、低耗能、低污染）实现"三化"（低碳化、高效化、清洁化）的经济增长模式。

"绿色增长"与"低碳经济""循环经济"和"生态经济"等概念在内容上具有高度的一致性，但它们之间的视角和强调重点不同。低碳经济强调在能源使用中降低由化石能源排放的造成温室气体效应的"碳排放"，循环经济强调提高资源有效循环利用，生态经济强调保护自然生态环境。绿色增长则强调从生态经济效果上来转变经济增长方式，重点在产业结构变动中体现"绿色"效果。

简单地把产业划分为绿色产业和非绿色产业两大类，认为绿色增长就是不断降低非绿色产业比重、提高绿色产业比重，这是无法实现绿色增长的。只要我们继续推进工业化，就会发现，代表工业化的重化工业，恰好就是那些在生产过程中高排碳、高耗能、高污染的产业，而对于发展中国家或欠发达地区来说，反映农业社会的产业（如农业与手工业），其"绿色"程度很高。因此，绿色增长不是什么绿色或非绿色产业此消彼长的过程，而是在更高的经济发展水平上推进这些产业变化的综合结果。

二　"绿色"产业结构的内涵

1. "绿色"产业结构与"黑色"产业结构

"绿色产业"是与"黑色产业"相对立的概念。"绿色""黑色"都是一种借用的说法，在产业中划分"黑"与"绿"的理论标准本身就需要探讨。工业革命以来，整个工业的命脉都系于一类能源、一类原料，即化石能源与黑色金属；作为国民经济结构中最典型体现工业化实力的是重化工业，化石能源与黑色金属正是其中比重最大的生产要素、物质资本。因此，煤炭工业、石油工业、冶金工业等就是"黑色产业"，这种语称不仅形象，还具有高强度消耗不可再生资源、且在生产中污染量很大的共同特征。对"黑色产业"进行生态化改造并不能消除其特征，但可减弱这两个特征，通过生态型技术的发展应用，使资源消耗量与污染排放量都尽可能降低。

"绿色产业"没有相应的外在形象，但应当具有与"黑色产业"相反的共同特征，就是在资源消耗与环境维护上有更大的积极作用。就我们现有的认识来看，"绿色产业"包括两大类：一是替代"黑色产业"以满足社会需要的产业，如新能源、新材料产业；二是消除、减弱各个产业，尤其是"黑色产业"负面效果，并直接维护整个生态环境的产业，如环保产业、水利工程产业、林业。

在国民经济中，"绿色产业"是与"黑色产业"都不可缺少，但在不同的增长方式中，两类产业的地位、演变趋势与人对它们的对策，则是可以选择的。

现实生活中，有人已经懂得在高唱可持续发展与生态经济的同时，选择一条构建"黑色"产业结构之路，因为典型的"黑色产业"正是我国进入工业化中期最有增长潜力的产业，如果人们心目中热衷于经济增长、消极对待生态效果，只看市场而不看生态系统来扩大重化工业的规模，就会只顾构建不考虑资源环境制约的传统产业结构，实际就是在选择"黑色"产业结构。反之，我们可以将基于生态文明建设与科技发展前景而构想出来的理想产业结构称之为"绿色产业结构"，两者之间有一系列分级中间状态，可作为产业发展的分阶段规划。

如实地说，界定"绿色"产业结构的经济标准难以一次性确定，只能根据社会经济的可持续发展实践来不断探索。当前，适宜将界定"绿色"产业结构的经济标准放在能否推进资源节约与环境友好方面。

2. 两种经济形态成为构建"绿色产业结构"的重要平台

"低碳经济"与"循环经济"是两种经济形态，从产业部类上看，这是构建"绿色产业结构"的重要平台。迄今为止，传统的化石能源是工业化的标志与基本支撑，但含有碳元素的化石能源既严重破坏大气环境与地表环境，又是将要耗竭的不可再生能源。体现"低碳经济"的核心在于逐步以可再生的新能源替代化石能源。能源的可再生正是一项重大的资源循环，其他越来越多的资源循环将使生产中循环使用自然资源的产业比重愈益增大，而使传统的采掘工业比重愈益减小。当前推进"绿色产业结构"的主要障碍是成本，要等待科技发展使成本下降根本赶不上建设两型社会的需要，必须从经济发展计划中以计划方式配置一部分社会人力财力用于开发经济成本高的新能源、新材料，应用特供方式来保护其产业，促使其不断降低成本。

三　构建"绿色产业结构"的途径之一：传统产业生态化

1. 产业生态化是一个普遍概念，要求现有产业都要按照生态经济与可持续发展的要求来更新

各个产业的生态化是一个过程，生态化的程度与进度，一是取决于客观条件，二是取决于主观努力。

这里说的传统产业，是指在传统工业化方式下奠定产业技术基础与从业方式的产业。我们过去所说的产业现代化，就是指传统工业化的高级形式。这些"现代化""工业化"的含义，只体现"征服自然"的力量，借助化石能源的自然力驱动更大的机械力，在经济指标上主要反映更少的劳动投入取得更大的产品产出，不包含资源节约与环境友好的意义。产业生态化就要转为注重产业的生态效果，兼顾经济效益与生态效益，对产业运行要求最大限度地降低对自然资源的耗费与对环境的有害影响。

2. 传统产业生态化有两个层次，各自反映不同的生态化要求

（1）第一个层次，即使在传统产业视角下，只要最大限度地转变经济增长方式，也能增强产业的"绿色"程度。

从粗放型增长方式转变为集约型增长方式，是一个早就应当解决的问题。增长方式转变的必要性取决于中国在资源、环境的国内外大背景以及发展阶段的大趋势，但人口就业问题会延迟我们转变的力度和范围。短期内做到大部分转变，关键在于全国层次与各个地方层次放弃以 GDP 或人均 GDP 作为考核经济发展成效的总体指标与政府经济工作绩效的导向，推出一整套效益型、质量型的经济发展指标体系。这个转变，即使不涉及传统产业与新兴产业方面的结构变动，也能增强产业结构的"绿色"程度。就效益型指标来看，它强调以更少的投入取得同等产出，或者以同等投入取得更多产出。两种情况都表明有效益的增长就是节约型的增长，节约投入，节约生产要素，节约劳动、原材料、能源及土地资源，其增长的效益已经包含有生态因素。就质量型指标来看，它强调增长的成果是实效的，高质量的，不是有水份的、低质量的。社会在一定时期内，有更多高质量的经济成果，相比有更多低质量的经济成果，数量上未必显现出来，但所带来的社会经济进步作用与人民的福利，将要大得多。将资源用于这样的经济成果上，这是一种根本性的节约。集约型增长方式本身包含的效益、质量因素，与产业的"绿色"程度有内在关联。

（2）第二个层次，就是在生态型产业发展方式与生产技术的推动下，推进传统产业生态化。对此，下面分别对农业、工业、建筑业三大领域作简要介绍。

农业生态化的主要努力方向，就是改变西方发达国家的"石油农业"模式，创建我国自己的生态农业模式，在多数地方推广节水农业。尽管我们多年来都在反思西方"石油农业"模式的弊病，但贪图方便使我们不自觉地还是在这个模式的道路上走得太远。要在农业发展模式上扭转"石油农业"的进展、取得生态农业的进展，主要抓三个环节：一是注重土地生产率超过劳动生产率，减少机械化指标的考核，在更多农产品生产上推广生态庭院方式，以农产品的高产、高质为追求。二是逐步做到用有机肥取代化肥，将生产生活的排泄物转化为肥料的大循环为依托，恢复农产品的生态品质与土地的有机质含量。三是用生物防治为主的多种方式取代化学药物杀虫、治病、除草，减少农业生产中产生的化学污染。

节水农业的主要措施是发展节水灌溉工程，搞喷滴灌。节水的措施的多方面的，除了灌溉工程措施，还有农艺措施、管理措施、有机化学措施等。

当生态农业兴起之后，传统的化肥、农药等工业将要萎缩下去，而新兴的有机肥工业、生物防治技术服务业等将要发展起来，整个产业结构的绿色化由此提升。

工业生态化，主要努力方向在于扭转该产业自工业革命以来一直存在的物质消耗、能量使用、环境影响与产品使用等反生态方式。就当前人们的认识来看，工业生态化可从五个方面努力：①工业生产技术能够在产品生产过程中力求物质循环利用、将废物转化为重新投入生产中的资源，由此而减少以至消除三废排放。②不同工业部门形成循环利用自然物质与能量的生态链，相互提供物质与能量。③在工业布局上形成连接循环格局，使不同工业生产厂家与生活基地、农业生产基地、服务业基地相互利用物质与能量。④工业产品设计有利于节约资源、循环使用、分解重装、适应环境。⑤工业原料与动力来源更新，越来越多地生产、使用新材料、新能源，减少化石能源、金属矿产等紧缺物质的耗费。

推行工业生态化的主要障碍是技术与成本，这昭示我们：科技发展方向要正确，扶持措施要跟上。对于有利于工业生态化的技术，要经过识别认定后，予以扶持，促进这类技术成熟并产业化。

建筑业生态化，中心目标是推广节能技术，增强住宅的生态功能。

开发符合环保要求的新型建筑材料。人们称之为"绿色"建筑材料，一方面是指利用某些工业废料为原料，在减少工业垃圾的同时，使废弃物得以再生利用；另一方面从减少能耗、物耗方面考虑，使有限的资源得到更充分利用。

开发和推广节能建筑，从建筑材料的耗能、工程施工耗能、建筑物使用耗能几方面入手，来降低能耗。比如，建筑师在楼顶、墙面安装能收集太阳能的光电板，把太阳能储存在电池里。或在楼顶安装风力发电机。楼宇里设置生活污水处理池，洗东西用过的水经过净化处理后，用来冲厕所、浇花、养鱼。各种有机垃圾即粪便送入地下沼气池，集中生产生沼气，供照明、取暖、做饭，沼渣作肥料。据报道，国外已研制成不需供电、煤气和其他燃料，完全由楼房本身提供能源的零能量输入建筑。

四　构建"绿色产业结构"的途径之二：大力发展绿色产业

1. 大力发展以生态效益为产出目标的产业

国民经济的各个产业部门，实际上已有两大不同产出目标的类型。一类是以经济效益为产出目标的产业，一、二、三产业的大部分产业都是这个类型，其共同特征是产品（劳务）价值要在市场上实现，产出成果直接计入国民生产总值。另一类以生态效益为产出目标的产业，它们有的具有与前者相同的特征，我们没有明显将其作为"另类"产业；有的不进入市场，产出成果也不计入国民生产总值。

（1）环保产业。它是在直接产生经济效益的同时，客观上起到重要的生态效益产出目标的产业。该产业提供专门的技术、设备、生产性劳务，用于治理企业排出的三废（废水、废气、废渣），保护环境清洁。企业在国家环保法律法规的强制下，为防止污染排放超标受罚，向环保产业的企业购买相应的技术、设备、劳务，由此环保产业具有以经济效益为产出目标的那一类产业的特征。一般来说，国家应当在投资环节上大力扶持环保产业，同时应当在企业购买环节上扶持企业防治污染，以推动其在正常的市场机制下运行。

（2）植被产业，即通俗说的种草种树。该产业的产出就是种好的草和树，形成更大面积的植被，该产业一部分产出成果可作为商品进入市场，但大部分产出成果不能进入市场，产出成果也不计入国民生产总值。这是需要社会量其财力来大力发展的。从农民个体、到国有大农场、林场、牧场，均可以在相应政策支持下发展这一产业。

植被产业往往不是孤立进行，而是作为一项项国土建设的实施产业，如流域治理、治沙防沙、建立生态林及防护林、培育水源、改良草原、山区水土保持等。

（3）水利产业，即通常说的水利工程。这是一个独立的产业，它并不附属于其他产业。水利产业通过兴建水利工程，对江河水资源与降雨而来的水资源，起到调节、汇集与合理分配的作用，用于灌溉、航运、供水等多种用途。该产业大到全国性的南水北调工程，小到村庄内建山塘、水堰，均属这个产业的内容。它的产出就是可供水，可以在投入产出上多方面应用经济杠杆，但不应商品化。适当地收水费是为了促进珍惜用水或分担成本等目的，因此，总体上不具有以经济效益为产出目标那一类产业的特征。

以生态效益为产出目标的产业，在当前国民经济统计方式下，对增加GDP的数值作用不大，但是，这些产业，无论从长远上解决可持续发展的资源环境根本性问题，还是眼前解决国民经济向前发展面临的迫在眉睫的资源环境约束问题，都是不可缺少的。

2. 正确引导高新技术产业发展

高新技术产业有多种，至今大幅度改变人类的生产生活与工作方式的是信息技术产业，信息技术产业是以将历史推进信息时代为标志的。从当前该产业的现状来看，对于可持续发展起着双重作用。就其对人的活动节省时间、缩短空间，提高工作效率的效能来看，客观上节约了资源；就其产品过度更新、只更换不修理或少修理的特点看，IT产品成为诸产品中的浪费大户。IT产品的结构升级、功能提高，差不多是以月来计算的，是所有产品中技术进步最快的，但是这种技术进步，是用无数原有产品还很好使用就被报废为代价的。每一个淘汰产品的背后，就是大量矿产、能源的浪费。从这个发展方向来看，信息技术产业的技术进步预示了它在加速自然资源的耗竭。这是人类不可接受的，可是在利益驱使与竞争压力下的厂商，肯定将以更大力度来推进这个方向。由于IT产业全球化程度很高，中国很难摆脱这个特征。不过，认识到这个特征之后，我们不能消极无为，而要调动中国的智慧与管理力量，来抵消 IT 产业带来的这个负面效应。比如，在技术发展规划上，实行与国际技术发展方向"大步跟进、小步放弃"原则，限制相近技术的更新产品进口，限制公有单位频繁更新 IT 设备，大力发展二手市场，充分利用不合理淘汰下来的 IT 产品，等等。

参考文献

［1］王慧炯、甘师俊、李善同等著《可持续发展与经济结构》，科学出版社，1999。

［2］刘思华主编《绿色经济论——经济发展理论变革与中国经济再造》，中国财政经济出版社，2001。

［3］林卿、高继红、于琳、金彦平：《可持续农业经济发展论》，中国环境科学出版社，2002。

［4］杨文进：《经济可持续发展论》，中国环境科学出版社，2002。

［5］薛平：《资源论》，地质出版社，2004。

［6］冯之浚主编《中国循环经济高端论坛》，人民出版社，2005。

［7］潘家华：《持续发展途径的经济学分析》，社会科学文献出版社，2007。

［8］王义高等著《"两型社会"的理论与实践》，湖南人民出版社，2008。

［9］贾华强主编《循环经济概论》，中共中央党校出版社，2008。

［10］张坤民、潘家华、崔大鹏主编《低碳经济论》，中国环境科学出版社，2008。

［11］何玉长等：《节约型社会的经济学研究》，人民出版社，2009。

［12］杨文进：《经济学视角下的"两型社会"建设》，《中国地质大学学报》（哲学社会科学版）2009 年第 4 期。

［13］李欣广：《廉价能源时代终结的发展问题》，《海派经济学》第 27 辑，2009。

［14］毛志錄、马强：《论适度消费与资源节约》，《北京大学学报》2002 年第 6 期。

［15］李建建、马晓飞：《中国步入低碳经济时代——探索中国特色的低碳之路》，《广东社会科学》2009 年第 6 期。

［16］徐匡迪：《转变发展方式 建设低碳经济》，《上海大学学报》2010 年第 4 期。

［17］张晓旭：《低碳经济政策研究及其对中国的借鉴意义》，《改革与战略》2011 年第 8 期。

［18］黄娟、陈军：《生态文明：概念与内在逻辑》，《中国地质大学学报》2012 年第 4 期。

| 第九章 |

科学发展与生态文明建设的管理制度

第一节　生态文明建设中的政府宏观管理

一　科学发展与生态文明建设的调节机制

这里以生态文明建设为例，分析结论可扩展到整个科学发展中。在此，我们将着眼于生态文明建设的科学发展称为绿色发展。

1. 计划调节机制

这一调节机制对绿色发展的作用取决于对生态经济规律的认识与转化。对生态经济规律的认识来自自然科学与社会科学的结合，而由科学认识转化为现实调节措施取决于社会的利益机制与管理机制。

实际发生作用的计划调节不是最符合理想的计划调节，最理想的计划调节可以出现在论著与规划中，在现实社会生活中并不存在。对于各种各样的经济主体，如何使其行为符合生态经济规律的认识，不是我们想象的"合理路线图"就能做到的，要靠多种利益、管理惯性与措施有效性的综合作用，这是一个合力。所以，我们可以概括出"国民经济计划调节合力规律"。这个合力，包含着社会长期利益与眼前利益，国家、企业、个人利益，管理者利益与行为者利益等的博弈。社会经济受到怎样的计划调节，就是由这个不断变动的合力所决定的。

实现科学发展所需的计划调节，前提是通过发挥社会主义国家的政治优势，使中央政府在社会经济中，总体上代表着社会长期利益、国家利益与最高管理层利益。为此，通过树立合理的努力追求的目标，建立完善反映经济发展的合理指标体系——作为国民经济主要衡量指标与政府工作导向，推行三维系统的国民经济核算体系——全面反映国家经济与生态两大系统的财富总量，制定完善的社会生产行政法规与政策措施。上述这类中央计划调节措施，对于地方与企业，都将带来相应的导向与制约作用。接下来的，就是不断提高计划调节的有效性，包括管理制度的有效性。

2. 市场调节机制

推行这方面的机制，既要改进原来妨碍市场经济机制的行政规则，让市场供求机制、价格机制与竞争机制自动发生作用，又要在市场调节基础上适当地用计划调节加以配合，使其不产生有害的效果。

市场经济机制对于资源节约具有双重作用。价格机制与竞争机制都通过市场主体的经济成本作中介，对经济生活中的资源使用起到选择作用。但成本有长期与短期之分，短期成本有可能造成市场主体"竭泽而渔"的资源耗竭行为，长期成本有可能鼓励市场主体增加资源供给而抑制资源需求。从总的来说，后一机制更为主要。政府的作用是改进市场经济机制作用的社会环境，消除扭曲市场机制的因素，消除短期成本行为的发生。为此，配合市场经济机制的计划调节必不可少。对于开发新资源、再生资源，则要从计划调节起步，直接从科学发展的能力与需要来进行，继而接受市场对资源商品的适用性与价格水平的检验，即转入市场调节。

对于环境维护，市场经济机制有一个从"无为"到逐步"有为"的过程。生产一开始总是对环境有损耗。最初，"环境"没有微观成本，市场主体无须从经济上考虑维护环境。随着政府对环境的管制愈趋严格，环境作为企业生产的可量化"成本"经过人为设计得到逐步实施。但是，一者"环境损耗成本化"的过程漫长，二者企业解决环境维护问题难以像资源节约那样得力，因此依靠市场经济机制来推进环境维护显然是远远不够的，一定要用更为直接有效的计划调节来配合。

上述有关资源节约与环境友好的相互关系、利用市场经济机制与计划调节的作用，都是绿色发展中遵循、利用经济规律的内容。根据经济规律新认识，我们要对社会生产确立有新的目标，新的动力和约束机制，新的规划与管理措施，新的衡量、考核与核算指标，从而使"经济发展方式转变"不再停留在舆论上。

二 政府职能的功能平衡

各级政府都具有多方面的功能，在生态文明建设中，经济增长与生态环境保护两类职能是突出的矛盾方面。

一直以来，政府推动经济增长的职能占优势，原因在于：经济增长的实效将给整个社会都带来利益。一个显而易见的难题是，在一个可以预见的将来，我们的工业现代化与城镇化进程仍将在高速推进之中。这一事实意味着，无论是政府和政党的政治领导者还是普通民众（包括各个社会阶层）都将是这一进程的物质获利者，我们更自然地关切的是如何享受这一进程所带来的物质福利与舒适。目前地方官员中强烈的经济增长政绩偏好倾向，不仅是地方官员的自身素质和政府干部考核体系存在疏漏的问题，也有着强烈的大众支持基础。

而另一方面，政府的生态环保职能日渐占上风。党中央推行科学发展观，使这方面的职能在舆论上占据优势。国家对直接实施这类职能的政府机构逐级升格，并赋予更大的权力。然而在行动上，这方面职能尚未占优势。就以政府环保机构实施"环评限批"职权来说，经过专业科学评估为重大污染投资项目，环保机构将会拒绝通过。但是，落实这样的环保职能，往往遭到工商业的利益联合体抵制，后者实际上是我国现阶段的经济增长主义意识与心态的人格化主体，地方政府的主要领导受其影响很大。而公众的监督与呼吁给予政府的压力却存在制度性缺陷。于是政府环保职能强化中就会发生如下博弈。

一是建设项目的主持者可能与项目有着密切的利害关系，可能抗拒政府环保机构实施"环评限批"职权。如果他们在权力圈中有力量，就会挟制政府的主要领导，迫其就范。

二是地方环保部门对地方政府的行政与资源性依赖，使之严重缺乏必需的政治自主性与行政权能，往往是不得不站在地方政府的立场上说话，实际上削弱了自身执行制止生态环境破坏行为的职能。地方性环保部门经常在地方经济利益与国家环境利益之间进行两难选择。

为此，要将环境指标纳入官员考核制度，以便阻止追求短期政绩的地方官员与追求暴利的企业之间的"肮脏"结合，削减以人民群众的健康和子孙后代的生态环境为代价的行政驱动力。

为了在这一博弈中加强对生态环境保护，使经济增长在生态文明建设中处于合理地位，提升社会公众的力量，使之与工商业的利益联合体抗衡很有必要。当许多建设项目将直接带来生态环境的危害，并影响相关地方的公众生活。对明显产生噪声、废气、污水及有害排泄物的项目，公众可以亲眼看到其危害，于是就会抵制。

三　选择国民经济管理的引导指标

经济发展方式转变，是改革开放进入新阶段的一个政治总动员，是贯彻科学发展观的基本途径。这个转变涉及我国经济、社会、思想各个领域，其中较为直接的是国民经济管理中有关的制度、方针、政策、规划的转变。

为保证政府在国民经济管理中实践科学发展观、有力地开展生态文明建设，选择正确的国民经济管理的引导指标将会起到纲举目张的作用。对此需要有两大措施。

1. 降低 GDP 地位，停止以 GDP 作为经济发展的主要衡量指标与政府工作绩效考核的指标

根据建设两型社会的要求，以 GDP 为经济发展的主要衡量指标与政府工作导向是完全不合适的。GDP 作为全社会的经济产品与经济劳务总和，只反映了社会经济活动的总规模，反映了社会生产的总产出，反映了社会物质财富的总数量，可是连全部经济发展动力机制的内容与物质财富的质量总和都反映不了。即使在经济系统之内，也是一个局限性很大的指标。再联系社会、生态系统，就更不能说明问题了。继续保留现有 GDP 的经济指标地位，只能成为转变发展方式的障碍。

一国 GDP 总量不断增大，这个信息本身完全是中性的。判断它是喜讯还是值得忧虑的信息，只有一个标准，就是看其是在科学发展状态下取得的，还是在相反的状态下取得的。如果不是在科学发展状态下取得的，那么像中国这样的发展中大国，当 GDP 总量上升为世界前茅，就包含着如下内容。

——它意味着中国人口基数太大，要满足这么多人口的基本生活需要，就必须创造一个庞大的物质资料总量，而这必然对我们的资源系统带来沉重的压力。

——在两极分化有所加剧、基尼系数增高、财富分配向少数富有者过度倾斜的情况下，意味着社会财富必须有这样大的总量，以至于在满足弱势群体温饱水平的同时，还要将大量财富用于富有群体的奢侈浪费。而且，经济总量增大与弱势群体相对贫困的反差更突出，社会矛盾更加深化、埋藏的社会危机更为深厚。

——在社会经济充满着内耗、无效竞争、宏观经济效率低下的条件下，这一庞大的总量意味着亿万从业人员超常的劳动付出，加班加点、身心疲惫、透支健康，成为未来的医疗产业日趋庞大的服务对象（也就是开辟了拉动这一领域的 GDP 需求）。

——在不合理的国际分工与不平等对外经贸关系下，中国经济在某种程度上受制于掠夺成性的国际大垄断资本，意味着中国劳动者血汗创造的更多价值流入一些发达国家。

——在粗放式增长比例仍然过大的状态下，这意味着高耗费、低收益的规模更加大，各种资源耗竭的困境更加剧，环境受到的损坏更厉害，工业化与经济发展面临的制约更加重。

鉴于上述认识，每年统计出来的 GDP，只能作为反映当年经济总规模的参考性指标。在面对中国的 GDP 总量超过日本，上升为世界第二这一信息时，理论界要大力加强正确评判 GDP 发展内涵的宣传，利用这一评判促进对科学发展观与经济发展正确定位的认识。

2. 引入绿色 GDP 核算

绿色 GDP 核算的全称是绿色国民经济核算。它是在国民经济核算基础上，扣除自然资源耗减成本和环境退化成本的核算体系，使其更为真实地衡量经济发展成果。这一核算指标不做为经济发展的全面衡量指标，其原因有两个：一是它不是建立在现有统计系统基础上的，而是新探索性质的；二是它还不能全面反映社会经济的可持续发展水平与能力，只能克服 GDP 不能反映自然资源消耗与环境退化成本的局限。因此这只是一个重要的参考指标。

绿色 GDP 核算体系建设计划开始于 2004 年，由国家统计局与国家环保总局联合开展《中国绿色国民经济核算体系研究》项目的工作全面启动。历经 6 年，仍处于停滞状态。停滞原因基本是两个：一是绿色 GDP 本身的设计还达不到科学的水平。首先，该体系设计理念有待改进。不仅要将资源耗减成本和环境退化成本从 GDP 中扣除，还要加上环境保护的收益，更重要的是这一新的国民经济核算体系不能只有单纯的经济收益与生态环境破坏之间的差值，而更要科学地反映自然生态在经济活动开展中的有机平衡与稳定程度。其次，该体系的测量指标与方法上远未达到成熟地步。绿色 GDP 的测量会随着时空范围的扩大而变得更加困难，不同区域之间对同一经济活动的绿色程度在认知与测量上都会有差异。比如同样一种自然资产对不同环境下的区域来说也有着不同的绿色价值。二是有阻碍推广绿色 GDP 的力量。绿色 GDP 核算体系测算出来的数据，对于那些忽视资源环境生态要求的主体，无论热衷于非科学发展政绩的地方政府，还是热衷于违反环保标准立项的投资者，都极为不利，因而他们势必要抵制、不配合。

转变经济发展方式必须借助绿色 GDP，我们要实施这两项同时推进的工程。一是分期实施绿色 GDP 核算体系建设工程，每期规划 3~5 年，每期的指标体系各部相同，力求不断改进，越来越完善、合理、科学；二是进行相应的制度建设，围绕转变经济发展方式的需要改进党委—人大—政府之间的决策体系，使推广绿色 GDP 的阻碍力量无法抗拒这一决策。

四　政府的财政政策

科学发展要求政府的财力支出发生这样的调整：有所减少、有所增大。

有所减少的支出，是指政府行政性开支贯彻勤俭建国的方针，尽量减少。这个举措具有两方面的意义。

一是保持无产阶级政权的本色。马克思在论述巴黎公社时就说过，工人阶级的政府应当是"廉价政府"，这个观点高于资产阶级所能接受的"廉洁政府"。在"廉洁政府"的层面，要求各级政府机构遵循财经法规、政府官员拒绝贪腐，这是保障政府能够有效运作的必要条件，任何统治阶级都要求其政府廉洁。但是，"廉价政府"只能是工人阶级的要求，它意味着政府不是高高凌驾于社会之上的特殊部分，政府官员也是普通劳动者——是从事社会管理工作的社会分工力量。巴黎公社的最高职务所领取的工薪不超过技术工人的最高工资，就是马克思推崇的典范。本着"廉价政府"的原则，现实生活中的政府行政性开支至少要做到以下几点：（1）政府办公大楼的规模与豪华程度要节制，不能靠这类建筑工程巨大的开支来拉动 GDP。（2）政府的公车开销要控制，办公会议、接待工作支出要节约，精简会议、减少应酬、讲求实效、反对形式主义，尤其是会议或接待用餐要节俭。一个领导经常奔跑于几个饭局之间，反映出这类铺张浪费。一个县各部门领导去外县开现场会，本来一辆大巴可以解决，偏要每个领导一辆轿车，以免"掉价"，这是要挨老百姓背后骂娘的。（3）政府要慎重举办大型庆典活动。依靠这类活动的奢华来提高本地知名度，达到招商引资效果，已经泛滥，这是非科学发展的误区。花出去的是人民的血汗钱，收获的往往是不落实的"意向性协议"。一个地方不靠努力改善投资环境来引资，不靠创造经济、社会、生态方面的业绩来提高知名度，而是靠豪华庆典，这只能算是"黔驴之技"。

二是属于建设资源节约型社会的要求，全社会都要提倡少花钱、多办事。政府应当带头，给企业、事业单位做好榜样，不要做坏榜样。仅拿单位之间的合作来说，当前流行"酒文化"——不大喝就达不成协议，这造成经济浪费、时间耗费、关系庸俗、健康透支，已经成了经济运行中巨大而多余的"三维成本"。如果政府能够带头革新这个祸害中华民族的"酒文化"，比增加多少GDP都有意义。

当政府主动进行财力约束、节约非生产性开支之时，以下财政支出应当在加强引导与优选的基础上应有所增大：（1）增加用于反贫困方面的转移支付。如果说，对农民购买家用电器的补贴只是拉动内需的一时之策，那么，针对贫困家庭的生产性信贷补贴则是长期的措施。针对贫困地区的基础设施建设投资更是这样。（2）用于资助科技创新，尤其是应用于国际技术竞争、环境保护和绿色增长的科技。（3）用于文化建设，注重机制保障与实力保证双推进，推动文化产业发展。（4）增加生态环境建设方面的投资，包括预防与降低自然灾害损失的投资。这几项不是国家实际财政预算要增加的完全清单，只是以此强调，在科学发展的三维领域，要用财政支出来办的事很多很多，勤俭建国的方针更要努力贯彻。

五 政府的产业政策

生态文明建设给政府的产业政策增添了新的内容。本书第八章第四节关于绿色增长的论述，实际上给出了这方面的产业政策内容。这里我们简要地以论述产业政策的方式对这些内容进行集成。

1. 产业改造是中国产业政策的重要内容

在产业改造中，产业集约化与产业生态化并重。两者之间无论在技术上还是效果上都会有重叠，如在生产中实现节能节材高标准，既是产业集约化又是产业生态化。区别在于，产业集约化直接瞄准生产技术进步目标，而产业生态化直接瞄准降耗减排目标。为落实产业改造的规划，就要相应地安排更多的财力、投资项目。对此，凡是新建、扩建一类外延扩大再生产项目，要严格控制，而更新改造一类内含扩大再生产项目，应合理放宽。

2. 产业结构调整

最高层次的产业结构是三次产业的结构，三次产业的结构调整应实行以质带量的原则，即以质的提升为出发点，量的变动只能成为期望值，或者达到一个约束性的幅度。

（1）中国虽然处在工业化、城镇化快速发展中，但我们要清醒地认识到，不能将国情相差甚远的西方发达国家作为结构调整的目标样本。如果我们真搞绿色发展，就不能按照欧美发达国家的产业变动模式，一味缩减农业。为了发展现代化农业，农业生产的产前、产中、产后各个行业都要发展。依靠科技进步来开发、利用所有生物（动物、植物、微生物）资源，拓展农业生产的新门类。中国要通过新农村建设、新农民成长，扶助新兴农业发展，而不是盲目降低农业规模。至于具体的农业比例数，就有待统计了。

（2）中国的第二产业有相当部分的产出是提供给国际市场的。从战略方向看，中国成为"世界车间"，在过去曾经起到积极作用，但此后就越来越得不偿失。中国应当有更大比例的第三产业的产出提供给国际市场。即使是满足内需的第二产业的产品，也要科学地控制生产规模，不宜盲目扩大。一切为拉动 GDP 而扩大产能、增加建筑物、不合理上项目的，都要清理。推广节能节材，抑制第二产业的规模盲目增长。

（3）中国的第三产业的扩大首先是内容的扩展。中国要走新型工业化道路，以信息化带动工业化，信息产业要有大发展，科教兴国战略要更具体地落实到产业发展规划中。为减少中国的碳排放，中国的服务出口、包括文化出口的比例要不断增大，逐步替代制成品出口，降低"世界车间"的规模。在满足内需方面，增加服务业新内容。比如，降低社会成员对物质财富的盲目追求，引导人们从更多的文化活动中提高生活质量，由此而扩大文化产业规模。再如，解决人类健康与生活方式的改变关系很大，单纯依靠医疗与药物不行，还要通过体育锻炼与身心保健的直接作用，来取得医疗与药物无法取得的保健效果。也就是用保健服务业来替代药品制造业。

3. 加大对已有产业政策中有利于绿色发展的措施的力度

我国近几年来淘汰落后产能大有成效，今后仍需加大力度执行这一产业政策。

有的产业政策必须通过所有制变更来解决。如为提高矿产资源开发的科学性，很难靠私有经济，只能以公进私退的方式来改进生产方式。将原来的小私有经济改变成为社区公有、地方国有或股份制企业。如果股份制企业因股权分散不利于解决经理人内部控制，政府可通过注资进行技术改造，增大国有股。

六 政府的区域政策

针对生态文明建设的区域政策，其依据是以生态功能来安排不同产业在各类区域中的分布。

从对生态环境的直接影响来说，工业、采掘业、运输业等是有损生态环境的产业，农业、旅游业是对生态环境可能产生双重影响的产业，重新定位的林业、草业等是有利于生态环境的产业。上述产业都要在区域经济开发中合理安排。

国家进行主体功能区的划分，区域划分为优化开发区、重点开发区、限制开发区、禁止开发区四类。这里，"开发"的含义是指大规模进行工业化、城镇化。主体功能区的划分体现了经济与生态双重要求的区域分工，避免了盲目的地区攀比与竞争。其中，有关限制开发区域和禁止开发区域的设定，对有的地方为实现发达、致富而追求工业化、城镇化作出了限制，对其中的重点生态功能区甚至连农业也要限制。优化开发区与重点开发区的功能是以提供典型的工业化物质财富为主，限制开发区的主体功能是提供农产品，禁止开发区的主体功能在于提供生态产品。

区域划分的依据是从以下指标来测定。第一类指标是表明开发的目标条件，包括：人口集聚度，经济发展水平，交通优势度。第二类指标是表明开发的制约条件，包括：区域生态系统保护的重要性，区域生态系统的脆弱性。第三类指标是表明开发的支撑条件，包括人均可利用的土地资源、可利用的水资源、自然灾害危险性、环境容量。这类指标的综合测定，可以用前两个指标作分子，后两个指标作分母。经过上述三类指标的计算，来确定哪些区域可以作为优化开发区，哪些可以作为重点开发区，哪些可以作为限制开发区，哪些可以作为禁止开发区。大体上，可以这样描述：如果第一类指标很强，第二类指标许可，第三类指标明显降低，这样的区域就要划为优化开发区。如果第一类指标很强，第二类指标许可，第三类指标也很强，这样的区域就要划为重点开发区。如果第一类指标不强，第二类指标与第三类指标都明显低于前者，这样的区域就要划为限制开发区。如果第一类指标与第二类指标都很低，这样的区域就要划为禁止开发区。

　　主体功能区的划分实际上揭示了这样一个道理，在我国的国土上，大规模进行工业化、城镇化是要有条件的，符合目标条件的区域是进行"两化"的有利地方，而制约条件与支撑条件允许才能进行"两化"，特别是制约条件允许。如果已有较高程度的"两化"，但支撑条件下降，就必须进行优化开发，防止支撑条件进一步恶化。

　　分析起来，这样的主体功能区划实际上需要有一个生态型产业政策来支撑：（1）有损生态环境的产业，是顺应产业发展规律、推进工业化、经济服务化，创造物质文明所必需的主体产业，但这类产业对生态环境的损害是不可避免的，只能尽量提高科技含量，节能降耗减排，以最少的生态环境损失来获取工业化与经济发展的最大成果。（2）对生态环境可能产生双重影响的产业，必须改变其发展方式，发挥其本身对生态环境的有利的一面，克服其对生态环境的不利的一面。这在现代的科学技术条件下是可以做到的，关键是要重视和有投入。（3）有利生态环境的产业，要大力发展，并且专门给这样的产业划定发展的空间。

七　政府的人力资源政策

　　科学发展与生态文明建设更需要科学与智力，在这方面应当"硬""软"兼备。"硬"科技的应用侧重于专业能力，"软"科技的应用侧重于综合能力。为了落实"软"科技的应用，建议在实际工作部门设立生态工程师，这是职称也是任职资格。就像经济建设的某些岗位必须要由工程师以上职称的人才来担任一样，有关生态建设必须要由生态工程师职称的人才来主持，某些与生态环保关系密切的项目经理的任职资格就要规定有这项职称。生态工程师的考核评定，以生态学、环境科学、地理学、区域经济学、产业经济学等学科的内容构成。此外，对未获得这一职称而参加区域开发与生态建设的公务人员，应举办生态知识培训班，增强生态建设的自觉性，避免在工作中违背自然规律。媒体的记者也要经过生态知识培训，避免在新闻报道中误导（这种误导往往是不恰当地将一些局部经验夸大，上升为普遍性规律）。

为培养生态文明建设人才，教育部门需要组织力量，对当前的相关理科、文科进行整合梳理，构建生态经济学专业的学科群。整合范围包括理科的生态学、环境科学、资源科学、地理学，文科的生态经济学、环境经济学、资源经济学、区域经济学、产业经济学，通过整合形成合理的课程设置与知识结构，防止内容重复或缺漏。

第二节　宏观经济生态管理的计量模型

一　CGE 模型在宏观经济生态管理中的应用

借助国际上广泛应用的可计算一般均衡模型（Computable General Equilibrium model），作为有效的政策分析和经济评价工具，为宏观经济生态管理提供计量手段。

CGE 模型与投入产出模型或线性规划模型相比，具有以下显著特点：（1）包含多个明确的经济主体；居民、企业、政府、贸易商等行为的最优化。（2）模型可描述不同经济主体的供需政策如何决定各商品和要素的价格。每种商品和要素对应一个方程，价格调整使得总需求不超过总供给，因而是均衡的。（3）模型产生数值结果，是可计算的。（4）常用于政策分析，主要应用领域为国际贸易、环境保护、财政税收和经济改革。该模型同时考虑各类市场之间、具有行为最优化的多个经济主体以及经济主体和市场之间相互联系的数值模拟。

CGE 模型经过不断改进，能够将资源环境损耗及相应的保护活动计入其中。由于生产消费活动具有很强的外部性，在现实中经济活动同自然资源与环境之间存在一个相互作用的反馈机制，如图 9-1。

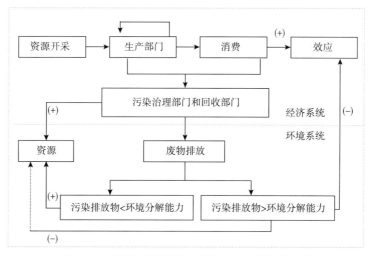

图 9 - 1　资源环境系统与经济系统的相互作用①

基于 CGE 模型的功能，在国际上已大量应用于全球温室气体减排、不同国家和地区的不可再生能源的利用、贸易与环境、水资源、水环境相关问题，土地利益变化等环境经济问题。论证了环税和能源、能源替代战略、环保法律实施对国民生产总值的影响，贸易政策对各国的环境影响等具体效应。

与国外相比，国内资源环境 CGE 模型的研究大约要晚十多年，但已经取得了很多有意义的研究成果。

1995 年，中国国务院发展研究中心与 OECD 发展中心合作，开发了一个包含 64 个部门的中国经济 CGE 模型原型，以 OECD 发展中心贸易与环境项目的 CGE 模型为基础，结合中国的实际情况进行了一些重要修改，将该模型应用于贸易政策分析、能源政策和能源贸易、环境政策、收入分配机制以及中国经济的中长期增长和结构变化等方面的分析。中国社会科学院先后与澳大利亚莫纳什大学政策研究中心和荷兰中央计划局合作，以 PRCGEM 模型为基础，合作构建了中国的 CGE 模型，对中国环境政策进行了分析。国家计委能源所 2000 年开始构建中国能源综合政策评价模型（IPAC），现已形成了一个综合评价模型框架，主要分为三个部分：能源排放模型、环境模型和影响模型。李善同、翟凡等学者利用 CGE 模型分析了

---

①　庞军、邹骥：《可计算一般均衡（CGE）模型与环境政策分析》，《中国人口·资源与环境》2005 年第 1 期，第 56～60 页。

中国产业结构变动与污染排放的关系和相关政策影响。

围绕低碳经济与环境税问题，有以下 CGE 模型应用：谢剑（1995）等人开发了一个静态的经济环境综合 CGE 模型，在该模型中，给出了一个含有环境因素的扩张社会核算矩阵，包括了对污染税、补贴和清洁活动的分析。张中详（1996）和郑玉歆等（1999）用全球温室气体排放减排的 CGE 模型分析了用碳税来控制中国二氧化碳排放造成的各种宏观影响。贺菊煌、沈可挺和徐嵩龄建立了分析碳税对中国二氧化碳减排影响的静态 CGE 模型。王灿、陈吉宁和邹骥（2005）基于其构建的中国经济—环境—能源动态 CGE（TED - CGE）研究了 CO_2 减排对中国经济的影响，以 2010 年实施碳税政策为模拟背景，定量描述了减排政策下国内生产总值（GDP）、能源价格、资本价格等宏观经济变量的变化，其研究结果表明：当减排率为 0～40% 时，GDP 损失率在 0～3.9% 之间，减排边际社会成本是边际技术成本的 2 倍左右。在中国实施 CO_2 减排政策将有助于能源效率的提高，但同时也将对中国经济增长和就业带来负面影响。胡宗义和蔡文彬（2007）利用 CGE 模型，分别在短期和长期的时间框架下，对能源税的征收进行政策研究。研究表明：通过开征 27 元/吨标准煤的能源税，在短期和长期分别能使能源强度减低 6.9% 和 6.99%，虽然在短期内对中国 GDP 增长及某些与能源关联度较高的产业造成了一定的负面冲击，但从长远发展来看，这种负面影响是能够接受的，对能源税的征收来说，总体上有利于降低能源强度、优化产业结构，转变经济增长方式，促使国民经济可持续发展。

二 含有资源与环境账户的 CGE 模型的构建

魏巍贤（2009）能源环境 CGE 模型假设模型[①]包含 n 个生产部门，这 n 个生产部门中划分能源和非能源部门，m 个污染部门，每个污染部门只处理一种类型的污染物；两种初级生产要素：资本（K）和劳动（L）；一个代表家庭（H），政府（G）和世界（ROW）。模型是静态的，要素供给假定外生给定。文中的变量符号具有如下特点：（1）大写字母表示内生变量；（2）希腊字母或小写字母表示参数；（3）带横杠的大写字母或小写字

---

① 魏巍贤：《基于 CGE 模型的中国能源环境政策分析》，《统计研究》2009 年第 7 期，第 3～13 页。

母表示外生变量或控制变量。模型中的集合指标为：ip 和 $jp=1$，2，…，n 表示生产部门；g 和 $ia=1$，2，…，m 表示污染物或污染减排部门；i 和 $j=1,2$，…，n，$n+1$，…，$n+m$ 包含所有的生产和污染减排部门；$ines$ 表示非能源中间投入部门；ies 表示非电力能源部门；iec 表示电力部门。[①]

由于模型涉及的方程数量和变量较多，限于篇幅，我们这里只给出模型的核心方程，即价格模块、产出和要素需求模块、贸易模块、污染模块。

1. 价格模块

方程①到⑥分别定义了出口商品和进口商品的国内价格（PM 和 PE），产出价格（PX），复合商品价格（P），活动成本复合和资本投入价格（PK）。除了方程⑤，价格模块中的方程都是 CGE 文献中的标准方程。方程⑤表明生产成本的组成。左边是部门总的现金流，也即产品销售收入加上政府补贴。它被分解为增加值价格（PVA），间接税（tc），中间投入支出（基于投入产出表系数），污染排放税（PETAX）和污染减排成本（PACOST）。污染排放税和污染减排成本受污染密度、污染清理率和价格的影响。它们将在污染模块中被定义。

① $PE_i = (1+te_i)\overline{PWE_iR}$，$i \in ie$ 　　　（出口商品的国内价格）

② $PM_i = (1+tm_i)\overline{PWM_iR}$，$i \in im$ 　　（进口商品的国内价格）

③ $PX_i = (PE_iE_i + PD_iXXD_i)/XD_i$ 　　　（产出的平均价格）

④ $P_i = (PM_iM_i + PD_iXXD_i)/X_i$ 　　　　（复合商品价格）

⑤ $PX_iXD_i + \overline{CSUB_i} = PVA_iXD_i + PX_iXD_itc_i + XD_i\sum\limits_{jp}a_{jp,i}P_{jp} + \sum\limits_{g}PETAX_{g,i} +$

$\sum\limits_{g}PACOST_{g,i}$ 　　　　　　　（活动成本复合）

⑥ $PK_i = \sum\limits_{j}P_jb_{j,i}$ 　　　　　　　　（资本投入价格）

2. 产出和要素需求模块

模型采用嵌套式 CES 生产函数来描述各投入的产出技术；采用 CET 函数来描述国内产出在国内销售和出口之间的转移。方程⑦采用 CET 函数定

① Jian Xie and Sidney Saltzman，"Environmental Policy Analysis: An Environmental Computable General Equilibrium Approach for Developing Countrieso"，*Journal of Policy Modeling*，22，2000，pp. 453 – 489。

义了总产出在国内销售和出口之间的不完全转换关系，方程⑧到方程⑬分别描述了总产出、非能源中间投入复合品、资本—劳动复合品、减排活动投入复合品、能源投入复合品、电力投入复合品的生产技术。简单起见，我们假设 $\sigma = 0, \sigma_1, \cdots, \sigma_5 = 1 = 0$；也即总产出函数为里昂惕夫生产函数，各复合品为柯布道格拉斯生产函数。方程⑭到方程⑯是要素需求函数和中间投入需求函数，它们是要素价格和产品价格的函数。

⑦ $XD_i = A_i \left[\delta_i E_i^{\rho_i} + (1 - \delta_i) XXD_i^{\rho_i} \right]^{\frac{1}{\rho_i}}$ （CET 转换函数）

⑧ $XD_i = CES(ES_i, KL_i, AB_i, EE_i, \sigma, B_i)$ （CES 生产函数）

⑨ $ES_i = CES(IND_{i,ines}, \sigma_1, B_i^1)$ （非能源中间投入复合品）

⑩ $KL_i = CES(DK_i, DL_i, \sigma_2, B_i^2)$ （资本—劳动复合品）

⑪ $AB_i = CES(IND_{i,m}, \sigma_3, B_i^3)$ （减排活动投入复合品）

⑫ $EE_i = CES(IND_{i,m}, EEC_i, \sigma_4, B_i^4)$ （能源投入复合品）

⑬ $EEC_i = CES(IND_{i,m}, \sigma_5, B_i^5)$ （电力投入复合品）

⑭ $DK_i = f_1(P_i, PK, PL)$ （资本需求函数）

⑮ $DL_i = f_1(P_i, PK, PL)$ （劳动需求函数）

⑯ $IND_i = f_3(P_i, PK, PL)$ （中间投入需求函数）

3. 贸易模块

国内生产、国内销售的商品和进口商品被假定为不完全替代，这种假设被称为阿明顿假设（Armington），方程⑰采用 CES 函数来描述阿明顿假设，两者的弹性系数采用简单线性回归方法获得。

⑰ $X_i = ac_i \left[\varphi_i M_i^{-\rho_i} + (1 - \varphi_i) XXD_i^{-\rho_i} \right]^{-1/\rho_i}$ （阿明顿函数）

⑱ $M_i = XXD_i \left[PD_i / PM_i \varphi_i / (1 - \varphi_i) \right]^{\frac{1}{(1 + \rho_i)}}$ （进口需求）

⑲ $E_i = XXD_i \left[(PE_i / PD)_i (1 - \delta_i) / \delta_i \right]^{-\frac{1}{(1 - \rho_i)}}$ （出口供给）

4. 污染模块

方程⑳定义了污染排放税，各部门不同污染物所产生的排污费是部门产出、污染排放税率、污染排放密度和污染清理率的函数。方程㉑定义了污染减排成本，各部门不同污染物的减排成本是部门产出、污染密度、污染清理率和排污价格的函数。方程㉒定义了排污价格，该方程事实上也是一个价格转换方程，由于在 CGE 模型中，产出的初始价格一般被设定为 1。然而，在衡量污染物时，采用吨或百万吨等实物单位来衡量将会更加方便，方程㉒起到这样的转化作用。方程㉓定义了减排总量采用实物单位来衡量，从价值量向实物量的转化比例以基期为准，假设不变。方程㉔定义了污染减排率，它由减排总量除以总污染产生量而得。方程㉕定义了污染产生量，它是各部门污染物产生量之和。方程㉖定义了污染排放量，它是污染产生量扣除减排总量。方程㉗定义了将各种污染物的排放税进行加总就得到总污染排放税。

㉒ $PETAX_{g,i} = tpe_g d_{g,i} XD_i (1 - CL_g)$　　（污染排放税）

㉑ $PACOST_{g,i} = PA_g d_{g,i} XD_i CL_g$　　（污染排放成本）

㉒ $PA_g = (XO_g / TDAO_g) P_g$　　（污染价格）

㉓ $TDA_g = X_g TDAO_g / XO_g$　　（减排总量）

㉔ $CL_g = TAD_g / \sum_i d_{g,i} XD_i$　　（污染排放率）

㉕ $DG_g = \sum_i d_{g,i} XD_i$　　（污染产生量）

㉖ $DE_g = DG_g - TDA_g$　　（污染排放量）

㉗ $ETAX = \sum_i \sum_g PETAX_{g,x}$　　（总污染排放税）

5. 社会福利模块

方程㉘定义了社会福利函数，它是家庭对各种商品的消费需求、休闲时间和各污染物减排总量的函数。通过将污染物减排总量这一环境指标引入社会福利函数来反映公众对良好环境的需求。

㉘ $U = CES(CD_i, ULE, TDA_g, \Omega, \Omega_1, \cdots, \Omega_3)$

模型变量含义见表 9 - 1。

表 9 - 1　资源环境 CGE 模型变量

AB_i	部门 i 的减排投入复合品	$\overline{CSUB}$	政府对企业的总转移支付
CD_i	家庭对产品 i 的消费需求	$\overline{CSUB_i}$	政府对部门 i 的转移支付
CL_g	污染减排率	$\overline{PWE_i}$	出口品 i 的世界价格
DK_i	部门 i 的资本要素需求	$\overline{PWM_i}$	进口品 i 的世界价格
DL_i	部门 i 的劳动要素需求	R	汇率（直接标价法）
DG_g	污染物 g 的产生总量	$TDAO_g$	基期污染减排水平
DE_g	污染物 g 的净排放量	XO_g	基期减排产出
E_i	部门 i 的出口数量	$a_{i,j}$	投入产出技术系数

EE_i	部门 i 的能源中间投入复合品	$b_{j,i}$	资本构成系数
EEC_i	部门 i 电力投入复合品	A_i	CET 函数技术参数
ES_i	部门 i 非能源中间投入复合品	$B_i, B_i^1, \cdots, B_i^5$	部门 i 各嵌套层次 CES 生产函数的技术进步参数
$ETAX$	总排污税收入	ac_i	阿明顿技术参数
$IND_{i,j}$	部门 i 对 j 产品的中间投入需求	$d_{g,i}$	污染密度
KL_i	部门 i 的资本—劳动要素复合品	δ_i	部门 iCET 函数份额参数
M_i	部门 i 的进口数量	$\sigma, \sigma_1, \cdots, \sigma_5$	各层 CES 生产函数的替代弹性
P_i	部门 i 的阿明顿复合品价格	ρ_i	部门 iCET 函数转换弹性参数
PA_g	污染清理价格	ρc_i	阿明顿函数替代弹性参数
$PACOST_{g,i}$	部门 i 污染减排成本	φ_i	阿明顿份额参数
PD_i	部门 i 产品的国内价格	tc_i	部门 i 间接税率
PE_i	出口品 i 国内价格	te_i	部门 i 的出口补贴率
$PETAX_{g,i}$	部门 i 污染排放税 t	tpe_g	污染排放税率
PK	资本品价格 t	tm_i	部门 i 的关税税率
PM_i	进口品 i 的国内价格	Ω	福利函数替代弹性
PVA_i	部门 i 增加值价格	$\Omega_1, \cdots, \Omega_3$	福利函数各嵌套层次的替代弹性
PX_i	部门 i 的平均产出价格	$BSPLUS$	国际收支余额
X_i	部门 i 阿明顿复合品供给	TDA_g	减排总量
XD_i	部门 i 国内产出	ULE	休闲
XXD_i	部门 i 国内生产国内销售		

三 资源环境 CGE 模型的数据基础、模型求解与实证分析

传统上，CGE 模型的数据主要是取自投入产出表，但与投入产出表分析相比，CGE 模型对数据支持的要求更高。社会核算矩阵（Social Accounting Matrix，SAM）则可以满足此要求。从而有助于 CGE 模型准确的描述所包含的收支均衡关系，目前，CGE 模型的数据基础是社会核算矩阵。

传统上的 SAM 忽略了经济与环境的相互作用，为了在 SAM 中反映能源、环境和经济之间的相互作用，就必须对传统上的 SAM 进行扩展，目前

国内的环境—经济 CGE 模型主要是依据 Jian Xie（2000）在环境 SAM（社会核算矩阵）扩展方面提供的原理，并参照如高颖[①]在中国资源、经济与环境 SAM 中的编制方法，建立与之相对应的含有资源、贸易与污染排放治理的 SAM。

魏巍贤[②]以中国 2002 年 42 个部门的投入产出表为基础，将 42 个部门合并整理成农业、轻工业、重工业、建筑业、服务业、煤炭、石油与天然气、燃煤电力、燃油燃气电力、水电、核电、可再生能源电力、二氧化硫减排、污水减排和固体废弃物减排 15 个部门。假设每个活动生产单一商品，因此，商品账户与活动账户相同。要素账户包括资本账户和劳动账户。机构账户包括家庭账户、企业账户和政府账户。由于分析的主要目的在于模拟各种能源环境政策的节能减排效果，所以没有对家庭和企业进行细分，而是采用代表性家庭和代表性企业来反映家庭行为和企业行为。构建中国能源环境 SAM 的数据除了来源于 2002 年投入产出表外，其他相关数据主要来自《中国统计年鉴 2003》、《中国金融年鉴 2003》、《中国环境年鉴 2003》、《国际收支平衡表 2003》、《中国能源统计年鉴 2003》等统计资料。由于数据来源不同，加上可能存在的统计误差，所编制的能源环境 SAM 初始表并不平衡。对于账户不平衡的问题，本文采用跨熵方法（Cross - Entropy Method，CEM）对 SAM 进行平衡。平衡后的中国能源环境 SAM 是一个 40 × 40 的大矩阵，鉴于篇幅有限，这里不给出具体的 SAM 表。

魏巍贤（2009）的资源环境 CGE 模型用于评价各种能源环境政策的节能减排效果与宏观经济影响。首先利用 CGE 模型重点模拟降低乃至取消重工业出口退税的节能减排效果及其宏观经济影响。中国从 1985 年开始实行出口退税政策，并经历了多次调整。虽然出口退税政策对促进中国出口增长发挥了重要作用。然而，宽松的出口退税政策也在一定程度上鼓励高耗能、高污染的重工业产品以及资源性产品的出口，这对中国的节能减排极为不利。出口退税率的降低幅度取 20%、40%、60%、80% 和 100%。模拟结果见表 9 - 2。

---

① 高颖、李善同：《含有资源与环境账户的 CGE 模型的构建》，《中国人口·资源与环境》2008 年第 3 期，第 20 ~ 23 页。

② 魏巍贤：《基于 CGE 模型的中国能源环境政策分析》，《统计研究》2009 年第 7 期，第 3 ~ 13 页。

表9－2　降低重工业出口退税的节能减排效果和宏观经济影响

单位:%

	退税率 降低 20	退税率 降低 40	退税率 降低 60	退税率 降低 80	退税率 降低 100
GDP	－ 0.17	－ 0.28	－ 0.37	－ 0.42	－ 0.53
居民福利	－ 0.03	－ 0.07	－ 0.12	－ 0.17	－ 0.20
出口	－ 0.66	－ 1.68	－ 2.58	－ 2.99	－ 3.09
进口	－ 0.53	－ 1.35	－ 2.04	－ 2.40	－ 2.45
单位 GDP 能耗	－ 0.32	－ 0.52	－ 0.66	－ 0.83	－ 1.04
二氧化硫排放	－ 0.16	－ 0.45	－ 0.78	－ 1.19	－ 1.31
二氧化碳排放	－ 0.20	－ 0.55	－ 0.97	－ 1.35	－ 1.62
废水排放	－ 0.29	－ 0.55	－ 0.83	－ 1.16	－ 1.54
固体废弃物排放	－ 0.21	－ 0.41	－ 0.72	－ 1.04	－ 1.37
就业	－ 0.02	－ 0.05	－ 0.07	－ 0.08	－ 0.09

　　从理论上讲，降低或取消重工业的出口退税会对重工业以及宏观经济带来一定的负面影响，但影响程度不一定太大。根据 2002 年中国投入产出表，重工业产品的出口量仅占重工业总产出的约 14% 左右，却占总出口的50% 左右。因此，可以初步判断出口退税的调整对进出口的影响大于对宏观经济的影响。由于重工业是高能耗高污染产业，降低出口退税必然能够带来一定的节能减排效果。表 9－2 的结果符合初步预期。

　　魏巍贤（2009）的资源环境 CGE 模型模拟结果是：在出口退税率下降 80% 的情况下，GDP 下降 0.42%，进出口分别下降 2.4% 和 2.99%，而对居民福利的影响为 0.17%，对就业的影响为 0.08%；单位 GDP 能耗下降 0.83%，二氧化硫排放下降 1.19%，二氧化碳排放下降 1.35%，废水排放下降 1.16%，固体废弃物排放下降 1.04%。随着出口退税幅度的上升，表中的各个节能减排指标和宏观经济指标都呈现不同程度的下降。在完全取消重工业出口退税率的情况下，GDP 的下降幅度仍然不大，为0.53%；居民福利和就业的变化同样非常小；但出口将下降 3.09%，进口将下降 2.45%；单位 GDP 能耗将下降 1.04%；各种污染物排放的下降幅度都有较大程度的提高。降低重工业出口退税的模拟结果对降低我国当前较高的能源强度和改善环境质量均有参考价值。由于重工业在我国当前国民经济中的较大比重以及重工业产品的大量出口，出口退税率的降低对进出口的负面冲击较大。但众所周知，我国长期以来用于出口的产品中大部分是附加值低、能耗大的产品，在重工业行业内尤其如此，这些产品出口虽然带来外汇收入，但这些外汇收入的取得一定程度上是以大量消耗我国的能源资源为前提的，同时重工业产品的大量出口还给我国的生态环境带来很大的压力。因此，在降低甚至取消重工业出口退税对 GDP 和就业影响不大的情况下，尽快降低直至取消重工业出口退税是必要的政策选择。

在应对"碳排放"方面，征收碳税可促使人们减少能源的使用，有利于减低 CO_2 排放。中国尚未开征碳税，国内已开始对征收碳税进行研究。资源税作为广义环境税的一种，也能够起到提高能源价格，促进节能减排的效果。鉴于开征资源税的时效性和有效性，魏巍贤（2009）利用资源环境 CGE 模型模拟征收化石燃料从价资源税及其宏观经济影响。模拟了对化石能源，包括煤炭、石油和天然气分别征收 10%、20%、30%、40% 和 50% 资源税的节能减排效果和宏观经济影响。模拟结果见表 9 – 3。

表 9 – 3　征收化石能源从价资源税的节能减排效果和宏观经济影响

单位:%

	资源税率 10	资源税率 20	资源税率 30	资源税率 40	资源税率 50
GDP	– 0.56	– 1.09	– 1.61	– 2.12	– 2.62
居民福利	– 0.20	– 0.39	– 0.58	– 0.76	– 0.94
出口	– 0.98	– 1.90	– 2.76	– 3.58	– 4.36
进口	– 0.66	– 1.28	– 1.85	– 2.39	– 2.89
单位 GDP 能耗	– 0.56	– 1.53	– 2.47	– 3.02	– 3.98
二氧化硫排放	– 0.53	– 1.01	– 1.44	– 1.85	– 2.22
二氧化碳排放	– 0.62	– 1.17	– 1.68	– 2.14	– 2.57
废水排放	– 0.83	– 1.15	– 1.46	– 1.75	– 2.03
固体废弃物排放	– 0.75	– 1.23	– 1.67	– 2.09	– 2.48
就业	– 0.36	– 0.70	– 1.04	– 1.37	– 1.71

从表 9 – 3 可以看出，随着化石能源资源税的开征，GDP、居民福利、进出口、就业等宏观经济变量以及各种污染物排放都出现不同程度的下降。与预期一致，化石能源资源税的开征使单位 GDP 能耗出现比较大的下降。以征收 30% 的化石能源资源税为例，GDP 下降 1.61%，进出口分别下降 1.85% 和 2.76%，单位 GDP 能耗下降 2.47%，二氧化硫排放下降 1.44%，二氧化碳排放下降 1.68%，废水排放下降 1.46%，固体废弃物排放下降 1.67%。随

着资源税率的上升，各个变量都呈现更大程度的下降趋势。

林伯强、牟敦国[1]利用 CGE 模型计算征收化石能源从价资源税的部门影响，见表 9 - 4，可见影响最大的部门是化石能源以及能源密集的重工业部门；对农业、轻工业、建筑业和服务业的影响不大。

表 9 - 4　征收化石能源从价资源税的部门影响

单位:%

	资源税率 10	资源税率 20	资源税率 30	资源税率 40	资源税率 50
农业	0.10	0.10	0.20	0.20	0.20
轻工业	0.40	0.70	1.00	1.30	1.60
重工业	- 1.60	- 3.10	- 4.5	- 5.59	- 0.73
建筑业	0.00	- 0.10	- 0.10	- 0.20	- 0.20
服务业	0.40	0.80	1.10	1.40	1.70
煤炭	- 2.00	- 3.80	- 5.40	- 7.00	- 8.40
石油、天然气	- 2.80	- 5.40	- 7.80	- 10.10	- 12.10
电力	- 0.18	- 0.35	- 0.55	- 0.90	- 1.15

四　小结

在许多国家和地区，由于之前的经济发展过程中忽略或者较少考虑资源环境问题，当经济发展到一定程度时，资源环境问题就是制约经济快速发展、健康发展的一个重要因素。目前，中国正处于发展绿色经济的关键时期，受制于有限的资源和沉重的环境压力，建立适合中国国情和相关政策背景的 CGE 模型，对制定和实施的各项资源与环境政策进行评价，分析确定政策的最优性，使 CGE 模型成为政策模拟的最重要技术手段之一，也是当前中国宏观生态经济管理领域的一项重要研究课题。

第三节　生态文明建设中的企业微观管理

贯彻科学发展观、开展生态文明建设是全社会的事，企业首当其冲、义不容辞。本书在这里以客观分析的方式，对企业为顺应这个发展潮流

---

[1]　林伯强、牟敦国：《高级能源经济学》，中国财政经济出版社，2009。

而开展的生态化经营管理进行详尽的论述。

一　企业生态化经营管理产生的背景

企业生态化经营管理，是指企业在经营管理中遵循生态约束、制定能够产生生态效果的技术标准、追求生态经济效益的经营管理行为体系。企业生态化经营管理的概念不同于企业经营管理生态化概念，企业经营管理生态化可能仅仅是从生态系统中寻求经营借鉴管理方法，而与社会所追求的生态经济过程并不相关。

企业生态化经营管理产生的背景，是在社会鉴于人类物质生产在资源消耗、环境损害方面后果日趋严重，产生了对从事物质生产的单位——企业提出生态约束的要求，生态约束要求主要有四个方面：（1）企业生产产品的原料不应通过破坏珍稀物种保护、稀缺资源的再生能力等来获取。（2）企业在生产过程中不应排放超过环境承受能力的废弃物（废气、废水、废渣、噪音），以致污染周边环境。（3）企业在生产过程中不应造成对厂内工人的生态损害，加强职业病保护，确保人体健康。（4）企业生产的产品，不应在使用过程中以及被消费之后，产生对环境的有害影响。上述四方面要求，反映了社会在可持续发展意识增强，维护全社会生态利益的客观诉求。

企业是工业化的产物，自从有企业产生以来，无论在生产技术特征、组织结构、利益目标、产品性能等各个方面，都是只遵循市场经济的经济要求，没有生态考虑的。社会提出的生态要求，将给企业带来麻烦、带来成本增大，也就是上述生态要求只体现社会的利益，没有直接体现企业利益。但这种利益冲突，发生在生态效益没有融进企业经济效益的初始状态当中。随着社会经济的发展，可持续发展客观诉求必然对企业的活动产生冲击、感化、浸润；企业遵循四方面生态要求终将从单纯的麻烦与成本负荷转变成为必要的付出。

企业的经济效益与社会的综合效益是对立统一的矛盾，其统一性表现在：企业是社会的一部分，社会的生态环境良好、社会稳定和谐、社会成员身心健康，对企业的持续发展是有利的外部环境。反之，企业的生态环境良好、企业内部稳定和谐、企业职工身心健康，是社会可持续发展的重要组成部分。其对立性表现在：一个企业的经济成本可以转嫁由全社会负担，一个企业对社会外部环境的损害分摊到自身上面可以是微不足道的。对此,社会需要的努力就是扩大统一的方面、缩减对立的方面,这正是企业经营管理在宏观上与微观上共同的大问题。

二 企业对社会宏观生态管理的转化

如何使企业遵循生态约束的三方面要求,社会有三类宏观管理方式:一是法律上的强制方式,主要内容是通过制定资源、环境、物种保护法,制定污染排放超标处理法、企业内劳动保护法、消费者权益保护法等,使企业由于拒绝遵循生态约束的要求而导致重大资源与环境破坏、造成人身伤害的行为,处于违法状态。二是政策上的引导方式,主要通过制定政策,对企业在生产经营中由于遵循生态约束的要求而产生某些良好的生态效果予以鼓励,使企业的利益与社会利益完全结合起来。三是舆论上的推动方式,政府掌握着舆论工具,注重生态导向,直接发出相关舆论或者引领社会舆论,对企业遵循生态约束的要求进行推动。

面对社会生态约束目标的三类宏观管理方式,企业不应消极适应,而是要积极适应,要主动转化为自己的管理行为。

面对法律上的强制方式,企业要增强法制观念,不仅要自觉地将企业的生产经营约束在法律中生态条款的规定之内,还要熟知法律条款引出的生态规范,在相关行为上有更模范的表现。

针对政策上的引导方式,企业要从"用好政策"上取得社会利益与企业利益的最大一致。任何政策设计都有鼓励目标的合理性、政策实行的可操作性、鼓励对象的公平性等几项构件。一项生态导向的政策出台,企业首先应接受鼓励目标的方向引导,不要计较政策可操作性、鼓励对象公平性是否完善完美。为将企业生产经营纳入发展循环经济与低碳经济的轨道,我国已经出台了许多引导企业的政策。但还有不少应当鼓励的行为没有相应的政策。企业对此应有超前的行动,只要符合社会生态约束,即使眼前尚无政府的鼓励政策,企业还是要自己行动起来,积累经验。一旦政府促使出台这项政策,企业正可赶上头班车。

以企业产品回收为例,这对于电子产业非常必要,企业将用过的废旧产品回收,既能节约资源,又不损害环境。政府可以制定如下政策:对于某些类型的产品,生产企业负责将废旧品回收,采取售出加价——回收退款的机制,并在售出时就明确标出这部分加价与退款的数额。欧盟规定，自 2006 年始，凡在欧盟城区内销售的家电与电子产品，报废后由这些产品的生产企业负责回收。这项国外实行的政策我国可以移植。① 企业应从现在就要考虑如何建立废旧商品回收的经营管理环节，以及相应的技术研发，使废旧品回收能够导致企业成本不是增加而是减少。

面对舆论上的推动方式，企业应当从提高认识当中来顺应。

舆论方式看起来是社会"软管理"，实际上应当"软中有硬"。

对企业进行生态伦理的约束。一是以生态文化进行劝说。这方面的努力是直接作用在企业的"社会管理"上，而社会管理必须列入文化建设的目标：大力弘扬生态伦理，尤其是针对企业经营的生态伦理，营造企业遵循生态约束的道德风尚，让大众具有企业污染环境是错误行为的强烈意识。二是开展舆论监督，对酿成生态事故的企业管理者进行舆论抨击。鉴于不少人只认权力不理舆论，我行我素的行为方式十分顽固，这项约束是否有效，还得加大舆论监督力度，如考虑对企业建立生态档案，由生态协会一类的社会团体公布或保存，为一切写作涉及生态问题的作品提供原始材料，让违背生态要求行为恶劣者成为其中的反面教员。

不明智的企业管理者将会对社会舆论方式进行博弈，长久以往，势必损害企业及其管理者长远的名声。反过来，顺应舆论方式的企业管理者将以此证明自己的道德水平高，文化知识水平高，社会责任心强。在企业生态化经营管理上作出成绩的，还可以反过来开展生态文化劝说的现身说法，利用这个领域的舆论提升本企业的知名度。

三　微观上的企业生态化经营管理

企业生态化经营管理的关键在于确立生态目标，作为企业经营目标的一部分，并通过企业的目标管理措施来加以落实。

设立企业的生态目标有三种类型。一是生产领域的生态目标，通过生态途径降低生产成本，取得生态经济效益；二是环境领域的生态目标，通过环境措施来改善企业的生产生活环境，增进员工身体健康，有利于企业员工的积极性提高和增强企业对人才的吸引力。三是营销领域的生态目标，通过产品绿色化迎合社会的生态需求，取得市场竞争优势。

---

① 　魏光兴：《企业生态化与企业管理生态化辨析》，《商业研究》2005 年第 19 期。

第一类目标具体由能源利用率、原料消耗率、资源回收率等体现。当企业受到政府环保部门约束，生产中废弃物的排放不能超标，超标就要受罚直至停产的情况下，减少污染排放也就成为降低成本的目标。这类目标的设立与实现，始终存在着经济、生态、技术三方面的矛盾。目标的生态性要由生产的技术来实现，企业必须开发与采用节能节材、清洁生产、废物再利用的技术，必须培育这类技术能力。对于有些企业，存在着许多困难，尚不具备这一条件。同时，实行这类目标必须有利于企业经济效益提高，即从节能节材、减少污染排放与资源再利用中得到的成本节省，要大于开发与采用这类技术中多花费的成本。如果前者不大，还要看政府是否有相应的鼓励政策，让企业开发与采用这类技术得到补贴或资助。

第二类目标包括在企业厂区范围内种树种草种花，在工作场所设置防范职业病的设施，辅以保持清洁卫生、让员工做工间操、开展体育运动等措施。这类目标的设立与实现，关系到企业对经济、社会、生态三方面关系的正确认识。这类目标能够量化的却很少，仅有空气质量检测等。实现这类目标需要的是有形的投入，取得的是无形的成效。企业能够直接获得减少企业医疗开支、病假误工等损失，更重要的是获得企业"以人为本"的声誉。

第三类目标体现在产品的市场占有率提高，而这一指标的取得来自于产品的"绿色功能"。要使这类产品的绿色竞争力转化为企业的长期优势，就要进一步创出"绿色品牌"，将创牌作为企业的经营目标。实现这一目标要在产品设计开发、质量保证、广告宣传以至售后服务等各个环节配合进行。

对于许多企业来说，生态目标的设立及纳入企业经营管理当中，就是一项重大的经营管理创新。无论在经营管理追求目标的涉及面，还是经营管理目标的实施措施的涉及面，都有新的拓展，它使企业的经营管理从生产过程、技术、财务核算、市场经济需求拓展到生态、资源、环境、保健、市场生态需求等领域。

四　促进企业生态化发展的动力机制

确立生态性质的经营管理目标，体现企业的发展战略取向，同时又能在现在与将来的社会与市场环境中获得必要的收益。在经营管理中对如下收益的追求就成为企业生态化发展的动力机制。

1. 绿色认证取得社会的生态认可

绿色认证是通过专门机构的技术检测和考核，为企业颁发相应的生态资格，从而让企业增强在符合可持续发展的要求上有市场竞争力。通过绿色认证的企业，可在其商品上使用绿色标志，这是取得客户信任、放心的具有法律效力的保证。

绿色认证多半用于对外贸易，因为外贸商品在通过海关时要经过检验检疫，但在国内的食品市场上，绿色认证也需要。企业的出口产品经过绿色认证，在国际市场上能够获得较好的声誉，有利于排除贸易障碍。企业为通过绿色认证，就要在自己的经营管理各个环节上作出相应的努力，在绿色化生产、营销方面达到较高的水平。

2. 绿色产品利于开辟新的市场空间

绿色产品是商品在市场上赢得购买者喜爱的竞争因素。如果说，绿色认证是用于企业生产过程的生态认可，说明企业在生产中能够在污染排放、选用材料、产品使用效果等方面符合生态标准，那么，绿色产品是在产品消费方面来获取生态优点，赢得对产品购买者的吸引力。企业从产品设计入手，增强生态功能，使之更有利于消费者的健康与居家旅行的环保。绿色产品重在产品创新，直接与产品市场的开拓相关。企业要想在这一方面胜出，就得重视产品的生态效果，提高生产的绿色技术水平。

3. 绿色品牌提高企业的市场竞争力

企业在市场上推出的绿色产品生态效果显著、信誉可靠，就会使其品牌成为绿色品牌，使绿色产品的市场竞争力效果相对稳定下来。绿色品牌可以成为企业的一种无形资产，随着时间延长而增值。企业所实施品牌战略，是由经得起市场检验的商品与饱含商业智慧的宣传构成的，要塑造企业的绿色品牌，也要有过硬的绿色产品与有吸引力的对外宣传。

4. 绿色经营管理有利于企业节能降耗、降低生产成本

一般来说，企业的经营是通过产出的性价比提升，使商品竞争力提高；管理是通过各个环节的工作效率提高，达到节约人力、物力、财力等的成效。绿色经营管理集中于生态方面的商品品质、生态方面的生产节约，会逐步形成企业内经济成本、生态成本、社会成本降低的一致，使企业生产的资源环境损耗的降低带来企业总体经营成本（包括环境受罚、社会赔付、市场积压等成本）的降低。

5. 更新企业产品的能源使用技术，以适应国家的能源效率标识制度

能源效率标识是粘贴在用能产品上的一种标签，突出表明该产品能源消耗量的大小和能效等级，以便消费者在购买产品时能得到直观的能耗信息和估算日常消费费用，以判断同类型产品中哪些型号能效更高、使用成本更低。截至 2010 年 3 月，我国实施能效标识制度的产品达 21 类，这个范围还将进一步扩大。凡是生产在使用中耗能较大的产品，企业都必须按照能效标识制度的导向作用，逐步减少低能效产品的生产，及时调整节能产品的开发、生产和推广销售计划，更新产品性能，将提升能效作为技术进步的重点，在技术可行、经济合理的前提下，开发新的高能效技术和产品。

五　企业生态化经营管理的要点

企业生态化经营与生态化管理是既有共同点又有区别的两件事。共同点在于无论是生态化经营还是生态化管理，都服从企业生态化战略目标。区别在于，企业生态化经营着眼于企业在外部市场上获得新的竞争优势，即通过创造绿色产品与环保业绩的声誉，赢得市场，侧重于从正面增加生态经济效益。企业生态化管理着眼于企业内部生产或流通的流程进行生态化调控，实现降低能耗物耗、减少或消除污染等具体的系列技术目标，能够减少有形的生态成本、避免政府的生态法规惩罚，通过国际绿色认证，侧重于从负面消减生态经济成本。

实施企业生态化经营管理，需要抓好如下要点。

1. 开展生态风险管理

企业在生产经营中可能发生事故，部分事故还会造成严重的生态后果，如毒气、污水、粉尘的泄露，引起严重的环境污染以致周围群众的生命健康伤害。企业要有防范事故发生的风险管理措施，并对造成严重生态后果的可能性有预先应对措施。包括企业有防止泄露扩散的设施，以及一旦发生泄露就有应急举措。

2. 培育生态型企业文化

生态型企业文化，是企业全体成员注重人与自然和谐、珍惜自然环境与资源的价值的观念形态与行为方式。企业要在经营战略、规章制度、奖惩条例的订立与实施、培训内容、对外关系、技术追求、领导工作、工会活动等领域，都融入生态观念，培育良好的行为方式，从外在形象与内在精神方面都体现企业对生态效益的追求与重视。

3. 开展生态型技术创新，注重生态型工业设计

在企业的技术进步中，有提高产品质量、增强产品市场竞争力的技术创新，有提高劳动生产率的技术创新，有节约原材料、降低成本的技术创新，也有改进生产条件与劳动环境、增加工作舒适度的技术创新。其中，凡是有利于降低物耗、减少排放的技术创新，都是生态型的。企业要把这类技术创新放到更重要的地位。一方面，在生产中尽量利用节能节材技术、清洁生产技术、资源循环综合利用技术、能源替换技术，有利于企业生产节约资源与减少污染、保护环境；另一方面，企业通过工业设计尽量改进产品功能，达到如下改进：（1）带来使用中的动力节约与转换，推进低碳经济目标；（2）产品在运输和使用中均能够保洁，不损害环境；（3）产品用完后易于回收、分解，在使用中或使用后不造成污染。

4. 建立企业内部的生态补偿制度

生态补偿是一种资源环境保护的经济手段，是调动生态建设积极性，促进环境保护的利益驱动机制、激励机制和协调机制，通过对占用、损害资源环境的主体进行收费，或对保护资源环境的行为进行补偿，达到保护资源的目的。生态补偿原本产生于政府的宏观经济管理，是用作实现区域间的生态经济利益平衡、加强区域环境保护的调节手段。此后，鉴于企业生产对环境造成的损害，要求政府对企业征收相关税费，用于生态补偿的建议日趋增多。企业内部的生态补偿，是企业为符合社会的生态约束要求，主动运用的经济手段，从企业的角度制定并实施的补偿机制。它包括：（1）新建企业设立生态补偿基金，对企业将占用与损害的环境进行例行经济补偿。（2）准备相应的财力，资助企业所在地开展环境保护治理。因为在当地某种环境受损中（如一条河流受污染），企业起到相当大的作用，理应予以补偿。（3）在企业的技术研发与技术更新资金中，应补加用于降耗减排的技术研发部分及防治污染的设备重置部分，以增加防污减排的资金及物质保障，减少企业对周边环境的损害。

第四节　经济发展中的三维目标管理

提出三维目标管理建议，是为我国国民经济管理更有效地贯彻科学发展观，并在社会主义建设中开展生态文明建设的一项开创性措施。

一 目标与目标管理

1. 两个领域的目标管理

目标是指具体化的使命与任务。目标管理，分别用在经济调控与经济发展两类领域。经济调控的目标管理，是针对当前一个时期内影响经济均衡的各个变量进行调控，通过对中间变量的管理达到最终变量的预期水平。经济发展的目标管理，是为今后一段时期的经济发展能达到预期的结果，促成或抑制一些变量而进行的努力。

2. 三个层次的目标管理

在我国的宏观经济（全国）、中观经济（地方与部门）、微观经济（企业）三个层次中，原来是在经济调控的目标方面管理性强，经济发展的目标方面计划性强，也就是说，在经济发展领域的目标管理实行不多。过去在宏观与中观两个层次，在经济发展领域没有明确的目标管理概念，这个概念是与现代企业管理相联系。由于中国运行的是政府主导型的社会主义市场经济，中央与地方政府的经济发展职能很强，在实践中，各地政府都纷纷采用了目标管理概念，侧重在经济发展领域，并建立了相应的制度规则。从宣传媒体上看，在宏观经济层面很少使用目标管理概念，但实际上广义的目标管理已经在实行。例如，国务院确立的降耗减排各项指标，一方面是对全国人民代表大会的承诺，需要报告其实施情况，另一方面是对各地方政府的引导与约束，需要将指标分解，作为责任由地方政府分担，这完全符合目标管理的基本特征。于是，我国实际上形成了宏观、中观、微观三个层次的目标管理，我们称之为三级目标管理。

本节的论述，不再涉及经济调控领域，只涉及经济发展领域。

宏观与中观的目标管理主体，都是人大及其同级政府，微观的目标管理主体是企业领导班子。三级目标管理的性质不同，在宏观与中观之间的关系，完全是"科层"关系，具有自上而下的隶属性质，因此地方、部门的目标对接宏观目标是理所当然的。而宏观、中观与微观之间的关系，除了少数国有大企业之外，一般没有直接的隶属关系，所以企业的目标对接宏观、中观目标，是通过约束性的责任与指导性的发展方向来实现。

3. 目标的分类

一国三个层次的经济发展各自有其管理系统。在管理系统中，发展目标都对社会（或本单位）成员及其所属各单位起到引导努力方向、协调经济行为、明确管理责任、检测发展水平、激励工作劲头、约束行动后果的作用。目标是定性说明与定量指标的综合，可能是一个目标概念联系一个定量指标，也可能是一个目标概念联系一组定量指标群，也可能没有定量指标相伴随，只有定性说明的目标。

在管理系统中的发展目标要分类。按照不同角度，本文尝试提出如下分类。

（1）从目标的性质来看，分为导向性目标与研究型目标两大类。导向性目标用于引导成员的努力方向，确立管理者的考核、检测标准，并作为总结成绩或经验、正视失败和反思教训的依据。导向性目标的确立，反映了这一时期国家或企业占主导地位的认识水平，是主流意识的产物。研究型目标是用于参考或可以见仁见智、有所争议的，反映了这一时期国家或企业多样化的认识。在目标管理中，导向型目标是实际起作用的，研究型目标只在目标管理中起备用作用。

（2）从目标的地位来看，分为战略性目标、策略性目标。战略性目标是影响本层次全局的目标，策略性目标是在落实战略性目标的方案与措施当中出现的细节目标。

（3）从目标的作用来看，分为约束性目标与绩效性目标。前者规定在发展当中某些变量不能越过某种底线，越过底线带来的负面效果不可接受；后者规定在发展的某个期限内要争取到达某种水平。像计划生育指标就是最典型的约束性目标，它一方面是保证新增国民收入不被增长人口完全消耗，一方面是从长远保障我国经济系统、社会系统、生态系统的持续性。

（4）从目标管理的控制程度来看，分为刚性目标与柔性目标。前者一经确定就必须完成，完不成就要受罚。后者是鼓励完成，但不受强制；因为这类目标是否能够实现，影响因素多而复杂，有不可抗力，一般只能尽力而为。

（5）从目标的任务来看，分为目的性与手段性两类。在目标管理工作中，一般的目标设置要直接体现管理者的目的，而有些情况下要有体现手段保证的目标设置。后者一般是规定管理主体在人、财、物方面有多少投入。

还有其他分类，如长期目标与短期目标、可量化目标与不可量化目标、时效性目标与保持性目标等，在此从略。

企业的目标设置有自己的特殊性，它有宏观、中观目标所没有的分类，如分为经营目标（企业面向市场的目标）、生产管理目标（反映企业在生产方面的投入、产出、成本等目标）、技术管理目标、人事管理目标等。

二 三维系统的目标体系

三维系统目标，是指在社会经济发展中，在经济系统、社会系统、生态系统分别确立相应的目标。

宏观管理的三维系统目标及其配套的指标大体上有：

1. 经济系统的目标：如反映国家经济总规模的 GDP，反映国民经济均量的人均 GDP 或人均国民收入，反映消费结构的恩格尔系数等，反映经济发展动力与稳定指标（如科技进步对经济的贡献率、失业率），反映城乡经济差别的指标（如农民人均纯收入）等。

2. 社会系统的目标：如计划生育指标、人类发展（人口平均预期寿命、人口平均受教育年限等）指标、反映贫富差距的指标（如贫困线以下的人口占总人口比例，基尼系数）、社会治安综合治理指标等。

3. 生态系统的目标：这个系统的目标，以资源节约型、生态友好型社会建设为方向设置，由三类指标群组成：一是资源使用效率指标群，如万元 GDP 的能耗、地耗、水耗、金属原材料消耗、电力弹性系数，农业灌溉水利用系数、工业水重复利用率、初级产品出口比重等。二是环境保护效果指标群，如森林覆盖度、水土流失面积占国土面积比例、土地荒漠化比例、城镇人均绿地面积、城镇污水处理率、城镇空气污染综合指数、生活垃圾无害化处理率、垃圾及废弃物资源化比例、万元 GDP 三废排放总量等。三是产业生态化指标群，如企业清洁生产比例、可再生能源占总能源比例、"静脉"产业占 GDP 比重、环保产业增加值占 GDP 比重、高新技术产业增加值占 GDP 比重等。这三类指标群可以分别计算综合值，在每类指标群内给定各个指标的权数，加总后得出。

中观管理的三维系统目标及其配套的指标分地区与部门两种。地区目标基本参照宏观管理的目标，但根据自己的区情省略一些、增加一些、突出一些（比如，突出财政收支的指标）。部门目标只限于与产业发展靠近的内容，像基尼系数、恩格尔系数等经济系统目标，社会系统目标、与本部门关系不大的生态系统目标，就不在这里列出。

　　企业管理的目标并不按三维系统来设置，而是在自己的目标分类中分别涉及三维系统。比如，人事管理目标涉及社会系统，经营目标、生产管理与技术管理都要有推进人与自然和谐方面的目标：如绿色产品的开发，生产原料的生态化替换、节能技术、资源循环利用技术与清洁生产技术的采用、企业三废排放的控制与转化等。社会经济发展推动企业不再单纯只注重经济系统的目标，而是越来越注重社会系统与生态系统的目标。

三　三个层次的三维系统目标体系的协调与对接

1. 目标体系的协调

　　在每个规划时期（如五年、一年），三个层次中各自形成自己的目标体系。在三维目标体系中，各个目标之间，有的相互促进、有的相互矛盾。相互矛盾的目标共处一处，实际上体现了目标的相互制约。以宏观发展目标为例，为优化生态系统目标，必然要求在没有改进资源使用效率指标时，宁可放慢经济增长，这就会影响 GDP 的增长速度；为降低基尼系数，就要扭转"效率优先、兼顾公平"的原则，实行"从公平中取得效率"的新原则，GDP 的增长也要降温。我们现在提倡经济发展"又好又快"，把"好"字放在第一位。"快"就是一个简单的增长速度，而"好"则涉及社会系统与生态系统的多项指标。这个提倡反映出，部分"好"的指标，应当是我们经济发展的底线。如降低基尼系数，是避免社会危机加深，走向社会和谐的目标；降低万元 GDP 三废排放总量，是保障我国环境资源系统避免崩溃，实现我国对世界控制温室气体排放承诺的目标，这类目标肯定要放到比经济增长速度更优先的地位。虽然"好"与"快"不是一个"非此即彼"的关系，但对"好"的追求必定对"快"形成限制。

　　对于相互促进的目标，目标责任人需要认识它们的"作用链条"，找好努力的突破口与抓手。对于相互矛盾的目标，只能是兼顾，难以兼顾的情况下就要将"丢卒保车"当作不得已的处理办法。两者都要具体了解相互关联的质、量关系，分清它们的轻重缓急。以地方发展目标为例，生态环境恶化的贫困地区，提高森林覆盖度、缩小水土流失面积比例通常会成为引领性的目标；矿产资源开发是支柱产业的地区，提高循环经济水平很可能成为带动性目标；化石能源消耗量特别大的地区，努力发展低碳经济就至关重要。而两极分化特别厉害的地区，降低基尼系数则应成为当地政府发展措施的中心议题。

2. 目标的对接

关于宏观目标与中观目标的对接，本文分全国与地方、全国与部门两种情况来谈。

全国与地方的目标在设置与分类上基本是一致的，同时允许地方根据本地的区情，有一定的特殊性。两个层次的目标对接途径是：（1）目标方向一致，只是覆盖范围不同。目标管理体现在经济发展的统一战略、统一方针、统一政策中。（2）某些目标的数量指标，全国指标基本是地方指标的总和，如国家财政预算，人口增长控制指标。（3）全国目标提出后，中央政府提出实施标准，地方根据标准来自行制定本地的导向性目标。减排降耗目标就要这样操作。（4）全国的绩效性目标提出之后，相当于向各个地方提出了号召，地方政府根据本地的实际情况，提出超过或接近全国平均水平的目标，力争在这一指标的全国排位上升级。例如科技进步对经济的贡献率，就可以这样来对接。

全国与部门，首先在相关产业范围之内的目标设置与分类上基本一致，两个层次的目标对接途径跟全国与地方相同。

我们将全国与地方的目标当成"政府目标"，政府目标与企业目标在设置与分类上是不一致的。为此，双方的目标对接可以用十六个字来体现：掌握信息、接受指导、服从法律、创优争先。具体来说就是：（1）政府目标是融汇了国际国内在自然界、政治社会、经济科技等大量信息基础上提出来的，企业作为政府管理对象，应当相应地了解各有关信息，理解政府目标提出的背景与必要性，以便调整自己的行为，防止与发展趋势和国家走向相背离。（2）政府目标将通过相关战略与政策来贯彻到社会当中，具有或强或弱的指导性（即分别予以鼓励或压制），企业基于接受政策指导来设置自己的目标，可争取有利地位，绕开不利地位。（3）政府的约束性指标下往往有相关法律限制，企业实现某些指标具有守法作用。（4）政府目标是社会的导向、是号召，企业出于责任感、出于占据竞争上风、出于声誉创造，都要使自己的目标与之对接基础上争取到达更好的标准。

政府的三维目标，体现了我国转变经济发展方式的导向，在经济上从粗放式转为集约式，建设创新型社会经济，在社会上建设和谐社会，在生态上创造两型（资源节约型、环境友好型）社会。这是全国人民的努力方向，也是企业的努力方向。建设集约型企业、创新型企业、和谐型企业、生态型企业，就是瞄准了方向来积累后劲。如果企业脱离上述方向，只凭短期追求、身边环境甚至主观偏好来制定机会主义的目标，可能会赢得一时的业绩，但在发展的路上终究要碰壁。

四　三维系统目标管理过程与做法

1. 目标管理过程

我们侧重从目标管理主体自上而下进行管理，带领所属成员共同为实现目标而努力的角度上，来阐述目标管理过程。

（1）根据发展理念与方针，建立三维目标体系。在此之前，需要有前提条件，这就是对以往的发展目标的客观审视或对外界变化的正确认识。经济系统的目标历来有不少，现在要有选择，如应保留那些与社会系统和生态系统目标比较兼容的目标，放弃那些与这两个系统的目标冲突较大的目标，降格那些不宜简单放弃的目标。一个典型例子是：理论界正在强烈主张，对 GDP 指标要降格，不让它作为衡量国家与地方发展成绩与发展水平的主要指标，而是降为参考性指标。当前我国社会系统的目标管理指标较少，现在暂用的指标不够或缺乏选择，应当增加能更多反映社会系统实绩的指标，以供选择；生态系统的指标企业很多，但难以全部使用，现在只能根据最紧迫的或带动作用最大的任务加以选择。

（2）明确责任，明确检测标准。提出目标具有号召性质，但不能停留在号召这一步，要有落实措施。落实责任包括目标实施责任与检查责任，配有检测标准，以利考核。考核中采取量化考核与广泛调研相结合的方式，前者使责任完成情况明白无误，后者使责任完成情况全面深入。对于目标体系当中的刚性目标，应同时明确目标的责任承担者以及对其进行责任追究、处理的细则。对于柔性目标，也要有评定与奖励，鼓励先进。

（3）组织实施。为完成目标，需要开展相应的工作，有些工作通过计划来进行，有些工作通过制度日常化，有些工作通过项目实施来完成或促进完成。规划项目、法律法规、政策（对于企业来说是规章条例），就是实施目标管理的三大手段。在目标管理制度化的范围内，通过相应的法律法规、政策、行政工作来运作。其中，法律在政府目标与企业目标对接中具有特殊意义，法律的内容主要是"禁止与限制"，比政策的"引导与鼓励"会更有强制力。要用法律手段来最大限度地防范企业将内部社会、生态成本外生化，产生不受制约的外部经济效应。

（4）督导与服务。对于目标责任的实施承担者，管理主体要进行督导。督，就是对实施情况予以监督和督促；导，就是在实施中予以必要的指导。为目标实现所进行的服务，分为提供条件与排除障碍两类，在提供条件中包括思想动员。

（5）检查和评价。对各级目标的完成情况，要事先规定出期限，定期进行检查。对于最终结果，应当根据目标进行评价，并根据评价结果进行总结或奖罚。鉴于条件客观性与主观努力的差异不易剥离，各成员单位的目标完成状况一般不做简单的对比竞赛，但要对造成的差距进行检查与分析。地方、部门的目标实现结果，对于单位来说，是能否享受政策优惠的依据，对于责任人来说，是人事考核与岗位分配的依据。经过评价，使得目标管理进入下一轮循环过程。

（6）目标刷新。一个时期的目标体系反映了当时的认识水平，随着认识水平的提高，在保持目标相对稳定的条件下适度地逐步改进。经过对目标实现结果的评价，考虑今后是维持还是更改，这样就进入新一轮的目标管理周期。

2. 目标管理配套

（1）思想观念的统一。通过思想教育与理论探讨，促使全国各地方、各企事业单位遵循全局目标的要求确立自己的目标。

（2）领导与关键人才符合目标要求。各级岗位上的负责人与专业骨干，要根据相应的目标来制订选拔标准。过去那种只重视经济建设人才的倾向，往往会造成只顾取得经济系统的业绩，却不顾社会效果与生态代价的政绩创造的客观效果，这是违背科学发展观的要求的。

（3）注重信息管理。管理主体要能够有效地掌握所属成员单位的目标执行信息，对成员单位的行动与行动后果施予信息通报或其他服务，建立数据采集系统。

（4）有促进目标得以实现的机制与制度配套，围绕责任制度建立考核与检查制度、奖励制度与惩罚制度。落实层次管理，分责分权；做到落实目标责任，强化动态管理；做到奖惩机制完善和使用恰当。

（5）目标的协调分纵向协调与横向协调。需要目标承担主体召开管理决策类的会议来确定，通过对战略目标的阐述，通过相关成员单位的参与，使各成员单位对其战略目标有更明确的认知。在确定战略目标的过程中，要倾听来自各方面的意见、建议、顾虑或要求，及时修正、完善战略

目标，化解反馈意见。如有目标的分解，更应充分在承担单位中进行
沟通。

参考文献

［1］彼得·德鲁克：《21 世纪的管理挑战》，潘承烈译，生活·读书·新知三联书
　　店，1999。

［2］高小平：《政府生态管理》，中国社会科学出版社，2007。

［3］甘峰：《内发式发展与公共治理》，人民出版社，2009。

［4］潘岳：《建立绿色 GDP 核算体系是科学发展观的重大实践——在 2004 年 6 月"建
　　立绿色国民经济核算体系国际研讨会"开幕式上的讲话》，广东环境保护公众网，
　　http：//www. gdepb. gov. cn/hjgl/lsgdp/ldjh/t20051011_ 3332. html。

［5］寻寰中：《当前机关行政成本过高》，《求是》2008 年 10 期。

［6］叶艳玲：《企业生态伦理浅谈》，《安徽科技》2006 年第 1 期。

［7］张玉琛：《从生态伦理视野对当今企业管理的疏解》，《石家庄经济学院学报》
　　2010 年第 6 期。

［8］蔺雪春：《环境挑战、生态文明与政府管理创新》，《社会科学家》（桂林）2011
　　年第 9 期。

［9］《目标管理》，出自 MBA 智库百科（http：//wiki. mbalib. com/）。

［10］《乌鲁木齐县创新目标管理工作理念——加快推进经济社会各项事业全面发
　　展》，新疆乌鲁木齐县公众信息网，http：//www. wlmqx. gov. cn/gov/ShowInfoContent.
　　aspx，2005 – 09 – 21。

［11］李欣广：《生态马克思主义经济学的实践要求》，2009 年 6 月，广西大学马克思
　　主义经济学研究中心，2008 年度全国招标一般课题结题研究报告。

| 第十章 |

科学发展的外经贸对策

第一节　转变中国外经贸增长方式

一　外经贸领域的经济发展方式转变

1. 对外开放的根本问题

中国经济发展方式转变在外经贸领域的实施，包含着为什么而发展，以什么作为发展的根本动力，如何以生产关系与观念形态的改进来推动发展等对外开放的根本问题。在我们重点论述外经贸增长方式转型之前，必须以这些根本问题的正确认识为前提。

（1）对外开放是为了中国的经济社会发展，不是为开放而开放。本着以开放促进发展、以发展制约开放的原则，在开放促发展的进程中要正确判别开放的效果，正确确定发展的需要。各国都会选择开放促发展的战略，正确的战略内容就要建立在开放效果的判别与发展需要的确定之上。具体来说，在通过开放推进我国经济规模增大的初期阶段之后，就要把产业结构升级作为开放促发展的主要目标，凡有利于我国产业结构升级的国际贸易与投资（商品进口与出口、资本输入与输出），就应实施相应的开放措施，反之则要抑制与消除。

（2）以开放促发展的效果是三维效果。经济效果体现在通过国际贸易与投资，可增加经济总量、扩大就业、增加外汇、推动产业发展、增强经济资源等方面。社会效果体现在增进对外交往、发展国际关系、促进本国人力资源成长、扩大本国文化的国际影响、增强本国公民的自尊自信等。生态效果体现在环境保护、自然资源的有效利用与保护等方面。如果在对外经贸发展中，只看经济效果，忽略社会效果和生态效果，势必会在获得短期效益的同时损害长远效益。

（3）以开放促发展的成效反映在国家的经济社会的发展对世界的适应能力上。当今世界，一方面经济全球化趋势逐步增强，各国间相互依赖程度不断加深；一方面西方发达资本主义国家主导国际经济秩序的格局尚未根本转变，尤其是美国图谋一超独霸的世界战略在经济领域仍有实力。对此，中国既要能够有利有节地融入经济全球化趋势，又要保持自己的发展主导权。这个主导的内涵是：作为发展中国家，中国必须后来居上、和平崛起；作为社会主义国家，中国必须坚定地走向自己的理想目标。如果为了融入经济全球化趋势，不惜放弃自己的发展主导权，就必然沦落为西方国家的经济附庸和政治附庸，丧失民族发展前景，导致国家分裂、动乱；如果为了保持自己的发展主导权，不能驾驭融入经济全球化趋势，在对外开放中失措失度，就可能在开放发展方面倒退、自闭，失去国际经济技术发展带来的一切机遇。因此，积极应对国际各种挑战、抓住各种机遇，保持理智的头脑，是在外经贸领域贯彻科学发展观的正确态度。

（4）以开放促发展的目的是给人民带来长远利益，但绝不能将当前实惠与长远利益对立起来。要是人民很长时间得不到实惠，是无法体现长远利益的。我国出口贸易一度落到贫困化增长的局面，实物出口量增加而价值量不增加，从事出口生产的劳动者长期处于低收入状态；我国的外商投资企业将中国员工当成世界上最廉价的劳动力来超负荷使用，形成一个个血汗工厂。像这样不受引导调控的开放，看起来颇有外贸成绩，颇有引资成绩，也会带来经济繁荣局面，但得到最大好处的是国际大资本。这正是非科学发展的突出表现。绝不能让相关既得利益者继续外经贸领域的非科学发展，对外开放中贯彻以人为本原则十分重要，必须落到实处。

端正上述认识，就有了前提条件，我们方可集中讨论较为实际的外经贸增长方式转型问题。

二　我国外经贸增长方式转型的总体框架

我国外经贸增长方式转型，是中国外经贸领域经济发展方式转变的具体实施。经济发展方式转变所涉及的根本问题，既是增长方式转变的前提，又融入增长方式转型当中。对上述根本问题虽然在后面的论述中不再直接提及，但始终存在。

我国外经贸增长方式转型的标准,应当确立为"三化转型",即科技高含量化、生态化、信息化。科技高含量化,就是在提高科技水平的基础上提高出口生产的技术含量与产品附加值,进口服从产业技术升级。生态化,就是外贸发展不违背资源与环境制约,适应国际市场生态经济发展大趋势。信息化,就是更多地以产品"信息量"而不是产品的"物质量"来取得外贸的规模与收益。按照"三化"标准,将外经贸增长方式转型概括为"由粗放型增长转变成集约型增长"已经显得含义太窄了,本书主张改称为"由数量型增长转变成质量型增长",或者"由扩展型增长转变成深化型增长"。

中国外贸增长"三化转型"关系到中国在国际分工中的地位改进。中国要在以国际经贸为纽带的国际分工中占据有利地位,这是一个世纪性的发展目标。发展中国家在国际分工中的地位不平等,遭受着经济利益与生态利益的双重损失。自改革开放以来,中国外贸增长方式基本上是以廉价的原生型资源(即自然资源与劳动力资源)这一比较优势为竞争依托,由此决定了中国这样的大国处于垂直型国际分工的低端地位,在发展工业化进程中更是放大了背离可持续发展的后果。

以产业为视角,不同国家在国际分工中的地位有利程度不同,取决于产业结构与相同产业内的技术档次。从产业结构看,产业科技含量的高低决定产业垂直型分工的地位。一国科技含量高的出口产业比重大,就在垂直型分工中处于高位;一国科技含量高的出口产业比重小,就在垂直型分工中处于低位。从相同产业内的技术档次看,一国能够更多地出口科技含量高的产品,就在垂直型分工中处于高位;反之则处于低位。因此,总的来看,技术这个生产要素,在国际经贸中是赢得优势地位的主要因素。

"三化转型"包含产业结构调整——科技自主创新两者的联动。这两者联动构成我国外经贸增长方式转型的总体框架,其中的关键问题在于科技引领。

1. 要在外贸转型中改变国际分工地位,产业结构调整是主要途径

可从出口制造品附加值、原料产品加工、绿色产品、农业对外投资经营、服务贸易这五个方面进行努力。

产业结构调整,归根结底是比较优势的变动问题。我国外经贸增长方式转型要求国民经济各产业的发展以动态比较优势为主、静态比较优势为辅,利用现有比较优势,培育具备必要性与可行性的新比较优势,使我国参与国际分工处于更有利的地位。进口产业、出口产业、基础产业的比例和内容，都应当有利于我国利用国际资源弥补真正短缺的经济资源，发挥我国更为高端的经济资源（如资金、技术、管理）优势。

产业结构调整的总框架是：（1）扭转对外出口贫困化增长局面，增加高附加值产品出口。出口产品通过提高技术档次来提高附加值，使出口竞争从以价取胜更多地转到以质取胜上来，使出口依托的比较优势从廉价劳动力资源转到科技资源上。注重进口技术（及技术设备）的消化、吸收、改进，从模仿创新到自主创新。（2）扩大高新技术产品出口比例，扩大产业内贸易的比例尤其是技术、知识密集型产业的产业内贸易比例。（3）在进出口结构上按照生态经济标准进行调整，力争更多的绿色产品取得出口竞争优势。在生态经济上没有比较优势的出口逐步退缩。（4）降低出口产业的资源总消耗、环境总污染排放，在农业领域实施"以技术和资本输出换产品输入"的战略，以达到节水总目标。（5）发展服务出口贸易，扩大文化产品出口，以降低制造业产品出口对我国资源与环境耗费压力。

2. 科技自主创新是转变我国产品、产业竞争力依托的基本途径

竞争力依托于资源禀赋，不同发展阶段的国家外贸竞争力依托于或者高端或者低端的不同资源。最低端的原生型资源包括自然资源与简单劳动力数量。依托原生型资源的国家，只能依靠别人前来投资开发，带来相应的资金、技术、管理，产业发展的主导权都在别人那里。经过工业化发展的后发国家，虽有一定的资金、技术、管理，但数量与质量都欠缺，竞争力只能依托具有初步生产技能的丰裕的劳动力。中国的外经贸长期都是这样获得竞争力的。今天，中国的资金并不是稀缺的要素了，但筹集资金、使用资金的管理（能力与机制）欠缺，生产的技术不足，产业结构调整受到制约。通过更多地依托高端资源，应当逐步成为中国外经贸竞争力的依托。

科技自主创新直接针对的是这些外经贸增长方式转型需要：扭转在资本、技术密集型产业只是利用别国现有技术，从而在产业价值链中总是处于低端环节的状态；扭转在与出口直接或间接的生产中耗能耗材、污染量大，生态经济效益低下的局面。这两方面的技术进步，均有很大的宏观经济效益。

上述两者联动的关键，就是科技引领外贸发展。

三 科技引领外经贸发展的核心

外贸科技高含量化的主张已经提出多年，此建议是说起来容易做起来难。根据世界经济现实，我们看到，其核心就是有效运用专利战略、标准战略来取得产业优势地位和市场优势地位。

国际经贸中，围绕技术竞争经历了三个阶段：

1. 直接的技术竞争阶段

在这一阶段，高新技术的创立者企业，通过技术应用生产出使用功能先进、质量优良、成本有竞争性的产品，占领国际市场，获取高额利润。在这里，技术的优势通过产品销售来体现。

2. 专利竞争阶段

由于后来者企业千方百计窃取、模仿、引进创立者企业的先进技术，创立者企业就将技术这个要素转化为资本，通过专利获得知识产权。专利是技术资源转化为受法律保护的知识资产的成功标志，是当代竞争市场上实施技术性垄断的有效门槛。发达国家企业早就制定了利用专利开展技术竞争的战略。当代的专利战略，已经从引进专利、生产专利、保护专利以增强企业的市场竞争力，发展到利用专利来堵断竞争对手的发展之路。国外一些拥有很多专利的公司，就是着手利用专利在新技术领域进行圈地运动，划地为界，据为己有，阻挡别人。为此，发达国家的企业往往要对各个产品领域预测技术发展的方向，率先攻克技术难题而取得专利。

3. 标准竞争阶段

在国际竞争中，技术标准被发达国家的政府与企业用作贸易的技术壁垒和产业壁垒。各国政府可以通过苛刻的标准审核程序来限制别国科技产品的出口，以新技术产品不符合技术标准、违背相互兼容为理由，对其拒之门外。另外，技术标准带来产业控制和市场垄断。制定统一的技术标准和从事联合开发是行业寡头建立技术进入壁垒的重要手段。后发国家的企业要想进入这一行业就必须接受寡头企业所制定的技术标准，受制于其规格的控制，被"钉死"在技术发展的附属地位上。标准的出现改变了同类产品的厂商之间的技术竞争形式。率先推出新技术的厂商一旦将其技术规格推上标准宝座，后来的竞争者就很难通过产品差异化来挑战标准推出者的优势地位。新技术的核心功能无法差异化，扩展组件功能的竞争变成差异化的主要来源，这就大大增加了后来竞争者挑战先行优势者的难度。技术标准的确立成为体现竞争力的最重要的技术内容，企业所推出的技术标准能否在国际竞争中被行业公认为是产品的标准，成为最高层次的竞争目标。为此，发达国家企业将专利战略与标准战略结合起来，我们可称之为专利—标准战略。这一战略的基本模式可概括为：创新技术专利化、专利标准化、标准许可化。

四 科技引领外经贸发展的重点领域

对外贸易带来了经济增长，也给环境带来了巨大影响。外贸发展生态化，就要尽量降低其负面影响，产生正面影响。推行进口贸易的环保绿色标准与力争出口环境认证，是两大主要的直接政策措施。但从外贸增长转型的高度，光注重这两大政策还是不够的，还需要从外贸规模、结构、技术三方面实施如下战略要点。其依据，是由于格罗斯曼（Grossman）和克鲁格（Krueger）（1991）提出的贸易环境三效应理论：规模效应、结构效应和技术效应，由此启发我们在外贸发展中注重从这三方面来取得生态正效应。

（1）外贸出口实现技术高含量、高附加值，就能在实现一定的外贸出口额条件下，减少出口的物质数量，以便实现改进"外贸规模—环境损害"的关联度，减少外贸出口规模增大给环境带来的负面影响。出口数量年年增大、外贸收益年年缩减的局面不能再继续。

（2）依靠科技实力进行产业结构调整，使我国在国际分工中占据优势的出口产业，是在生产中消耗不可再生资源更少、污染排放更少的产业。这样，通过进出口来降低本国生产中高污染、高能耗的行业比重，获得贸易环境顺差。具体来说，就是要降低只能以一般劳动耗费、环境耗费、水电耗费来取得收益的各类产业的出口加工生产比重，降低原料能源耗费量大的产品出口比重，增加信息含量高的劳动密集型产品出口比重，增加科技含量高的技术、知识密集型产品出口比重。

在农产品贸易领域，中国应实施"以技术和资本输出换产品输入"的战略，以达到节水总目标。在提高农业生态化水平基础上，向发展中国家进行农业投资。一方面将中国的生态型农业技术与生产方式输往发展中国家，使之比西方的石油农业更适合发展中国家的国情，并带动相关的农业种苗、技术、劳务、农业工程建设、农机、有机肥料及其他农业生产资料的出口；一方面通过进口由投资生产出来的粮食作物与经济作物，既对农业投资效益提供市场保障，又能降低本国相关农产品的生产规模，以减少水资源的耗费。

当前，我国外贸在进口环节上十分注重扩大能源与矿产资源的输入，作为权宜之计是必要的，但从长远来看是有风险的，这将我国在资源、能源供给上的外部依赖性愈益强化，潜在的国际安全问题不容忽视。为此，调整出口结构与全面提升生态功能新技术更值得长期努力。

（3）开展国际化经营的企业采用更多的生态功能新技术，提高生产的清洁程度，减少单位环境成本的付出，提高资源配置效率和资源利用率。同时，注重进口产品与技术的生态功能使用价值。

生态化对我国外贸结构调整与科技创新起到正确导向的作用，在坚定把握这个方向之后，就要努力增强科技实力，使上述战略要点得以落实。

五 科技引领外经贸发展的新应用

用在国际贸易中的"信息"，如同商品与劳务中的物理性能一样，成为使用价值的新体现与价值的新式承担载体。它包括：历史信息，传达着曾发生过有声有色的、令人瞩目的历史事件；知识信息，传达自然界和社会中大众化的科学普及知识；新闻信息，在经济、政治、科学、技术、文化、体育、教育、社会、生态等方面现实发生的令人感兴趣的事态；文化信息，包括能够以感官接受的、直接表达的文学、视觉艺术、表演艺术等狭义的文化形式和包括民俗风情等广义的文化形式。世界经济发展大趋势表明，服务与信息消费正在成为不断扩展的消费类型，信息商品属于高收入弹性的商品，满足消息消费的产业是典型的需求拉动产业，它已成为后工业社会大力开拓的生产领域。我国虽然处于工业化发展进程当中，却不能循着先发国家走过的老路前进，需要及早进入这个领域。

为此，我国外经贸领域需要确立"增强信息含量战略"，这一战略主要体现在通过以下途径来提高相关出口替代比例。

（1）增加产品中的"信息含量"（指产品中包含的品牌、设计内容、文化信息等）比重，以替代产品的物理数量。比如轻纺产品，科技含量一般不高，但可以从工艺、文化内涵上达到精美水平。这样，许多劳动密集型产品，如服装、首饰、地毯、编织物、藤竹柳条制品、瓷器与玻璃制品、玩具等就带有"文化信息密集型"产品的特征，附加值就能得以提高。

（2）以服务产品替代物质产品。发展服务贸易出口能够抵消部分工业能耗。按照跨境支付、消费者流动、人员流动、商业存在四大类型开展服务贸易，产品内容包括旅游、餐饮、教育（包括培训）、医疗（包括保健）、文化服务、体育（包括武术）服务等。服务外包是结合科技与劳动密集特征的贸易类型，是我国当前重点替代加工制造的领域。由于服务贸易竞争力在很大程度上直接由一系列"软"要素构成，如服务及其提供者的知名度、服务的文化内涵、人的工作水平和行为举止、服务行业规范等，由此，提高服务贸易竞争力，除了各类服务行业本身的高水平之外，主要是应用商业智慧、知识策划、管理技术等另类技能。

（3）以文化产品替代物质产品。文化产品主要是各类版权，包括图书、工艺品、动漫、游戏软件、音像制品等。

之所以把增强外贸信息含量作为外贸增长转型的一个方面，是因为我国面临知识经济临近与可持续发展双重巨大压力，同时还面临以美国为首的西方国家在"软实力"方面的挑战。这方面的转型，对应对上述压力与挑战可以起到"一石三鸟"的作用。

所有上述替代，都要依靠增强"信息"这个效用的吸引力。正因为如此，我国才需要制定与实施"增强信息含量战略"，该战略将汇聚用于外贸出口的"信息"转化、传播、张扬、表现等对策。例如：（1）将储存在学术界、文化界的信息转化为外贸商品与劳务中的信息，使其成为现实经济财富的承载者。（2）利用各种国际交往场合，宣传相关的中华信息，使世界更多的人对其感兴趣。（3）提升我国出版业、教育业、传媒产业的国际化经营水平，使其携带更多地信息走出国门，等等。增强信息含量战略对中国经济发展的价值难以估量，它将跟人才战略、专利战略、标准战略、品牌战略一样，成为我国经济在世界经济中崛起的又一支柱。

第二节　提高中国国际分工地位

一　国际分工的新发展——产品内分工

1. 产品内分工的含义与特征

随着跨国公司参与全球经济活动的不断深入和扩展，作为新型国际分工方式的产品内分工在世界范围内展开。产品内分工是一种以发达国家跨国公司的全球生产网络为主导,以生产环节和工序为对象的分工。产品内分工反映了社会化大生产在世界层级的发展。当代的国际分工正由垂直型分工向混合型分工转变,呈现出产业间分工、产业内分工和产品内分工并存的格局。

产品内分工对象是同一产品的生产过程中具有可分性的不同子工序。由于分工客体的细化,产品内分工对商品生产过程的技术特征提出了更高的要求。

(1)产品内分工发生的技术前提是:产品生产过程具有技术上的可分性,一个完整的过程可以分为若干个相对独立的生产环节或生产工序,能够在空间上的分散化;各个相对独立的生产环节或生产工序的要素投入比不同,具有不同的要素密集度;要素并非是均质和可代替的,一些特殊环节的生产要素几乎不存在转移的可能。

(2)产品生产过程的分割体现为如下一般模式:产品生产过程分为非技术劳动密集型的中间产品环节、技术劳动密集型的中间产品环节、将两种投入品组装生产最终产品的环节这三类。厂商可以选择将三类环节在国内生产,也可以选择将它们外包到外国生产。

(3)世界或某一区域范围内国家或经济体的最高技术水平同最低技术水平之间的差异大小,就是产品生产的"技术级差"。相关国家对某个产品生产的技术级差越大,国家间的比较优势差异性就越显著,其成本差异增加了产品内国际分工的潜在利益。因此,"技术级差"同产品内分工之间是正相关的关系。

(4)产品内分工的发展造成各国统一产业拉开更多的"技术层次"。这是因为,发达国家在转移生产工序时,交易双方的技术水平越接近,技术传递越容易。国家间技术水平的"临近性"同彼此开展产品内分工的程度成正相关。反过来,产品内分工的发展驱动正是由技术级差造成的,这就要求较大的技术差距优势,需要建立在较多的技术层次基础之上。国际上技术层次较多,意味着国家间的技术差距存在着一定的层级,这对区域范围内开展产品内分工能够起到事半功倍的作用。

2. 产品内分工的利益差异

国际生产专业化使比较优势理论可以在更大的程度上得到应用。在产品生产分割的状态下,一个国家可以通过放弃处于比较劣势的工序的生产,来达到提高其全要素生产率的目的。这种经营方式的改进相当于一种技术进步。

在产品内分工中，不同工序间的生产技术特征差异带来新的分工利益差别。空间分散的生产工序的要素密集度及增大的生产规模就是这种国际分工利益的来源。比如，计算机制造商从劳动力便宜的发展中国家进口元器件、零部件，而把产品设计和最核心的部件生产定位在本国或发达国家，并由此形成产品价值链的利益不等的生产环节。同一产品的生产价值链上同时具有劳动密集型、资本密集型、技术密集型的多个环节，各国根据自己的要素禀赋，在不同的价值链上寻找和确定自己的比较优势。

国家间的技术水平差异构筑了比较优势的一项内容，拥有技术优势的国家可以通过专业化于"技术密集型"产业或工序，将非"优势"产业或工序剥离而受益；另一方面，在产业或工序剥离的过程中，彼此间的技术差距的大小决定了其间分工的模式，这种技术差距对产品内分工的影响比对和产品间分工的影响更直接。

产品价值链的价值增值活动具有不同的可替代性，这会导致产品价值链的价值增值呈不均衡分布。可替代性强的低价值增值部分容易为可替代性差的高价值增值部分所控制。因此，一国技术水平越高，从事产品内分工的主动性和愿望越强。

3. 产品内分工的作用

（1）推进了生产国际化。传统的分工只能根据商品生产的整体技术特征来配置生产，工序间的技术特征差异不发生作用。而产品内国际分工的核心内涵是特定产品生产过程不同工序或环节通过空间分散化展开成跨国性的生产链条或体系，使越来越多的国家参与特定产品生产过程不同环节或环节的生产或供应活动。为此，商品生产的国家界限日趋模糊，针对这种现象，Ng 和 Yeats 在 1999 年开创性地提出国际生产共享（Production Sharing）的概念。① 根据作者的定义，参与国根据其比较优势专业于商品的不同工序组织生产，然后通过零部件贸易将生产阶段逐次连接，形成国际化的生产共享网络。

（2）伴随产品内分工相继产生零部件贸易，导致国际贸易格局发生巨大变化。国际分工从产品层面深入到工序层面，国际贸易的最小标的从产

---

① 陈静等：《东亚零部件贸易影响因素及特点分析：基于引力模型的测算（1992～2006）》，《世界经济》2009 年第 11 期。

品深入到部件。一种不同于最终产品细分化，而是中间产品相交换的产品内贸易不断扩大规模。这种贸易可能属于公司内部贸易也可能跨越公司边界。其贸易规模大小同企业进行国际投资，或者国际外包的规模正相关。

（3）产生国际产业转移的新类型，即跨国公司把产品不同生产环节分配到全球最适当地区。技术的进步使得某些商品的生产过程更易于分割，通讯技术的进步和运输成本及贸易壁垒的降低，驱使发达国家的企业纷纷把纵向一体化的生产过程分割成若干个生产增值链，并根据各个生产阶段的不同要素密集度将其转到世界不同的国家和地区，以便利用其间的要素价格差异，降低生产成本，提高国际竞争力。

（4）总的来看，产品内分工的发展，从世界经济的角度来说能够达到更高的资源配置效率，从发达国家来说是赢得降低生产成本的好处，从发展中国家来说是扩大参与国际分工的规模，并有开辟产业内升级的潜在机会。

4. 产品内分工可拓展已有国际经济理论的解说范围

（1）小岛清的"边际产业扩张论"可以进一步拓展到产品内分工的解说当中，发展为"边际工序扩张论"。通过从产业层面细化到工序层面，可以在发达国家技术和资金上总体具有比较优势的产品当中，将产品生产链某一处于比较劣势的生产工序转移到其他国家，形成产品内分工。

（2）维农的"产品生命周期论"可以发展为"产品生产环节生命周期论"。该理论表明，技术先进的产业经过一段时间的消化，随着其生产技术的成熟，某个生产环节也可能由开始的"技术或资金密集型"转变为"劳动密集型"。相对于产品生命周期，发达国家在"某个工序"上的优势劣势转变往往要提前于"整个产品"的优势劣势的转变。

二 产品内分工分别对发达国家与发展中国家的不同作用

（1）跨国公司是全球生产网络和产品内分工的主要推动者。跨国公司的全球经营一体化战略对产品内分工的发展起到决定性的作用。在同一产业内，发达国家将低技术含量（熟练劳动相对需求小）的工序外包给发展中国家，自己保留技术含量高的工序，其结果是增加了发达国家国内对熟练劳动力的需求，从而提高了熟练劳动力的工资，促进了发达国家的产业升级。因此，从效率上讲，产品内分工是发达国家的企业更有利的国际竞争的方式，提高了企业自身的竞争能力。对外转移的产业，可以是边际产业，也可以是优势产业中的边际环节或工序。对于生产工序的转移方式，企业根据成本最小化原则，在国际外包和对外投资之间选择。因此，产品内分工对形成跨国公司主宰全球经济的趋势更有利。

随着技术水平的提高，被标准化的部件的数量不断增加，新技术的传播和扩散速度也不断加快，产品内国际分工既给发达大企业的工序转移带来更多的机会，也给发达国家的中小型企业与发展中国家的企业开展这一分工以提高规模经济带来更多机会。

（2）当国际分工在产业间或产品间发生时，发展中国家参与国际分工必须以最终制成品为载体，出口竞争力的欠缺使商品无法争得国际市场，也就无法参与国际分工。而与产品内分工从成品层面深入到工序层面，依托传统要素优势参与分工不受完整的生产制成品直接面对市场竞争的制约，发展中国家可以绕过整个产业的技术瓶颈，通过从事劳动力密集的、简单技术要求的工序生产，参与到高附加值的商品生产分工中去。这样，一方面扩大了有初步工业化基础的发展中国家参与国际分工的机会，发展中国家可以参与到高阶梯的国际产业分工中，有利于扩大经济规模和就业规模；一方面仍然摆脱不了低下的国际分工地位。

然而，发展中国家参与到高阶梯的国际产业分工中，就有获取技术溢出效应的机会，可以沿着产品内分工技术阶梯不断攀登，当然这必须经过努力才能做到。

发展中国家的企业参与的产品内分工主要属于垂直专业化分工，处在产品内分工不同生产环节的企业所获收益是不一样的，各分工环节的市场结构决定了其所获收益。

三　产品内分工对中国国际分工地位的影响

1. 中国出口产品国际分工地位的实证分析

从产品内分工的角度看，不同部件之间具有差异性，这一差异性最直观体现在它们的出口价格上。出口价格高或出口价格低的产品在国际分工中往往分别处于高端或低端位置。如果一个国家出口产品是高价格类型，那么这一国家相对处于国际分工的高端位置；反之，一个国家如果出口产品是低价格类型则相对处于国际分工的低端位置。

为了分析一个国家出口产品种类处于国际分工格局的何种位置，就要分析该国出口产品的价格与世界平均价格的差异。如果该国出口价格高于

世界平均价格，那么处于该产品国际分工格局中的高端位置；反之，如果
该国出口价格低于世界平均价格，那么处于该产品国际分工的低端位置。
将这一设想通过数学公式来表达，如式（1）所示：

$$RPc = \frac{p_c - p_w}{p_c + p_w} \qquad (1)$$

其中，c 表示国家，这里直接就选取了一个产品，Pc 表示 c 国这个产
品的出口价格，pw 表示世界出口这个产品的价格，RPc 表示 c 国出口产品
与世界平均价格的差异程度。显然，如果该国出口价格低于世界平均水
平，那么 RPc 小于0；反之，大于0。RPc 指标的最大特征在于有界性，显
然它位于（-1，1）之间，这样无论出口产品价格的绝对程度多大，无论
该国出口价格与世界出口价格的绝对差异有多大，其最终指标值都落在
（-1，1）之间，这样就可以将所有的产品都在一个标准上进行分析和比
较。进一步借鉴 Azhar 和 Elliott（2006）的做法，按照指标的数值大小将
该指标分为三类：如果 $RPc > 0.15$，那么认为该国出口价格显著高于世界
价格，因此该国该产品处于国际分工高端；如果 $RPc < -0.15$，那么认为
该国出口价格显著低于世界价格，因此该国该产品处于国际分工低端；如
果 $-0.15 < RPc < 0.15$，那么认为该国该产品出口价格与世界出口价格类似，
处于国际分工的中端。这样就可以将任何一个产品与世界出口价格进行比
较，从而划分国际分工的高端、中端和低端，进而分析其国际分工地位。

表 10-1　中国出口产品国际分工地位显示数据

单位:%

年份	1995	1998	2000	2002	2004	2006	2008
高端	17.71	20.92	23.17	22.65	14.54	18.96	20.16
中端	31.30	33.91	38.27	35.42	32.94	28.54	35.38
低端	50.99	45.17	38.56	41.93	52.52	48.50	34.96

资料来源：笔者根据 CEPⅡ 的 BACⅠ 的数据库计算所得。

表 10-1 说明：（1）总体上看中国出口产品处于国际分工的低端。
（2）从发展趋势看，高端比例的发展动态呈现一个马鞍形，高端比例在
2004 年处于低谷，而此同时，低端比例处于一个高峰。这是因为中国加入
世贸组织后，出口的总量增加，贸易成本下降，以前没有出口的公司开始
出口，大量商品出口使同一市场上中国产品彼此竞争增强，从而使价格下

降，此时中国出口一度出现"贫困化增长"，损害了中国外贸的国际分工地位。（3）科学发展观提出后，中国出口产品国际分工地位趋于上升，但很不够。

上述总体趋势由各种具体动态构成：（1）大量中国公司承接高技术产品的国际外包，使中国高技术产品的出口上升，在统计数字上显示中国出口结构的优化，与此同时，大量出口导致中国的高技术产品价格下滑，国际分工地位恶化。出口增速最快的高技术产品国际分工地位下降最快。（2）我国制造业行业的垂直专业化指数要比农业和服务业高，而垂直专业化程度较深的行业主要集中在资本（技术）密集型行业。按垂直专业化平均指数来看，仪器仪表及文化办公用机械制造业、电子及通讯设备制造业及电气机械及器材制造业占据前三位，并且其垂直专业化平均指数均超过 20%，服装皮革羽绒及其他纤维制品制造业、纺织业等劳动密集型行业的垂直专业化指数处于中等水平，在 16% 左右。这与我国加工贸易的发展情况是相符合的。

2. 造成中国外贸国际地位的成因

我国出口商品的附加值低，大部分以资源、能源消耗为代价。尽管近几年机电产品和高新技术产品在我国出口份额中的比重不断上升，优化了出口商品结构，但这些出口产品大多附加值低。随着中国经济的迅猛发展，跨国公司纷纷把自己的生产基地移往中国大陆地区，"中国已成为世界工厂"为国内外学术界、政界以及企业界的一个流行判断。中国成为一个外贸大国，但不是外贸强国，如果仅从外贸产品结构来看，中国的高科技产品的出口比例不断提高，体现出口商品结构高度化，似乎国际地位上升。但中国处于全球价值链中低技术含量、低附加值工序环节的高新技术产品出口比重增大，并未带来中国贸易条件的显著改善，中国尚未摆脱制造业分工地位低下的格局。

3. 从产品内分工看中国国际分工地位

首先，从垂直专业化的角度来看，中国主要通过承接中间产品的加工装配阶段来参与产品内国际分工。据统计，2005 年中国加工贸易大体上占到出口总额的 55%，中间产品加工与装配的增加约有 2/3 由日本、韩国和东盟其他国家向中国提供。中国参与国际分工的格局是：从日本、韩国等亚洲国家和地区进口中间产品，在国内加工后再出口到欧美等发达国家。中国在产品内国际分工网络中的作用主要是承担装配制造的角色，大量进口中间投入品并加工装配成最终产品。

其次，从附加值角度来看，中国主要通过承接国际制造业价值链上附加值较低的生产环节来参与产品内国际分工体系。在全球价值链呈 U 型分布格局的"微笑曲线"（即国际产品生产的价值链展示图）中，两边分别是研发与营销阶段，附加价值高，中间是制造阶段，附加价值低。中国就主要处于中间阶段。

加工企业的技术进步服从于研发者与营销需要。如果研发者或营销者对其最终产品的技术含量要求提高，对所需的零部件、原材料等中间投入品的技术含量要求也相应提高，这会带动加工者进行技术改造，产生技术"溢出效应"。反过来，加工者即使有技术进步的潜力，也难以转化为现实技术进步，其被动地位十分明显。

四 中国提升自身国际分工地位的努力方向

在中国积极参与产品内分工的现实中，转变我国外经贸增长方式的基本目标是价值链升级。

一国科技水平可以通过产品内贸易的水平和质量体现。要改进国际分工地位，改变中国处于垂直型分工体系下端的状况，产业升级的主攻方向是将不同附加值的生产环节在空间上优化调整，推动中国的国际分工向价值链高端跃迁。

参与产品内分工有两个着眼点：一是利用现有比较优势，准确定位中国在全球价值链中的区段，嵌入产品内分工价值链的适当环节；二是着眼动态比较优势，提升我国在价值链中的区段，实现中国在分工中的区段升级。后者必须发挥企业自主研发和技术创新能力，积累自主知识产权，创建自己的产品名牌，增强核心竞争力。

以国际委托生产为例，代工生产形式从 OEM 开始发展到最终实现OBM，是实现价值链路径的创新、达到产业结构升级的普遍方式。著名的例子有很多。比如日本和韩国先后在 20 世纪 80 年代和 90 年代快速成长为世界高科技创新的核心地区，还带来大量专利收入，出现了像 SONY、TOSHIBA、CANON 以及三星、LG 等跨国公司和知名品牌；中国台湾地区也经历了一个大量针对出口的 OEM 代工的时期，掌握核心技术后出现了宏碁、华硕等国际品牌。[1]

---

[1] 柯玉玲：《中国供应商从 OEM/ODM 到 OBM 的转型》，《国际市场》2007 年第 4 期。

具备一定技术能力的发展中国家或地区可以从 OEM 起步，随着企业技术实力增强发展到自行设计的 ODM，等自身具备一定的独立设计能力后再提高市场开拓能力，升级为 OBM。中国许多家电和纺织企业在发展的初期作为承接 OEM 的供应商，后来过渡到 ODM 阶段，其他国家和地区的企业向国内制造商购买现成的设计方案并委托其生产，然后贴牌销售。最后等自身具备相应的市场开拓能力后推出自主品牌，成为 OBM。微波炉生产厂家格兰仕发展的过程是一个典型的案例。20 世纪 90 年代初期格兰仕开始引进东芝微波炉生产线并效仿学习其技术。到 1996 年格兰仕生产 OEM 的微波炉达到 60 万台，而到 2003 年格兰仕生产的微波炉 OBM 与 OEM 的比例，从最开始的 1∶9 发展到 4∶6，成为世界最大的微波炉生产企业。

加工贸易是参与全球产品内分工体系的途径，我国加工贸易规模很大，只能改进，不宜放弃。关键在于要延长我国加工贸易的价值链，促进我国产品结构优化与升级。在加工贸易中，要力争提高技术密集型生产环节的比重，发展可供加工企业在国内采购的高科技含量与高附加值的原料零部件生产，带动相关产业发展。

第三节　提高国际竞争的科技含量

一　发达国家的专利战略

国际竞争的主要阵线是国际科技竞争，发达国家提高自己国际科技竞争力的重要利器是专利和技术标准。专利是知识资产的最重要的形式，是具有垄断作用的知识资产；技术标准又是知识资产得以成立的决定性因素，是最高层次的经济资源。

发达国家公司实施的专利战略，已不再只是为获得已经开发技术的保护，而是利用专利在新技术领域"划地为界"，阻挡别人。他们大量申请专利的目的，不再只是通过技术的发展来增强自己产品的垄断地位，而是达到所谓"跑马圈地"的目的，即在某类产品未来的发展道路上抢占技术制高点，坐等将来收取专利费，否则对方就不能在这类技术上有所前进。

在这样的专利战略之下，企业专利的性质已经不仅是对发明者知识资产的利益保护，而是转变成对后来者在同类技术的非先进水平上进行学习（仿制也是学习）与创造的严重障碍，实际上是对后来者的一种"惩罚"。

实施这种战略的前提，一是对这个领域的将来有自己比较成熟的判断，可以估计到别人可能会用到这种专利，这样就懂得在哪里先下手一步。二是有技术开发的实力，能够根据上述判断去攻克技术难题而取得专利，这样就能够在那里先下手一步。因此，发达国家的跨国公司在许多国家抢注专利是甘冒无效投资的风险，为阻碍竞争对手而付出高昂成本，对国际社会来说已经形成无效耗费的竞争。

中国"入世"后，我们一直津津乐道的"拿来主义"已经不是原来想象的那样。简单地购买专利将受到高额付费与技术锁定双重扼制。而对于中国企业致力于技术创新、掌握自主知识产权的努力来说，跨国公司采用"专利跑马占地"战略，对我国科技创新已构成严重的威胁。具体来说，跨国公司通过大量在华申请专利，在中国民族产业将要加快技术进步、实施科技产业化并有市场前景的领域，筑起一个个很难绕开的知识产权保护圈，使中资企业将要开发的新产品都可能要付出许许多多的专利费。例如跨国公司在中国的医药、汽车、通讯业实施该战略，它们在华申请的专利正是现在迅猛发展的一些核心技术，甚至包括未来需要发展的、现在能预测的核心产业与核心技术。外企超前专利战略得手，中国现有的技术发明经常落在外商多年前所申请的专利保护范围之内。国际上现有的知识产权保护规则，不利于发展中国家分享科技进步带来的利益，我们无法改变这一现实，只能像发达国家那样力争有更多的技术专利。①

二 发达国家的技术标准战略

1. 技术标准与标准化

依据国际标准化组织（ISO）的定义，标准是指："一种或一系列具有强制性要求或指导性功能，内容含有细节性技术要求和有关技术方案的文件，其目的是让相关的产品或者服务达到一定的安全标准或者进入市场的要求。"而"标准化"则被定义为："标准化是为了所有有关方面的利益，特别是为了促进最佳的经济，并适当考虑产品的使用条件与安全要求，在所有有关方面的协作下，进行有秩序的特定活动所制定并实施各项规定的过程。标准化以科学技术与实践的综合成果为依据，它不仅奠定了当前的

---

① 张玉来（人民网记者）：《徐如镜：加快落实专利与标准战略》，人民网 2002 两会专题，http://www.people.com.cn/BIG5/shizheng/7501/7582/20020313/686359.html/。

基础，而且还决定了将来的发展，它始终与发展保持一致。"[1]

上述定义表明：标准是一个经济和产业的秩序，是一种公共品，代表公共利益。实际上，标准尤其是技术标准，可能包含大量私有专利。"私有利益"搭乘了"公共利益"的便车。

标准具有四个方面的属性：（1）通过标准化，使得产业（在高科技领域，一个产业往往是围绕一个或者几个标准建立起来）内部相互兼容，节省交易成本。这是标准的产业价值，也是标准中包含的公共利益。（2）标准是贸易的技术壁垒和产业壁垒，政府可以将他国不符合标准的产品拒之国门外。（3）对技术和标准的垄断也就意味着对市场的垄断和对产业的控制。制定统一的技术标准和从事联合开发是行业寡头建立技术壁垒的重要手段。标准是知识产权战略的高级形式，是打包出售自己技术的高级方式。面对这种标准规则，来自后发国家的新进入企业，要想进入这一行业就必须接受寡头企业所制定的技术标准，受制于跨国企业的施加的控制，被"钉死"在国际分工的低技术链条和附属地位上。（4）标准通过兼容，将市场之间的竞争变为市场内的竞争。[2] 为此，竞争者之间产品差异化的能力大大降低，差别化只能通过扩展功能来获取。

总的来看，标准是一种产业和经济的秩序，这一秩序同时包含协调、利益分配、贸易壁垒。标准对内可以促进产业、分工和贸易的发展，对外意味着技术壁垒和产业壁垒。标准对垂直链条意味着产业利益分配的工具，对横向竞争者意味着产品差异化的能力降低。标准包含知识产权，是公共利益和私人利益的融合物。标准的利益分配，涉及标准的拥有者、管理者和使用者，涉及企业利益、产业利益和国家利益。

2. 标准战略

在生产与市场的国际化程度日趋提高的背景下，产品的技术标准越来越成为代表技术发展与消费效用主流的因素。含有高新技术的工业制成品已经或正在将其技术标准国际化。企业所推出的技术标准能否在国际竞争中被行业公认为是产品的标准，成为最高层次的竞争内容。

---

① 〔英〕桑德斯：《标准化目的与原理》（1972），转引自魏新让《知识共享与标准化刍议》，《航天标准化》2009 年 4 期。

② 王俊秀、刘双桂、齐欧等：《新全球主义中国高科技标准战略研究报告》，报告中提到经济学家 Hai Varian 的《信息规则》。来源：中华人民共和国知识产权局网站，http：//www. sipo. gov. cn/sipo/ztxx/zscqbft/zgipzlyj/200605/t200605 – 101294. htm。

由此，在国际商贸中，高技术产品的技术标准起到两重作用，一是适应不断深化专业化分工与协作的国际市场的需要，被公认的产品技术标准成为行业内国际分工与合作的标准，技术标准的实质是制定竞争规则，把握对市场的控制权。二是构成有效的非关税壁垒，国家可以通过苛刻的标准审核程序来限制别国科技产品的进口。

随着标准时代的到来，标准成为新型竞争中的核心稀缺资源，成为最重要的企业和国家核心竞争力的新来源。首先，标准可以成为一种控制产业链、遏制竞争对手的工具，使得先发企业的竞争优势更加明显，后发企业的成长空间更加狭小，成长过程更加艰难。其次，标准可以成为利益分配的工具，它使得产业利益分配朝先行的跨国公司倾斜，使用跨国企业的知识产权的成本越来越高昂，后发国家和后发企业的低成本制造优势不断消失。

发达国家逐步从技术战略发展到标准战略，从技术立国到知识产权立国。这一战略建立在技术专利化—专利标准化—标准许可化的基本模式基础上。

由于高技术产品的技术标准大多包含了许多专利，因而没有自己标准的国家想要开发新技术都有障碍。发达国家将标准与专利结合起来，至少构筑了三道防线：其一，你的产品要在国际市场行销，就得符合标准；其二，当你遵守某项标准时，你就要应用或开发符合该标准的技术；其三，接着，你发现符合这一标准的各项技术别人已经申请了专利，你想使用这些技术必须付出专利费。这三道防线对发展中国家的技术进步和提高产品国际竞争力构成了很高的壁垒。

现实告诉我们：在高技术领域，谁的技术标准领先谁就能控制未来市场。主要发达国家在十多年前就高度重视科技政策中标准化的作用，把技术标准作为战略性竞争手段。发明专利的取得与技术标准的确立，是相继出招的国际产业竞争手段。技术标准的确立成为体现竞争力的最重要的技术内容。因此，在国际市场上，企业取得技术优势、成本优势后，就要靠制订"游戏规则"来保持其优势地位。创新技术专利化、专利标准化、标准许可化，成为从战略层面开展竞争的手段，标准竞争的意义超过了常规的质量、价格、服务和品牌竞争。最激烈的竞争将围绕标准展开。在计算机行业，一个新的标准产生，或者意味着巨额的财富源泉，或者意味着一个公司帝国的灭亡。

发达国家和垄断企业占据了高科技各个产业的发言权，制定有利于自己的标准体系，维护有利于自己的标准秩序。他们迫使后发国家及其企业遵从自己建立的标准体系和标准秩序，在高科技领域构筑起一道巨大的"标准铁幕"。发达国家和垄断企业通过国家标准战略、企业标准战略、国际标准组织和规则，将知识产权和标准体系糅合在一起，产生了复合型的技术优势。

三　中国实施专利战略与标准战略的努力方向

1. 中国实施标准战略的防守与进攻

中国企业必须认识到标准作为一种重要的和隐蔽性规则在世界贸易中的力量和作用。

在国际产业转移的推动下，中国许多高科技产业的产量已名列世界前列，中国已经成为全球重要的工业和高科技产品的制造基地之一，成为全球重要的工业产品和高科技市场之一。但是，在已有的技术领域，少数发达国家已经占据了大多数标准领地，中国与之竞争已是难上加难。而技术领域本身总在扩大，时不我待，中国在推进技术进步中要尽快在技术标准确立方面有自己尽可能多的领地，实施技术标准战略极为紧迫。

技术标准战略首先需要对我国工业化发展加进一个比企业"技术改造"更重要的企业"标准化"改造。从适应现有的技术标准格局来看，中国企业首先要适应国际技术标准规则，企业面向国际市场及面向国内市场的产品技术，都要采用国际核准的技术标准。中国境外投资生产企业首先要过产品测试关，而测试标准一般都是国际标准化组织颁布的标准，企业要在这方面增强适应能力。政府或行业组织对企业在进行基本建设、技术改造、技术引进和新产品开发时，须要求与企业的标准化结合起来。促进企业加快标准化体系的建设，全面提高企业标准的档次和水平。国家在制定经济、科技政策和设立技术创新基金时应加入企业标准化的内容，将企业标准化作为各种项目验收、考核与评估的重要指标。

更重要的是在技术标准战略上采取进攻。从这一角度看，中国实施技术标准战略的意义在两方面：（1）中国的高科技企业要做大做强，在更高层次上参与国际竞争，就必须要突破这一无形的"铁幕"，掌握标准制定的主导权，使自己在竞争中处于有利地位。政策要鼓励企业研究和制定拥有自主知识产权的标准并争取成为国际标准的基础。（2）我国要保护自己的高技术产品市场，必须以中资企业的技术产品为基础，设立合理的技术标准。在实际措施上，要积极参与 740 与各种国际化标准组织公布的各国标准的评议工作，在评议基础上参与国际标准的制定工作，争取国际上的标准制定权。在努力培养标准化人才（具有技术、外语、法律三方专长的复合型人才）的基础上，组织更多专家参与国际标准的制定工作。

2. 实施企业专利战略包括改进企业外部环境与企业内部机制两方面

中国的标准战略实施必须要政府—行业—企业的联动。

为实施我国的专利战略，政府必须将加快我国专利审批速度提到战略高度上来认识。企业外部环境，包括提高专利审查机构——专利局的工作质量与效率。一些相关机构之间的关系要协调。理顺我国现有知识产权机构（如商标、专利、版权等的管理机构）的设置。提高我国专利管理队伍的数量与质量，发展我国专利法律方面的从业律师队伍。制定有利于律师的国内业务收益高于国外业务收益的制度规则，激励专利代理行业向本国企业倾斜。从所得税收入上进行有利于我国利益的调节。这些都是考验我国在知识经济临近时代提升制度适应力的制度创新能力。

企业内部机制是立足于技术进步夺取竞争优胜地位的机制。争取技术进步是很费力的，有长远发展打算的企业必须坚持长久对此全面下工夫。一旦夺取竞争优胜地位的目标确定，企业就需要在这几方面下工夫：（1）具备专利知识，积累专利情报，了解世界同行中与专利有关的竞争状况，在此基础上筹划专利战略。（2）具备持久进行研发活动、大量取得技术突破、大量申请专利权的能力。（3）在本国与其他经过选择的外国申请专利保护，划出本企业的技术势力范围，或者说取得合法垄断的空间。（4）利用专利争取技术利益。将自己的专利作为交易筹码，在双方都有专利的情况下，开展交叉许可，争取技术发展的双赢效果。

企业应加强我国国内现有知识产权的境外保护。为了在自己拥有专利的技术应用上进入国际市场，以申请专利权开道是不可避免的。企业要强化市场全球的保护专利权意识，掌握境外申请专利的法律知识，筹备申请专利的资金，在各国争得自己知识资产的保护权利。

对企业来说，努力开发先进技术是产生技术标准的基础，标准是由先进技术选择产生的，只有技术先进、使用方便、成本不高的标准才能站得住。对行业来说，行业内的各企业，在该竞争的场合有序竞争、该联合的场合积极联合，共同推出国内的技术标准就能形成合力。对政府来说，可以在标准制定上扮演重要角色，鼓励先进技术、推动联合行动、及时颁布国家法定标准，都需要政府积极而适度的努力。接下来最需要做的是，培养本土的跨国企业，争取在国际市场上扩散国内的标准设定。

华为、中兴、大唐、联想、海尔、TCL、格兰仕已经通过各种方式提升研发能力和全球化能力，并且有一些初步成果。中国企业已经形成各种各样的标准联盟设定重要的高科技标准，对此要加强国内有科技经济实力的龙头企业与国外可合作的大企业开展国际合作，联手开发中国标准，逐步建立标准的产业联盟。中央政府的产业主管部门要更好地引领相应产业的标准化工作，集合国内大企业予以配合。

第四节　增强中国对外开放的生态效益

对外开放的基本途径是发展国际投资与国际贸易，我们分别从这两方面来分析有关的生态效益。

一　控制外商投资造成的生态代价

外国资本进入的东道国，产生了这样的资源转换：东道国让出本国的某些资源给外国投资者利用，以此获得本国发展经济所需要的另外一些资源。一般来说，东道国付出的是劳动力、土地、自然资源，获得的是资金、技术、管理经验。在此当中，东道国付出的生态代价包括资源代价与环境代价。不合理的生态代价是：

（1）通过投资对东道国的资源进行掠夺性开发。所谓掠夺性开发，就是对再生资源的耗用量超过其再生量，对不可再生资源进行了过量开采、弃贫就富，违背细水长流的原则，使该资源在能够有替代资源之前过早地耗竭殆尽。

（2）将高污染生产进行国际转移。实际上，这等于要东道国以牺牲自然净化能力来换取短期的经济发展。

自国际投资出现以来，西方发达国家就陆续把消耗能源和原材料大的大宗产品生产、环保问题较大的产品生产，由西欧、北美移向第三世界，把工业化所付出的生态代价转嫁给发展中的东道国。

外商对华投资中，利用某些地方生态资源观念薄弱，加快消耗资源的情况是屡见不鲜的。以消耗山区的森林资源来投资建一次性木筷厂，帮助中国开发稀土资源廉价出口到投资国，都是较典型的资源消耗型投资。而许多外商利用我国环境标准低、环保意识淡薄的机会，把国外限制或禁止的高污染产业向我国转移，在化工、电镀、农药等行业尤为明显。20 世纪 90 年代初在沿海地区建立生产的泡沫塑料、灭火剂、发泡剂、清洁剂等企业就达 75 家。

污染转移不仅表现在生产行业上，还发生在产品的双重标准上。发达国家与我国联营生产的汽车即采用双重标准。他们在本国生产的汽车采用严格的排放标准，因为它是本国与从本国出口用的；而对中国生产的汽车不安装尾气滤清装置，这样既可以降低合资企业汽车的成本，有利于占领中国市场，又不构成国际市场上对本国所产的汽车的竞争。

贯彻科学发展观，必须在引进外资上设立资源门坎与环境门坎，严格控制外商投资造成我国的高昂生态代价。

对于外商投资导向，不仅要有维护我国经济发展利益的内容，更要有维护我国生态利益的内容。例如，对于外商转移来华的制造业，凡有利于节能、节材，对中国同行业生产提高了生态经济效益的，属于鼓励范围；凡有利于增加附加值，调动中国的智力资源来进行自然资源代换的，就表明这样的引资项目是有益的。有的项目表面看有经济好处，但对增值生态资源无益甚至有害，就要限制，损害生态资源严重的投资项目，不能批准。

环保产业要成为引进外商直接投资的新方向。发展该产业受着我国资金技术不足的制约，引进外资正是需要。而环保产业的国际投资合作有着受普遍鼓励的大背景。一是环保项目成为国际金融组织援助发展中国家的优先领域，二是发达国家的环保技术与产业最大的市场是在工业化迅速加快的那些国家，为争夺我国的环保产业市场，发达国家企业之间要展开较有强度的竞争。三是环保成为一种为经济事务作前提的事业型国际交往的题目，各国间环保科研合作与交流在持续发展。各国相互建立生态型合作城镇，建立生态环境示范工程等。在这样的大背景下，通过引进外资尽快发展我国的环保产业，是明智之举。

我国通过大力发展环保产业，不仅为改进本国的生态环境作贡献，还要走向国际市场，为国外提供环保方面的技术装备、技术产品与技术服务。可以预见，环保产业是世界性的朝阳产业，将成为未来国际市场竞争的焦点。谁能够占领世界环保市场的主导地位，谁就能在未来世界经济的发展与竞争中掌握主动权。

二　注重贸易环境效应

对外贸易带来了经济增长，也给环境带来了巨大影响。贸易对环境的影响是复杂的，影响因素呈多样性。格罗斯曼和克鲁格在对北美自由贸易区的环境效应进行分析时，把贸易的环境效应分解为规模效应、结构效应和技术效应三类。[①]这个三类效应分别从贸易的规模变化、结构改变和技术的获得三个方面，来分析贸易对环境的影响。

1. 贸易环境的规模效应

该效应指的是对外贸易活动在规模扩大时对环境产生的影响。规模扩大一方面能获得产出增加带来的规模经济，减少产品的单位成本，使单位污染密集度降低；贸易扩大还能给居民带来收入提高，将刺激居民对环境清洁产品的需求，更重视产品的环保绿色标准。政府也会加大环境管制，通过增收税收、许可证等手段来减少环境污染。另一方面，规模扩大意味着资源开采和使用的力度加大，加剧资源耗竭进程，导致环境污染的增加，增大经济发展的资源与环境成本（后来统称生态成本）。格罗斯曼和克鲁格认为，贸易规模扩大而产生的环境问题通常都超过其带来的利益，即规模效应为负。

2. 贸易环境的结构效应

该效应是指行业结构对环境的影响，它是贸易体现的国际分工的结果。结构效应将取决于国际专业分工的变化。专业化生产的扩大对环境产生什么样的影响，取决于扩大的部门生产增加的生态成本跟缩减的部门所减少的生态成本之差。如果减少的生态成本抵消了增加的生态成本，那么，贸易使产业结构朝清洁方向发展，结构效应带来了正效应；反之，则是负效应。

各类产业结构对环境有不同效果。资源密集型为主造成的资源过度开发主要是不可再生资源，并危及部分物种。劳动密集型为主与人口集聚造成本地生活污染过大有关，加上这类产业的产品生产过程也会排出较多的

---

① Grossman Gene M., Kruger Alan B., Environmental Impact of North American Free Trade Agreement, NBER Working Paper, 1991：3914.

污染。当经济发展以重工业为主时，凸显的环境问题是耗能耗材与废气、废水和其他废物排放量的增加，污染问题将会成为最严重问题；而当经济向服务业或高新技术转型时，就能使污染大幅度降低，对环境清洁有利。

3. 贸易环境的技术效应

该效应是指贸易中获得的技术对环境产生的效应。其正效应来自三方面：（1）贸易能带动清洁技术在全球散播，国与国可以通过技术贸易获得技术，有利于各国的环保技术的改进和创新。（2）各国在贸易中通过设置绿色壁垒防止污染扩散，将实施更高的环境标准，造成了出口生产中发展清洁产品的客观压力，提高了环境保护的需求。（3）国际贸易市场竞争通行的"优胜劣汰"法则，将推进企业采用更多的新技术，提高资源配置效率和资源利用率，减少单位环境成本的付出，促进全球生态化技术的发展。以上三方面均有利于环境朝清洁方向改善，所以技术效应一般认为是正的。技术效应的负面，来自企业开展国际竞争中有可能借助技术对自然资源进行掠夺性开发。总的来讲，技术效应一般是正大于负。

二 外贸增长转型是外贸增长生态化的突破口

粗放型增长表现为单纯追求外贸进出口总额的数量扩张，不考虑改进结构与提升效益，容易造成投入的资源代价大，而获得的贸易利益效果不佳。在我国片面发挥"劳动力廉价优势"的趋势下，外贸增长方式的特征为：出口产品加工深度浅、低技术含量、低附加值、低利润，并且在生产过程中会产生大量的污染。这种外贸增长实际上是建立在这一不等价交换基础上的：中国的劳动力资源与环境资源是廉价的，而发达国家的技术资源是高价的。

集约型增长依靠生产要素质量的提高和技术进步来实现经济增长，依靠优化出口结构，靠先进技术提高出口品的技术含量和附加值，同时追求资源节约。这种增长方式不单追求量的增加，更注重质的提高。它的特点主要表现为投入产出比率的提高及要综合生产要素贡献率的增加。在外贸增长过程中，增长规模如果符合集约型的发展方向，规模效益可以为其带来低能耗高产出的利益，资源消耗小、污染少，有利于环境资源保护和生态平衡。

集约型的外贸增长必然要求提高国内企业的环境标准，在环境标准的制约下，进出口企业进一步提高产品的质量使其达标，同时研发新技术来降低企业污染，走向绿色发展的国际化经营。

为追求外贸的可持续发展，转变外贸增长方式势在必行。外贸增长转型一方面是整个国家经济可持续发展的重要组成，是在追求国际分工经济利益的同时能够合理有效地利用环境资源，另一方面是我国对外贸易适应国际生态经济关系的需要，有利于中国商品跨越绿色壁垒障碍，减少与发达国家的贸易摩擦。

根据三种贸易环境效应的原理，外贸增长转型包含这三方面努力：（1）鉴于贸易规模效应总体上是负面效应大于正面效应，我国要在努力扩大内需前提下控制贸易规模，绝对量可以增加，但增幅要降低。（2）优化产业结构，是外贸增长转型的关键。外贸增长应合理减少资源密集型产业出口，鼓励一些稀缺资源产品的进口，积极通过对外经贸渠道引进生态效果的生产技术。（3）在出口产品生产中采用节能减排、清洁生产技术，在进口中获取先进环保设备、资源的循环利用技术、能源节约技术、废物处理和利用技术、工艺改良技术和减排技术等，由此产生正面的贸易环境技术效应。

三　我国对外贸易的环境效应实证分析

本文截取 1999～2008 年我国外贸发展的数据，对外贸环境效应进行分析。这段时期，正是我国外贸发展最快的时期。

1999～2008 年，我国对外贸易进出口额均处于不断递增的趋势，2008 年出口额达到 14306.9 亿美元，是 1992 年的 16.84 倍；进口额达到 11325.6 亿美元，是 1992 年 14.05 倍。经过这 16 年我国对外贸易的高速增长，我国对外贸易总量排名跃居世界前列。与此同时，2008 年贸易顺差为 2981.3 亿美元（根据中国统计年鉴计算）。同时，我国的外贸依存度在 2004 年已经上升到 60% 左右，2006 年达到最高值 66.53%，虽然 2007 年开始有小幅度下降，这与国家扩大内需的政策有关，但 2008 年外贸依存度仍然接近 60%。支持如此大的外贸规模和外贸依存度，对我国的资源、能源和环境风险是不言而喻的。一方面，巨大的外贸额必须消耗大量的国内资源和能源，在生产、流通过程中会给环境带来大量污染；另一方面，我国在资源、能源供给上的外部依赖性愈益强化，潜在的国际安全问题不容忽视。

由于中国的资源禀赋与工业化发展状况，我国进出口结构呈现初级产品出口比重不断下降、进口比重不断上升、制成品出口比重逐步上升的态势（见表10－2）。我国是一个初级产品的净进口国，特别主要的工业原材料生产的发展，钢铁、石油、铜、铝等冶炼用原材料的进口量较大。这正是中国资源外部依赖性与环境压力增大的外贸表现。

表 10－2　2000～2008 年初级产品和工业制成品出口结构和进口结构

单位：%

年份	出口结构		进口结构	
	工业制成品	初级产品	工业制成品	初级产品
2000	10.2	89.8	20.7	79.3
2003	7.9	92.1	17.6	82.4
2004	6.8	93.2	20.8	79.2
2007	5.1	94.9	25.4	74.6
2008	5.4	94.6	31.9	68.1

资料来源：对应年份的中国统计年鉴。

中国环境受损与外贸规模增大两者的相关性，从图10－1可见，造成上述情形是由贸易环境的三个效应共同作用的结果。

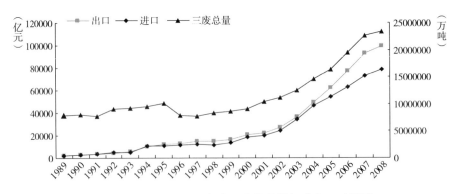

图 10－1　1989～2008 年全国废物总量与进出口对照图

1. 贸易环境规模效应

选择估计回归模型，假设出口、进口额与工业"三废"总量存在关系，两者的关系为一元线性关系，即估计的"三废"与出口关系模型为：

LN（三废总量）＝$a1 \cdot LN$（出口额）＋$c1 + u1$，$a1$ 是出口额与三废污染量的关系系数，$u1$、$c1$ 表示"三废"与出口关系模型的误差项、常数项。

计量与检测结果，在出口方面，增加 1 亿元的出口量，就会多带来 0.267124 万吨的废物排放量。在进口方面，增加 1 亿元的进口量，就会多带来 0.286513 万吨的废物排放量。2008 年的出口总额为 99363 亿元，进口总额为 78657.6 亿元，这意味着它们将造成 49078 万吨的废物排放，这是个惊人的数字。

党玉婷、万能在《我国对外贸易的环境效应分析》中，运用格罗斯曼和克鲁格的三效应理论，用我国 1994～2003 数据实证分析我国对外贸易对环境的影响。结果表明，结构效应和技术效应使环境在对外贸易中收益，而规模效应对环境的负面影响较大，综合起来的总效应造成我国这 10 年的进出口贸易恶化了生态环境。[①]

2. 对出口贸易—环境效应的测算

借鉴党玉婷、万能采用的模型，我们有如下测算：

（1）对我国 2001～2008 年 17 个行业中的出口比例测算，以每个行业的出口额在发生的变化，来表示出口结构的变化。在这期间，可以看出，资源密集型中的采矿业比重下降幅度最大，劳动密集型产业方面，其结构调整最为显著，除橡胶制造业无变化以后，其他的行业的比重都有较明显的下降。技术密集型的机械、电气、电子设备制造业成了上升幅度最大的行业。这样的结构变化，使得加权平均污染密集度的变化从基期的 58.35（万吨/亿元）下降到了 2008 年末的 19.48（万吨/亿元），污染物的单位平均污染有较大幅度下降。从总量上看，由于出口结构的变化，工业 17 个行业的污染下降了 1218.22 万吨。这就是我国实证性的结构效应。

（2）对我国 2001～2008 年我国工业贸易环境技术效应测试表明，从基期到末期，无论哪一类行业，污染密集度变化额全为负数。说明我国环境污染技术正效应大于负效应。其中，在每亿元生产量中，污染量下降最大的 5 个产业分别是，电力、燃气及水的生产供应业下降 398.14

---

① 党玉婷、万能：《我国对外贸易的环境效应分析》，《山西财经大学学报》，2007 年第 3 期，第 21～26 页。

万吨，有色金属冶炼及压延加工业下降317.71万吨，非金属矿物制造业下降238.05万吨，化学纤维制造业下降146.1万吨。污染密集度变化率最大的金属制造业达到88.32%，对污染量的减少做出了显著的贡献。技术效应来自于通过各种国际经济合作引进世界先进技术和设备，以及环境清洁技术在工业中大量使用。

（3）对我国2001～2008年我国工业贸易环境规模效应的测试，出口贸易在所有行业均处于扩大状态。除了采矿业的出口额减少外，其他行业的出口额都有所增加。因此规模效应为负，且负面影响程度很大，污染量增加为262816.68万吨。

综合以上三个效应，我们得出表10－3；

表10－3　2001～2008年我国工业贸易——环境总效应

单位：万吨

	结构效应	技术效应	规模效应	总效应
污染物排放	－1218.22	－70957.17	262816.68	190641.29

如果说，贸易结构效应与技术效应反映了我国外贸增长方式的进步，使其产生了正效应的话，那么，贸易的规模效应却是负效应，完全抵消了正的结构和技术效应，使得总效应为负。我们还看到：贸易技术正效应远大于贸易结构正效应，这至少说明我国在外贸结构调整上做得很不够。

3. 对进口贸易—环境效应的分析

进口贸易产生两方面的环境效应。正面影响有：（1）进口替代效应。这是指在高物耗高排放行业，用进口来代替国内自主生产，或者通过进口代替我国境内不可再生的有限资源的开采。（2）技术溢出效应。即通过进口获得高效利用资源、降耗减排的环保类技术。通过进口包含这类技术的生产设备，或直接引进技术，提高本国产业的环保水平。发展中国家通过进口贸易获得技术，再加以吸收、消化、创造，较快地缩小发展产业生态化方面的国际差距。

负面影响有：（1）进口"洋垃圾"，典型的是外国旧服装、废弃电子产品。这完全是追逐私利而损害国家环境的可恶行为。（2）"夕阳"产业转移引起的贸易问题。外国的"夕阳"产业不是完全没有利用价值，但相配套的进口如果代表着陈旧的、应当被淘汰的产品、技术、工艺和设备等，则必然带来环境负效应。

上述进口对环境的影响要具体分析。从进口规模看，其对环境的影响主要通过对进口国生产规模的影响，进口规模的大小不能直接说明进口国生产规模的大小，不能说进口量大了，进口国的生产量就一定小。进口的结构效应与出口的结构效应呈反向表现，主要产生直接影响。而进口的技术效应并未覆盖全部进口范围，只在进口的较少比例上起到对环境的影响。更主要的是无法以进口的结构效应和技术效应跟规模效应相比较。所以，按照三效应理论分析进口的环境效应，作用很有限。

受党玉婷的进口贸易与环境研究的启发，借鉴 EET（Embodied Effluent Trade）概念来分析进口对环境的影响。这个概念最早由李（Lee）和罗兰·霍尔斯特（Roland Holst）于 1997 年提出的。[①] 他们的观点是产品成本应包含环境成本，也就是产品生产时的排污量。在研究一国的进出口贸易对环境的总影响时，应通过出口加权污染密集度（E_x）和进口加权污染密集度（E_m）的进行对比（其中权重为出口个行业所占的比重），来判断在污染物的贸易方面是否达到一种均衡状态。如果 E_X/E_m 等于 1，说明进出口的污染物贸易是平衡的，这个时候如果贸易收支是顺差，那么这顺差将是一种无需再支付环境代价的真正的利益收入；如果 E_X/E_m 大于 1，表示一国的出口品相对于进口品而言，污染度更高，所以，即使在这个情况下，一国的贸易收支是平衡的，实际上，该国在环境上支付了高额成本，收益其实是不平衡的；相反，E_X/E_m 小于 1，说明进口产品的污染密集度高于出口产品，那么进口了污染密集度高的产品，减少了本国因为在国内生产出口商品产生的污染，减少本国内资源的流失和污染的排放，这样的进口能平衡出口所带来的环境问题。假设对外贸易收入顺差，那么进口平衡的环境问题能为我国带来附加的环境价值，即使对外贸易收入是逆差，我们虽然损失了外汇收入，但是进口却在无形中给我们一些环境的利益。

用 EET 平衡法衡量我国进口与环境污染之间的相关性，从 2001 年到 2008 年末，各行业的进口污染密集度均有一定下降，在加权污染密集度方面，基期和末期的值均小于 1，说明了进口的环境贸易效应是正向的。当然，数据统计可能高估了进口的正效应。因为我国对一些"洋垃圾"的进口量和对外国产业转移到中国产生的进口负效应，很难获得相关数据统计。

---

① 柯玉玲：《中国供应商从 OEM/ODM 到 OBM 的转型》，《国际市场》2007 年第 4 期。

四 外贸增长方式转型的三大对策

根据上述国际贸易环境效应的分析，我国的外贸增长方式转型也要从外贸的规模、结构、技术三方面着手。

1. 外贸规模相对或绝对减少

相对减少外贸规模，是指外贸绝对规模仍在增加，但增加幅度远远小于国民经济总值的增长幅度。绝对减少外贸规模，是指外贸总量减少。就我国现实经济情况看，若干年内只能做到相对减少外贸规模。绝对减少外贸规模不是我们刻意追求的目标，是否在部分年份实现，是要在条件成熟之后，由经济效益而不是就业需要来决定。

相对减少外贸规模也不是强行靠压制出口来实现，而是靠追求集约型增长方式来实现。要压制的是那种宁可降低经济效益，也要扩大出口规模的"贫困式增长"。依靠多方力量来制止为追求出口额而恶性竞争、相互压价，以致引发别国反倾销祸及本国同行的行为。

为避免减少外贸规模引起经济总量不足失业增加，其保障就是两条，一是扩大内需，二是以扩大外经来替代出口贸易。

第二条保障不仅有市场替代的意义，也有生态经济效益。以农产品贸易领域为例，中国应实施"以技术和资本输出换产品输入"的战略，以达到节水总目标。在提高农业生态化水平基础上，向发展中国家进行农业投资。一方面将中国的生态型农业技术与生产方式输往发展中国家，使之比西方的石油农业更适合东道国的国情，并带动相关的农业种苗、技术、劳务、农业工程建设、农机、有机肥料及其他农业生产资料的出口，一方面通过进口由投资生产出来的粮食作物与经济作物，既是对农业投资效益的保障，又能降低本国粮食生产规模，以减少水资源的耗费。

2. 进行科技导向与生态导向的外贸结构调整

为了追求贸易环境顺差，应当在出口产品中减少高生态成本的行业比重，增加低生态成本的行业比重。反过来，应当在进口产品中增加高生态成本的产品比重。

对外贸易产业可分为三类：资源密集型（即初级产品）、劳动密集型（轻纺产品为主）、资本和技术密集型（包括机械、电气、电子设备、交通运输设备），各个产业分别有不同的资源依赖程度与污染密集度。我国外贸结构调整主要框架是：减少资源密集型产品的出口，转为扩大高附加值的劳动密集型产品与低能源密集的资本密集型产品的出口。努力提高技术密集型和知识密集型产品的出口比重。

劳动密集型出口产业的发展应改变优势依托，努力将劳动力资源转化为技术资源，防止粗放式劳动密集型出口让中国的贸易陷于产业链低端。资本—技术密集型产业要改进产品进出口结构，减少原料能源耗费量大的产品出口，增加劳动、技术密集型生产环节的外向型生产。知识密集型产业能为工业部门提供新技术、新材料、新工艺和新设备，其产品科技含量高、产品附加值大，在生产过程中能耗物耗较低、污染少，我们要在量力而行、循序渐进的前提下，努力培育优势、重点发展。

扩大高附加值有机农产品出口，是"两个导向"的结合点。有机农产品是指在生产中完全或基本不用人工合成的肥料、农药、生长调节剂和畜禽饲料添加剂，而采用有机肥满足作物营养需求的种植农产品，或采用有机饲料满足畜禽营养需求的养殖农产品。它既能在生产中符合环境友好要求，又能获得较高的收入。

增加依托可再生资源的农林产品加工出口业，减少依托不可再生资源的加工业，尤其是减少其中加工深度不够的产品出口。发展具有"绿色、节能、低碳"特点的绿色新兴工业。如新能源、新材料产业，这些产业不直接用于出口，主要是给所有出口产品生产提供生态条件。

客观上来说，扩大高能耗产品进口是有利的，如果由于各种原因难以扩大这类进口，可考虑选择合适的国家转为跨国投资，以产代进。对自然资源密集型产品也是这样，一方面扩大进口，一方面扩大跨国投资、以产代进。

相应地提高服务贸易出口的比重，以抵消部分工业能耗。我国可以发展服务外包，提高技术出口，进行一些专利技术、产权、商标等知识密集型产品的出口。服务外包虽然不能改变我国在产业链中处于低端的地位，却是我国外贸增长转型的一种过渡。一方面，通过服务出口替代制造业产品出口，减少生产对自然资源的耗费与对环境造成的污染；另一方面，发展服务外包贸易对我国教育业发展拓展就业天地，对知识经济发展有长远的战略价值。

3. 以生态功能的技术引领外贸

技术进步是转变外贸增长方式的直接手段。生态功能的技术包括节能节材技术、循环利用技术、清洁生产技术等。外贸生产企业应积极采用这类先进技术，提高用于出口的自然资源利用率，帮助稀缺资源产生替代，从改良生产工艺方面来提高产品的质量与性能，降低生产过程中的污染和对生态的破坏，以此为基础争取得到权威机构的绿色认证。

对任何出口产品生产，都要将节能节材、降低污染排放的技术进步放在最重要地位。技术升级是提高产品科技含量和知识含量的关键手段，通过技术升级实现出口由"低科技投入—低产出收益"到"高科技投入—高产出收益"的转型。

技术溢出效应是外贸要争取的收获。一方面，我国可以直接引进或者与国际合作或关联来获得这项新技术；另一方面，企业也应从进口的先进技术产品中受到启发，实施模仿学习创新。技术升级还应成为引进外资与引进技术以及其他国际经济技术合作的首要目标。以科技创新引领产品设计、开发、制造、销售一条龙。对先进环保技术和设备，积极进口、大力引进其技术与生产资本。

第五节　有效应对国际碳排放交易

一　国际"碳交易"的形成背景

为应对来自二氧化碳过多排放导致全球气候变暖的生态危机，联合国成员的 149 个国家和地区的代表于 1997 年 12 月达成了联手减少二氧化碳排放的《京都议定书》，规定各国在温室气体减排方面具有"共同但有区别的责任"。根据这一责任原则，鉴于工业化时代起所排放的每 10 吨二氧化碳中，约有 7 吨是发达国家排放的，所以已完成工业革命的发达国家应对全球变暖承担更多的历史责任。于是《京都议定书》给工业化国家制定了减排任务，如欧盟、美国、日本等，对发展中国家没有相应的硬约束要求。

《京都议定书》确定了三个灵活履约的减排机制：联合履约机制（JI）、排放交易机制（ET）、清洁发展机制（CDM）。前两个机制主要涉及发达国家间的合作，而清洁发展机制则提倡有减排额度约束的发达国家的企业和政府机构，通过技术转让或资金投入的方式，与发展中国家的节能减排项目进行合作，以项目中降低的二氧化碳排放量来抵扣自己的排放量限额。由此，发达国家履行其在《京都议定书》下量化的温室气体减排义务，既可以通过技术改进"内部消化"，又可以通过 CDM 项目合作获得核证减排量（CERs）抵免。所以 CDM 机制就是形成"碳交易"的机制。"碳交易"是温室气体减排量的交易，准确说法应该叫碳减排量交易。

有减排义务的发达国家，通过跟没有减排义务的发展中国家进行"碳交易"来实现减排抵免，除了进行项目合作，向发展中国家输出先进技术或设备改造资金，让发展中国家在工业化中减少碳排量之外，还可以直接购买发展中国家自己产生的碳减排量。这两类方式都导致二氧化碳减排量成了用来交易的有价商品，这就形成一个奇特的"碳交易市场"。

国际贸易有商品贸易、技术贸易、服务贸易三种类型。现在出现的"碳交易"是一种以额度为交易对象的新型贸易，能否算是第四种类型的国际贸易呢？

据报道，发达国家为完成其在《京都议定书》下的承诺，在 2008～2012 年的 5 年时间里，每年将需要通过 CDM 项目购买约 2 亿～4 亿吨 CO_2 当量的温室气体。这将需要开展大量的 CDM 项目才能够满足需要。

全球碳排放交易市场一经产生，成长迅速，达到千亿美元左右规模。专家预测这个市场的规模可达到 2000 亿～2500 亿美元，超过国际石油交易规模。[①] 根据世界银行测算，全球碳交易在 2008～2012 年间，市场规模每年可达 500 亿欧元。

二　"碳交易"的作用

1. "碳交易"是一种双赢的选择

CDM 是一种抵消机制，发达国家通过 CDM 项目购买减排量用于抵消其在国内产生的减排量。购买的核证减排量（Certified Emission Reductions，简称 CERs）越多，在本国的实际减排就越少。这样看来，发达国家减少减排义务是建立在"购买"发展中国家减排成就基础上的。当中包含这样的机制：如果发展中国家采用传统方式或传统技术推进工业化，增加了温室气体排放，却不受减排义务约束；如果采用新型方式或新型技术，起到了减排效果，则可以将这个效果卖给发达国家。

这样的交易能够发生，关键在于发达国家减排温室气体的成本是发展中国家的几倍甚至十几倍。只要发达国家与发展中国家联合开展温室气体

---

① 江涌：《碳排放——中国工业化的绞索？》，《世界知识》2009 年第 13 期。

减排项目，这些项目产生的温室气体减排量，被发达国家作为履行他们所承诺的减排量，其成本大约是它在国内减排成本的 1/10。

发展中国家通过 CDM 项目，可以从发达国家获得资金和技术，促进其可持续发展；发展中国家一个企业的投资项目，只要具有二氧化碳减排效果，就可以开展"碳交易"，出售这个减排额给发达国家的政府或者企业。一般来说，企业用碳减排方式来投资比用传统方式来投资往往成本更大。如果没有这笔"卖碳"收入，又没有减排指标约束，企业可能就选择不利于碳减排的投资方式。因此，"碳交易"是鼓励企业减排的动力。对世界而言，可以使全球在实现共同减排目标的前提下，降低总的减排成本。因此，CDM 机制是一种双赢的选择。

于此，发达国家的减排不是根据实际产生减少温室气体的效果来安排相应的投资项目，而是根据获得减排量的成本来安排相应的投资项目。从核算中可得知，如果发达国家多在它们本国减排，少在国外购买，减少温室气体排放效果更显著。

CDM 机制的运行机理可以如图 10-2 所示：

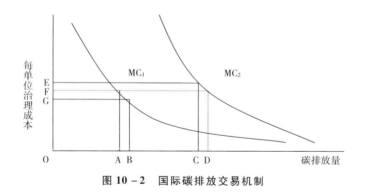

图 10-2 国际碳排放交易机制

假设世界上只存在发达国家和发展中国家这两个国家，都在进行 CO_2 减排的努力，发展中国家面临着较低的边际成本为 MC_1，发达国家面临着较高的边际成本为 MC_2，而两国的减排量分别为发展中国家的 B 和发达国家的 C。在各自的边际成本下，两国分别面临着 E 和 G 单位的边际治理成本，发达国家为了降低温室气体需要付出更多的治理成本。为此，发达国家可以将自己的减排目标部分转移给发展中国家，如 |C-D| 量给发展中国家，图中 B-A = |C-D|；在转移后，两国的减排量平均边际治理成本为 F，此时 OE < (OE + OG)/2，在此过程中发展中国家得到了低边际治理成本的效益，

而发达国家也履行了相应的减排责任，达到了"双赢"结局。

当然，实际中的 CDM 机制运行要远比此复杂。在实际过程中，减排量的定价、运营项目的分析和风险控制等诸多环节都会影响上述交易机制的运行。

2. "碳交易"的扭曲

国际碳市场的需求：从国际上的买家来看，碳减排量的买家分两种：（1）最终买家，购买碳减排指标是为了完成碳减排任务；（2）中介性买家，他们自己没有减排义务，买回去是为了在二级市场转卖。自《京都议定书》生效以来，国际上出现了名目众多、专门从事碳交易的"碳基金"和公司。按现行规定，发展中国家企业不能直接将减排额出售到西方市场的最终买家，必须由来自西方的"碳基金"和公司，或通过世界银行等机构参与后才能进入最终市场，这使得投资于"减排量"转让的基金或公司可以从中赚取丰厚利润，每项交易差价往往比发展中国家出售的"减排量"价格更高。发展中国家的企业本来就没有定价权，议价能力又弱，信息与能力不对称，使发展中国家处于被动与不利地位。因此，通过"碳交易"流向发展中国家的资金少于发达国家赚取的资金。

3. "碳交易"对减排的实际效果

发达国家完成温室气体减排目标可以有两个路径，一个是购买减排量，另一个是通过技术转让来实现。我们看到的多为前一个方式，通过技术转让的方式并不多。发展中国家仅仅得到"卖碳"的钱，却得不到减少碳排放的技术。

欧盟在气候变化问题上表现积极，在技术转让与资金援助方面的态度却非常消极，它们不断以知识产权为借口，拒不履行向发展中国家提供资金和技术援助的承诺。欧洲联盟与伞形国家（美国、加拿大、日本、澳大利亚与新西兰的地图连线形似一把雨伞）积极着手 2012 年以后（即"后京都协议"）的第二阶段碳排放的国际角力，而发展中国家尚沉溺于如何向发达国家更多更好地"卖碳"赚钱，而且为更多地"卖碳"赚钱而相互杀价。

4. "碳贸易"催生"碳金融"

随着"碳交易"市场规模的扩大，碳货币化程度越来越高。既有针对碳减排投资的国际项目融资，又有"碳交易"中的商业信用贷款，碳排放权进一步衍生为具有投资价值和流动性的金融资产。发达国家围绕碳减排权，已经形成了"碳交易"货币，包括直接投资融资、银行贷款、碳指标交易、碳期权期货等一系列金融工具为支撑的"碳金融"体系。该体系大大推动了全球碳交易市场的价值链分工。

发达国家的货币有与国际能源的计价和结算的绑定权，在"碳交易"的计价结算与货币的绑定机制中拥有强大的定价能力。欧元就是碳现货和碳衍生品交易市场的主要计价结算货币。发展中国家由于 CDM 项目分散、中介程序复杂、审核周期长，市场交易机制不完善，降低了碳减排量的价值转化效率，难以成为碳交易的定价方。

三 中国参与"碳交易"的障碍

CDM 机制促进了中国在低碳经济领域中与发达国家的经济合作。中国成了最大的碳减排额度出口国。世界银行的研究表明，中国可提供世界清洁发展机制所需项目的一半以上，约合 1 亿～2 亿吨 CO_2 当量的温室气体。从整体趋势讲，我国按照联合国《气候公约》，依照市场规则，通过各方包括项目业主、国际买家，以及一些中介咨询机构参与，几年来开发了很多 CDM 项目。但中国企业对此遇到很大的障碍。

1. 碳交易的流程对企业极度麻烦

一个 CDM 项目的开发要经过项目设计、国内申报（CDM 项目需要经过本国政府审批）、联合国认定三个阶段。在项目拿到联合国理事会去注册之前，要经联合国指定的具有资质的第三方认证机构（DOE）进行合格认证，然后提交联合国清洁发展机制执行理事会（简称 EB）进行审核，确认数字有效后方可在联合国注册，得到项目合格性认证。碳减排额的购买方购买的就是经过认证的该指标。它与实际产生的减排量未必一致。这里的规则特别复杂，过程也非常漫长。因此，对于开展项目的企业实际经营来说，这项交易不仅有额外收入，更有额外成本。

从 CDM 项目的一般流程和我国国家主管部门批准的流程来看，一个企业的 CDM 项目想要获得国际认证，完成规定的程序非常困难。一般的 CDM 项目申请需要花费 400～700 天的时间，这加大了整个 CDM 项目的成本。根据联合国 CDM 执行理事会（EB）统计的数据，截至 2011 年 12 月 30 日，我国 CDM 项目经国家发展改革委批准有 3851 个，其中只有 1753 个项目成功地在 EB 注册，注册率为 46%，能成功在 EB 注册的不到一半；能拿到 EB 签发的核证减排量（即获得碳减排收益）的项目只有 663 个，签发率只有 17%。我国企业要进行碳排放交易的操作难度太大，碳排放交易的发展规模受极大限制。

由于具有资质的第三方认证机构 DOE 机构的数量很少，加上 CDM 项目在 2008 年出现了井喷式增长，以后几年 DOE 手上就出现了项目积压，许多项目的审批被拖延。金融危机之后 CDM 项目的需求有所减少，项目的审查越来越严格。CDM 已经注册的项目，大约三分之一是中国的项目；已注册 CDM 项目的年均减排量中，有一半多是来自中国的项目，这样难免对中国的 CDM 项目更挑剔，由此出现对中国不公平的 CDM 项目审批。2009 年，CDM 执行理事会以"怀疑中国政府为了鼓励更多的风电项目开发成 CDM 项目，故意把风电项目的上网电价降低"为由，拒绝多个来自中国的风电 CDM 项目。

在哥本哈根第五次缔约方会议全会上，中国谈判代表李高就 CDM 议题发言时提出抗议，指出中国碳排放市场发展在过去遇到前所未有的困难和障碍，部分原因来自国际碳排放交易市场的缺陷，比如政策的不确定性、法律制度的不完整、市场的不平衡。如果联合国对 CDM 的管理不进行改革，继续延续 CDM 的规则太复杂、程序太繁琐、周期太长、实施不规范的状态，就无法保证国际"碳交易"有效率[①]，由此带来全球的环境效益放缓。

2. 碳交易过程中卖方会有失败的风险

风险在于：项目的可能收益未能抵消成本，如果通过碳交易获得一笔资金，可维持项目的进展。而在碳交易项目注册时要交一笔美元，一旦不能批准，就没有这笔补亏的资金，可能导致整个项目骑虎难下。继续上项目必将亏损，中途下马则前期整个工程投资打水漂。尽管中国是未来低碳产业链上最有潜力的供给方，却仍不是定价方。

3. 碳交易需要有配合条件

碳交易卖的是期货，交易的关键是价格发现与买主搜寻。价格发现包括了竞价过程。专门的交易所就是开展这类服务的机构。此外，还要有应用 CDM 机制的咨询机构，提供企业开发或实施减排项目的技术与业务指导，还要有碳交易方面的创业投资机构，对能够产生碳减排效果的企业提供资金支持。企业接受上述信息与金融服务的代价就是额外成本。我国上

---

① 《中国为哥本哈根气候大会注入新动力》，《证券时报》2009 年 12 月 11 日第 6 版。

述条件均不够充分。

4. 项目结构不够合理

参加国际碳交易对中国开展工业化当中减少碳排放有促进作用，但交易结构不够合理。对于我国当前降低能耗的需要来说，减排的重点是提高传统能源的利用率，这方面的涉及面更大。然而，从我国注册的 CDM 项目数量按减排类型分布来看（截至 2011 年 12 月），项目主要分布在新能源和可再生能源、节能和提高能效以及甲烷回收利用三种类型中，其中占比最大的就是新能源和可再生能源，占已注册项目的 80%，节能和提高能效占 8%，甲烷回收利用所占 6%，这三大领域总占比就达到了 94%，其他领域的比重只有 6%。我国已批准的 3000 多个 CDM 项目，主要在水电、风电、煤层气等减排难度低的范围。对那些技术要求高、减排难度大的项目，发达国家为避免真正的能源技术的转让并不给予支持。[①]

四 "碳交易"中的国际生态关系及其演变前景

2012 年，随着《京都议定书》第一履约期的终止，CDM 机制也将到期。2009 年年底哥本哈根联合国气候变化大会以及墨西哥气候大会都是围绕 CDM 的后续机制议题而召开的。

欧盟之所以积极推动全球温室气体减排，是因为它的成员国多属于成熟或过熟经济，土地空间有限；人口密集，人口数量稳定甚至有下降趋势；经济增长只能以内涵为主，外延扩张的空间十分有限。欧盟希望通过温室气体减排的努力，推动经济技术更新，使之成为增强经济发展和创新竞争能力的契机，以利于增加其环保、新能源产业的发展和对外出口。欧盟将自己现行的生态保护标准推广到全球其他地区，将迫使其主要竞争对手提高类似的生态成本支出，借以遏制其经济竞争力。还想利用环境保护牵制美国，缩小与美国的差距。

美国是温室气体减排的最大阻力方。小布什政府否决《京都议定书》的理由有三：（1）气候变化问题在科学上具有不确定性；（2）美国为此付出的经济代价太大；（3）对中国、印度等发展中大国不设置控制标准不公平。中国成为美国拒绝《京都议定书》的"挡箭牌"。美国之所以敢冒天

---

① 张茂林、尤新建：《中国 CDM 项目的结构分析与对策》，《中国行政管理》2008 年第 8 期。

下之大不韪，单方面退出京都议定书，除了取决于美国的经济利益和国际战略考虑之外，还与美国军工与能源集团支持小布什政府密切相关。美国依仗其霸权背后的经济、政治和军事大国实力，它知道国际社会奈何它不得。由于美国宣布拒绝《京都议定书》，1990～2005 年期间，美国的排放量上升了 22%。

中国和印度是最有分量的新兴经济体，1990 年以来，两国的温室气体排放量增加了两倍以上，中国现在已经超过美国成为世界温室气体的最大排放国。照以往的速度，中国的排放量将在十年内翻番，印度的排放量将在不到十五年的时间里翻番。欧盟目前正致力于到 2020 年的时候，将排放量与 1990 年水平相比降低 20%。中国的经济增长将会使这些降低成果化为乌有。正因为如此，中国近年来加大了减排力度。而发达国家对中国的压力急剧上升。但同时，这样的格局并未明显改变：发达资本主义国家从中国、印度和其他外围地区的工人们生产和提供的便宜消费品和"服务"中得到了好处。

当年在《京都议定书》上不签字的美国政府，随着《京都议定书》到期而一改以前在温室气体排放问题上的消极态度，以高姿态积极介入。2010 年 3 月 17 日，美国能源部长朱棣文在众议院科学小组会议上称，如果其他国家没有实施温室气体强制减排措施，那么美国将征收碳关税（Carbon Tariff），以有助于公平竞争。所谓碳关税，是指对高耗能的产品进口征收特别的二氧化碳排放税。美国众议院能源商务委员会 2009 年 5 月通过的《美国清洁能源与能源安全法案》里，就有碳关税的条款。

在哥本哈根世界气候大会上，中国拒绝了美国想让中国单独从发展中国家分出来以承担更多责任的要求。会后欧美舆论对于中国的指责蜂拥而来，欧洲已经对中国实施了惩罚性关税。从这些动向看，今后发达国家可能会保留照顾低收入国家，同时扩大承担减排强制义务范围，将限制碳排放转向新兴经济体。

五 中国在"后京都时代"的压力与动力

1. 环境压力

英国和美国的二氧化碳人均历史排放量约达 1100 吨，而中国和印度的人均水平分别为 66 吨和 23 吨。根据联合国开发计划署发布的《2007/2008 年人类发展报告》，到 2015 年，中国的人均碳排放量预计会达到 5.2 吨，只相当于届时美国人均 19.3 吨的 1/4，或相当于整个发达国家平均水平的 1/3。① 然而，中国如火如荼的工业化使得二氧化碳排放迅速增加，而国际社会今后对现有碳排放问题的关注必将远远超过对历史欠债的关注。

在《京都议定书》的"共同但有区别的责任"下，中国作为发展中国家，本来享有减排达标的"豁免权"。但是，中国很难持续这种权利。将来代替《京都议定书》的国际生态协议，很可能出台这样的协定：对中国一类新兴工业化国家提出强制性减排义务额度。发达国家将对华强制性减排义务以"碳关税"的手段加以实施，中国外贸的环境成本将内生化并转成外国的关税收入。

2. 被动的"动力"

同时，我们要认识到，发达国家对中国发展的遏制，在降低温室气体排放的大方向上与中国转变经济发展方式不矛盾，只是在进度、步骤、阶段推移等实施上脱离中国国情。为此，我们一方面要在国际协议场合与发达国家对此力争，一方面要努力实现经济增长方式与尤其是外贸增长方式转型。

2007 年 11 月，根据英国一家研究机构的研究，中国大约 25% 的碳排放是由于出口导致的。② 据国内研究机构测算，2006 年中国的"内涵能源"出口量达 6.3 亿吨标准煤，占当年一次能源消费量的 25.7%；净出口"内涵能源"的二氧化碳排放量超过 10 亿吨，占当年二氧化碳排放总量的 35% 以上。"内涵能源"是指产品上游加工、制造、运输等全过程所消耗的总能源。如果把出口产品的"内涵能源"计算在内，中国实际上是能源的净出口国，不是国际社会指责的净消费国。换言之，某种程度上，"中国制造"是发达国家降低碳排放的帮助者，中国是在用本国能源贴补发达国家的消费者。

改变这种结构对中国无疑是必须的，问题是，一旦发达国家针对"中国制造"征收碳关税，中国就将出现痛苦的转变过程。由于当今国际游戏规则掌握在发达国家手中，话语权、裁量权也在它们手中。在后京都时代，碳关税付诸实施正在临近。如此，"中国制造"的低成本优势将一下消失。例如，按碳排放硬约束推算，未来电价得上涨 1 倍，太阳能电池板所需的硅原料加工的耗电成本就会超过了三四百元，相比于美国，中国新能源的电池组件就没有任何优势了。出口是拉动中国经济增长的"三驾马车"之一，碳关税的

① 江涌：《碳排放——中国工业化的绞索？》，《世界知识》2009 年第 13 期。
② 江涌：《碳排放——中国工业化的绞索？》，《世界知识》2009 年第 13 期。

征收必将对中国外贸进而对中国经济增长产生重大影响。

发展低碳经济，限制温室气体排放，已逐渐成为世界共识。对中国而言，研发和推广低碳能源技术、发展低碳经济既是中国对世界的责任所在，也是中国在经济增长降速背景下实现可持续发展的历史机遇所在。但是，中国的行动应当更具战略眼光，不仅关注天空的大气层，也要密切留意现实国际社会，避免落入西方的新陷阱。

参考文献

[1] 陈漓高主编《经济全球化与中国对外开放》，经济科学出版社，2001 年 1 月版。

[2] Paul R. Krugman and Maurice Obstfeld, *International Economics Theory and Policy* (*Fifth Edition*). Tsinghua University Press, 2001.

[3] 袁奇：《当代国际分工格局下中国产业发展战略研究》，西南财经大学出版社，2006。

[4] David Faulkner and Susan Segal – Horn, The Economics of International Compar- ative Advantage in the Modern World," *European Business Journal*, 2004.

[5] 〔意〕吉雅拉·皮奥瓦尼、〔中〕李民骐：《经济增长与气候是否相协调？——以中国和印度为例》，《海派经济学》2011 年卷第 3 辑。

[6] 金芳：《国际分工的深化趋势及其对中国国际分工地位的影响》，《世界经济研究》2003 年 3 期。

[7] 汪志刚：《经济发展程度对产业内贸易水平的影响》，《科技创业月刊》2006 年第 3 期。

[8] 刘兴凯、石其宝：《跨国公司专利战略及其经济效应研究》，《商业时代》2009 年第 35 期。

[9] 王海瀛：《技术垄断新趋势——专利标准化》，《中国标准导报》2008 年第 5 期。

[10] 刘林奇：《对外贸易与环境问题关系研究综述》，《经济师》2008 年第 6 期。

[11] 俞海山：《国际贸易环境效应分析》，《经济理论与经济管理》2006 年第 8 期。

[12] 李欣广：《中国外贸转型与国际分工地位改变》，《桂海论丛》2010 年第 2 期。

[13] 李海涛：《国际碳减排活动中的利益博弈和中国策略的思考》，《资源与环境》2006 年第 5 期。

[14] 何建坤、刘滨、王宇：《全球应对气候变化对我国的挑战与对策》，《清华大学学报（哲学社会科学版）》2007 年第 5 期。

第十一章

科学发展的城乡一体化

第一节　城乡发展失衡问题

一　中国城乡关系的发展历程与现实差距

1. 中国城乡发展不均衡的历程

新中国成立初期，我国生产力还比较落后，经济发展水平较低，尚处在前工业化阶段，城镇的发展很有限，因而城乡之间的差异并不大。

改革开放前，新中国的工业化发展选择了重工业优先发展战略，该战略伴随有一整套重城镇建设、轻农村发展的制度安排，如农产品统购统销、城乡人口分割的户籍管理制度，导致城乡二元格局基本形成。十年"文革"，出现城乡人口倒流，城镇化进程一度基本停滞，城乡差距得到一定程度的缓解，但这是历史倒退的非正常局面。

改革开放后，农村人民公社体制解体，农民获得了支配自身劳动的自由，既可以转向城镇从事各类经济活动，也可以在本地从事原来只能在城镇开展的产业。虽然作为二元结构基础的户籍制度并没有发生根本性的变化，但城乡二元结构开始松动。农产品统购制度的最终取消，为城乡共同发展市场经济打开了大门。城镇产业向农村的转移，乡村非农产业的发展，形成与国家工业化并列的农村工业化第二战场，这些，都使城乡经济差距一度缩小。

然而，在资源有限的前提下，城镇在跟农村的利益竞争中再次胜出。其直接因素有：收入分配方面，国有企业改革初期在收入分配方面向职工倾斜，并通过财政渠道向城镇居民提供价格补贴；就业方面，各地政府制定了一系列限制外来人口就业的政策，农民被划归为受限之列。间接因素主要来自：东部沿海地区与中西部地区差距扩大，外资与私人资本迅猛发展，造成依托乡、村集体经济组织的农村工业化严重受挫。

科学发展观的提出，加强了政府对城乡关系发展的不平衡的调节，包括：放开农民进入小城镇的户籍大门，明确规定财政收入中用于农村基础设施投入的比例，全面取消农业特产税、逐步取消农业税，提出"建设社会主义新农村"的新规划等。可以说，城乡协调问题已为国家所重视，但这是一个"不断协调"的问题，是一个综合努力的过程。

2. 中国城乡发展的现实差距

（1）城乡居民收入、消费差距持续拉大。

随着国民经济的持续、高速发展，中国的经济"蛋糕"做得越来越大，但城乡收入差距这一不和谐的音符也随之跳动。

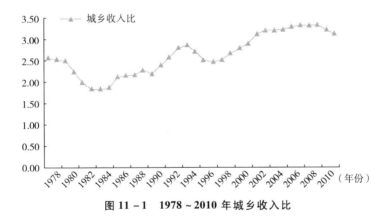

图 11 – 1　1978～2010 年城乡收入比

资料来源：国土资源部网站，http：//www.mlr.gov.cn/xwdt/bmdt/201201/t20120120_ 1059811. htm。

城乡收入比①是反映城乡差距的重要指标。从图 11 – 1 可看出，改革开放以来，我国的城乡收入比从来没低于 1.5∶1。1994 年达到了当时的最高峰 2.8∶1，随后有 3 年的回落，1997 年回落到那个阶段的倒 U 型曲线的谷底，但也接近 2.5∶1。1998 年开始了新一轮的上升，2002 年超过了 3∶1。2004 年达到 3.21∶1，2006 年扩大到 3.28∶1，2007 年进一步扩大到 3.33∶1。

---

① 城镇居民使用人均可支配收入，农村居民使用人均纯收入。以农村人均纯收入为 1 进行比较。

2008 年这一数值略有下降，回落到 3.31:1，但 2009 年又回升到 3.33:1。[①]

数据表明，20 世纪 90 年代以来，这一差距呈逐年扩大趋势。1990 年末，我国农村居民家庭人均收入为 686.3 元，城镇居民家庭人均收入为 1510.2 元，农村居民人均收入相当于城镇居民的 45.4%。至 2009 年底，农村居民家庭人均纯收入为 5153.2 元，仅相当于城镇居民人均收入 17174.7 元的 30%，这一比率在二十年间下降了 15%。从增长率方面看，与 2008 年相比，扣除价格因素后 2009 年农村居民人均收入的实际增长率为 8.42%，相比之下，城镇居民人均收入的增长率则高达 9.77%。城乡居民间收入差距呈现出进一步扩大的趋势（如图 11-2）。

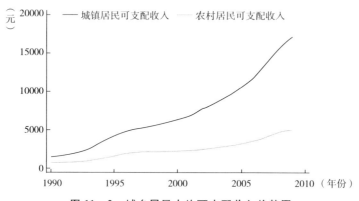

图 11-2 城乡居民人均可支配收入趋势图

资料来源：《中国统计年鉴 2010》。

城乡收入差距逐年扩大也反映在城乡消费水平的差距上。国际上常用恩格尔系数来近似衡量居民的消费质量。2009 年，城镇居民的家庭消费恩格尔系数为 36.5%，而农村居民家庭消费的恩格尔系数为 41%，仅相当于城镇居民 2000 年左右的水平。这说明农村居民生活质量大约相当于城镇居民 10 年前的水平。

（2）社会公共资源配置失衡，城乡社会福利水平差异明显。

首先，从教育方面来看，国家在教育投资上长期偏向城镇，城乡教育投资差距大。据统计资料显示，2002 年全社会的各项教育投资是 5800 亿元，其中占人口 30% 左右的城镇占 77%，而占人口 70% 左右的农村只占

[①] 陈锡文：《城乡收入差距仍扩大》，网易财经频道，2011 年 1 月 30 日，http://money.163.com/11/0130/19/6RLUFKCN00253B0H.html。

23%。2009 年全国财政预算内教育拨款总数达 3114 亿元，其中对农村义务教育的拨款为 990 亿元，占 31.79%，这一比例与占全国 69.91% 的农村人口相比，仍然相差甚远。

其次，就医疗卫生投入情况看，城乡之间也存在显著差异。自 1998~2007 年十年内，城镇人均医疗卫生投入由 1998 年的人均 625.9 元增长至人均 1480.1 元，平均每年增长 13.64%。相比之下，农村医疗卫生投入年均增长率为 7.9%。1998 年城乡居民享受医疗投入费用比例约为 3.2∶1，即城镇居民平均每人享受的医疗支出约为农村居民的 3 倍；至 2007 年底这一比例不减反增，扩大为 4.25∶1。这说明经济发展与社会进步并没有缩小城乡居民享受的医疗卫生服务差距。

（3）社会文化的二元性。由于受经济二元性、教育二元性、公共服务二元性的影响，城镇社会物质和精神生活水平都高于农村社会。城镇容易产生新的文化，对外来文化的接纳和融合的能力较强，信息、资源流通快，接受信息、资源的渠道多。相反，农村社会则相对封闭，信息闭塞，资源缺乏，获取信息、资源的渠道过于单一化。一些落后的农村长期保留传统封建残余文化，对新事物的接纳能力弱，社会文化的更新速度远远慢于城镇。

二　城乡关系发展不平衡的原因及二元结构特征

发展经济学的视角看，二元结构是发展中国家经济结构的共性。而在中国，这种共性背后的个性特征十分明显。

1. 乡村长期资本积累不足

在资本短缺的艰苦年代，新中国的工业化长期依赖国内的农业提供积累，国家在收入分配上优先向城镇、向工业倾斜。具体途径是：

（1）工农业价格剪刀差：这是转移农村创造的一部分价值的重要渠道。一些学者通过对工业农业可比劳动力的严格折算得出，1952~1990 年间，我国农民通过"剪刀差"为国家和城镇提供了高达 8708 亿元的资金，平均每年为 233 亿元。[①]

（2）财政安排上对农村"取多给少"。资料显示，1979~1990 年，政府从农业部门获得的预算收入从 32 亿元上升到 126 亿元，而同期农业预算

---

① 赵彩云：《我国城乡统筹发展及其影响要素研究》，中国农业科学院 2008 年学位论文，第 53 页。

支出占国家预算总支出却由 13.7% 下降到 8.9%。1992 年，国家财政在卫生事业费中用于农村合作医疗的补助仅为 3500 万元，仅占全国卫生事业费的 0.36%，农民人均不足 4 分钱。一方面，农民原来承担的农业税收和"三提五统"的负担也不轻，另一方面，农村的教育、卫生、道路、交通等方面的投入几乎都靠农民自己筹资来解决。在这种情况下，农村与城镇的差距越来越大。

（3）金融安排上对农村"存多贷少"甚至"只存不贷"。农村的存款通过金融机构被转移到城镇部门。由于农业项目风险大、周期长、盈利率低，金融部门不愿意对农业贷款，一些乡镇企业和农民则由于贷款数额小、还款能力不强等因素也饱受贷款歧视。人们经常看到农村信用社、邮政储蓄等从农村收储资金后，没有就地投放贷款，而是将绝大部分资金投向农业与农村以外的项目。资料表明，信用社的贷款余款只占到农户储蓄额的 25%，75% 的存款（约 7000~8000 亿元）用到别的地方去了，一些国家商业银行在农村的支行则对农户提供的服务只有存款而没有贷款，导致农村每年流走的资金有 3000 亿元。[①]

（4）土地征用出让价格差：通过低价征用农民用地，赚取土地价差收益，是政府筹集建设资金的重要途径，也是当前农民利益流失的一条主要渠道。中国现在的土地征用制度形成于计划经济时代，其主要特征是政府用行政命令代替市场机制。如果说，计划经济时期政府征用土地还只是建设需要的话，那么，现时政府征用土地就成为政府"资源变现"、获得财政收益的需要，征用过程往往更不平等、补偿更不公平、行政强制性更高。这种征地实际上是对农民权益的侵犯，是对农业积累的剥夺。

（5）劳动力价格产出差：按每个农业劳动力平均，每个农业劳动力每年无偿向工业资本积累提供的剩余达 266 元（1990 年），占农民当年人均纯收入的 42.24%，最少时在 30 元以上（1952 年），占农民当年人均纯收入的 50% 以上。从时间序列上来看，每个农业劳动力为工业化每年提供的资金净流量呈逐年递增趋势。据农业部统计的数字，2002 年我国有农民工9460 万，按当年第一产业、第二产业的劳动生产率，平均每个农民工为城镇创造了 2.5 万元的价值，但他们的平均工资却只有 8000 元，每个农民工

① 关秀文：《完善我国农村金融体制的政策思考》，《黑龙江金融》2011 年第 5 期，第 69~70 页。

为打工的城镇做了 1.7 万元的贡献，这样 9460 万农民工共给国家和城镇做了 16000 亿元的贡献，而农民工的社会保障、社会福利全部推给了农村。

2. 城乡分割的制度安排

（1）统购统销制度。

统购统销是通过"工农业产品剪刀差"实现对农业剩余进行抽取的制度保证。这一制度安排有效地将农业剩余转化为工业扩张所需的资本积累。它包含了两个相互联系的组成部分：（1）计划收购：国家垄断粮食等主要农产品收购环节，并压低其收购价格；（2）计划供应，用低价农产品的配给保证了工业劳动力的低工资和工业原料的低成本，以保障工业部门获得的高额垄断利润，通过财政渠道转化为符合国家发展战略的工业化投资。因此农产品统购统销制度被称为是中国工业化初期"社会主义原始积累的转换器"。通过"统购统销"制度安排实现的工农业产品交换价格"剪刀差"，成为工业化资本积累对农业剩余汲取的主要方式。它解决了工业化资金不足的问题，却造成农村发展资金的严重不足。该制度延续到 80 年代中期，使得农村经济发展起点大大低于城镇。

（2）户籍制度与城乡福利差距。

20 世纪 50 年代建立起来并运行至今的户籍制度具有明显的二元性，该户籍制度将全国居民分为"农业人口"和"非农业人口"，严格限制"农业人口"身份转为"非农业人口"，从而限制农村人口向城镇流动，加剧了城乡割裂和社会分化。在户籍身份的背后，是城乡福利的差距。在城镇，以社会高福利制度，保持城镇居民低工资的充分就业；在农村，则以将农民束缚在土地上的方式，来保证农业生产的相对稳定。本来，在计划经济体制与统购统销制度终结后，城乡分隔的户籍制度是可以取消的。但是，由于城乡发展水平重新拉开，政府未在就业、入学、社会保障上消除市民与村民的差距，原有的户籍制度又被延续下来，这些都不利于解决二元经济结构。户籍制度背后的身份不平等造成国家对两个社会资源、利益分配的不均，主要体现在对公共服务投入上明显的城镇重于农村。在社会福利方面，城镇居民享有住房供给，各种社会保险，最低生活保障。教育方面，城镇的教育环境、师资、教育手段也要好于农村。多年来农村社会福利保障制度的建设非常薄弱。在国家财政支出中只有少数用于农村社会保障建设。除农村社会救济和传统的土地保障外，体现公平原则的农村社会保障制度基本长期未建立起来。

3. 城镇资本对农民的剥削

这种剥削主要来自两方面，一是城镇资本通过掌握农产品流通、加工渠道，低进高出，使农产品及其加工制品的市场利润大部分纳入中间环节；二是城镇资本通过吸收廉价的农民工，以世界上最低的工资获得高额生产收益。这两方面的剥削之所以形成，是由于城镇资本力量的强大，城乡组织化程度不均衡，农业生产纷纷处于"强大的私人公司加分散的农户"模式下，农业商品化被城镇资本控制；而乡镇企业发展受挫，农村工业化停滞不前，城乡经济发展与收入差距在市场化过程中重新扩大。

4. 地方政府招商引资的需要

各地政府为创造本地的经济业绩，大力对外招商引资、争取产业转移。其努力措施之一就是城镇基础设施完好、市容亮丽。由此造成基础设施的建设上，城镇投入大，努力修桥建路，以至各类公园、体育活动场所等，与农村缺少建设形成很大的反差。

三 中国城乡发展失衡的危害

1. 妨碍社会和谐

城乡发展失衡将带来贫富差距扩大、区域发展不平衡、农民边缘化等社会问题，造成国家与农民之间的矛盾，已构成当前我国社会经济政治发展的结构性障碍。以贫富差距为例，尽管城乡都有贫富分化，但城乡发展失衡导致乡村贫困群体数量更大，农村穷人会产生既穷又"土"的双重失落，其被剥夺感更严重。这样会严重削弱农民对国家与社会的认同，从制度层面影响国家的社会基础和法律基础，又从精神层面瓦解国家和民族的思想道德基础。这种局面若不扭转，必然动摇社会稳定。

2. 造成农村人力资源难以升级与利用

劳动力是最重要的生产要素。城乡发展失衡，使我国国民经济中最大的劳动力职业群体——农民长期处于生活压力大，享受教育、医疗、文化服务少的状态，人力资源得不到社会培育，无法大量转型为适应现代化农业发展的新型农民。贫困的物质文化生活，驱使农民大量转移到城镇，一方面消化农业剩余劳动力，但也造成农业劳动力的极端缺乏，以至于人们形容，留在农村的劳动力是"389961"部队（即妇女、老人与儿童）。建设社会主义新农村与发展现代化农业将无法落实。

由农村落后贫困驱使的劳动力流动，必然违背资源优化配置原则。不可否认，许多农民经过在城镇的工作经历，成为农民工中的佼佼者，成为一代高技能、高素质的技术工人，有的经过学习与磨炼，返乡成为企业家，但许许多多在农村的优秀农民，到城里只能从事简单的体力活，或成为低层次服务业中的从业者。从社会劳动力的配置角度看，他们是多一批也能挣饭钱、少一批也不短缺的劳动力。

经过改革开放以来三十多年的农村劳动力转移，尽管农村的隐形失业率仍然接近50%（考虑到我国农业技术提升的潜力，这个数字还要更大些），但主要原因已经不是劳动力转移不够，而是农村经济本身不发展。同样，城镇的失业问题愈趋严重，我们也不能用同样的逻辑，断言没有城镇劳动力向农村转移（"文革"当中就是这样解决的），这也是城镇自身经济发展不足，主要是产业结构升级不足。一国经济越发展、内需越大、就业就越能解决，单靠转移是不能全部解决问题的。

农村产业发展，不能把眼光盯在粮食、水果、肉类等生产上。现阶段农民收入不高，还与农民没有自己掌握加工、商贸渠道有关。一些人看到农民种完田后在无聊休闲的现象完全是一个假象，实质是劳动力技能得不到培训、经济眼界不宽的结果，而不是没有转移出去的结果。城镇的农产品供给短缺经常变动，新的需求不断产生，有待多种农业商品门类不断开辟。未来的农业将要发展为食品农业、原料农业、生态产品农业、能源农业四大类，需要生产经营者有越来越高的农业技能。农民只有具备多种本领，迈向生产开拓、市场开拓的天地，致富的门路是宽广的。相反，在缺乏文化水平与经济技能的条件下盲目流向城镇，反倒是一种很大的劳动力资源的浪费。

3. 造成土地资源利用效率低

城乡发展失衡造成土地要素利用的效率损失。在重城镇、轻农村的非科学发展观念误导下，我国土地要素的效率损失表现为：（1）盲目的城镇化造成城镇建设用地浪费较严重。有专家在《2012 中国城镇化高层国际论坛》上指出：我国城镇建成区快速增长，同时城镇人口集聚明显滞后，造成了城镇过度扩张，土地城镇化速度过快。其结果是我国城镇用地增长人口弹性系数大大超过合理阈值。[①] 资料显示：1990～2000 年，我国城镇建设用地面积扩大了 90.5%，但城镇人口仅增长 52.96%，土地城镇化速度

---

① 从城镇发展规律看，土地城镇化速度相比人口城镇化要适度提前，但二者之比不能太大或太小。通常以城镇用地人口增长弹性系数，即城镇用地增长率与城镇人口增长率之比来衡量城镇用地合理性，国际社会公认的合理的阈值为 1.12。

是人口城镇化速度的1.71倍；2000~2010年，城镇建设用地面积扩大了83.4%，城镇人口仅仅增加了45.1%，土地城镇化速度是人口城镇化速度的1.85倍。① 造成上述变动的原因就是城镇土地的粗放型利用。（2）土地所有制缺陷和城乡土地市场价格差异较大等诸多因素，造成农村土地使用出现巨大浪费。主要表现在：利用现有土地制度的漏洞（如采用"以租代征"的方式），规避建设用地依法报批，造成违规用地；村庄建设缺科学规划，导致"空心村"的大量出现；在村庄建设过程中不考虑地方经济发展状况和农民意愿，盲目招商引资上项目，设计方案贪大求洋，大拆大建，扩大建设用地规模；以村庄整治和旧村改造为名，动用农民宅基地搞房地产开发谋求短期经济利益等。② （3）现行土地流转制度容易造成对农民利益的剥夺，加上农村社会分工程度低下，不利于农用地经营权的合理流转，农业规模经济难以提升。目前全国平均土地承包经营权流转面积占总承包耕地面积的比例大约为8.7%，流出农户占家庭承包经营农户总数的9%。③ 这一状况既妨碍农业规模经营，又容易丢荒土地。

4. 影响市场有效运行

城乡发展失衡影响市场有效运行主要表现在以下两个方面：（1）劳动市场扭曲，劳资关系紧张，就业潜能降低。农民过多流向城镇，导致劳动市场产生压低农民工真实劳动力价格的供求力量。城镇贪图农民工劳动力廉价，长期不愿保护其合法权益，以致工人劳动强度高、劳动时间长，影响城镇经济体吸纳农村富余劳动力的能力。比较分析发现，我国国民经济增长对就业的拉动作用，比发达国家要低得多。（2）房地产市场扭曲，促成国民收入的不合理分配。城镇住房市场价格畸高的关键性原因之一，就是将农村土地作为城镇政府的财政收入大头，村民低价失地与市民高价购房，当中的收益都落入地方政府与房地产商手里。

四 中国城乡关系需要拐点性转折

如果从城乡之间的资源流转角度去看中国的城乡关系，可以这么说，

---

① 胡存智：《加强土地调控和引导，促进城镇健康发展》，城镇中国网，2012年4月12日，http://www.town.gov.cn/csph/201204/12/t20120412_538646.shtml。
② 《新农村建设中要严禁土地浪费》，公众科技网，2008年11月6日，转引自平凉市科学技术局网站，http://www.plkj.gov.cn/kjyq/detail.php?n_no=57638。
③ 朱敏：《当前农村土地流转中存在的障碍及对策》，《中国经贸导刊》2011年第1期。

从新中国成立到本世纪初的 50 多年里，城乡关系的实质基本上是农业和农村支持工业和城镇的发展。1978 年以前，在农业剩余非常有限、工业资金不足的条件下，农民主要是通过为工业和城镇的发展提供农副产品而不进入城镇的方式，来降低工业发展成本。在 1978 年至本世纪初，当农副产品在 20 世纪 80 年代前期已经能够满足城镇需求的条件下，农民和农村则主要是通过提供廉价劳动力（大量农民工）、提供廉价土地资源，为工业和城镇的发展提供强大的动力。

上述五十多年城乡关系演变的结果，是在推动整个国民经济快速发展、城镇化率大幅度提高和基本达到小康社会水平的同时，城乡之间的发展差距在经历了 20 世纪 80 年代前期短暂的缩小之后，开始拉大距离。如果听任这种农民的人力和土地资源源源不断地流向工业和城镇，那么这种城乡居民收入差距扩大的趋势在今后相当长的时期里将继续下去。世界银行 2003 年《中国经济报告：推动公平的经济增长》就指出，如果中国任由当前城乡差距和省际人均收入增长速度的差距继续不断扩大，到 2020 年基尼系数将会上升到 0.474。这样，"共同富裕"的社会主义目标就成为一句空话，建立和谐社会和全面实现小康社会的设想也会落空。我国经济经过多年的持续高速增长，已经达到中等收入国家水平；从产业结构看，第一产业增加值已经由 1978 年的 28.1% 下降到 2004 年的 15.2%，我国已进入工业化中期阶段。[①] 与此同时，政府的财力也大大增强，2004 年国家财政收入达到 26355.88 亿元，加上预算外收入超过了 3 万亿元，比 1978 年增加了 20 倍以上。在此情况下，国家已经有能力将过去长期实行的农业支持工业、乡村支持城镇的城乡关系，转变为工业反哺农业、城镇带动乡村的新型城乡关系。

在此背景下，国务院作出了 5 年内逐步减免农业税的计划，增加了国家对农村基础教育的财政支出。胡锦涛总书记在党的十六届四中全会上指出："纵观一些工业化国家发展的历程，在工业化初始阶段，农业支持工业、为工业提供积累是带有普遍性的趋向；但在工业化达到相当程度以

---

① 发展经济学家将工业化过程划分为早期、中期、后期 3 个阶段。这 3 个阶段存在两个转折点：第一个转折点位于工业化初期阶段结束后。此时工业具备了自我积累发展的能力，城镇化水平不低于 35%，人均收入不少于 1000 美元。第二个转折点位于工业化中期阶段结束后。此时工业具备了反哺农业的能力，城镇带动并支援农村发展，农业在 GDP 中的份额低于 15%，城镇化水平在 50% 以上，人均 GDP 在 2000 美元以上。

后，工业反哺农业、城镇支持农村，实现工业与农业、城镇与农村协调发展，也是带有普遍性的趋向。" 在 2004 年 12 月召开的中央经济工作会议上，胡锦涛总书记再次强调："我国现在总体上已到了以工促农、以城带乡的发展阶段。我们应当顺应这一趋势，更加自觉地调整国民收入分配格局，更加积极地支持'三农'发展。"根据中共中央对工农关系、城乡关系的新认识，政府在 2005 年对城乡关系作了具有历史性转折的重大调整。2005 年 12 月，十届全国人大常委会第 19 次会议做出了废止农业税条例的决定，在我国延续了 2600 多年的农业税从此退出了历史舞台。

2005 年 10 月，党的十六届五中全会决议提出了建立社会主义新农村的重大历史任务。2006 年 3 月，十届全国人大四次会议通过的"十一五"规划表明，中央财政不仅免除了农业税和每年拿出 1200 多亿元用于乡镇财政支出，还将从教育、基础设施、医疗卫生等方面加大对农村的投入。应该说，这是中国共产党探索解决"三农"问题的一次重大历史性战略。必须在科学发展观的指引下，以此推进我国的城乡关系进入新的历史阶段，防止有新的非科学发展方式干扰这一历史进程。

五 消灭城乡差别是马克思主义的理想目标

历史上的城乡差别是经济发展与社会分工的副产品，它曾经有适应社会分工、促进工商业规模效益的积极作用，但更多地带来社会不公平、经济与生态资源利用效益低下的消极作用。

马克思主义的共产主义蓝图设想中，将消灭工农差别、城乡差别、体力劳动与脑力劳动差别作为社会进步的重大使命。三大差别中，城乡差别又是基础，消灭了城乡差别，工农差别、脑力劳动和体力劳动的差别也就在相当程度上削弱了。正确理解的消灭三大差别是指消灭其本质差别，而不是一切非本质差别。随着生产力的发展，在发达资本主义国家中，工农、城乡的本质差别已经在相当程度上得到消除，体力劳动与脑力劳动的本质差别也有逐步缩小的趋势，知识经济的发展终将使其完全消灭。今后工农之间、体力劳动与脑力劳动之间的非本质差别将保留最起码的社会分工差异，不再体现生产发展水平与受教育程度的差距。而城乡之间的非本质差别，也只是保留着不同地理条件与社会经济生产生活相结合的差异，不再反映经济与社会发展程度的差异。

消灭城乡差别的途径，就是推进城乡一体化。

第二节　中国城乡关系的调整

一　城乡统筹发展的途径：城乡一体化

"统筹城乡发展"是科学发展观"五个统筹"中的一项重要内容。具体要求在经济发展中更加注重农村的发展，解决好"三农"问题，坚决贯彻工业反哺农业、城镇支持农村的方针，逐步改变城乡二元经济结构，缩小城乡发展差距，实现农村经济社会全面发展；通过实行以城带乡、以工促农、城乡互动、协调发展，实现农业和农村经济的可持续发展。这些要求集中起来，就是城乡一体化，这是在我国工业化走向高度发展道路上必须选择的战略途径。

不同地区的城乡关系间失衡程度有深浅，矛盾有大小，但均不利于我国"三农"问题的解决，不利于二元结构的消除。因此城乡一体化发展，是统筹城乡经济社会发展中的基本任务。

1. 城乡一体化定义

目前，在理论上对城乡一体化尚未有统一的说法。经济学者通常将其理解为"城镇和乡村在发展经济过程中，从各自存在的优势出发，谋划城乡协调发展、共同繁荣和富裕，最终实现城乡融合的过程"，将关注重点聚焦于经济要素的合理流动和优化组合上。人文地理学界则普遍从城乡空间关系"共生期、分离期、对立期、平等发展期、融合期"这一基本演变历史出发，认为城乡一体化就是一种城乡空间结构模式或空间布局。也有学者从社会结构的视角出发，将城乡一体化理解为填平城乡二元结构鸿沟，实现社会资源共享，形成统一社会结构，最终实现共同发展的过程。

实际上，城乡一体化并非某个单一学科的概念，而是包含经济、社会、地理的理论与实践内涵。就词义而言，城乡一体化首先是一个地理空间概念，经济社会发展的过程赋予它发展模式、文明形态、社会结构等内涵。基于上述认识，我们将城乡一体化定义为：在尊重发展差异的基础上，将城乡作为一个整体统筹规划、综合布局，促进城乡生产发展有机互补、生活水平大体相当、现代文明广泛扩展，使城乡居民共享现代文明生活方式，城乡经济社会共同发展的过程。

2. 城乡一体化的认识误区

一种观点认为，现实的城乡差距是因为中国经济发展程度不高的产物，将来中国经济发展到更高程度，这种差距会很自然消失，现在提城乡一体化为时尚早。事实是，中国正面临着"国家经济越发展，城乡差距越大"的尴尬与挑战。我们正在重蹈西方工业化过程中"城镇繁荣、乡村衰落"的覆辙，甚至有所放大。以中国目前经济总量，解决国内城乡差距问题并不存在经济实力的问题。世界许多经济实力不如中国的国家，其城乡差距也不如中国这样大。所以，仅仅从经济实力上论证城乡差距扩大问题是不科学的。现在的问题不是经济发展程度不够，而是经济发展的方向有偏。

探究思想认识上的根源，还是以 GDP 为本的片面发展观思维在作怪。城乡经济发展，显然城镇对拉动 GDP 更有贡献，乡村的发展最多是一个维稳的问题。正是由于这种发展思路的片面性，才会导致"经济越发展、城乡差距越大"这种矛盾现象。

3. 科学发展观对城乡一体化的要求

科学发展观视角下的城乡一体化，是伴随着生产力发展而促进城乡居民的生产方式、生活方式和居住方式改变的过程，是城乡人口、技术、资本、资源等要素相互融合，互为资源，互为市场，互相服务，逐步达到城乡在经济、社会、文化、生态上协调发展的过程。这一过程并非意味着所有乡村都变为城镇，更不是城镇乡村化，而是消除城乡的本质差别，使发达的物质与精神文明能够城乡共享，让农民享受到和城镇居民同样的文明和实惠。在经济管理上，城乡一体化要把工业与农业、城镇与乡村、城镇居民与农村居民从整体上统筹谋划、综合考虑，通过体制改革和政策调整，促进城乡在规划建设、产业发展、市场信息、政策措施、环境保护、社会事业发展各方面一体运作，改变长期形成的城乡二元经济结构，建立以工补农、以城带乡的体制机制，实现城乡在政策上平等、国民待遇上一致，做到城乡经济社会全面、协调、可持续的发展。

为达到这一目标，不可能完全依赖市场的自发运行，而应由政府牵头开展社会性的设计，如通过城乡一体化的规划等对城乡的发展进行必要的调节和引导，促进城乡经济社会各层面、各环节有序、高效运行，最终达到城乡之间相互适应、相互促进、共同进步。

城乡一体化是一项重大而深刻的社会变革。既有思想观念的更新，也有政策措施的变化；既是发展思路和增长方式的转变，也是产业布局和利益关系的调整；既是体制和机制的创新，也是领导方式和工作方法的改进。

4. 城乡一体化所体现的人本精神

"以人为本"是科学发展观的本质和核心。这里的"人",包括城镇中的居民,更包括农村里的农民。缺少传统农业向现代农业的转变,缺少落后的农村向现代化城镇和新型农村的变化,缺少传统农民向新型农民的转型,所谓经济发展不过是建立在沙滩上的高楼。农业和农村的发展归根结底要靠农民的发展。充分调动农民的积极性,尊重农民的首创精神,是解决"三农"问题的决定性因素。中国的改革大戏是由农民从农村率先揭开序幕的,亿万农民对于中国的改革发展作出了巨大贡献,但农村、农业和农民却是改革成果阳光普照薄弱的地方。我们认为,农民是"以人为本"中"人"的最主要主体,对他们的利益和地位的尊重,是最大、最实在的以人为本!中国的改革发展到今天,农民的生活总体上得到明显的改善。而缩小城乡差距,使广大农民共享改革发展的成果,为广大农民提供平等的机会和权利,更是今后科学发展的迫切要求。

二　中国城乡一体化的经验模式

我国部分经济发达地区,在经济改革的推动下,摸索出了适合自身发展的城乡一体化模式,对全国农村发展提供了经验借鉴。

1. 以乡镇企业发展带动的苏南模式

苏南是指长江三角洲的苏州、无锡、常州。改革开放以来,这里是全国经济发展最快、最活跃的地区之一。尤其是苏南的乡镇企业,已成为苏南经济的支柱。乡镇企业的不断发展壮大,使苏南可以采取以工补农、以工建农的措施来协调工农关系,稳定农业生产。人们在全区建立了优质、高效的农业生产基地,推动了农业机械化、良种化、水利化和服务社会化,保证了第一产业、第二产业、第三产业的协调发展。农村经济的发展,打破了传统的二元结构,引起了农村经济社会结构的深刻变化。一大批小城镇脱颖而出,成为联结城乡的枢纽,改善了农民的生产、生活条件和质量,加快了农村产业结构的优化和城镇化进程。

2. 以新城镇主义带动的山东模式

该模式的主要内容为规划旧城更新、重振城镇中心区以及解决郊区化问题。如济南、青岛等城郊的农村建设以及城中村改造。其中城阳新区是一个最为典型的农业区,农业人口占全区人口的95%以上。政府通过对55个旧区推行科学的旧城改造方案,切实做到了改出一片新区,创出一片新环境，发展一片新产业，所建新区获得了中国人居环境范例奖。新城镇建设在很大程度上可以重构农村的城镇化功能，能集聚周边农村人口，节约居住空间资源，使村民享受高质量的城镇生活，又能实现集聚化的小城镇建设，扩大农村人口在当地就业的机会，从而减轻城镇的就业压力。

3. 以城乡统筹规划带动的上海模式

上海从1984年开始探索城乡一体化。1986年，上海市正式把城乡一体化作为全市经济和社会发展的战略思想和指导方针。在城乡一体化和处理城乡关系问题上，上海市将其分为三个层次：第一层次是上海市区与上海郊区九县一区的关系，其特点是工农业产品的交换和横向经济联系较为紧密和直接，与行政管理区域相一致；第二层次是上海市区与上海经济区诸县市农村的关系，其特点是经济来往较为密切，虽分属于不同的行政区域，经济来往中行政干预的因素却比较少；第三层次是上海与全国广大农村的关系，其特点是直接的经济联系较少，主要通过多种流通渠道发生关系。上海城乡一体化的发展战略就是以上海城乡为整体，以提高城乡综合劳动生产率和社会经济效益为中心，统筹规划城乡建设，合理调整城乡产业结构，优化城乡生产要素配置，促进城乡资源综合开发，加速城乡各项社会事业的共同发展，保证上海城乡经济持续、快速、健康发展。

4. 以工农协作、城乡结合带动的北京模式

"工农协作"是指城乡工业开展多层次、多渠道的横向经济联合，通过合资经营、合股经营等形式兴办工农联营企业，逐步形成经济协作网络。其具体方式是由城镇工业提供设备、资金、技术、管理人员等，由县、乡、村提供厂房和劳动力，联营双方实行利润分成、按股分红，共同承担市场风险；"城乡结合"多属于纵向经济联合，诸如定点支农、来料加工、工艺性协作、产品下放、零部件专业化协作等。城镇工业通过各种方式向郊区扩散零部件加工或下放产品，大力开展帮技术、帮管理、帮设备、帮培训的"四帮"活动，使城乡经济呈现出城乡协作、优势互补的局面。

以上各模式是各地根据自己的城乡经济关系和发展阶段分别进行具体实践的产物。在中国这样一个大国环境下，各模式都有价值，它们的出现和存在也反映出中国城乡一体化的地域性和复杂性特征。可以预见，随着内外部条件的改变，即使是上述已经成熟的各模式也会相应调整各自的发展目标、重点及实施步骤。因此，各模式可以借鉴而不宜照搬，脱离本地实际的城乡一体化都不可能持续。

三　中国城乡一体化的发展水平

按照现有的评估方式，本书尝试对中国城乡一体化的发展水平作出如下评估。

1. 评估范围

表 11 - 1　城乡一体化评估范围

评估范围	基本内涵
城乡人口融合	随着经济融合进程的加速，对原有这种农业人口与非农业人口分别居住在乡村与城镇的分布格局逐渐打破，实现乡村人口城镇化、城镇人口乡村化的格局，形成融合居民
城乡经济融合	通过城乡之间的横向联系与相互渗透，建立起多种形式的城乡融合经济，实现城乡之间三大产业交融发展，使城乡产权交融，城乡分工细化深化，经济资源流动频繁，经济协调同步发展
城乡管理融合	消除城乡管理上的制度性差别，使城乡居民在就业、入学等方面身份趋同。对上层建筑领域的管理有相同的参政权、知情权，农民与市民在地方与中央的"两会"中有相同的代表机会
城乡空间融合	城乡之间建立完善通达、快捷的交通与通讯网络，在供水、供热、供电、排污等公共基础设施上享受相同的服务
城乡文化融合	乡村居民文化水平日益提高，全社会成员都充分享受现代精神文明，并且最终"消除穷乡僻壤那种落后、愚昧、粗野、穷困、疾病丛生的状态"
城乡生态环境融合	要求城乡在生态景观对比上差距不显著，能合理调整其输入、输出关系，完善物质、能量循环途径，应用科技手段严格控制污染源，保护物种多样性，使城镇生态环境乡村化，乡村环境城镇化，城乡居民共同生活在幽雅、清新的生态环境中

2. 指标体系

本书选取 2010 年《中国统计年鉴》及相关政府网站公布的权威数据，重点突出当前中国城乡一体化进程中人口融合、经济融合、生活融合和文化融合这四个主要方面，初步确定城乡一体化评估指标体系的基本框架，包括 20 项指标，如表 11 - 2 所示。

表 11-2 城乡一体化评估指标体系

评估指标	指标内容
城乡人口融合度	①城乡非农人口比；②城乡非农户数比
城乡经济融合度	①城乡固定资产投资比；②城乡商品零售价格总指数比
城乡生活融合度	①城乡人均纯收入比；②城乡恩格尔系数比；③城乡人均消费支出比；④城乡家庭每百户拥有空调机数比；⑤城乡家庭每百户拥有冰箱数比；⑥城乡家庭每百户拥有洗衣机数比；⑦城乡家庭每百户拥有固定电话数比；⑧城乡家庭每百户拥有移动电话数比；⑨城乡人均住宅面积比；⑩城乡竣工住宅面积比；⑪城乡医疗保健类支出比；⑫城乡人均国内旅游花费比；⑬城乡居住人均支出比
城乡文化融合度	①城乡家庭文教娱乐支出比；②城乡家庭每百户拥有彩电数比；③城乡每百户家用电脑拥有量比

3. 计算办法及基本结论

本计算方法的基本思路是：假定乡村与城镇的绝对融合度为 1，以其在 2009 年相对应的数值之比作为其融合程度的值，进行均值的综合处理。

采用以下公式计算各指标分值：

$$Z = \frac{Min(X_i, Y_i)}{Max(X_i, Y_i)}$$

其中：X_i 为城镇 i 指标值；Y_i 为乡村 i 指标值；Z 为 i 指标分值。

用以上公式逐层按数学平均法求值，求得城乡一体化水平值，最终 2009 年中国城乡一体化的发展水平为 0.576。其他方面的具体值如表 11-3 所示。

表 11-3 中国城乡一体化评估结果

评估领域	结　果	评估指标	结果
城乡人口融合度	0.478	非农户数比	0.490
		非农人口比	0.466
城乡经济融合度	0.578	城乡固定资产投资比	0.158
		城乡商品零售价格总指数比	0.997

续表

评估领域	结 果	评估指标	结果
城乡生活融合度	0.522	城乡人均纯收入比	0.300
		城乡恩格尔系数比	0.890
		城乡人均消费支出比	0.326
		城乡家庭每百户拥有空调机数比	0.115
		城乡家庭每百户拥有冰箱数比	0.389
		城乡家庭每百户拥有洗衣机数比	0.554
		城乡家庭每百户拥有固定电话数比	0.766
		城乡家庭每百户拥有移动电话数比	0.637
		城乡人均住宅面积比	0.883
		城乡竣工住宅面积比	0.642
		城乡医疗保健类支出比	0.266
		城乡人均国内旅游花费比	0.368
		城乡居住人均支出比	0.655
城乡文化融合度	0.542	城乡家庭文教娱乐支出比	0.708
		城乡家庭每百户拥有彩电数比	0.803
		城乡每百户家用电脑拥有量比	0.114

上述结果根据《中国统计年鉴 2010》数据计算得出。其中城乡人均住宅面积比因为 2009 年数据缺失的原因，在此采用 2006 年的数据代替。

上表数据分析显示，在中国城乡人口、经济、生活和文化一体化进程中，人口融合度达不到 0.5，相对较低，主要原因在于户籍制度的制约。城乡经济融合度、文化融合度和生活融合度刚超过 0.5，彼此（即使与人口融合度相比）差额都不大，说明这些年来城乡一体化有较好的进展，同时又反映出改进缺乏重点，针对性不强。最重要的是，四个融合度没有一个达到或超过 0.6 的水平，说明整个中国城乡一体化要上新台阶还须付出更大的努力。

四 中国城乡一体化的制约因素

1. "城镇偏向"的发展思维仍然存在

所谓城镇偏向，是指在经济社会发展过程中，政府为了加快城镇化和工业化进程，有意在政策设计上向城镇偏袒和倾斜。正如前文所作分析，这种偏向政策最终结果是造成城乡发展失衡：城镇不断向前发展，农村与城镇的全方位差距却越来越大。由于产业、部门和地区之间经济的相互依赖性和系统性，农村的后劲不足反过来最终对城镇的进一步发展形成制约，原因很简单：从区域经济的空间组织角度看，城镇与乡村本来就是区域空间系统中密切关联的两个系统，两者之间的割裂是违背客观规律的。来自计划经济时代的"城镇偏向"在今天之所以大行其道，背后有扭曲的利益在作怪。中国的渐进式改革造就了既得利益集团，当政策的改变和改革触及到各地方政府及政府官员的利益的时候，同样会招致各种来自于以各地方政府和官员们为代表的政策制定者的否决和反对，除非各地方政府、官员和国家的整体目标函数能高度统一。而现实的各种体制和机制无法保证这一点，这恰恰是中国改革进程中公认的难点，也能更好地解释老百姓所说的"不是政府不知道如何做，而是政府不愿做"。

2. 乡村建设力量欠缺

（1）市管县的初衷是借助城镇力量来发展乡村经济，但许多城镇政府热衷于乡村劳动力转移与土地供给，之后是利益分成。而不是按照城乡统筹发展的需要，在各利益相关方共同参与、协商合作下进行的乡村规划和建设，在原有的基础上进行的区位调整、结构调整、公共设施建设和原居住环境的改建，以及社会组织结构、管理机制、服务机制等诸多方面的改变。（2）缺乏乡村建设的社区力量，乡村建设成了县市政府的职责。这一局面的造成，与集体经济成为"空壳"有内在关联。苏南模式的成功恰好就是依托社区农民的集体力量。由于它们的集体经济强，就能在乡民的广泛参与下，开展产业发展、提升组织管理程度、生活环境的建设。

3. 片面理解社会主义新农村建设

认为社会主义新农村建设仅仅是公共服务设施的建设，未能按照"生产发展、生活宽裕、乡风文明、村容整洁、管理民主"的要求，协调推进乡村的全面建设，尤其是制度和能力的建设。还认为农村社区建设仅是"国家补偿"，是国家以"城镇反哺农村"，"保障农民的物质利益、尊重农民的民主权利"等公共政策的落实过程，而不是农村自身的发展建设过程。这就导致乡村发展的自生能力缺失。

4. 城乡一体化的制度性障碍有待改革

当前，我国的社会主义市场经济体制还处在不断完善的过程中，适应市场经济新形势的城乡一体化制度缺失相当明显。

（1）户籍制度。城乡分割的户籍制度规定不同的户籍让人们有不同待遇，阻碍了城乡一体化进程。该制度在允许农村人口自由进城务工的政策下，并未阻碍农民向城镇转移，但这种转移是不完全的，对农民公平参与城镇经济活动却形成制度性障碍。

（2）土地制度。现行的农村土地制度是建立在农村土地家庭承包经营方式上的一种土地的分配、经营和管理制度，制度规定农村土地属集体所有。该制度要真正有效，必须明确分清三大权利：即地方政府的土地行政管理权、乡村集体组织的最终所有权、农户的土地经营权。这三大权利，分别承担土地农用保障、土地所有权收益的村民社会保障、农民的土地经营收益的利益导向功能。同时，还要以村民对地方政府行使民主权利、农民对集体经济组织当家做主为前提。当前，上述制度构件均不具备，有效性差，对乡村发展所需的土地农用保障、村民社会保障、土地经营收益的利益导向都发挥不了切实的作用。

（3）公共财政制度。现行财政体制对于农村的公共服务体系建设地方财力支持远不如城镇。城镇的公共基础设施由国家来提供，而农业、农村的同类公共基础设施要由农民自己解决，国家只给予适当补助。基于这样的公共品供给政策，多年来城镇公共基础设施在国家财政的鼎力支持下变得越来越好，而农村公共基础设施则量少质低，公共产品严重不足。

（4）社会保障制度。目前我国社会保障，无论养老保险、基本医疗保险、最低生活保障等，都是城乡有别。比如城镇企业职工养老保险制度强调风险共担和社会公平，较多地体现社会保险原则；而农村社会养老保险制度则突出个人的养老责任，以土地保障和家庭保障为主。这一状况使农村劳动力有着巨大的后顾之忧。

（5）就业制度。虽然现行的《劳动法》以法律的形式赋予了农民与城镇居民一样的平等就业权利。但这种权利在实际上得不到全面保障。在国家就业政策上，仅是鼓励农民就近在小城镇就业和定居，大中城镇的门槛不降；另外，许多地方性政策法规为保障市民就业，把农民工限制在

"苦、脏、险"的行业，有明显歧视倾向，使得城乡就业市场处于半封闭状态，不利于形成城乡统一大市场。

（6）教育制度。目前，我国农村基础教育规模是城镇基础教育的两倍，但它所得到的教育经费投入总量却还不到城镇的一半，使得城乡一体化进程中势必遇到人才供给得不到保障。

以上各项制度障碍，都是城乡一体化的制度性障碍。

5. 农村产业经济发展力度不足

（1）农村第一产业发展中，规模经济普遍欠缺，技术开发能力不够，农户经常受到产品过剩与丧失商机的轮番折腾。

（2）农村第二产业由于受到城镇外资经济、私人经济的竞争，总体上未能在 20 世纪 80 年代发展基础上前进。在微观上，现有的农村工业仍然不能依靠提高技术和管理水平赢得竞争优胜，粗放型经营比较普遍，过多依靠"灵活适应市场"，而不是开拓市场，实力弱的小企业比重较大。在宏观上，农村工业与农业的关联度非常低，不能充分利用农村资源较好地服务于农村经济发展，导致农村工业生产所需要的能源和原材料得不到保证。与城镇工业发展不够协调，城乡工业通盘规划不够，农村工业发展中存在较大的盲目性，农村工业和城镇工业的重复率非常高，不仅造成农村工业内部结构不合理、市场风险很大，而且也使得全国工业结构更加不合理。

（3）农村第三产业发展不足。主要体现在：农民自己掌控的商业与农村产业结构不适应，无法与城镇私人公司竞争，得不到农产品流通差价的利益，农村技术服务状况不佳，各种技术推广、服务体系中相当数量的技术人员由于市场经济的利益驱动转行跳出农村，农民自己的技术合作尚未能够满足需要；新兴的第三产业发展不足，如信息业在许多地方还是空白。

第三节　科学发展的城乡一体化对策

一　科学发展的城乡一体化的基本要求

科学发展的城乡一体化建设，遵循的是"全面、协调、可持续"这一基本要求。

1. 城乡一体化过程中的全面发展

城乡一体化的全面发展，包括经济、政治、文化、社会等各方面，其内容分别是：经济一体化——实现工业农业、城镇经济和乡村经济的共同发展及互相促进；政治一体化——实现农村人民和城镇人民的政治平等，尤其是提高农村人民的参政议政意识与能力，使农村人民能享受到他们应该享受到的政治权利并承担相应的政治义务；文化一体化——让农村人民和城镇人民享受到同样丰富多彩的文化熏陶，实现综合素质的全面提高；社会一体化——社会福利事业实行国民待遇原则，最终改变当前教育、医疗及社会保障等诸多方面待遇极不平等的局面。由于各方面条件的限制，在城乡一体化进程中，以上各方面的实现可能有先后顺序，可以有速度上的差异，但不允许有内容上的残缺。

2. 城乡一体化过程中的协调发展

协调发展主要有两层含义，一是指城乡经济社会在动态发展过程中各个层面所表现出来的相对均衡状态，这是协调的理论和目标层次；二是为实现这种相对均衡所进行的调节、引导等政府及社会行为和活动，这是协调的实践层次。我国进入新时期的城乡发展失衡，与改革前不同的是，城乡经济社会的联系已不再是完全分割的，城乡商品和资源要素的流动尤其是劳动力的流动一直在快速进行，流动的数量和规模在不断扩大；城乡关系的失衡在不同地区有不同的表现形式，经济发达地区矛盾相对缓和，而不发达地区冲突较为突出。

当前，调控城镇发展进程是城乡协调发展的主导面。从宏观层面看，在城镇数量的布局、城镇规模的把握、城镇功能的定位上，要根据人口、资源、交通、通讯、历史传统、经济结构特点以及市场发展前景等实际情况扬长避短，不能不切实际地贪多求快。从微观上看，城镇建设规划起点要高，空间地域要广，结构布局要优，时间跨度要大，要有一定的超前意识，在城镇规模、管理模式和发展思路等方面因地制宜，不强求一致。

3. 城乡一体化过程中的可持续发展

目前，我国农业和农村经济可持续发展的后劲不足，严重威胁着城镇的可持续发展。比如城镇建设存在盲目性和"大跃进"倾向，导致土地资源浪费，一些宝贵的耕地被过早地挤占；再如城镇城镇建设环保意识薄弱，一些城镇不惜以消耗能源和牺牲环境为代价换取经济高速增长，导致环境质量下降，资源日益短缺。

在城乡一体化过程中，既要注重现在，更要着眼将来，走节约资源、保护环境的生态经济之路。在城镇化建设中，不能遍地开花，盲目铺摊，搞低水平重复建设，要站在战略的高度和全局的观点，结合各地实际情况进行科学规划、合理布局。更重要的是，城镇建设要把生态环境容量和生态系统的承载力作为修编城镇规划的依据，在坚持节约用地和少占耕地的原则下，在有效利用各类资源的同时，满足未来的城镇居民对城镇功能的各种需求。

二 城乡一体化的关系框架

科学发展观的根本方法是统筹兼顾。城乡一体化既是统筹兼顾的结果，又必须以统筹兼顾作为根本方法。城乡统筹包含着城乡互通—城乡协作—城乡协调—城乡融合几个侧面，各有其针对性。具体分析如下：

1. 城乡互通

城乡互通是针对城乡封闭割裂妨碍资源流转，力求实现资源的有效流转，体现资源利用效用最大化原则。城乡二元经济结构体现在产业上，就是"城镇办工业，农村搞农业"。当农村出现剩余劳动力后，需要发展非农产业，客观上就要逐步打破历史遗留下来的城乡界限，按照社会化大生产和市场经济的运行规律来重新组织新的城乡产业分工，在产业上相互开放、资源上相互依托。因此，通过制度创新，拆除影响城乡互通的各种藩篱，扫清造成城乡分割的种种体制性障碍，以健全和完善城乡统一的制度、统一的体制、统一的政策、统一的市场为目标，使城乡关系迈向新阶段。

2. 城乡协作

城乡协作是针对城乡之间的分工不足导致效率损失，力求城乡分工深化。让城乡都能立足于自身的实际条件，充分发挥各自比较优势，相互之间取长补短，合理分工，实现共同发展。

（1）加强城乡资源要素的协作，促使城乡各种资源要素从固定走向流动，从自在状态变为"自为之物"，在城乡间进行合理配置，优化组合。

（2）加强城乡产业间的协作，要改变城乡产业自成一体、关联性不强的现状。城乡产业间、各经济主体间，依据经济规律和城乡发展的内在要求，以提高效益为中心，放开搞活；以平等互利为原则，自愿进行多形式、多层次的结合。充分发挥大中城镇和小城镇的纽带作用，实现城镇大工业和乡村工业的联合和协作。城镇的资金、技术向农村扩散，农村的土地、劳力为城镇利用，资源共享。有条件的，可开展产业内分工，推进城乡工业一体化，发展城乡关联产业，提高城乡产业的关联效应。

（3）加强城乡经济主体间的协作，推进城乡企业间联合。联合可以是生产型或流通型、紧密型或松散型，形式多种多样。还要加强城乡社会事业发展方面的协作，如城乡协作办学校，办医院，办一切文化事业。

城乡协作体现了资源要素优化配置的原则和城乡共进共荣的内在要求，城乡间协作的广度和深度，取决于城乡生产力发展程度，取决于制度和体制改革状况，也取决于城乡发展战略决策的取向。

3. 城乡协调

城乡协调是针对城乡发展失衡，力求化解由失衡造成的各种矛盾。城乡协调包括多方面内容。（1）产业协调，体现为工业和农业供求互通、相互促进、相互带动，共同实现技术进步，满足社会需求。（2）资源流动和配置协调，城乡在市场机制与政府引导下走向资源的合理流动和有效配置。城镇的资金、技术、人才等资源持续流向农村各个产业，农村劳动力与原料产品合理流向城镇，在城乡资源对流中提高资源配置效率，实现城乡经济互利双赢。（3）城乡教育、文化和卫生社会事业发展协调。这些事业所需的人力、财力、物力在城乡中合理分配、机构合理分布、内容各具特色、服务城乡共享。（4）生态环境协调。将城镇与农村生态环境纳入到共同的系统中，在城、镇、乡当中统筹居民点、建筑面积、山林、陆路、水面、生产基地的分布，共建共享绿地与园林。

4. 城乡融合

城乡融合是指城镇与乡村之间相互渗透，在互供资源、互为市场、互相服务的基础上，实现双向演进的互动发展与共同繁荣，消除一切本质差别。大体包括：（1）人口融合。就是要从根本上改变农村居住农业人口、城镇非农业人口的状态，使人口按居住、从业的便利交错分布，实现乡村人口城镇化、城镇人口乡村化的"居民融合分布的格局"。（2）社会融合。体现为城镇社区与乡村社区逐步在行政管理、生活安排上趋同，城乡居民的政治、社会权利一致。（3）经济融合。在城乡产业合理分工基础上，消除经济运行、技术水平与消费生活各方面差别。（4）文化融合。在保留城乡文化特色基础上，实现城乡文化教育事业均衡发展，城乡居民文化教育水平基本一致，共享社会精神财富。（5）生态融合。就是做到在生态环境上城镇不断扩大乡村式的绿地，乡村不断扩大城镇型的建筑设施，形成层次错落、有机协调的良好生态环境。

三 城乡统筹的战略措施

1. 统筹城乡规划

城乡规划一体化是城乡一体化建设的基本前提。政府在制定建设规划时应按照地区的现有基础和未来发展趋势，设定城乡一体化的指标体系。在统一制定土地利用总体规划的基础上，明确分区功能定位，构建功能完善、产业互补、布局合理的城乡统一建设规划。当务之急是加强农村规划、管理和引导，打破"农村建设无规划"的局面。特别是注重完善县城和有条件的区域中心镇的总体规划，制定完善的包括城镇居民安置小区及农民新村规划在内的分区规划和各项专项规划。

在统筹城乡规划中，必须通过更深层次的体制与制度改革来改变政府"城镇偏向"思维，积极转变政府职能，推动政府部门从经济发展型向公共服务型转变，这是确保城乡经济社会一体化发展的战略保障。

2. 统筹户籍制度

改革现行的城乡之间的户籍壁垒，尽快制定适应形势要求的新户籍法。新户籍法应消除原来的"农业人口"与"非农业人口"的身份区别，更应关注乡村向城镇转移的条件，以防止出现城镇"贫民窟"式的棚户区。要坚持户籍与社区福利的综合安排，将与户籍制度紧密相连的社会保障、人事、教育、医疗等制度进行综合配套性改革。

3. 统筹土地制度

针对当前中国土地制度存在的诸多问题，首先要做好土地制度的基础性工作，包括土地及相关资源的确权、登记、颁证等，这是城乡一体化进程中农民权利有保障的前提。其次，把土地相关法律进一步完善和细化，使其更具操作性。现有《土地管理法》中的土地利用总体规划显得比较笼统，地方政府"灵活运用"的余地太大，经常以"土地流转"名义绕过征地审批从而最终侵害农民利益。因此必须改变目前征地拆迁中将农民排斥在外的做法，让农民真正成为城镇化的参与者、建设者、受益者。最后，建立有效的农村土地流转市场体系，建立有利于形成国家、集体、个人"多主体"的分权供地模式，将政府行政管理、集体经济组织的所有权维护、农户土地经营权利益有机融合。同时让土地资源从繁复的行政审批中解放出来，有利于维护农民的切身利益。为落实耕地保护，必须严格区分公益性用地和经营性用地，按照略低于市价的原则提高公益性用地的补偿标准，让市场机制成为经营性用地价格形成的基本依据。被征地农民获得的土地占用补偿要能够覆盖其失业保障、基本养老保障、医疗保障和最低生活保障。

4. 统筹社会保障制度

贯彻广覆盖、保基本、多层次、可持续原则，建立健全城乡基本统一的社会保障体系，逐年提高对城乡居民社会保障的财政投入。在养老保险、医疗保险和最低生活保障方面，农村应与城镇社会保障制度逐步接轨，在幼托、义务教育和老年福利方面发挥农村社区集体经济的作用。探索优抚和五保供养与经济社会发展同步提高的新机制，逐步提高农村优抚、五保供养标准，提高新型农村合作医疗的筹资标准和待遇水平。

在建设农村社会保障制度过程中要遵行两条基本原则：一是要实事求是、因地制宜。实行循序渐进和地区有别的原则，经济发达地区应提高缴费标准与保障金标准，落后地区适度降低。鉴于不少地方农村经济发展慢，农民收入低，提高农村社会保障需要多种形式筹措资金，形成国家、地方和个人三位一体的筹资结构，明确三方合理的筹资比例。同时，要广开融资渠道，如将土地补偿费、土地使用费、农业产业化经营所得的合理部分纳入法定的农村社会保障基金渠道，以弥补社会保障资金的不足。政府要在政策上、财力上支持筹集社会保障资金。二是分类实施、量力而行。分类实施，就是抓紧建立影响力大、需求迫切的社会养老基金，大病统筹基金和最低生活保障基金等制度，并针对基金的不同种类，确定规划、制定条例。量力而行，就是制定的缴费标准与保障标准不宜过高，其额度应从农民收入、中央及地方各级财政的支持力度和农民实际所需保障费用等方面综合确定。

5. 统筹城乡就业

统筹城乡劳动就业，就是要建立城乡统一的劳动力市场。首先通过劳动人事制度和户籍管理制度的改革，打破市民与农民的身份差别，取消城镇常住户口优先就业和非城镇户口限制就业的政策，促进劳动力跨地区、跨行业流动，建立完善市、县、乡、村四级就业服务网络，让城乡劳动力能公平竞争就业、平等享有政府公共就业服务。

要建立健全覆盖城乡的促进和保障就业的长效机制，完善职业技能培训制度和健全就业援助制度，整合城乡各种职业培训教育资源，加强对农民的职业技能培训教育；从实际上消除"农民工"这一称号的特殊性，使现有的农民工成为完全意义上的工人阶级成员。

6. 统筹城乡社会事业

依照当前的中国城乡社会事业发展的实际情况，城乡社会事业一体化当以提高农村教育、文化、体育和卫生水平为重点。

（1）调整城乡教育布局和结构，统筹规划、合理配置教育资源，坚持新增教育经费和公共教育资源向农村倾斜，推进城乡教育均衡发展，缩小城乡教育差距。建立城乡统一的农村居民和进城务工人员子女就学保障机制。

（2）加快发展农村文化体育事业，建立推进城乡文化统筹发展的体制机制，完善覆盖城乡的公共文化服务体系，加快广播电视网络整合，扩大城镇先进文化向农村的辐射。抓好农村公共文化设施建设、体育设施建设。广泛开展文明村镇、文明户等群众性精神文明创建活动和文化、科技、卫生"三下乡"活动，构建多元化的农村体育健身服务体系，推进农民体育健身工程建设，提高广大农村居民的生活质量和健康水平。

（3）合理配置城乡卫生资源，加快发展农村医疗卫生事业，探索建立农村卫生医疗事业发展和管理的新模式、新机制，扩大农村新型合作医疗覆盖面，建立完善公共卫生和基本医疗服务体系，鼓励城镇卫生医疗机构拓展农村医疗市场。扩大农村免费公共卫生服务和免费免疫范围，逐步实现城乡公共卫生服务均等化。加快农村疾病预防、控制体系建设，完善突发公共事件应急处理机制。

7. 统筹公共财政

公共财政制度的合理设计，是影响城乡一体化进程的关键。现实农村落后与当前我国公共财政的各种不合理设计密切相关。我国农村公共服务与城镇相比严重匮乏，从政府间财政支出责任划分来看，主要问题在于公共支出过度依赖于基层，弱小的县乡财政与所承担的众多的公共服务极不相称，财权与事权脱节状况明显。为避免这种"无米之炊"的困境，就要实现财权与事权相匹配，要以事权定财权，使地方政府尤其是县乡政府能够获得与事权相对应的财权。接下来就是优化支出结构，促进公共服务均等化。要加大公共财政资金对农村地区公共服务建设的扶持力度，调整地方财政使用方向，促进财政资金向社会性公共服务领域倾斜，将财政支出重点放在支持教育、农业、基础设施建设方面。此外，应合理确定乡级财政管理体制，妥善处理县与乡的财政分配关系，避免向乡财政转嫁支出。

8. 统筹城乡基础设施建设

统筹城乡基础设施建设和公共服务体系，提高农村基础设施建设和公共事业的财政保障水平，使城乡的基础设施建设逐步统一，主要集中在这几方面：（1）加快城乡路网建设。完善市域公路网建设，加快农村"村村通"公路建设和县乡道路的升级改造，力争形成中心城区辐射各县（市、区）、乡镇、村的四级路网结构，增强路网密度和通达深度。（2）加快城乡一体的供水供电建设。建立城乡一体的水资源管理体系，健全供水、防洪和水生态环境保障体系，最终实现城乡供水"同网、同源、同质、同标准"；建立城乡一体的电网建设和管理体系，配电网络建设设计要"高起点、高效率"，以应对日益增长的用电需求，提高电网供电的经济效率、安全性和抗灾能力。（3）加快城乡信息化建设。坚持以信息化为先导，建立完善城乡一体的通讯基础设施和信息综合服务体系，实现信息化全域覆盖，缩小城乡差异，以信息服务率先均等化推进城乡公共服务均等化。基础设施建设的总要求是把城镇和农村作为一个有机的整体，加大对农村基础设施投入的力度，强化城乡基础设施的衔接配套，实现城乡共建与共享。

四　城镇化与新农村建设

1. 科学发展的城镇化道路

城镇化是工业化与市场经济发展的产物。党的十六大和十六届三中全会对我国城镇化道路进行了明确的定位："坚持大中小城镇和小城镇协调发展，走中国特色的城镇化道路。"党的十七大报告指出，走中国特色的城镇化道路，按照统筹城乡、布局合理、节约土地、功能完善、以大带小的原则，促进大中小城镇和小城镇协调发展。以增强综合承载能力为重点，以特大城镇为依托，形成辐射作用大的城镇群，培育新的经济增长点。党的十七届三中全会指出，坚持走中国特色的城镇化道路，发挥好大中城镇对农村的辐射带动作用，依法赋予经济发展快、人口吸纳能力强的小城镇相应的行政管理权限，促进大中小城镇和小城镇协调发展，形成城镇化和新农村建设的互促共进机制。

理解这条城镇化道路的内涵要把握以下三点：一是把大中小城镇和小城镇发展有机地统一起来，针对 20 多年来城镇化发展的实践中过分重视大城镇发展的倾向，需要重新审视小城镇、小城镇发展的作用。二是城镇体系的建立是有条件和前提的。大中小城镇和小城镇协调发展是相对于全国整体和省市级区域而言的，不是要求县乡区域都要建立大中小城镇和小城镇的完全体系，各区域不能机械式套用。三是大中小城镇和小城镇协调发展不是要求同步发展，而是强调大中小城镇和小城镇间产业、资金的关联、互补和资源自由流动，强调大中小城镇和小城镇之间信息共享和生活方式融合，强调大中小城镇、小城镇与农村经济社会因素的互动。最后，强调小城镇发展的重要性，并不是取代大中城镇在城镇化中的地位，而是着眼于广大农村发展来说，小城镇发展具有不可取代的作用。

2. 社会主义新农村建设

新农村建设要不走歪路，离不开科学发展观的引领。首先，要摆正建设新农村与推进城镇化两者的地位。从理论上说，它们都是推进现代化过程中的两个重要方面，是相互促进、相辅相成的。城镇化是工业化的必然结果，城镇化可以吸收农村剩余劳动力，向农村辐射经济能量与文化要素，带动农村发展；新农村建设则为城镇化奠定经济社会发展基础。一个保持落后以至逐渐衰落的农村与不断扩大繁荣的城镇群相并立的局面，最终将强化城乡二元结构，阻碍整个国民经济的现代化发展。

中国的城镇化正在以每年增长 1 个百分点以上的速度快速发展。但必须认识到我们推进的城镇化，是能够带动农村发展的城镇化，最终是要形成城镇和农村良性互动、协调发展的格局。

建设社会主义新农村需要城镇外拉力和农村内动力的合力作用，即一方面增强城镇对农村的辐射力、拉力和支持力，通过工业反哺农业和城镇反哺农村的新机制使农业得到可持续发展，彻底解决"三农"问题；另一方面，在新型工业化和城镇拉动力的催化下，拉长农业产业链，发展农业的加工和销售，实现农业产业化，增强自身的"造血"机制，发挥潜力，增强内动力。

3. 建立以工促农、以城带乡的长效机制

在现阶段，作为城乡一体化建设根本方法的统筹兼顾，实质上就是建立以工促农、以城带乡的长效机制。纵观一些工业化国家的发展历程，以工促农、以城带乡是工业化中期阶段经济社会发展的一般规律。党的十七届三中全会明确指出，我国总体上已进入以工促农、以城带乡的发展阶段，进入加快改造传统农业、走中国特色农业现代化道路的关键时刻，进入着力破除城乡二元结构、形成城乡经济社会发展一体化新格局的重要时期。我国经过这些年的高速发展，确实拥有了支持农村农业发展所具备的经济实力，有条件去实现统筹城乡经济社会发展的要求。

建立以工促农、以城带乡的长效机制，首先体现在健全对农业的投入保障制度，主要包括：（1）调整国家基本建设投资结构，大幅度增加农业投入，尤其是提高农业基础设施建设投资比重。（2）调整国家财政支出结构，加大"三农"政策扶持力度。依法保证国家财政对农业投入的增长幅度高于财政经常性收入的增长幅度。（3）调整信贷资金投放结构，加大对农业金融支持力度。继续深化农村信用社改革，进一步发挥其农村金融的主力军作用。在保证对农村农业投入的同时，还要不断探索和完善城镇支持农村建设的政策措施和具体形式。在此当中，降低用于盲目搞城镇化的财政投入，是不可避免的选择。

"以工促农、以城带乡"最终是要形成农业和农村经济自身良性发展机制。我国是个农业大国，要在理顺城乡关系的基础上深化改革，形成农业和农村经济的自身良性发展。要加速发展步伐及提高发展质量，就必须提升农村自身的能力，加强农村"软件、硬件"的建设和管理，以形成农业和农村经济自身良性发展机制。

我国地域广阔，地区发展差异大，各个地区的产业结构和劳动力素质结构也各不相同。因此，工业对农业的支持、城镇对乡村的带动应各有侧重，做到因地制宜。譬如，在农业生产还比较落后的地区，工业反哺农业主要应促进农业生产扩大规模、壮大实力，增强农业的抗风险能力，从而增强农产品的竞争力。而对于农村加工业有一定基础的地区，工业对农业的支持应主要体现在进一步延伸农产品生产加工的产业链条，促进农业发展的延展性，提高农业加工产品的附加值，使农产品多元化。对于农村第三产业（商贸、旅游等）比较发达的地区，这种支持方式则应照顾到农村发展的现有基础，加强农业与第三产业的有机结合。总之，不同的自然环境和人文环境决定了不同的执行措施。在"以工促农、以城带乡"的大政策下，不同地区应当有相配套的灵活的政策。

参考文献

［1］周加来：《城镇化·城镇化·农村城镇化·城乡一体化》，《中国农村经济》2001年第 5 期。

［2］姜作培：《城乡统筹发展的科学内涵与实践要求》，《经济问题》2004 年第 6 期。

［3］王德文、何宇鹏：《城乡差距的本质、多面性与政策含义》，《中国农村观察》2005 年第 3 期。

［4］吴晓林：《城乡一体化建设的两个误区及其政策建议》，《调研世界》2009 年第 9 期。

［5］李曰春：《以科学发展观指导城乡一体化建设》，《农业科学研究》2009 年第 2 期。

［6］安贞元：《我国城乡差距扩大问题的政治考量》，《求索》2010 年第 7 期。

［7］鲁长亮，唐兰：《城乡一体化建设模式与策略研究》，《安徽农业科学》2010 年第 3 期。

［8］张玲：《城乡一体化的制度障碍及对策》，《市场论坛》2010 年第 1 期。

［9］张莉莉：《公共财政服务中的城乡一体化建设》，《南京航空航天大学学报（社会科学版）》2011 年第 3 期。

［10］马军显．：《城乡关系：从二元分割到一体化发展》，中共中央党校 2008 年博士论文。

［11］农业部"建设社会主义新农村若干问题研究"课题组：《构建以工促农——以城带乡的长效机制》，《浙江经济》2006 年第 3 期。

［12］武力：《1949～2006 年城乡关系演变的历史分析》，《中国经济史研究》2007 年第 1 期。

［13］王国梁：《城镇偏向问题及其解决路径：一个理论综述》，《浙江社会科学》2011 年第 7 期。

［14］薛晴、刘俊英：《马克思主义城乡融合思想与我国省城城乡一体化发展》，《改革与战略》2012 年第 1 期。

附：本项目公开发表的阶段性成果

1. 《科学发展中生产力与生产关系的交互运动——马克思主义经济学范式下的科学发展论述》，《当代经济研究》2011 年第 7 期。

2. 《生态马克思主义经济学的实践要求》，《桂海论丛》2011 年第 3 期。

3. 《三类效益的辨析与综合初探》，《经济纵横》2011 年第 6 期。

4. 《三维系统视角下的经济发展目标探究》，《管理学刊》2011 年第 2 期。

5. 《马克思主义经济学形态从一维向三维的转换》，《桂海论丛》2012 年第 4 期。

6. 《资本主义主导的国际经济对中国迈向生态文明的阻力》，《管理学刊》2012 年第 3 期。

后 记

　　本书是 2010 年教育部规划课题"马克思主义经济学范式下的科学发展与生态文明建设"的最终成果。经课题组两年多的努力，完成了本项目的研究与写作，谨以此书稿出版奉献给社会，为促进中国特色社会主义事业的发展尽绵薄之力。

　　本书是在我主持下完成的经济学集体成果。参加本项目的人员来自广西大学商学院的老师与当时两届硕士研究生，以及《改革与战略》杂志社的巫文强研究员。参加内容讨论的有商学院的曾艳华教授、古惠冬副教授、孙碧清副教授、张恒松副教授、谢品教师（博士生）。参与写作的课题组成员主要完成的部分为：

　　1. 第六章由巫文强研究员写大部分内容。

　　2. 第七章第三节由孙丽丽硕士生写大部分内容。

　　3. 第九章第二节由孙碧清副教授所写。

　　4. 第九章第四节由谢品博士生所写。

　　5. 第十章第二节由蒋琳硕士生所写。

　　6. 第十章第四节由邓巧贞硕士生所写。

　　7. 第十章第五节吸收邢全伟硕士生部分内容。

　　8. 第十一章基本由古惠冬副教授所写。硕士生黄昳昕、赵铜、刘光柱、李欣潼、罗乐、马文、温雪，为本章写作收集了大量的资料，黄昳昕还参与了数据分析。

　　9. 第一章与第二章由张广涛硕士生进行了资料收集。

　　上述第 3 点、第 4 点、第 8 点由课题组成员直接根据课题分工写成，其余部分由我根据已有的论文整编重组。硕士生所写的内容来自他们选题于本课题的学位论文。这些，我都在结构与文字上进行了修改和补充。如果他们原稿中的少数观点经我修改后偏离了作者的原意，由我负责。

　　本书期望奉献给社会的是如下成果：（1）加强对研究项目主题的宣传。一是对已有理论的集成与发挥，二是对相关事实状况的叙述。（2）走上理论创新探索的起步，如分析非科学发展的发生原因与根源，探讨可夯实科学发展的新的理论基础。（3）提出转变经济发展方式的战略思路与对策。总的是要在相关学术领域中将聚沙成塔与抛砖引玉有机结合。我们欢迎社会各界对以上三方面进行指正。

　　本书稿大体上完成了项目申报中设计的内容，对科学发展观与生态文明建设进行了正面论述，对马克思主义经济学范式及其在科学发展观理论阐述中的应用做了尝试，对非科学发展及其相关的资本主义工业化道路、西方经济学意识形态与偏见进行了批判，在马克思主义经济学范式创新的指导下探讨了经济学理论的三维系统以及构建了经济发展的综合目标、综合效益理论，对基于人与自然和谐内涵的经济形态进行了辨析与阐述，对科学发展与生态文明建设的管理制度、外经贸对策、城乡一体化对策进行了分析并提出建议。课题研究与书稿写作告一段落，但这一题材的探讨远未终结，相反，已经完成的研究更深地揭示出：运用马克思主义经济学范式研究经济发展前景广阔。尤其是对经济学理论的三维系统，已初步想到可以从一系列三维系统范畴，包括三维系统的价值理论，来为科学发展与生态文明建设提供理论基础。我们将沿着已经探索到的研究方向继续今后的科学探索。

主笔：李欣广

2012 年 9 月 30 日

图书在版编目（CIP）数据

"科学发展" 理论探索／李欣广等著 . —北京：社会
科学文献出版社，2013.5
ISBN 978 - 7 - 5097 - 4402 - 4

Ⅰ.①科…　Ⅱ.①李…　Ⅲ.①社会主义建设模式—研
究—中国　Ⅳ.①D616

中国版本图书馆 CIP 数据核字（2013）第 050775 号

"科学发展" 理论探索

著　　者／李欣广　等

出 版 人／谢寿光
出 版 者／社会科学文献出版社
地　　址／北京市西城区北三环中路甲 29 号院 3 号楼华龙大厦
邮政编码／100029

责任部门／经济与管理出版中心（010）59367226　　责任编辑／王婧怡　武士靖
电子信箱／caijingbu@ ssap. cn　　　　　　　　　　责任校对／师晶晶
项目统筹／许秀江　　　　　　　　　　　　　　　　责任印制／岳　阳
经　　销／社会科学文献出版社市场营销中心（010）59367081　59367089
读者服务／读者服务中心（010）59367028

印　　装／北京季蜂印刷有限公司
开　　本／787mm×1092mm　1/16　　　　　　　印　　张／23.25
版　　次／2013 年 5 月第 1 版　　　　　　　　　字　　数／389 千字
印　　次／2013 年 5 月第 1 次印刷
书　　号／ISBN 978 - 7 - 5097 - 4402 - 4
定　　价／68.00 元